학교 업무에 꼭 필요한
컴퓨터 활용 BEST 30
개정판
New Edition

문택주, 영진교재개발팀 지음

학교 업무에 꼭 필요한
컴퓨터 활용 BEST 30 개정판

Copyright ⓒ 2015 by Youngjin.com Inc.
10F. Daeryung Techno Tower 13th, 664 Gasan-dong, Geumcheon-gu, Seoul 153-803, Korea.
All rights reserved. No part of this book may be reproduced or transmitted in any form or by any means, electronic or mechanical, including photocopying, recording or by any information storage retrieval system, without permission from Youngjin.com Inc.,

저작권법에 의하여 한국 내에서 보호를 받는 저작물이므로 무단전재와 무단복제를 금합니다.
이 책의 저작권은 (주)영진닷컴이 소유합니다.

이 책에 언급된 모든 상표는 각 회사의 등록 상표입니다.
또한 인용된 사이트의 저작권은 해당 사이트에 있음을 밝힙니다.

ISBN 978-89-314-4572-5

독자님의 의견을 받습니다
이 책을 구입한 독자님은 (주)영진닷컴의 가장 중요한 비평가이자 조언가입니다. 저희 책의 장점과 문제점이 무엇인지, 어떤 책이 출판되기를 바라는지, 책을 더욱 알차게 꾸밀 수 있는 아이디어가 있으면 팩스나 이메일, 또는 우편으로 연락주시기 바랍니다. 의견을 주실 때에는 책 제목 및 독자님의 성함과 연락처(전화번호나 이메일)를 꼭 남겨 주시기 바랍니다. 독자님의 의견에 대해 바로 답변을 드리고, 또 독자님의 의견을 다음 책에 충분히 반영하도록 늘 노력하겠습니다.

이메일 : support@youngjin.com
주   소 : (우)137-878 서울 금천구 가산디지털1로 24 대륭 13차 10층 (주)영진닷컴
내용 문의 메일 : mtj798@nate.com

STAFF
저자 문택주, 영진교재개발팀 | **기획** 기획1팀 | **총괄** 김태경 | **진행** 정소현
본문 디자인 영진닷컴 디자인팀 | **표지 디자인** 영진닷컴 디자인팀

머리말

선생님들께서 가장 많이 사용하시는 프로그램으로는 윈도우 XP/7, 한글, 엑셀, 파워포인트, 인터넷을 들 수 있습니다. 물론 어느 정도는 다 다룰 줄 아시겠지만, 꼭 중요한 부분에서 막히시는 부분이 있을 것입니다. 일반적으로 오피스 프로그램의 기능 중 우리는 약 30%정도만 사용한다고 합니다. 나머지 70% 중에서 우리가 알면 참으로 편한 기능이 아직도 많이 존재하고 있습니다. 저도 항상 사용하는 기능만 사용하게 되는데, 손에 익었다는 이유로 아직도 불편하게 사용하는 기능이 많이 있습니다.

이 책과 강의에는 그동안 제가 3년동안 IT 병역특례 업체에서 익혔던 컴퓨터 기술과 발령초기부터 온&오프라인 ICT 교사연수 강의를 진행하며 쌓아온 팁과 노하우가 담겨져있습니다. 컴퓨터를 이용한 학교업무를 하면서 꼭 부딪히게 되지만, 막상 속시원하게 물어볼 곳이 없어서 시행착오만 반복했던 상황을 대학원 동기들과 여러 선생님들의 설문조사를 바탕으로 30가지 상황을 추려서 진정으로 선생님들께서 궁금해하시는 컴퓨터팁들을 담으려고 노력했습니다. 여기에 더하여 선생님의 본인의 업무뿐만 아니라 학교의 다른 모든 선생님들께도 알려드리면 유용할 컴퓨터의 고급기능도 일부 포함하였습니다.

기존의 컴퓨터 도서들이 주로 직장인들에게 초점을 맞춰진 현실에서 이 교재와 강의는 오피스 2007 버전을 기준으로 100% 학교 선생님들에게 초점이 맞추어져있습니다. 대다수의 책들이 너무나 많은 오피스의 기능을 나열하고 있다는 선생님들의 지적에 따라 본 교재에서는 선생님들께서 자주 사용하시는 기능만 뽑아서 구성하였습니다. 또한 그동안은 컴퓨터를 이용하지 않았지만, 컴퓨터를 이용함으로서 엄청난 업무경감효과를 누리실 수 있는 최신인터넷 기술들을 일부 포함시켰습니다. 익숙하지 않다는 이유로 다른 부분에 비해 어렵게 느끼실 수도 있지만, 차근차근 따라하시다보면 분명 학교에서의 놀라운 활용을 경험하실 수 있을 것입니다. 웹

2.0도구 및 아이폰 등 새로운 기술이 등장함에 따라서 앞으로 학생들이 정보를 얻는 방식의 변화가 있을 것이라고 생각합니다. 이러한 학생 교육의 최고 실무자이신 선생님들께서 이러한 변화에 뒤처지시지 않도록 저도 최선의 노력을 다할 것을 약속드리겠습니다.

학교선생님들의 업무는 서로 조금씩 다르시지만 각각의 업무를 자세히 들여다보면 누구나 공통적으로 사용하시는 프로그램과 컴퓨터의 기능이 있습니다. 이를 위해 여러권의 책을 사실 필요가 없이 이 책 한권에서 어느 정도의 문제를 해결하실 수 있도록 교재와 강의의 집필 방향을 다음과 같이 설정하였습니다.

   1) 신규교사 선생님부터 고경력 선생님들까지 쉽고 지루하지 않도록 내용을 구성한다.
   2) 학교업무에 필요한 기능을 적절하게 배우실 뿐만 아니라 빠르게 결과를 얻어보실
      수 있도록 구성한다.

그리고 다음과 같은 구성요소를 교재와 강의에 포함하였습니다.
   1) 컴퓨터 사용을 위해 꼭 알아야 할 하드웨어 및 윈도우 XP/7
   2) 학교업무에 꼭 필요한 문서를 작성하기 위한 한글 2007
   3) 각종 계산 및 통계작업을 쉽게 가능하게 해주는 엑셀 2007
   4) 발표용 문서를 가장 빠르고 효과적으로 만들어주는 파워포인트 2007
   5) 단순 검색수준이 아닌 학교업무 경감에 효과적인 인터넷 서비스들
   6) 교사라면 한번쯤은 써보게 될 유용한 유틸리티 프로그램

책 한 권안에 너무 많은 내용을 담으려 노력해서 선생님들의 바람을 모두 충족시켜드리지 못하지만, 이 책이 출간되면 선생님들의 업무에 반드시 도움이 될 수 있었으면 하는 바람입니

다. 제가 교직생활을 하는 내내 꼭! 필요한! 선생님들용 컴퓨터 활용서를 만들어나가도록 계속적으로 노력하겠습니다.

끝으로 이 책이 출간되기까지 많은 고생을 해주신 아이스크림 원격연수원의 정영훈 팀장님, 이상학 과장님, 오인진 대리님께 감사드리며, 이 책이 선생님들께서 학교업무를 보시는데 작은 도움이나마 될 수 있도록 간절히 기원합니다.

저자 소개

문 택 주

- 서울갈현초등학교교사, 서울교대 컴퓨터과 대학원
- 아이스크림 원격연수원 강사
- '교사가 꼭 알아야할 ICT 활용교육' 원격연수강사
- 서울시 교육청 특수분야, 서울시 교육연수원 강의
- 서울중등교육공학연구회 연수 강사
- 서부초등재량컴퓨터연구회 회장

효율적인 학습을 위한 본문 구성 살펴보기

Section 제목
어떤 실무 문서를 다루는지 보여줍니다. 다양한 업무 유형별 실무 문서 중 자신에게 필요한 문서를 바로 찾아 볼 수 있도록 구성하였습니다.

Section 리드문
해당 Section에서 다루는 실무 문서에 대한 내용을 간결하게 설명합니다.

예제 파일 경로
작업하는 문서의 완성 파일 경로를 한눈에 알아볼 수 있도록 정리하였습니다.

문서 미리 보기
작업하게 될 문서를 미리 보여 줍니다.

Section 15 : 우리 반 수행평가 자료 내 맘대로 주무르기

엑셀로 학생들의 성적을 관리하면 한글보다 더 다양한 결과처리기능을 이용하실 수 있습니다. 엑셀로 수행평가 결과를 관리하기 위해서는 항목별 점수, 또는 등급을 매기고 이것을 집계하여 처리해야 합니다. 이번 차시에서는 학생 수행평가 입력시트와 결과시트를 만들고, 엑셀의 수식 기능을 이용하여 환산값을 구해 보겠습니다.

| 완성 파일 : 예제파일\수행평가 파일_완성.xlsx |

수행평가 데이터 입력

반	번	이름	성별	항목1	항목2	항목3	항목4	항목5	총점	평균
1	1	강수근	남	90	100	80	100	100	470	94
1	2	강이욱	남	100	90	80	90	100	460	92
1	3	권영탁	남	90	100	80	70	80	420	84
1	4	김태훈	남	100	90	80	90	70	430	86
1	5	김환희	여	80	90	80	100	70	420	84
1	6	박종호	여	80	90	100	70	60	400	80
1	7	박지엽	여	100	90	80	100	70	440	88
1	8	성지원	여	90	100	70	70	100	430	86
1	9	심규성	여	80	90	80	100	90	440	88
1	10	안정민	남	80	90	100	80	70	420	84
1	11	여인영	남	100	90	80	100	100	470	94
1	12	오정석	남	90	100	90	70	60	410	82
1	13	우성환	남	90	100	80	80	90	440	88
1	14	이명진	남	100	80	100	80	90	450	90
1	15	조누리	여	80	90	70	100	90	430	86
1	16	조성호	남	100	80	80	100	100	460	92
1	17	조철희	여	70	100	70	80	90	410	82
1	18	강하늘	여	100	80	100	80	80	440	88
1	19	공유럼	남	90	80	100	90	90	450	90
1	20	김수연	여	90	90	90	70	100	430	86
1	21	김지정	남	80	70	90	60	90	390	78
1	22	김희진	남	100	80	90	70	80	420	84
1	23	박수연	남	60	100	90	70	90	410	82
1	24	박승현	여	90	70	80	100	80	420	84
1	25	박정현	여	70	100	60	80	60	370	74
1	26	염혜리	여	80	70	90	90	100	430	86

Step 제목
실무 문서를 실제로 따라 하는 과정의 단계입니다.

Section 15 우리 반 수행평가 자료 내 맘대로 주무르기

입력 시트 만들기   Step 01

이런 기능들이 사용됐어요 ➔ 시트 이름 바꾸기, 채우기 핸들로 채우기, 셀 속성 설정, 테두리 지정

01 '수행평가 파일_예제.xlsx' 파일을 불러온 후 'sheet1' 시트 탭에서 마우스 오른쪽 단추를 클릭하면 나타나는 바로 가기 메뉴에서 [이름 바꾸기]를 클릭하고 '입력'을 입력합니다. 같은 방법으로 'sheet2' 시트의 이름은 '결과'로 수정합니다.

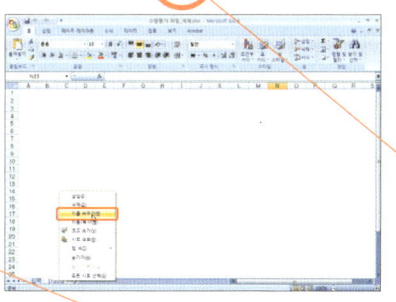

시트 탭의 이름을 더블 클릭해서 이름을 변경할 수 있습니다.

이런 기능들이 사용됐어요
실무 문서 작업 중에 한글의 어떤 기능들이 사용되었는지 간략하게 짚어줍니다.

02 '입력' 시트에서 [E2] 셀에 '항목1'을 입력한 다음 셀의 오른쪽 하단에 마우스 포인터를 위치하면 나타나는 채우기 핸들(┼)로 [I2] 셀까지 드래그해서 채웁니다.

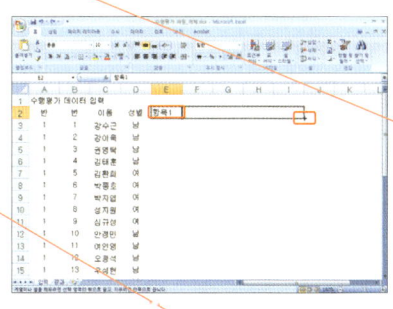

문자나 숫자를 채우기 핸들로 채우면 같은 값이 채워지지만 문자와 숫자가 결합된 데이터를 채우기 핸들로 채우면 숫자만 1씩 증가됩니다.

부연 설명
따라하기 과정에서 설명하지 못한 내용이나 단축키 등을 부연으로 설명해 줍니다. 문서 작성 과정에 도움이 되는 설명이므로 꼼꼼하게 읽어 봅니다.

03 [A2]~[I2] 셀을 선택한 다음 셀 배경(🎨▼)은 '진한 파랑', 글자색(가▼)을 '흰색', 글씨체를 '굵게(가)'로 설정합니다.

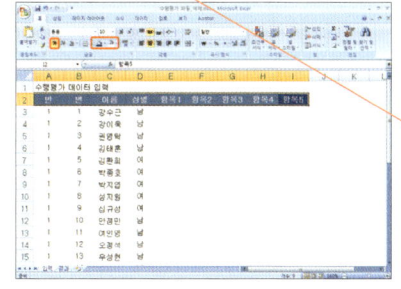

따라하기
실제로 문서를 작성하는 내용입니다. 설명을 꼼꼼하게 확인하면서 문서를 작성해 봅니다.

Contents

Chapter 01 컴퓨터 기본 지식   14

Section 01 꼭 알아야 할 컴퓨터의 기본 명칭   16
- Step 01 컴퓨터 하드웨어   17
- Step 02 컴퓨터 소프트웨어   19
- Step 03 컴퓨터 연결하기   22

Section 02 선생님께 유용한 보조프로그램 200% 활용하기   24
- Step 01 계산기와 녹음기   25
- Step 02 메모장, 스티커 메모, 워드패드   28
- Step 03 그림판과 캡처 도구   31
- Step 04 수학 식 입력판   34

Section 03 윈도우 XP 내 손으로 설치하기   36
- Step 01 윈도우 파티션과 포맷하기   37
- Step 02 윈도우 기본 설치하기   41

Section 04 선생님을 위한 컴퓨터 백업과 복원의 모든 것   46
- Step 01 데이터 백업하기   47
- Step 02 백업한 파일 복원하기   50
- Step 03 시스템 이미지로 복원하기   52
- Step 04 복원 시점으로 시스템 복원하기   54

Chapter 02 한글 2007 활용   56

Section 05 멋지고 화려한 체험학습 안내문 만들기   58
- Step 01 제책 방식으로 문서 속성 설정하기   59
- Step 02 다단 편집하기   61
- Step 03 제목과 본문 돋보이게 만들기   63

Step 04	문자열을 표로 만들기	66
Step 05	그림과 글상자로 제목 만들기	67

Section 06 시험지 만들기에서 막히는 한글 2007의 기능 알기! 70

Step 01	문제지 형식의 다단 만들기	71
Step 02	지문 상자 만들기	73
Step 03	한자 변환하기	75
Step 04	차트 만들기	76
Step 05	수식 작성하기	78

Section 07 사진을 배경으로 넣은 폼나는 주간교육계획서 만들기 80

Step 01	계획서 틀 만들기	81
Step 02	표 테두리와 배경색 넣기	84
Step 03	쪽 테두리 넣기	86
Step 04	표 배경에 사진 넣기	87

Section 08 사진이 들어간 개성톡톡! 학생 이름표 만들기 88

Step 01	이름표 틀 만들기	89
Step 02	이름표 사진과 글 입력하기	91
Step 03	여러 개 이름표 만들기	93

Section 09 학습지도안 만들기에서 가장 막히는 부분 해결하기! 96

Step 01	표의 셀 정렬과 줄 위치 바꾸기	97
Step 02	페이지 구분에 잘린 표 나누기	99
Step 03	학습지도안 인쇄하기	101

Section 10 한글 2007로 우리 반 성적 다양하게 관리하기! 102

Step 01	함수를 이용하여 합계, 평균, 최고와 최저값 구하기	103
Step 02	채우기로 계산값 채우기	105
Step 03	데이터 정렬하기	107
Step 04	차트 만들기	108
Step 05	차트 종류 변경하기	111

Section 11 메일머지로 학생 정보만 바뀌는 상장 만들기 112

Step 01	수상자 명단 정리하기	113
Step 02	매크로를 이용하여 메일 머지용 데이터 정리하기	115
Step 03	메일 머지로 학생 정보만 바뀌는 상장 만들기	117

Contents

Section 12 한글2007의 다양한 기능을 사용하여 학급 신문 꾸미기   120
- Step 01   글자와 문단 속성 설정하기   121
- Step 02   사진 자유롭게 삽입해서 꾸미기   123
- Step 03   첫 페이지 문서 배경에 사진 넣기   125
- Step 04   문서에 다른 문서 내용 끼워 넣기   126
- Step 05   쪽 번호 매기기   127
- Step 06   머리말 표시하기   129

Chapter 03 엑셀 2007 활용   130

Section 13 엑셀 2007 살펴보고 달라진 점 알아 보기   132
- Step 01   엑셀의 기능   133
- Step 02   엑셀 2007 살펴보기   135
- Step 03   빠른 실행 도구 모음과 리본 메뉴 관리하기   136
- Step 04   거래 명세서 작성하기   137

Section 14 엑셀로 우리 반 명렬 주소록 작성하기   140
- Step 01   명렬주소록 문서 양식 만들기   141
- Step 02   명렬주소록 인쇄하기   143
- Step 03   페이지 맞추기   145

Section 15 우리 반 수행평가 자료 내 맘대로 주무르기   146
- Step 01   입력 시트 만들기   147
- Step 02   안내문 만들기   150
- Step 03   결과 시트 만들기   151
- Step 04   환산 값 구하기   152

Section 16 가계부 작성에 토대가 되는 용돈 기입장 만들기   154
- Step 01   기본자료 입력하기   155
- Step 02   셀 서식 변경하기   156
- Step 03   용돈 기입장 수식 입력하기   158
- Step 04   도형과 클립아트 넣기   160

Chapter 04 파워포인트 2007 활용　　　　　　　　　162

Section 17 파워포인트에서 가장 자주 쓰이는 기능 해부하기　164
- Step 01 슬라이드 레이아웃 꾸미기　165
- Step 02 표지 슬라이드 만들기　167
- Step 03 활용 현황 슬라이드 만들기　169
- Step 04 자동 실행 애니메이션 만들기　173
- Step 05 목록별로 나타나는 애니메이션 효과 만들기　175
- Step 06 슬라이드 쇼 보기　177

Section 18 공개 수업 자료용 프리젠테이션 문서 만들기　178
- Step 01 테마로 슬라이드 디자인하기　179
- Step 02 이야기가 있는 카툰 만들기　180
- Step 03 OX 퀴즈 만들기　183
- Step 04 동영상 슬라이드 만들기　185
- Step 05 슬라이드 쇼 잘하는 방법　186

Section 19 가장 빠른 학부모총회용 발표자료 만들기　188
- Step 01 테마 슬라이드 마스터 편집하기　189
- Step 02 제목 슬라이드 디자인 변경하기　192
- Step 03 새로운 슬라이드 마스터 추가하기　193
- Step 04 그림 개체 틀 추가하기　196

Chapter 05 인터넷 서비스 활용　　　　　　　　　198

Section 20 구글 캘린더로 일정을 공유하기　200
- Step 01 구글 캘린더 서비스 시작하기　201
- Step 02 일정 기록하기　202
- Step 03 친구와 캘린더 정보 공유하기　204
- Step 04 휴대폰 알림 서비스 설정하기　207

Contents

Section 21 구글 리더 대안 서비스로 쏟아지는 정보 한 곳으로 모아서 보기   208
Step 01   네이버me로 모아보기   209
Step 02   RSS 구독하기   211
Step 03   구독 관리하기   215
Step 04   네이버앱에서 구독하기   217

Section 22   여러 개의 이메일 계정을 통합 관리하기   218
Step 01   네이버 메일 환경 설정하기   219
Step 02   한메일 환경 설정하기   220
Step 03   지메일로 메일 통합하기   221

Section 23   웹에서 제공하는 무료 프로그램으로 문서 작업하기   224
Step 01   워드프로세서로 문서 작성하기   225
Step 02   스프레드시트 문서 작성하기   227
Step 03   프레젠테이션 문서 작성하기   228
Step 04   자료 저장하고 공유하기   230

Section 24   구글 폼 양식을 이용하여 설문조사하기   232
Step 01   설문 조사 작성하기   233
Step 02   테마로 설문지 꾸미기   237
Step 03   설문지 전자우편으로 뿌리기   238

Section 25   인터넷 지도를 이용하여 재미있는 수업 운영하기   240
Step 01   구글 지도로 우리 학교 찾기   241
Step 02   위성으로 에펠탑 둘러보기   242
Step 03   구글 어스로 불국사 찾아보기   244
Step 04   다음 지도로 동대문 주변 찾아보기   246

Section 26   사진과 동영상을 온라인으로 손쉽게 공유하기   248
Step 01   피카사 프로그램 설치하기   249
Step 02   피카사에 다른 사진 추가하기   250
Step 03   사진을 온라인으로 공유하기   252
Step 04   유튜브로 동영상 공유하기   254

Contents

Section 27 에버노트로 모든 수업자료, 평가자료 공유하기   256
   Step 01   에버노트 설치하고, 텍스트 수업 자료 만들기   257
   Step 02   오디오 노트로 수업 자료 만들기   263
   Step 03   이미지 노트 만들기   266
   Step 04   첨부 파일 노트 만들기   269

Chapter 06 유틸리티 활용   272

Section 28 알씨 프로그램으로 사진을 원하는 대로 주무르기   274
   Step 01   그리보기 프로그램 알씨 프로그램 사용하기   275
   Step 02   그림 파일 환경 일괄 편집하기   276
   Step 03   그림 편집하기   278
   Step 04   사진과 음악이 흐르는 동영상 만들기   280

Section 29 무비메이커로 가장 쉬운 우리반 학급영상   282
   Step 01   무비 메이커 설치하고 사진 불러오기   283
   Step 02   무료 음악 다운로드하고 삽입하기   287
   Step 03   동영상 마법사 테마로 영상 만들기   291

Section 30 알집과 알맵 프로그램 활용하기   298
   Step 01   빠른 압축과 압축 내용 추가하기   299
   Step 02   분할 압축하고 압축 비밀번호 지정하기   300
   Step 03   알맵으로 우리 학교 찾기   302
   Step 04   우리 학교 거리 재기   303
   Step 05   목적지까지 자동 주행하기   304

Chap 01

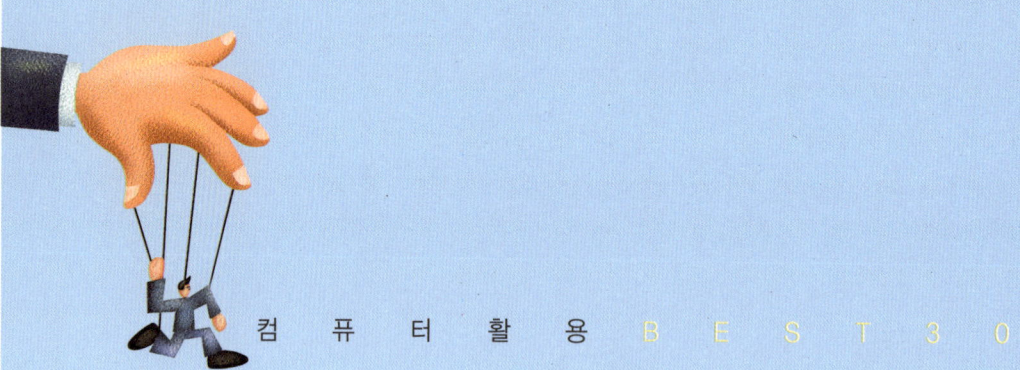

컴 퓨 터 활 용 B E S T 3 0

Section 01　꼭 알아야 할 컴퓨터의 기본 명칭
Section 02　선생님께 유용한 보조프로그램 200% 활용하기
Section 03　윈도우 XP 내 손으로 설치하기
Section 04　선생님을 위한 컴퓨터 백업과 복원의 모든 것

컴퓨터 기본 지식

컴퓨터는 이제 우리의 일상 생활에서 없어서는 안될만큼 많은 비중을 차지하고 있으며 업무에서 또한 여러가지 편리한 기능으로 다양한 혜택을 제공하고 있습니다. 그러므로 컴퓨터 프로그램의 사용법을 익히는 것 만큼이나 컴퓨터의 기본 지식에 대해 안다는 것은 중요한 일이라 할 수 있을 것입니다. 여기서는 컴퓨터의 하드웨어와 소프트웨어를 구성하고 있는 장치들과 데이터 백업하는 방법, 그리고 윈도우XP 설치하는 방법 등에 관하여 알아보도록 하겠습니다.

Section 01
꼭 알아야 할 컴퓨터의 기본 명칭

컴퓨터는 하드웨어와 소프트웨어로 구성되어 있습니다. 일반적으로 소프트웨어는 많이 다루지만, 기계 장치인 하드웨어는 컴퓨터 내부를 뜯어보지 않는 한 알 수 없습니다. 이번 차시에서는 컴퓨터를 구성하고 있는 하드웨어와 소프트웨어에는 어떤 것들이 있는지 다양하게 알아보고, 컴퓨터와 외부장치를 연결할 때 어떻게 연결하는지도 자세히 알아 보도록 하겠습니다.

Section 01 | Section 02 | Section 03 | Section 04

컴퓨터 하드웨어

Step 01

이런 기능들이 사용됐어요 ➜ 하드웨어의 구성

컴퓨터는 메인보드, CPU, 램, 그래픽 카드 등 다양한 장치로 구성되어 있습니다. 컴퓨터의 내부는 어떻게 생겼는지 살펴보고 컴퓨터를 구성하는 장치들에 대해서 알아보겠습니다.

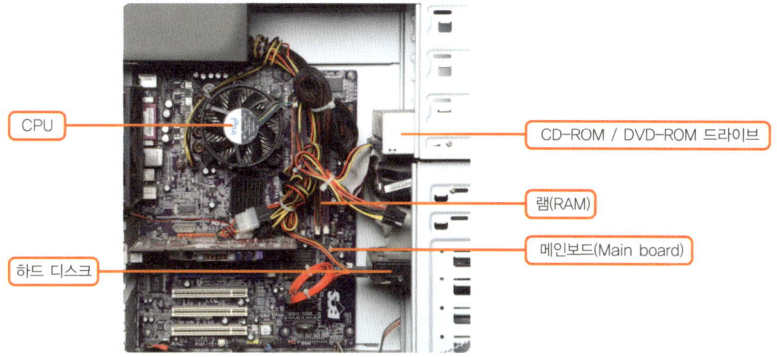

CPU

컴퓨터에서 계산 및 처리하는 기능을 하는 핵심 부품입니다. CPU는 다양한 종류가 있으며 CPU에 따라 컴퓨터의 성능이 좌우됩니다. 최근에는 4개의 CPU가 포함되어 있는 쿼드(Quard)를 많이 사용합니다.

메인보드(Main board)

CPU, 램, 그래픽 카드 등의 장치를 연결할 수 있도록 해주는 장치로 머더보드라고도 부릅니다. 메인보드마다 특성을 가지고 있기 때문에 메인보드에 맞는 CPU와 램을 사용해야 합니다. 최근에 출시되는 메인보드에는 랜과 사운드카드 및 그래픽 카드 기능이 포함되어 있는 제품들도 있습니다.

램(RAM)

컴퓨터에서 처리 내용을 임시 기억하는 역할을 합니다. 상황에 따라 여러 개의 램을 꽂아서 사용할 램 용량을 확장할 수 있습니다. 램의 기억 용량이 클수록 처리할 수 있는 용량도 커집니다. 2GB~4GB의 기억 용량을 많이 사용합니다.

하드 디스크(Hard Disk)

컴퓨터에서 자료를 저장하는 역할을 합니다. 이곳에 운영체제와 응용 프로그램을 설치하고 작업한 데이터 등이 저장됩니다. 300GB~500GB 용량을 주로 사용합니다.

CD-ROM / DVD-ROM 드라이브

대표적인 보조 기억 장치로 CD-ROM 또는 DVD-ROM의 미디어를 삽입하여 저장된 데이터를 읽어오는 기능을 합니다. 드라이브가 데이터를 저장할 수 있는 RW 기능을 가지고 있다면 데이터가 없는 공 미디어에 자료를 저장할 수도 있습니다. CD-ROM에는 700MB까지 저장할 수 있고 DVD-ROM은 보통 4.7GB까지 저장할 수 있습니다.

랜 카드(Lan card)

인터넷 선을 연결하여 인터넷으로 들어오거나 나가는 신호를 처리하는 장치입니다.

사운드 카드(Sound card)

소리 신호를 처리하여 스피커 장치를 통해 소리가 나도록 해주는 장치입니다. 입력 단자에 마이크를 연결하면 음성 녹음도 가능합니다.

그래픽 카드(Graphic card)

화상 신호를 처리하여 모니터에 화상이 나타나도록 해주는 장치입니다. 모니터 출력 단자가 두 개 달려 있는 카드를 사용하면 두 개의 모니터를 함께 이용할 수도 있습니다.

Section 01 꼭 알아야 할 컴퓨터의 기본 명칭

컴퓨터 소프트웨어

Step 02

이런 기능들이 사용됐어요 ➡ 소프트웨어의 종류

컴퓨터의 하드웨어에 명령을 내려 여러 가지 결과를 실행할 때 사용하는 프로그램을 소프트웨어라고 합니다. 컴퓨터에서 주로 사용하는 컴퓨터 소프트웨어에 대해서 알아보겠습니다.

운영체제

운영체제(OS : Opration System)는 컴퓨터를 동작 시킬 수 있도록 해주는 프로그램을 말합니다. 운영체제에서는 컴퓨터로 동작시킬 프로그램에 명령을 내릴 수 있게 해주고 사용자가 명령을 내리거나 결과를 볼 수 있도록 해줍니다. 운영체제에는 마이크로소프트사의 Windows XP, Windows Vista, Windows 7, 8 등이 있고 애플사의 OS-X, 유닉스 등이 있습니다.

워드프로세서

문서를 작성할 때 사용하는 프로그램입니다. 간단한 문서 편집이 가능한 윈도우에 포함되어 있는 [메모장], [워드패드] 이외에 복잡한 문서 편집을 할 수 있도록 해주는 한글과 컴퓨터사의 '한글', 마이크로소프트사의 '워드' 등이 있습니다.

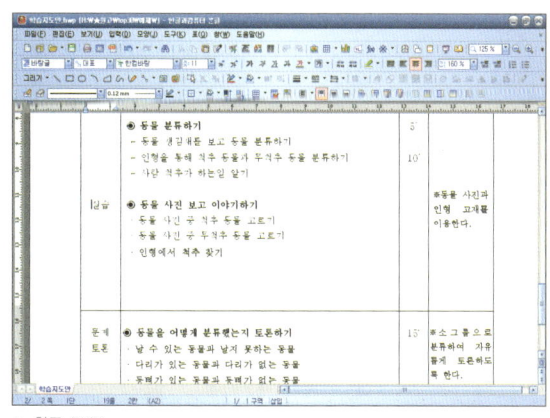

▶ 한글 2007

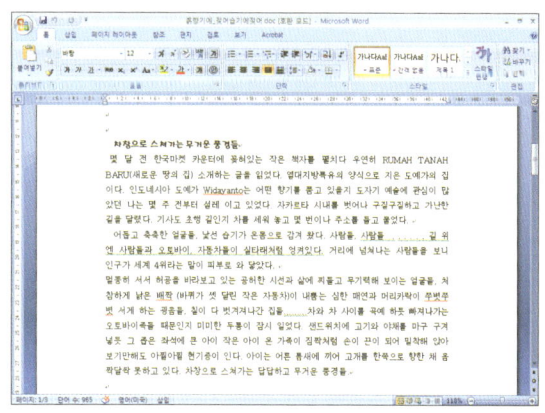

▶ MS Word

오피스 군

오피스(Office)는 업무에 주로 사용하는 프로그램을 묶어둔 프로그램을 말합니다. 기본적인 오피스군에는 문서를 작성할 수 있도록 해주는 워드프로세서 프로그램 이외에 수식 편집을 할 수 있는 스프레드시트 프로그램, 발표용 자료를 제작할 수 있는 프레젠테이션 프로그램이 포함되어 있습니다. 마이크로소프트사의 오피스에 포함되어 있는 워드(Word), 엑셀(Excel), 파워포인트(Powerpoint)를 많이 사용합니다.

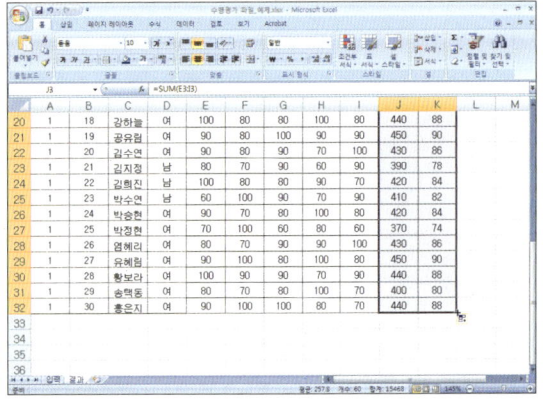

▶ 엑셀 프로그램   ▶ 파워포인트 프로그램

그래픽 편집 프로그램

사진을 편집하거나 그림을 그릴 때 사용하는 프로그램을 말합니다. 그래픽 편집 프로그램은 편집 방식에 따라 비트맵(Bitmap)과 벡터(Vecter) 방식으로 구분됩니다. 비트맵이란 픽셀로 구성된 그림을 편집하는 방식이고 벡터는 좌표와 방향으로 구성되어 있는 그림을 편집하는 방식입니다. 비트맵 방식 프로그램에는 어도비사의 포토샵(Photoshop), 자스크사의 페인트샵 프로(Paintshop pro) 등이 있고 벡터 방식 프로그램에는 어도비사의 일러스트레이터(Illustrator), 코렐사의 코렐드로우(Corel Draw) 등이 있습니다. 대표적인 비트맵 방식에는 사진이 있고 벡터 방식에는 플래시 애니메이션, 로고, 캐릭터 등이 있습니다.

 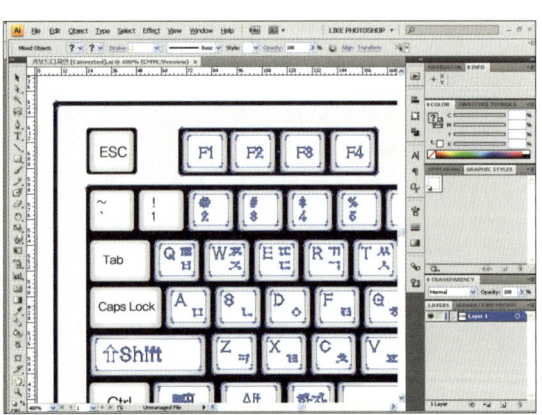

▶ 비트맵 그래픽 편집 프로그램인 포토샵 CS4   ▶ 벡터 방식 그래픽 편집 프로그램인 일러스트레이터 CS4

기타 프로그램

이외에 파일들을 압축해주는 압축 프로그램, 컴퓨터에 감염된 바이러스를 치료하거나 바이러스를 예방할 때 사용하는 컴퓨터 바이러스 프로그램, 검색 그림을 빨리 보여줄 때 사용하는 그림 보기 프로그램, 홈페이지를 제작할 때 사용하는 홈페이지 제작 프로그램 등이 있습니다.

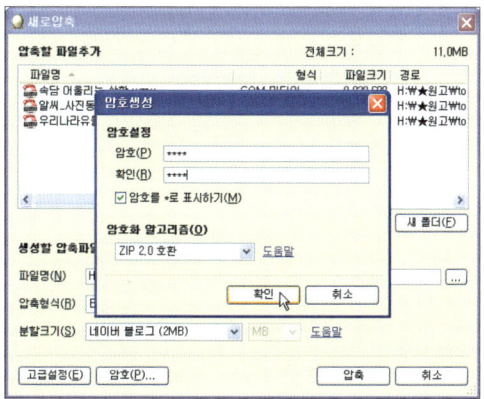
▶ 압축 프로그램인 알집

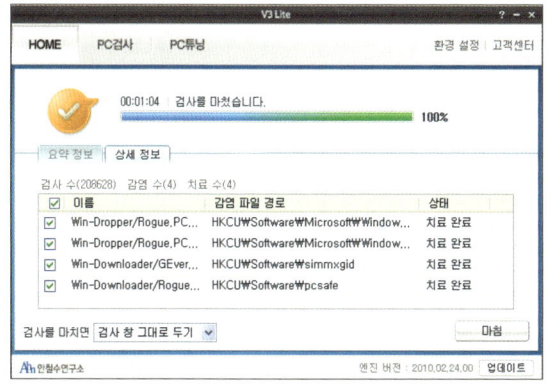
▶ 컴퓨터 바이러스 프로그램인 V3

▶ 홈페이지 제작 프로그램임 나모웹에디터 FX

컴퓨터 연결하기

Step 03

이런 기능들이 사용됐어요 ➡ 컴퓨터 연결하기

컴퓨터는 모니터, 본체, 키보드, 마우스 등으로 구성되어 있으며 각 장치를 본체에 연결해서 사용해야 합니다. 그러면 각 장치를 어떻게 연결해야 할까요? 컴퓨터 뒤를 보면 여러개의 단자들이 있는데 여기에 관련된 장치를 끼워서 연결합니다.

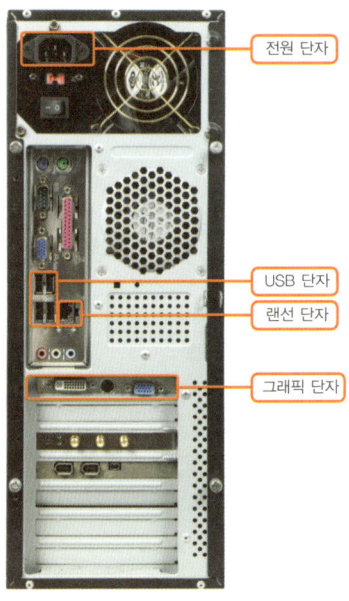

전원 단자
USB 단자
랜선 단자
그래픽 단자

모니터 연결

모니터 뒷면에는 전원 케이블과 또 하나의 선이 있는데 이 선이 바로 컴퓨터 본체에 연결하는 케이블입니다. 이 케이블을 컴퓨터 뒤편의 그래픽 단자에 끼웁니다. 모니터 케이블을 잘 살펴보면 다음과 같은 두 가지 형태로 되어 있습니다. 15개의 핀으로 구성되어있는 일반형 RGB 케이블과 복잡한 핀으로 구성되어 있는 DVI 케이블이 있습니다. RGB 케이블이 일반적인 케이블이지만 최근에는 디지털 방식의 DVI 케이블을 많이 사용합니다. 모니터의 케이블이 RGB라면 RGB 단자에 연결하고, DVI 케이블이라면 DVI 단자에 연결합니다. 단자에 케이블을 끼우고 좌우의 나사를 돌려서 꽉 조이면 됩니다.

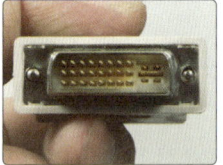
▶ DVI 단자

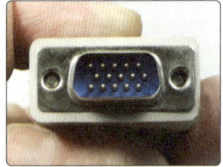
▶ RGB 단자

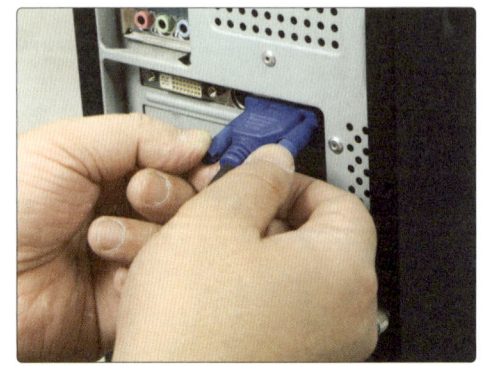

키보드와 마우스 연결

키보드와 마우스는 보통 USB 단자로 구성되어 있으므로 본체 뒷면의 USB 단자에 연결합니다. 본체에 보통 4개의 USB 단자가 있으므로 적당한 단자에 꽂으면 됩니다.

랜 케이블 연결

이번에는 인터넷 선인 랜 케이블을 끼워 보겠습니다. 랜 케이블은 다음과 같이 생겼습니다. 이 케이블은 보통 USB 단자 옆에 위치해 있습니다. 랜 케이블을 해당 단자에 눌러서 끼웁니다.

컴퓨터 전원 케이블 연결

모든 장치를 끼웠다면 컴퓨터에 전원 케이블을 끼워야 합니다. 컴퓨터 본체에 전원 케이블을 끼운 후 본체와 모니터의 케이블을 전원 코드에 끼웁니다. 본체의 전원 스위치를 ON(-)으로 누르면 모든 연결이 완료됩니다.

Section 02
선생님께 유용한 보조 프로그램 200% 활용하기

윈도우7에 기본적으로 탑재되어있으나 몰라서 제대로 사용하지 못하는 보조프로그램에 대해서 알아보겠습니다. 일반 계산기뿐만 아니라 통계용 계산기까지 사용할 수 있는 계산기, 캡처를 도와주는 캡처 도구 등 선생님들께서 편리하게 사용할 수 있는 프로그램에 대해서 알아보겠습니다.

Section 01 | **Section 02** | Section 03 | Section 04

Section 02 선생님께 유용한 보조프로그램 200% 활용하기

계산기와 녹음기   Step 01

이런 기능들이 사용됐어요 ➡ 계산기의 [보기] 메뉴, 녹음기의 [녹음 시작]

■ 계산기

01 〉〉 [■(시작)]-[모든 프로그램]-[보조프로그램]-[계산기]를 클릭합니다.

02 〉〉 계산기 프로그램이 실행됩니다. [보기] 메뉴를 클릭하면 4종류의 계산기 중 원하는 계산기를 선택할 수 있습니다.

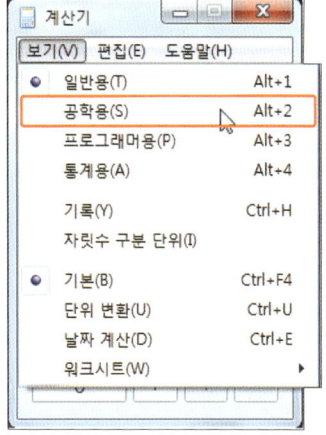

계산기를 사용하여 덧셈, 뺄셈, 곱셈 및 나눗셈과 같은 간단한 계산을 수행하는 일반 계산기 외에도 공학용 프로그래머용 및 통계용 계산기의 고급 기능도 제공합니다. 윈도우 XP에서는 일반용, 공학용 2종류의 계산기만 제공했는데, 윈도우 7에서는 4종류의 계산기를 제공합니다.

25

일반용 계산기

덧셈, 뺄셈, 곱셈 및 나눗셈과 같은 계산을 할 수 있습니다. 실제 계산기와 같은 방법으로 사용합니다.

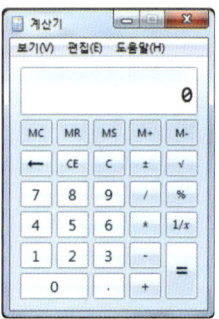

공학용 계산기

공학용 계산기에서는 32자리 유효 숫자까지 정확하게 계산하고, 연산자 우선순위를 따릅니다.

프로그래머용 계산기

프로그래머용 계산기에서는 선택한 단어 크기에 따라 최대 64자리 유효 숫자까지 정확하게 계산하고, 정수 전용 모드로서, 소수점 이하 부분은 무시됩니다.

통계용 계산기

통계용 계산기를 사용하는 경우 통계를 계산할 데이터를 입력한 후 계산을 수행합니다. 입력한 데이터는 기록 영역에 표시되고, 입력한 값은 계산 영역에 표시됩니다.

■ 녹음기

01 [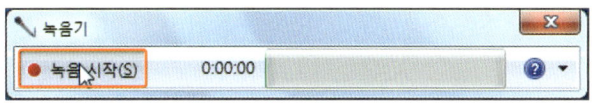(시작)]-[모든 프로그램]-[보조프로그램]-[녹음기]를 클릭합니다.

> 녹음기를 사용하면 소리를 녹음하고 컴퓨터에 오디오 파일로 저장할 수 있습니다. 컴퓨터의 사운드 카드에 연결된 마이크와 같은 오디오 입력 장치가 컴퓨터에 연결되어 있어야 합니다. 수업에 필요한 내용을 간단히 녹음할 때 녹음기를 사용합니다.

02 마이크가 컴퓨터에 연결되어 있는지 확인한 후 [녹음 시작] 단추를 클릭하여 녹음을 시작합니다. 음이 진행되면 소리 크기에 따라 연두색으로 표시됩니다.

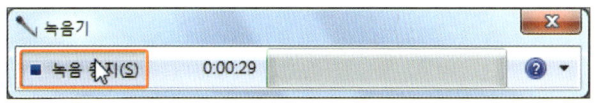

03 녹음을 끝내려면 [녹음 중지] 단추를 클릭합니다.

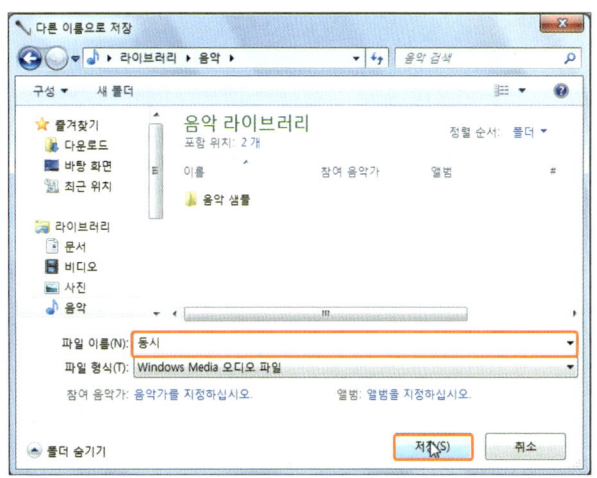

04 [다른 이름으로 저장] 대화 상자가 나타나면 저장 위치를 지정한 후 파일 이름을 입력하고, [저장] 단추를 클릭하여 오디오 파일로 저장합니다.

05 녹음을 다시 시작하려면 [녹음 다시 시작] 단추를 누르고, 녹음을 끝내려면 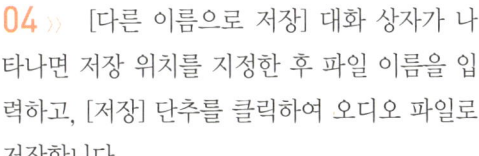를 클릭합니다.

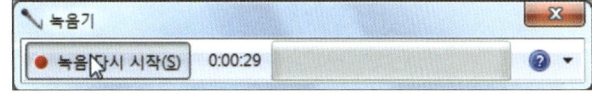

메모장, 스티커 메모, 워드패드   Step 02

이런 기능들이 사용됐어요 ➡ 메모장의 [서식] 메뉴, 스티커 메모의 [+], 워드패드의 [리본]

■ 메모장

01 » [(시작)]-[모든 프로그램]-[보조프로그램]-[메모장]을 클릭합니다.

> 메모장은 텍스트 파일을 보거나 편집할 때 가장 많이 사용되는 텍스트 편집 프로그램으로 확장자는 "*.txt" 입니다.

02 » 메모장이 실행되면 글을 입력하고, 글꼴을 변경하려면 [서식] 메뉴-[글꼴]을 클릭합니다. [글꼴] 대화 상자에서 '글꼴', '글꼴 스타일', '크기'를 변경합니다.

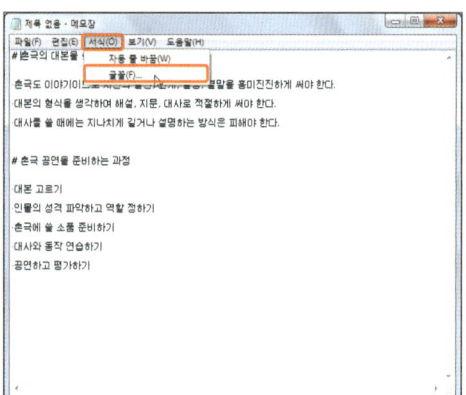 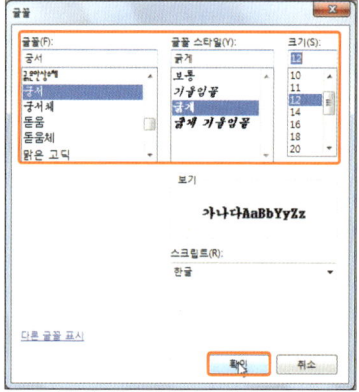

03 » [파일]-[다른 이름으로 저장]을 클릭한 후 파일 이름을 입력하고 텍스트 파일로 저장합니다.

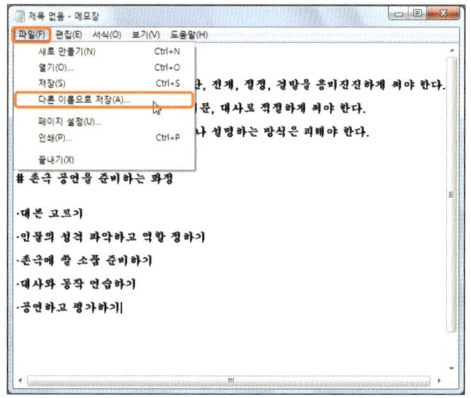 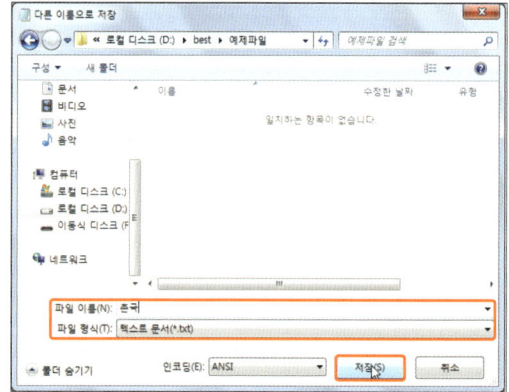

■ 스티커 메모

01 » [■(시작)]-[모든 프로그램]-[보조프로그램]-[스티커 메모]를 클릭합니다.

02 » 스티커 메모 프로그램이 실행되면 오늘의 할 일이나 연락처 등을 입력합니다. 노트북이나 컴퓨터 바탕 화면에 열어놓고 사용하면 편리합니다.

03 » [+(새 메모장)]를 클릭하여 새 메모를 추가합니다.

04 » 새 메모장이 추가되었습니다. 삭제하려면 ✖(메모 삭제)를 클릭하여 메모장을 삭제합니다.

■ 워드패드

01 [(시작)]-[모든 프로그램]-[보조프로그램]-[워드패드]를 클릭합니다.

> 워드패드는 문서를 만들고 편집하는 데 사용할 수 있는 텍스트 편집 프로그램입니다. 메모장과 달리 워드패드 문서에는 다양한 서식과 그래픽을 포함할 수 있으며 사진 또는 기타 문서 등의 개체를 연결하거나 포함할 수 있습니다.

02 워드프로세서와 비슷하여 쉽게 사용할 수 있습니다.

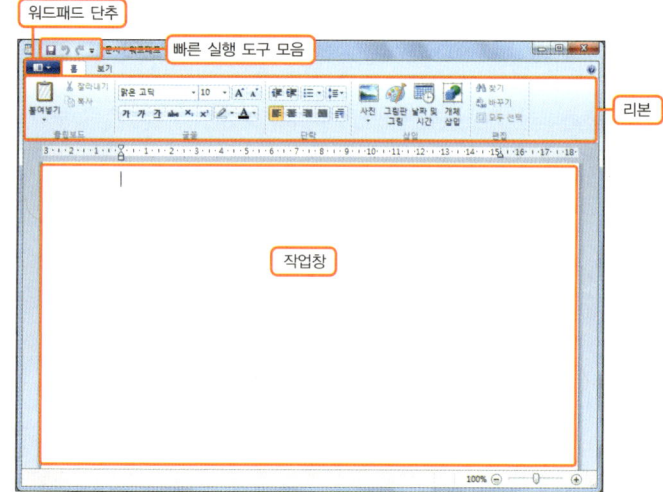

03 글을 입력하고, [삽입] 그룹의 [사진], [그림판 그림], [개체 삽입]을 사용하여 사진이나 개체를 삽입할 수 있습니다.

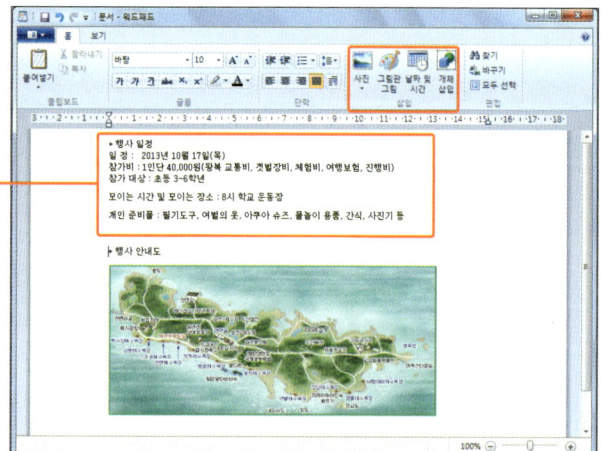

> **개체 삽입**
> 파일 내용을 개체 형태로 문서에 삽입하거나, 다른 프로그램을 실행하여 작성한 개체를 문서에 삽입하는 기능입니다.

그림판과 캡처 도구

Step 03

이런 기능들이 사용됐어요 ➔ 그림판의 [리본] 메뉴, 캡처 도구의 [새로 만들기]

■ 그림판

01 » [🏁(시작)]-[모든 프로그램]-[보조프로그램]-[그림판]을 클릭합니다.

> 그림판은 빈 그리기 영역이나 기존 사진에 그림을 그리는 데 사용하고, 그림판에서 사용하는 도구는 대부분 그림판 창의 위쪽에 있는 리본 메뉴에 있습니다.

02 » 그림판이 열리면 [도구] 그룹의 도구를 사용하여 그림을 그릴 수 있습니다.

03 » [홈] 탭-[도구]-[브러시]-[🖌]를 클릭한 후 [크기]를 클릭하여 굵기를 선택합니다. [색1]을 선택하고, [색] 그룹에서 [분홍색]을 선택하여 그리기 영역에서 하트를 그립니다.

04 >> [도형] 그룹에서 ◯(구름 모양 설명 상자)를 선택하고, [크기]를 클릭하여 굵기를 선택합니다. [색1]을 선택하고, [빨간색]을 클릭한 후 그리기 영역에서 드래그하여 그립니다. 빨간색의 구름 모양 설명 상자가 그려집니다.

05 >> [도구] 그룹의 A(텍스트)를 선택한 후 [색1]을 [검정색]으로 지정하고, 구름 모양 설명 상자 위에서 클릭한 후 텍스트를 입력합니다. 입력한 텍스트를 블록 지정한 후 글꼴 패밀리는 [맑은 고딕]으로, 글꼴 크기는 [28]로 지정합니다. [배경] 그룹을 [투명]으로 지정해야 배경색이 투명하게 나타납니다.

텍스트의 배경색을 지정하려면

[배경] 그룹에서 [불투명]을 선택하고, [색2]를 클릭한 후 색깔을 지정합니다. 그러면 지정한 주황색으로 배경색이 채워집니다.

■ 캡처 도구

01 >> [🌏(시작)]-[모든 프로그램]-[보조프로그램]-[캡처 도구]를 클릭합니다.

02 >> 캡처 도구 창이 나타나면 [옵션] 단추를 클릭하여 캡처 옵션을 설정하고 [확인] 단추를 클릭합니다.

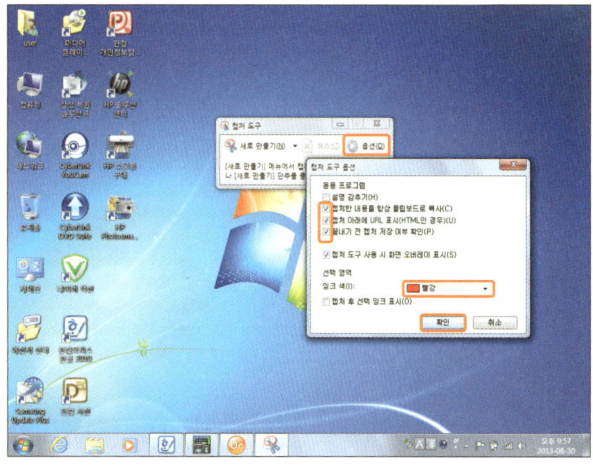

03 >> 캡처할 창을 열고, 캡처 도구 창에서 [새로 만들기]-[창 캡처]를 클릭합니다. 새로 만들기에서는 캡처할 모양을 지정할 수 있습니다.

04 >> 캡처할 창을 클릭하면 캡처 도구 창에 자동으로 나타납니다. [파일] 메뉴-[다른 이름으로 저장]을 클릭하여 캡처를 저장합니다.

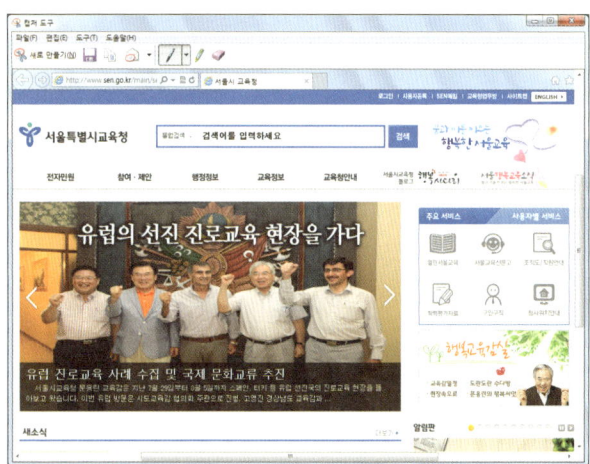

Chapter 01 컴퓨터 기본 지식

수학 식 입력판 Step 04

이런 기능들이 사용됐어요 ➜ [선택 및 수정] 단추

01 » [(시작)]-[모든 프로그램]-[보조프로그램]-[수학 식 입력판]을 클릭합니다.

> 수학 식 입력판은 윈도우7에서 처음으로 제공되는 수학 인식기로 손으로 작성된 수학 식을 인식합니다. 인식된 수학 식을 문서 작성 프로그램이나 계산 프로그램에 삽입할 수 있습니다.

02 » 수학 식 입력판이 실행됩니다.

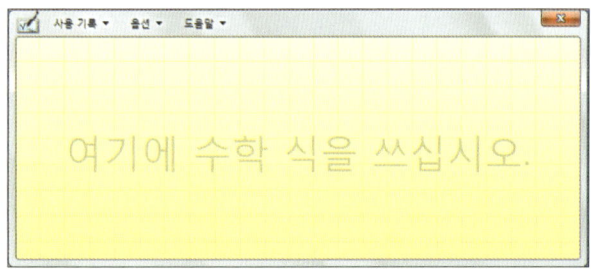

03 » 마우스로 수식을 그리면 미리 보기 영역에 수식이 나타납니다.

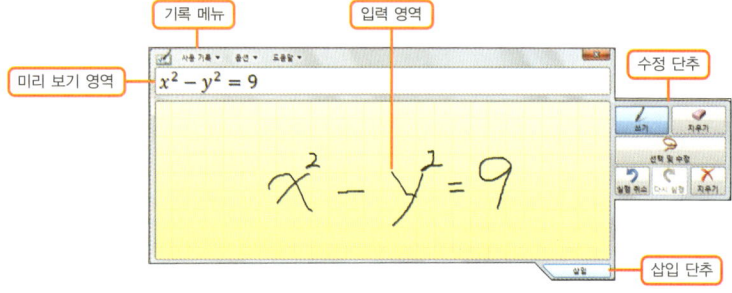

> **수식을 수정하는 방법**
> 수정을 하려면 수정 단추 중 [선택 및 수정] 단추를 클릭한 후 수정할 부분 위에서 드래그하여 선택하고 목록에서 대체 항목을 선택합니다.

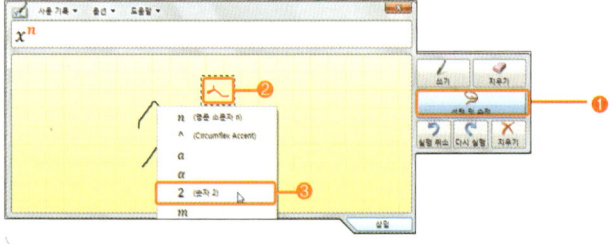

04 수식을 입력할 프로그램을 실행한 후 [삽입] 단추를 클릭합니다. 마이크로소프트사의 문서 작성 프로그램이나 계산 프로그램을 실행하여 수식을 삽입합니다.

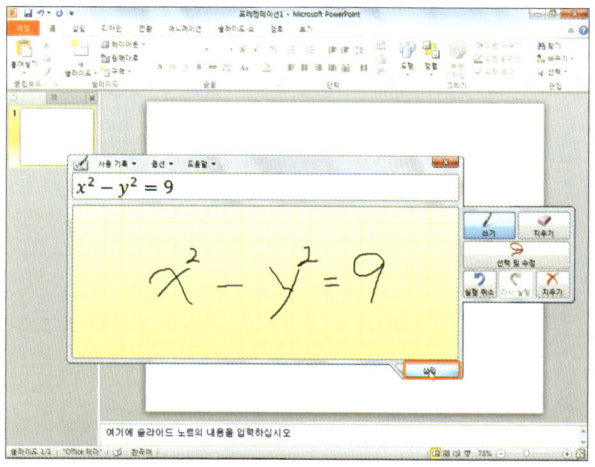

05 문서 작성 프로그램에서 수식이 삽입되어 나타납니다.

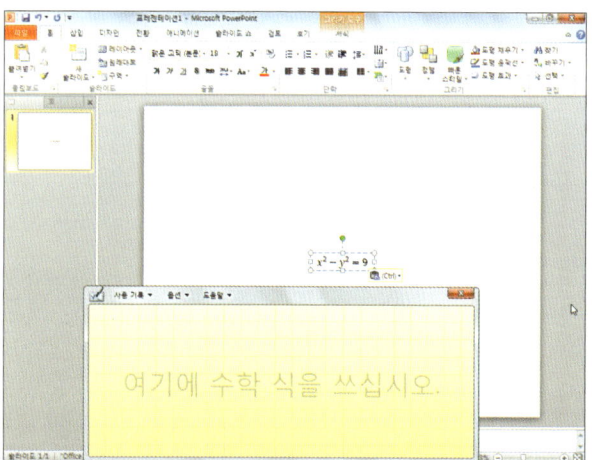

Section 03 윈도우 XP 내 손으로 설치하기

윈도우 XP를 설치한지 오래되면 자연스럽게 불필요한 데이터가 남아있게 되어 컴퓨터를 느리게 하는 원인이 됩니다. 이러한 경우에는 윈도우 XP를 재설치하여 컴퓨터를 최적화시키도록 합니다. 윈도우의 설치는 현재 윈도우가 열려있는 상태에서 복구 설치하는 방법이 있지만, 원인을 해결하기는 어려우므로, 가급적 윈도우 XP를 새로 설치하도록 합니다. 여기서는 윈도우 XP를 새롭게 설치하는 과정을 살펴 보겠습니다.

Section 01 Section 02 **Section 03** Section 04

Section 03 윈도우 XP 내 손으로 설치하기

윈도우 파티션과 포맷하기

Step 01

이런 기능들이 사용됐어요 ➜ 윈도우 설치 프로그램 실행, 파티션 만들기, 파티션을 NTFS 파일 시스템으로 포맷

01 » 컴퓨터의 CD롬에 Windows XP 설치 CD를 넣은 후 컴퓨터를 재부팅합니다. Windows XP 설치 CD로 부팅이 이루어지면서 설치가 시작됩니다. 만일 설치 화면이 나타나지 않으면 컴퓨터 부팅시 Delete 또는 F2 를 눌러 CMOS SETUP 화면에 접속한 다음 'Boot' 순서를 'CD-ROM' 으로 변경한 후 재부팅합니다.

02 » [설치 프로그램을 시작합니다] 화면이 나타납니다. Enter 를 눌러 Windows XP 설치를 실행합니다.

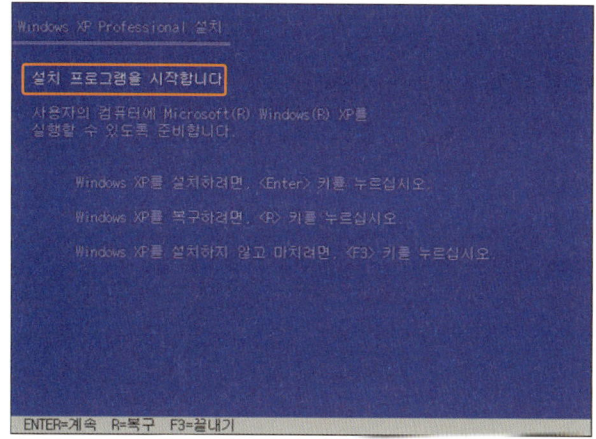

03 » Windows XP 사용권 계약 안내 페이지가 나타납니다. F8 을 눌러 사용권 계약을 동의합니다.

Chapter 01 컴퓨터 기본 지식

04》 키보드 종류를 선택하는 화면이 나타납니다. 키보드의 방향을 움직여 '한글 PS/2 키보드/USB 키보드(103/106키)'를 선택하고 Enter 를 누릅니다.

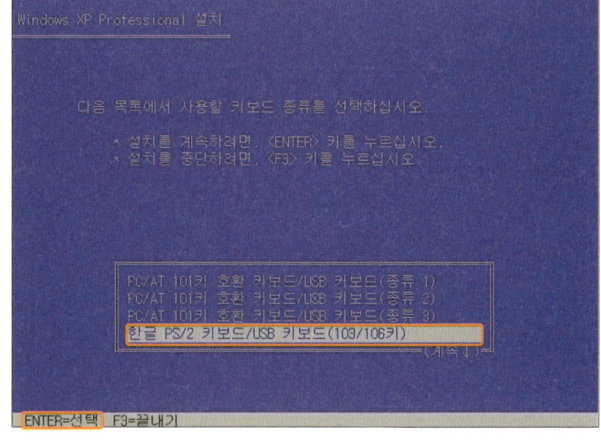

05》 파티션이 없을 경우 분할되지 않은 공간만 표시됩니다. 파티션을 새로 만들기 위해 C 를 누릅니다. 파티션이 존재할 경우 드라이브 목록이 표시됩니다. 바로 드라이브 목록을 클릭해서 윈도우를 설치할 수 있습니다.

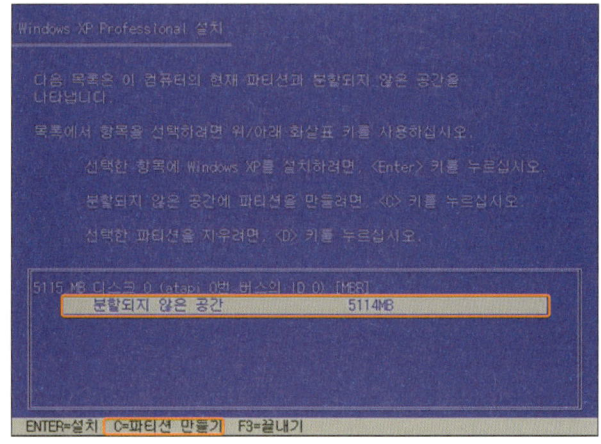

06》 새로 만들 파티션의 크기를 입력한 다음 Enter 를 누릅니다. 만일 하나의 파티션으로 사용하려면 파티션 크기를 최대 크기로 입력합니다.

Section 03 윈도우 XP 내 손으로 설치하기

07 >> 파티션이 만들어 졌으면 두 번째 파티션을 만들기 위해서 '분할되지 않은 공간'을 선택하고 [Enter]를 누릅니다.

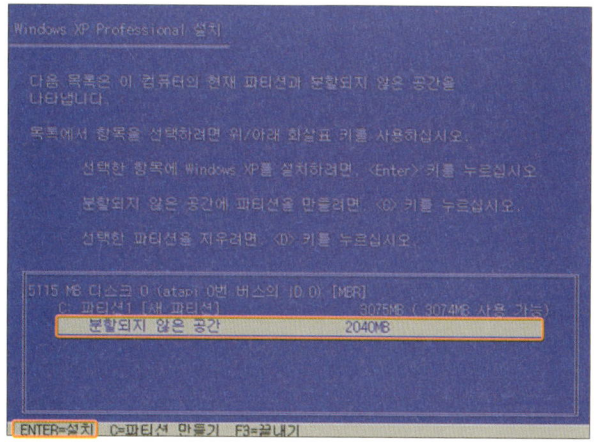

08 >> 파티션이 만들어 졌으면 Windows XP를 설치할 파티션을 선택하고 [Enter]를 누릅니다.

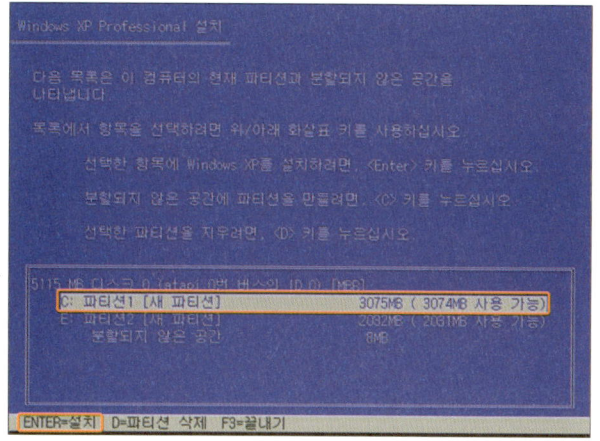

09 >> 선택한 파티션의 포맷을 실행합니다. NTFS 파일 시스템으로 포맷하기 위해서 '파티션을 NTFS 파일 시스템으로 포맷'을 선택하고 [Enter]를 누릅니다.

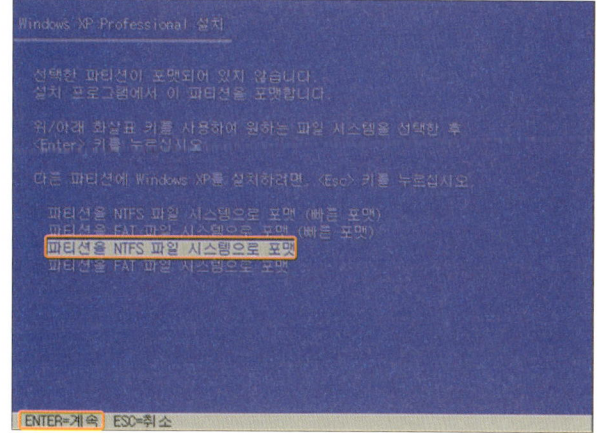

39

10 » 포맷이 진행됩니다. 포맷이 완료되면 윈도우 설치에 필요한 데이터가 설치됩니다.

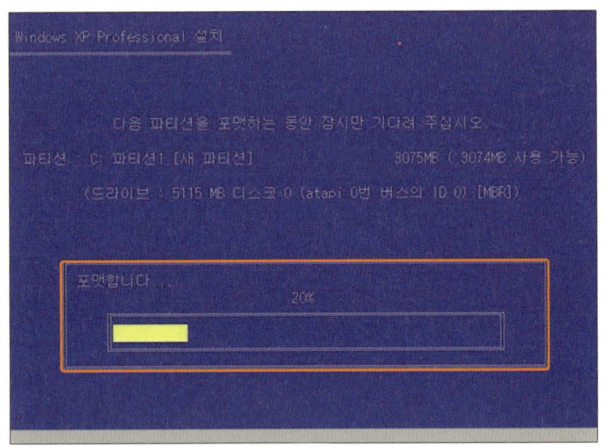

11 » 설치 과정의 일부가 끝났다는 메시지가 나타납니다. 15초 후 자동으로 컴퓨터가 재부팅됩니다. 바로 재부팅하려면 Enter 를 누릅니다.

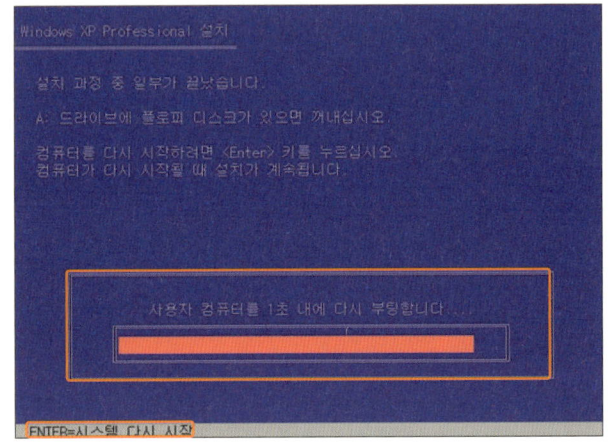

파티션과 NTFS

- 파티션 : 파티션(Patition)은 하나의 하드 디스크를 나누어 여러 개의 드라이브로 만들 수 있도록 해주는 기능입니다. 하드 디스크의 용량이 크다면 2개 이상의 파티션으로 나누는 것이 좋습니다.
- NTFS : NTFS(New Technology File System)는 하드 디스크에 데이터가 잘 저장될 수 있도록 형식을 지정하는 파일 시스템 중 하나입니다. 예전에 사용했던 FAT가 최대 32GB밖에 지원하지 못했던 것에 비해 NTFS는 하드 디스크 크기만큼 고용량을 지원합니다. 최근에 사용되는 대부분의 운영체제는 NTFS를 기본으로 채택되어 있습니다.

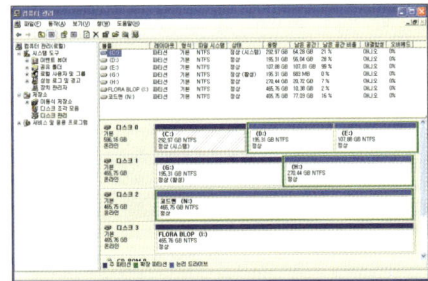

Section 03 윈도우 XP 내 손으로 설치하기

윈도우 기본 설치하기

Step 02

이런 기능들이 사용됐어요 ➡ 단계별로 윈도우 설치, 인터넷 연결 방법 선택, Microsoft에 등록, 사용자 이름 입력

01 >> 컴퓨터가 재부팅되면 Windows 설치가 단계별로 진행됩니다.

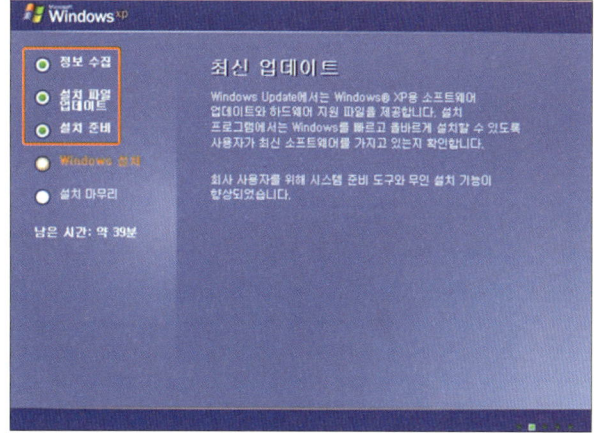

02 >> 국가 및 언어를 선택하는 화면이 나타납니다. 한국어로 설정되어 있는지 확인한 후 [다음] 단추를 클릭합니다.

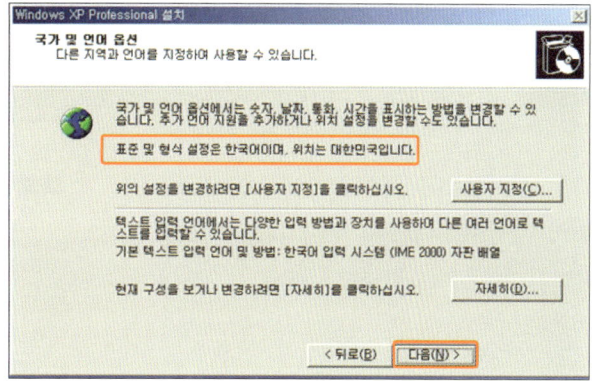

03 >> 사용자 이름과 소속을 입력하고 [다음] 단추를 클릭합니다.

Chapter 01 컴퓨터 기본 지식

04 » Windows XP 시리얼 키를 입력하고 [다음] 단추를 클릭합니다.

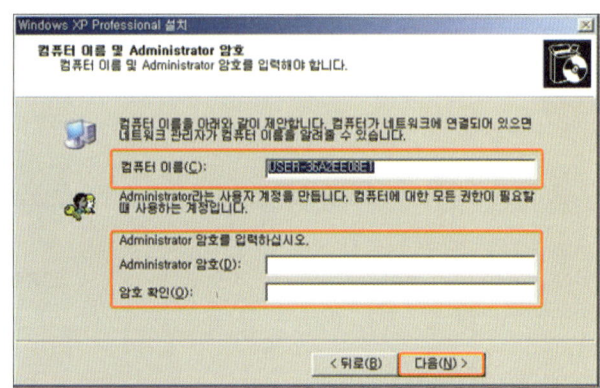

> 시리얼 키는 제품 패키지박스에 부착되어 있습니다.

05 » 컴퓨터 이름을 입력하고 로그인 암호를 입력합니다. 암호를 지정하지 않으려면 암호를 입력하지 않고 [다음] 단추를 클릭합니다.

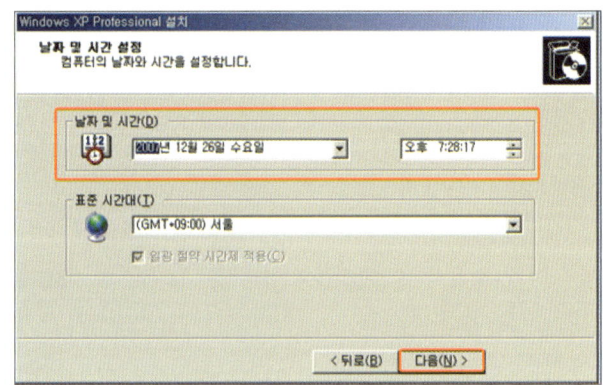

06 » 날짜와 시간을 설정합니다. 날짜와 시간이 맞지 않는다면 날짜와 시간을 수정한 후 [다음] 단추를 클릭합니다.

Section 03 윈도우 XP 내 손으로 설치하기

07 ›› 네트워킹을 설정합니다. 특별한 경우가 아니면 [일반 설정]을 선택하고 [다음] 단추를 클릭합니다.

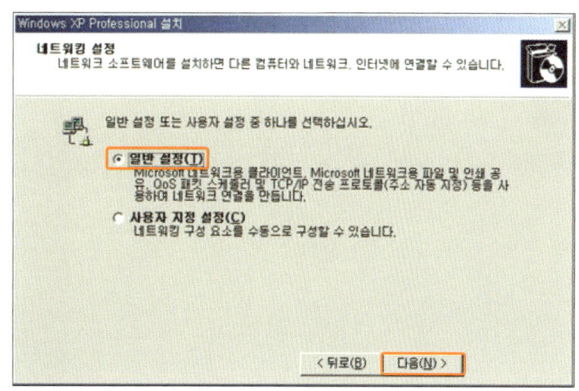

08 ›› 네트워크의 작업 그룹 이름을 지정한 후 [다음] 단추를 클릭합니다.

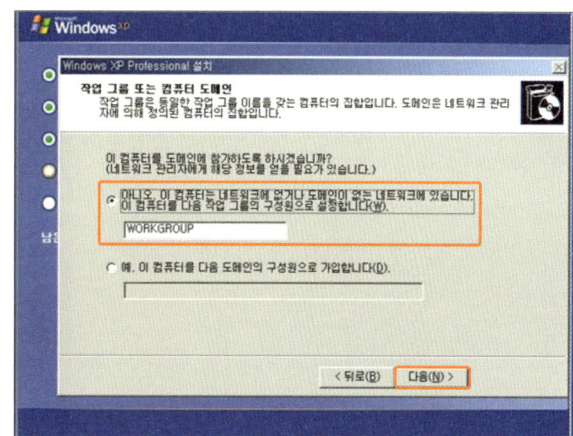

09 ›› 설치가 마무리됩니다. 설치가 완료된 후 Windows XP가 재부팅됩니다. 재부팅되면 모니터에 적절한 해상도를 찾은 후 Windows XP 설정을 시작합니다. [다음] 단추를 클릭합니다.

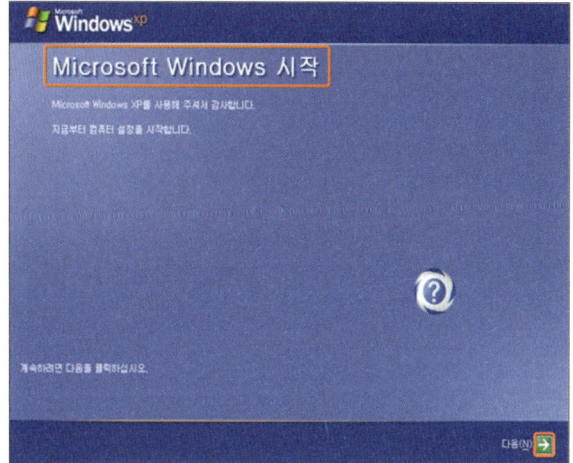

43

10 인터넷 연결 방법을 설정하는 화면이 나타납니다. 첫 번째 항목을 선택한 후 [다음] 단추를 클릭하면 인터넷이 설정됩니다. 반드시 컴퓨터에 인터넷 랜 케이블이 연결되어 있어야 합니다. 만일 랜 케이블을 연결할 수 없으면 두 번째 항목인 '아니오'를 선택합니다.

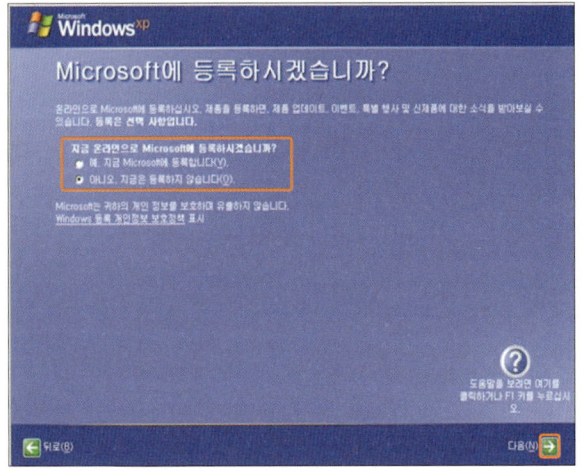

11 Microsoft 등록을 묻는 화면이 나타납니다. Microsoft 등록을 바로 설정하려면 첫 번째 항목인 '예'를 선택합니다. 나중에 설정하려면 두 번째 항목인 '아니오'를 선택하고 [다음] 단추를 클릭합니다.

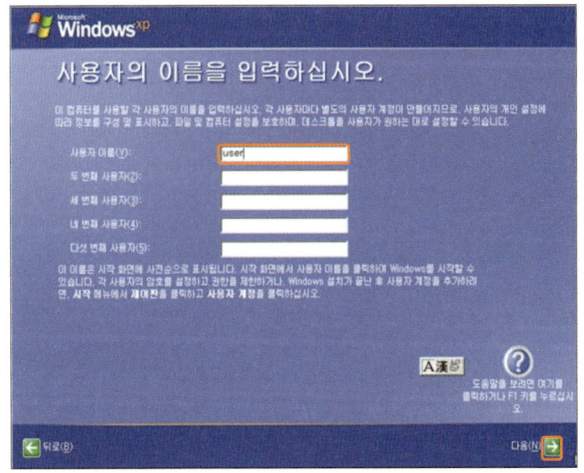

12 컴퓨터를 사용할 사용자의 이름을 입력하고 [다음] 단추를 클릭합니다. 만일 여러 명일 경우 각각의 글상자에 순서대로 입력합니다. 두 번째 이상은 윈도우 설치 완료 후에 다시 설정할 수 있습니다.

13 » 윈도우 설치 과정이 완료되었다는 메시지가 나타납니다. [마침] 단추를 클릭하여 윈도우 설치를 마칩니다.

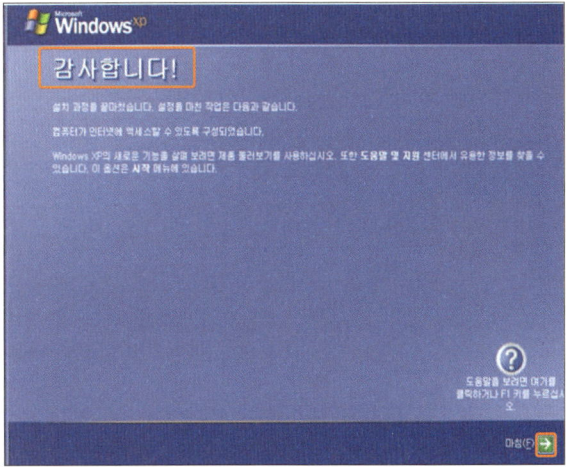

14 » 잠시 후 윈도우가 실행됩니다. 모든 설치가 완료되었으므로 Windows XP 설치 CD를 CD-ROM 드라이브에서 뺍니다.

장치 드라이브 설치하기

윈도우를 설치한 후 그래픽 카드, 사운드 카드, 랜 카드의 드라이버 설정을 해주어야 합니다. 요즘에 출시되는 마더보드는 사운드 카드, 그래픽 카드, 랜 카드 등이 일체형으로 출시되는 경우가 대부분이므로 마더보드 구매시 포함되어 있는 설치 CD를 이용하여 드라이버 설치를 반드시 해주도록 합니다. 모든 설치를 완료한 후 [제어판]-[시스템]을 실행한 후 [하드웨어]-[장치 관리자]를 클릭하여 장치들이 제대로 설치되었는지 확인합니다. 만일 장치가 제대로 설치되지 않았다면 물음표 아이콘이 표시됩니다. 물음표 아이콘을 열어서 문제되는 장치가 무엇인지 확인하고 해당 드라이버를 설치하도록 합니다.

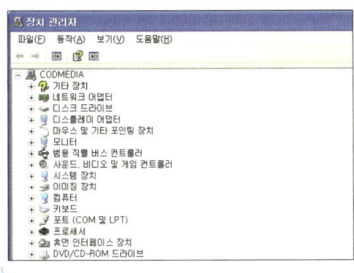

Section 04 선생님을 위한 컴퓨터 백업과 복원의 모든 것

데이터 백업을 해두면 만일의 경우에 대비할 수 있습니다. 데이터 백업을 하면서 시스템 이미지까지 만들 수 있어서 윈도우가 오류가 나거나 바이러스, 알 수 없는 오류로 인해 불가피한 상황에서 시스템 이미지를 만들어놓으면 다시 백업했던 때로 되돌릴 수 있습니다. 실수로 삭제한 파일도 데이터 백업만 잘 해놓으면 다시 복원할 수 있으므로 컴퓨터를 운영할 때 데이터 백업과 복원은 그 무엇보다 중요합니다.

Section 01 | Section 02 | Section 03 | **Section 04**

Section 04 선생님을 위한 컴퓨터 백업과 복원의 모든 것

데이터 백업하기 Step 01

이런 기능들이 사용됐어요 ➜ 제어판의 [컴퓨터 백업]

01 ▶▶ [(시작)]-[제어판] 을 클릭한 후 [컴퓨터 설정 변경] 창에서 [컴퓨터 백업]을 클릭합니다.

02 ▶▶ [사용자 파일 백업 또는 복원] 창에서 [백업 설정]을 클릭합니다.

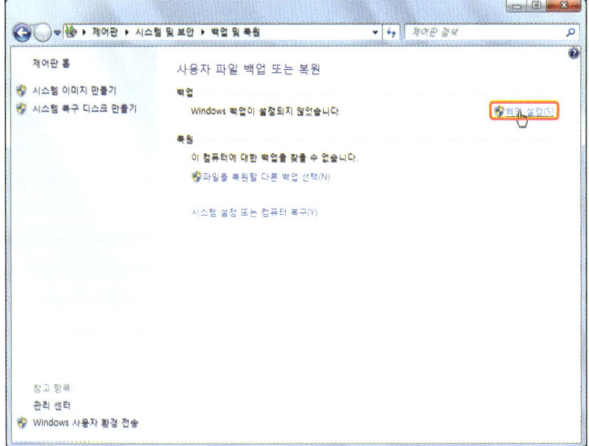

03 ▶▶ 백업을 시작하는 동안 잠시 기다려 달라는 [백업 설정] 창이 나타난 후 [백업을 저장할 위치 선택] 창이 나타납니다. USB로 연결한 외부 하드 드라이브에 저장하는 것이 좋으므로 외부 하드 드라이브를 선택합니다.

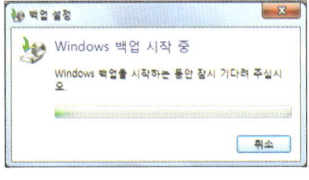
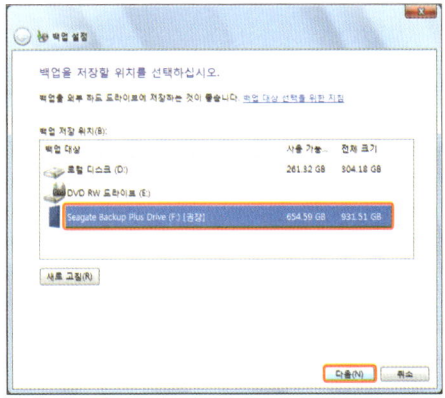

47

백업을 윈도우가 설치되어 있지 않은 하드 드라이브의 파티션에 저장할 수 있지만 이 경우 드라이브에 오류가 발생하면 백업이 손실이 될 수 있으므로 외부 하드 드라이브를 선택합니다.

04 백업 대상 선택에서 '자동 선택'을 선택한 후 [다음] 단추를 클릭합니다.

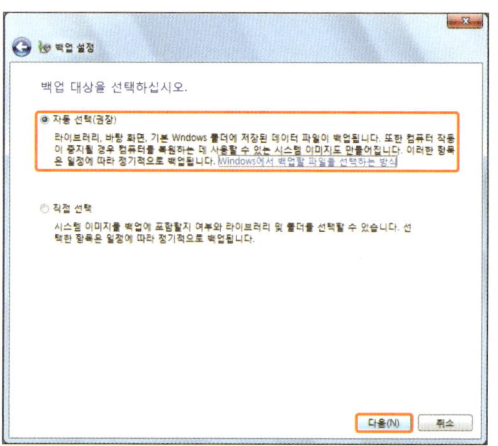

'직접 선택'을 선택하면 시스템 이미지 백업을 포함할지 여부와 라이브러리 및 폴더를 선택할 수 있습니다. 시스템 이미지는 포맷 후에 가장 컴퓨터 환경이 깨끗할 때 만들어놓는 것이 좋으므로, 포함할지 제외할지를 결정한 후 백업 대상을 선택하는 것이 좋습니다.

05 라이브러리, 폴더 및 시스템 이미지까지 포함되어 있습니다. 백업 설정을 검토한 후 [설정 저장 및 백업 실행] 단추를 클릭합니다.

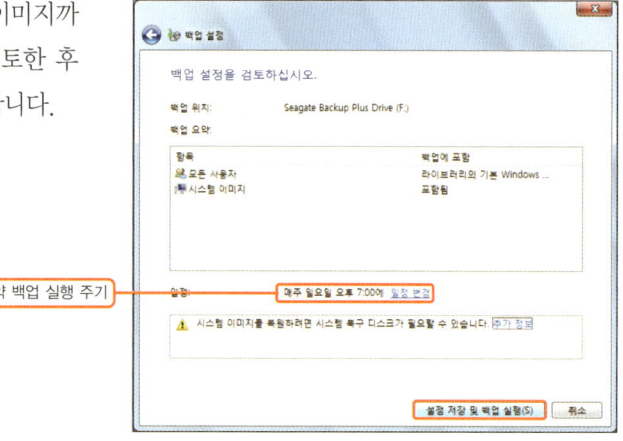

예약 백업 실행 주기 변경

예약 백업을 실행하려면 일정한 주기를 선택해야 합니다. 일정에서 '일정 변경'을 클릭하면 주기, 날짜, 시간을 설정하여 예약 백업 실행 일정을 변경할 수 있습니다. 변경한 후에는 [확인] 단추를 클릭합니다.

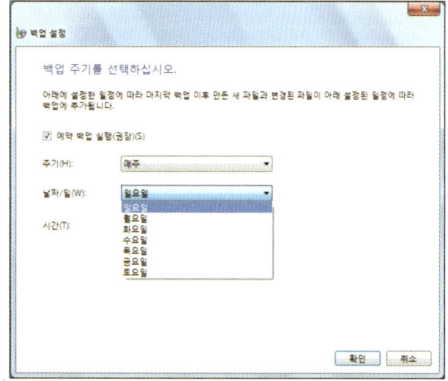

06 » [사용자 파일 백업 또는 복원] 창에서 백업이 진행됩니다.

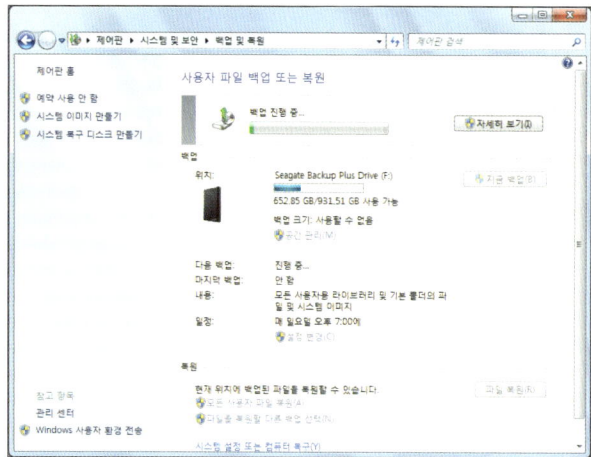

07 » [사용자 파일 백업 또는 복원] 창에서 백업 진행이 완료되면, '백업'에서 백업 위치와 다음 백업 날짜, 마지막 백업 날짜가 표시됩니다.

08 » 백업을 한 외부 하드 드라이브를 열면 PC 데이터 백업 폴더와 시스템 이미지 백업 폴더를 확인할 수 있습니다.

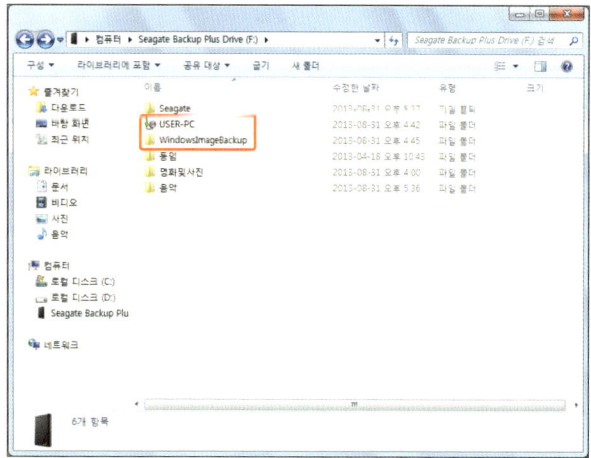

백업한 파일 복원하기 Step 02

이런 기능들이 사용됐어요 ➡ [파일 복원]

01〉〉 [사용자 파일 백업 또는 복원] 창의 '복원'에서 [파일 복원] 단추를 클릭합니다.

02〉〉 복원할 파일과 폴더의 백업을 찾기 위해 [검색] 단추를 클릭합니다.

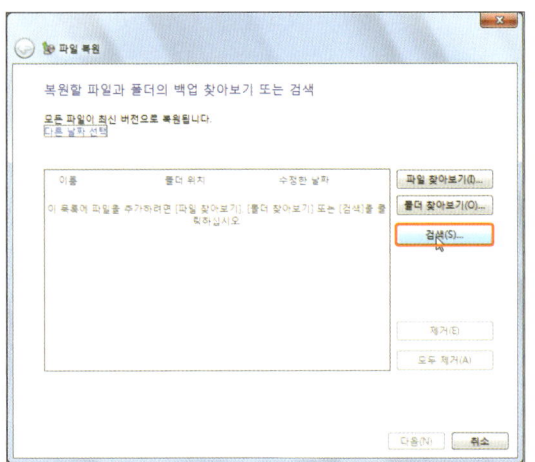

03〉〉 검색 대상을 '동시'로 입력하고 [검색] 단추를 클릭합니다. 복원할 파일이 검색되면 선택한 후 [확인] 단추를 클릭합니다.

04 >> 검색된 모든 파일을 최신 버전으로 복원하기 위해 [다음] 단추를 클릭합니다.

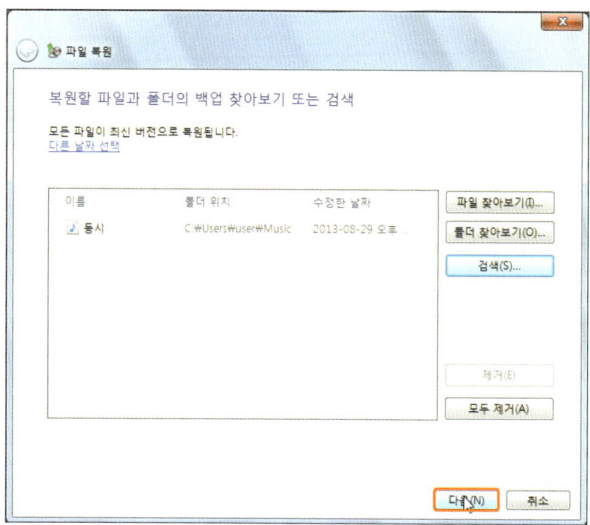

05 >> 파일을 복원할 위치를 '원래 위치'로 선택하고, [복원] 단추를 클릭합니다.

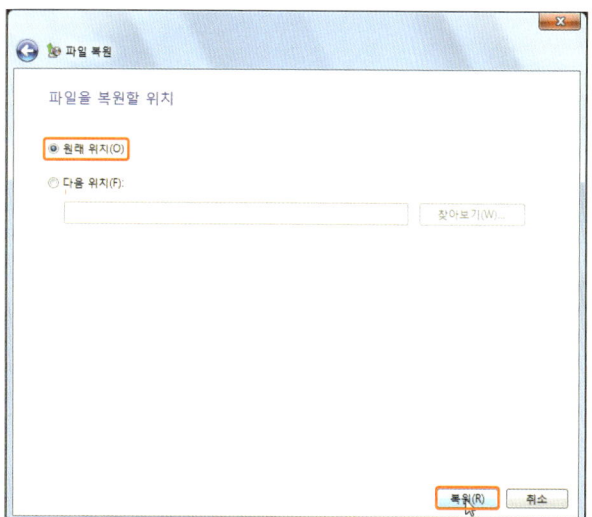

06 >> 파일 복원이 완료되면 [마침] 단추를 클릭합니다. '복원된 파일 보기'를 클릭하면 복원된 파일을 확인할 수 있습니다. 데이터가 삭제되거나 오류가 난 경우 사용하면 유용합니다.

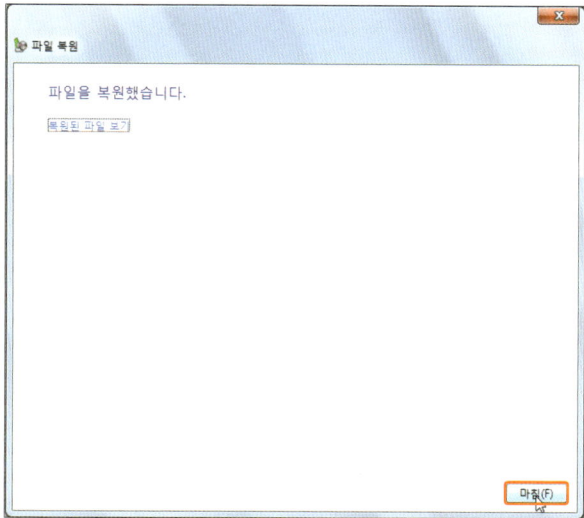

시스템 이미지로 복원하기 — Step 03

이런 기능들이 사용됐어요 ➜ 시스템 이미지로 복원

01 » 시스템 이미지로 백업해 두었다면 컴퓨터에 문제가 생겼을 때 시스템을 백업한 시점으로 복원할 수 있습니다. 컴퓨터 전원을 켠 후 F8 을 계속 누르면 부팅 옵션 화면으로 전환됩니다. 메인보드마다 부팅 옵션 키가 다르지만 보통은 F8 을 누릅니다. [컴퓨터 복구]를 선택하고 Enter 를 누릅니다.

> 시스템 이미지는 [🌐(시작)]-[제어판]-[컴퓨터 백업]을 클릭한 후 [시스템 이미지 만들기]를 클릭하여 만듭니다.

02 » 'Windows에서 파일 로드 중…' 화면이 나타난 후에 키보드 입력 방법 선택에 'Microsoft 한글 입력기'를 선택하고 [다음] 단추를 클릭합니다.

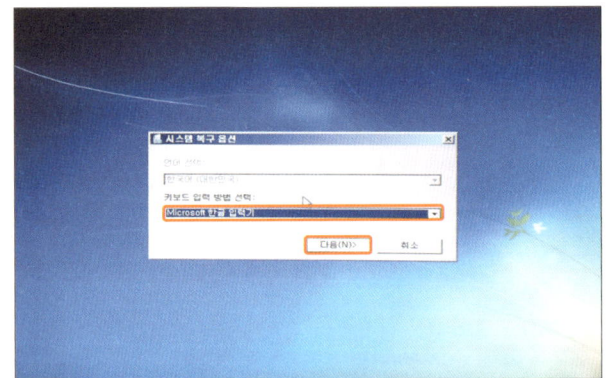

03 » 관리자 계정 암호를 설정해두었다면 암호를 입력하고, [확인] 단추를 클릭합니다.

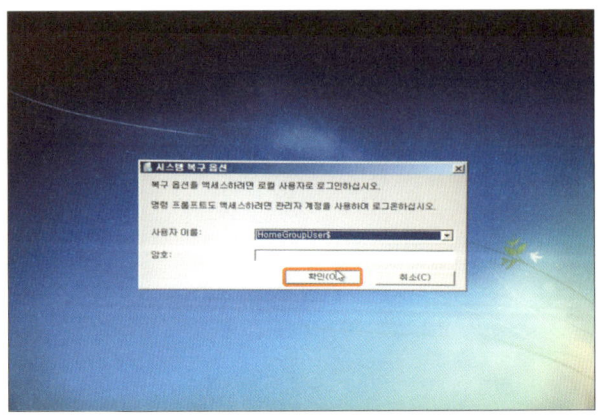

Section 04 선생님을 위한 컴퓨터 백업과 복원의 모든 것

04 복구 도구 선택에서 '시스템 이미지 복구'를 선택합니다.

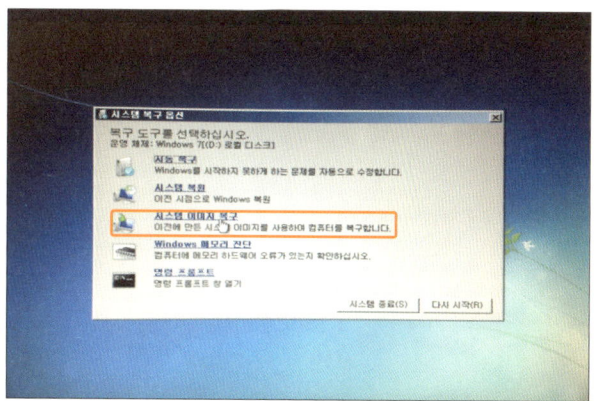

05 시스템 이미지 백업 선택에서 '사용 가능한 최신 시스템 이미지 사용(권장)'을 선택한 후 계속 [다음] 단추를 클릭합니다. 이미지로 컴퓨터 다시 설치 창의 [마침] 단추를 클릭합니다.

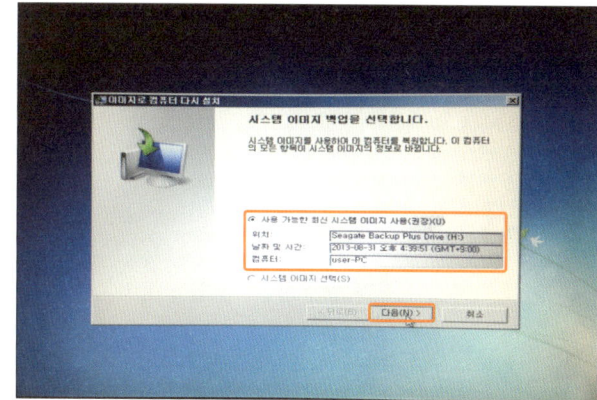

> 시스템 이미지를 많이 만들어놓았다면 '시스템 이미지 선택'을 선택하여 원하는 백업 이미지를 선택하여 다시 설치합니다. 윈도우 포맷을 한 후 필요한 프로그램과 드라이버만 설치해 둔 후 시스템 이미지를 만들어 놓으면 컴퓨터에 문제가 생겼을 때 컴퓨터를 깨끗한 상태로 복원할 수 있습니다.

06 시스템 이미지를 사용하여 컴퓨터 복원이 시작됩니다. 복원되는 동안 잠시 기다리면 백업 이미지를 만들었던 때로 복원됩니다.

복원 시점으로 시스템 복원하기 Step 04

이런 기능들이 사용됐어요 ➡ [시스템 복원]

01 ›› [(시작)]-[모든 프로그램]-[보조프로그램]-[시스템 도구]-[시스템 복원]을 클릭합니다.

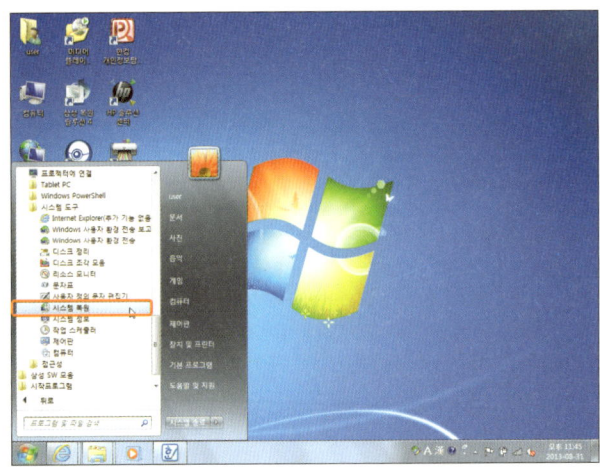

시스템 복원 메뉴를 사용하면 복원 시점이 자동으로 작성되기 때문에 여러 개의 복원 시점 중에서 선택하여 윈도우를 이전 상태로 되돌릴 수 있습니다.

02 ›› [시스템 복원] 대화 상자가 나타나면 시스템 파일 및 설정 복원에서 '권장 복원'을 선택한 후 [다음] 단추를 클릭합니다.

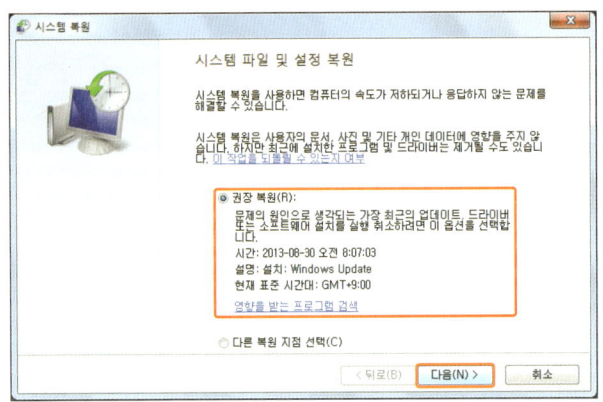

'다른 복원 지점 선택'을 선택하면 여러 개의 복원 시점 중에서 선택하여 진행할 수 있습니다.

03 ›› 복원 지점 확인에서는 복원 지점을 확인한 후 [마침] 단추를 클릭합니다.

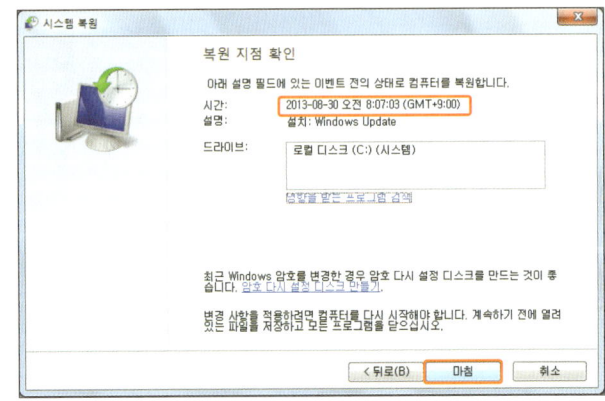

04 >> 시스템 복원을 일단 시작하면 중단할 수 없다는 경고창에 [예] 단추를 클릭합니다.

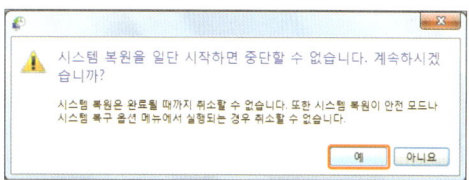

05 >> 컴퓨터가 재부팅되면서 시스템 복원을 진행합니다.

06 >> 복원이 완료되면 컴퓨터가 켜지고, 시스템 복원이 완료되었다는 창이 나타납니다. [닫기] 단추를 클릭합니다.

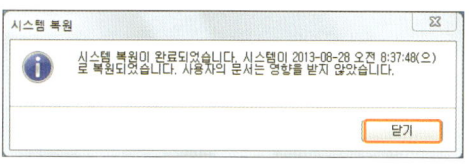

07 >> 시스템 복원을 취소하고 싶을 때는 [(시작)]-[모든 프로그램]-[보조프로그램]-[시스템 도구]-[시스템 복원]을 클릭합니다. [시스템 복원] 대화 상자가 나타나면 '시스템 복원 실행 취소'를 선택한 후 [다음] 단추를 클릭하여 시스템 복원을 취소합니다.

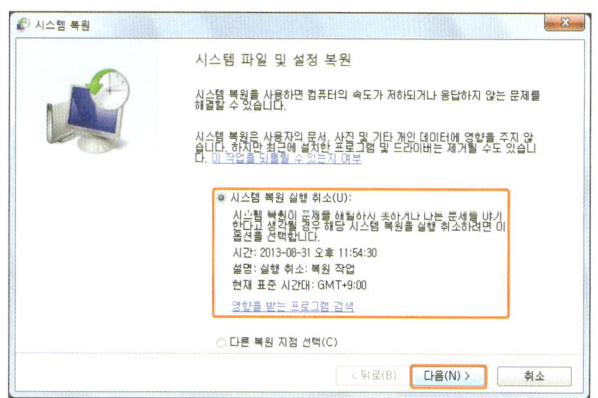

Chap 02

컴 퓨 터 활 용 B E S T 3 0

Section 05	멋지고 화려한 체험학습 안내문 만들기
Section 06	시험지 만들기에서 막히는 한글 2007의 기능 알기!
Section 07	사진을 배경으로 넣은 폼나는 주간교육계획서 만들기
Section 08	사진이 들어간 개성톡톡! 학생 이름표 만들기
Section 09	학습지도안 만들기에서 가장 막히는 부분 해결하기!
Section 10	한글 2007로 우리 반 성적 다양하게 관리하기!
Section 11	메일머지로 학생 정보만 바뀌는 상장 만들기
Section 12	한글2007의 다양한 기능을 사용하여 학급 신문 꾸미기

한글 2007 활용

한글 2007은 누구나 쉽게 사용할 수 있는 문서 작성 기능을 갖추고 있는 대표적인 워드프로세서 프로그램입니다. 기존 버전보다 쉽고 빠르게, 그리고 다양하게 문서를 작성할 수 있어서 처음 배우는 초보자나 기존의 버전을 사용하던 사용자 모두 손쉽게 사용할수 있습니다. 여기서는 한글 2007의 편집기능과 표만들기, 사진삽입하기, 함수식 활용하기 등을 이용해 학교에서 사용되는 여러종류의 문서작성법에 대해 배워보겠습니다. 꼼꼼하게 정리된 사진 설명을 따라하다보면 학교업무에서 부딪혔던 문서작성의 어려움은 어느새 사라지고 능숙한 업무처리능력을 가진 자신을 발견하게 될 것입니다.

Section 05
멋지고 화려한 체험학습 안내문 만들기

다단 편집과 제책 편집 기능을 이용하면 여러가지 종류의 안내문을 만들 수 있습니다. 안내문을 만들 때 다단을 분리하는 방법과 글상자로 자유롭게 글을 배치하고 제목을 꾸미는 기능, 그리고 그리기 개체를 활용하여 체험학습을 소개하는 안내문을 만들어 보도록 하겠습니다.

Section 05 | Section 06 | Section 07 | Section 08 | Section 09 | Section 10 | Section 11 | Section 12

| 완성 파일 : 예제파일\안내문-결과.hwp |

주5일 수업을 보람차게!
안면도 갯벌체험

행사 소개

갯벌은 바닷물이 밀려오면 바다가 되고, 바닷물이 빠져나가면 땅이 되기 때문에 바다도 되고 땅도 된 답니다.
갯벌의 뜻은 바닷물이 해안가로 밀려오는 밀물 때 에는 바닷물로 덮여 있으나 바닷물이 빠져 나가는 썰물 때에는 육지로 드러나는 바닷가의 펀펀한 곳 을 말합니다. 즉 바다가 진흙이든 모래이든 또는 자 갈이든 상관없이 밀물과 썰물에 의해 바다도 되고 육지도 되는 지역을 뜻합니다.

이번 행사는 신나게 뛰어 놀 수 있는 갯벌에서 맛 조개, 모시조개, 골뱅이 바닷게 등을 직접 눈으로 보고 만져 보는 갯벌체험 학습입니다.

바닷물로 소금을 만드는 과정을 직접 체험해 보는 염전체험과 바다 위를 걸어보는 신기한 부교체험. 무더운 여름, 푸른 바다 안면도 해변에서 신나는 해 수욕과 물총 서바이벌로 더위를 날려 버립시다.

행사지 소개

면적 87.96㎢, 인구 1만 2536명(2006)이다. 우리나 라에서 여섯 번째로 큰 섬으로, 태안반도 중간에서 남쪽으로 뻗은 남면반도의 남쪽 끝에 자리 잡고 있 다. 통일신라시대에는 고량국, 고려시대에는 안면소· 광지향, 조선시대에는 안상면·안하면이라 하였으며, 임진왜란 뒤에 안면소·안면곶이라고 하였다.

1895년에는 태안군에 속하였으나, 1914년 행정구 역 개편으로 안상면·안하면이 안면면에 병합되어 서 산군에 속하였다. 1980년 안면면이 안면읍으로 승 격되었으며, 1989년 서산군에서 태안군이 분리되어 오늘에 이른다.

안면읍은 본래 곶으로서 육지인 남면과 연륙되어 있었는데, 삼남지역의 세곡을 실어 나르는 것이 불 편하자 조선 인조 때 지금의 안면읍 창기리와 남면 의 신온리 사이를 절단함으로써 섬이 되었다. 현재 는 연륙교로 육지와 이어져 있다.

북쪽에 솟은 국사봉(107m)을 제외한 대부분의 지역 이 해발고도 100m 이하의 낮은 구릉지와 평지로 이루어져 있다. 해안은 드나듦이 복잡하고 조수간만 의 차가 커 간조 때에는 간석지가 넓게 펼쳐진다. 1 월 평균기온은 -2.7℃, 8월 평균기온은 25.6℃, 연 강수량은 1,155㎜이며, 겨울에 눈이 많이 내린다.

주민은 대부분 농업에 종사하며, 농산물로 쌀·보리· 콩·고구마·고추·마늘 등이 생산되는데, 특히 고추와 마늘은 생산량이 많아 상인들과의 직거래가 이루어 지기도 한다. 연근해에서는 남방불장어·우럭·낙지 등이 잡히며, 김·굴·새우류·바지락·백합 등의 양 식과 천일제염이 이루어진다.

제책 방식으로 문서 속성 설정하기

Step 01

이런 기능들이 사용됐어요 ➜ 맞쪽, 페이지 설정, 여백 설정

01 한글 2007을 실행한 다음 '안내문.hwp' 문서를 엽니다. 문서를 펼침면으로 보기 위해서 [화면 확대 및 축소]의 내림 단추를 클릭한 다음 [맞쪽]을 선택합니다.

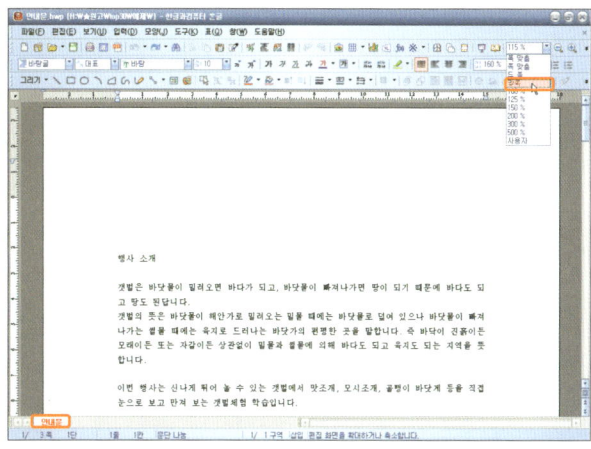

02 첫 페이지가 오른쪽, 두 번째 페이지가 왼쪽에 나타납니다. 첫 페이지가 선택된 상태에서 [모양] 메뉴에서 [새 번호로 시작]을 클릭합니다.

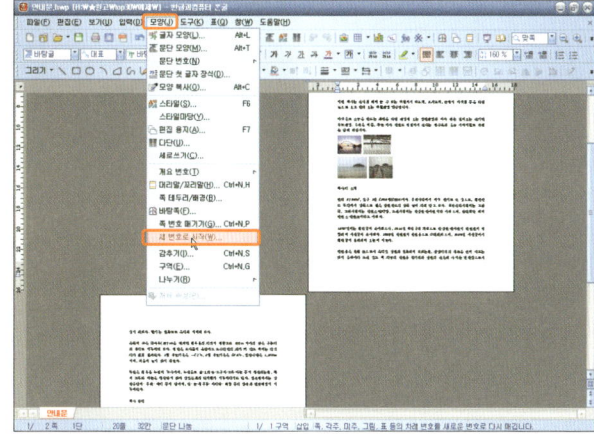

> 제책의 특성상 첫 페이지는 오른쪽에 위치합니다.

03 [쪽 번호]를 선택한 다음 [시작 번호]에 '2'를 입력하고 [넣기] 단추를 클릭합니다.

04 ▶▶ [편집 용지] 단추를 클릭하면 나타나는 [편집 용지] 대화 상자에서 [제책]에 [맞쪽], [안쪽]에 '30', [바깥쪽]에 '20'을 입력하고 [설정] 단추를 클릭합니다.

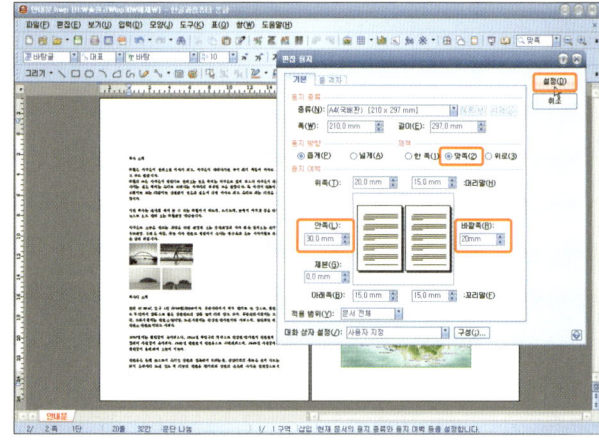

05 ▶▶ 첫 페이지가 오른쪽으로 이동되었습니다.

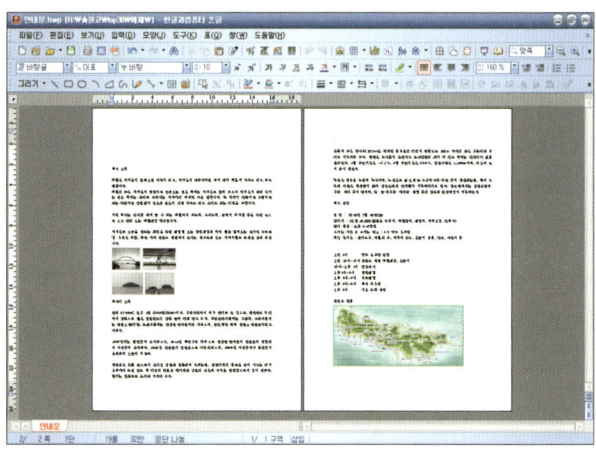

제책 방식

제책이란 인쇄된 종이를 책처럼 만드는 것을 말합니다. 책의 표지를 넘기면 1면이 오른쪽에 위치합니다. 그러므로 첫 페이지는 반드시 오른쪽에 위치합니다. 즉 홀수 페이지는 반드시 오른쪽에 위치하게 됩니다. 그리고 안쪽 여백은 왼쪽 페이지는 오른쪽 여백이고 오른쪽 페이지는 왼쪽 여백이 됩니다. 안쪽 여백은 제본했을 때 본문이 가려서 보이지 않을 정도로 충분한 여백을 주어야 합니다.

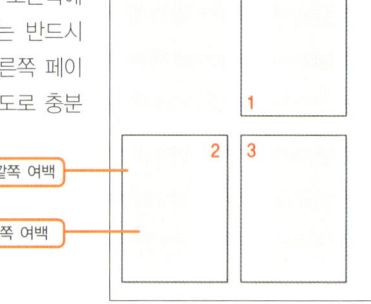

다단 편집하기

Step 02

이런 기능들이 사용됐어요 ➜ 다단 설정 나누기

01》 두 번째 페이지부터 문서를 좌우로 나누기 위해서 두 번째 페이지 첫 줄을 클릭해서 커서를 위치시킨 다음 [모양] 메뉴에서 [다단]을 클릭합니다.

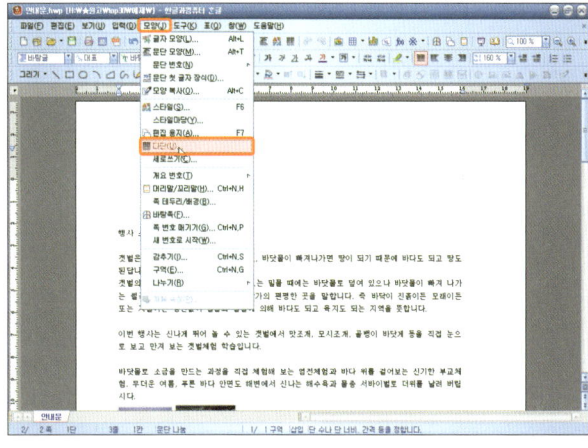

02》 [단 종류]에 [일반 다단], [자주 쓰이는 모양]에 [둘]을 클릭한 다음 [설정] 단추를 클릭합니다.

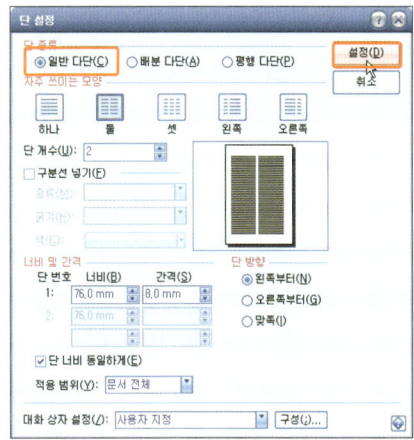

· 다단은 커서가 있는 위치를 중심으로 아래에 다단이 적용됩니다. 즉 커서가 있는 위치 앞에는 다단이 적용되지 않습니다.

03》 Enter를 눌러 줄을 늘리고 Delete를 눌러 줄을 삭제하여 왼쪽에는 '행사 소개', 오른쪽에는 '행사지 소개'가 배치되도록 꾸밉니다.

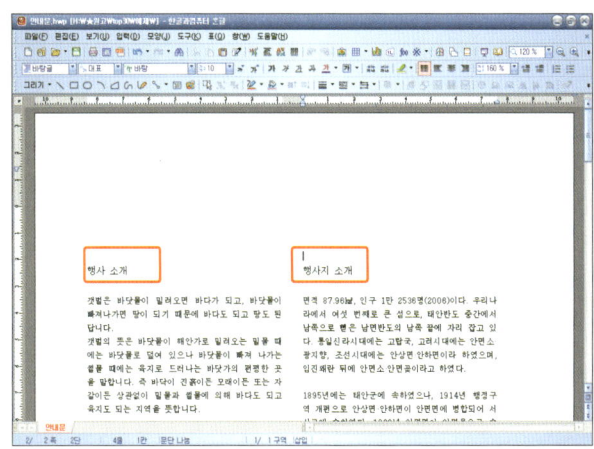

04 '행사 일정' 내용을 다음 페이지로 이동하기 위해서 '행사 일정' 글 앞을 클릭해서 커서를 위치시킨 다음 `Ctrl`+`Enter`를 누릅니다.

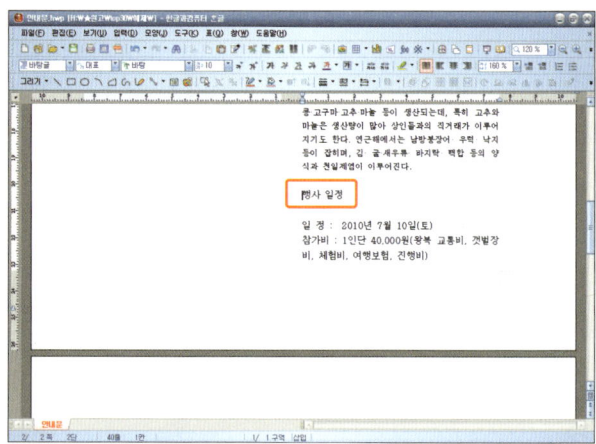

05 세 번째 페이지에서 첫 줄을 클릭해서 커서를 위치시킨 다음 [모양] 메뉴에서 [나누기]-[다단 설정 나누기]를 클릭합니다. [모양] 메뉴에서 [다단]을 클릭한 다음 [자주 쓰이는 모양]에 ▤ [하나] 단추를 클릭한 다음 [설정] 단추를 클릭합니다.

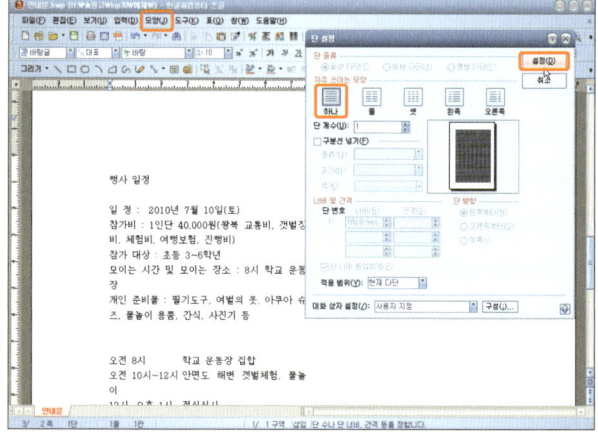

> [다단 설정 나누기]는 다단 종류를 변경할 때 다단 변경 위치를 지정해주는 기능입니다.

06 두 번째 페이지는 다단으로 표시되고 세 번째 페이지는 다단이 설정되지 않습니다.

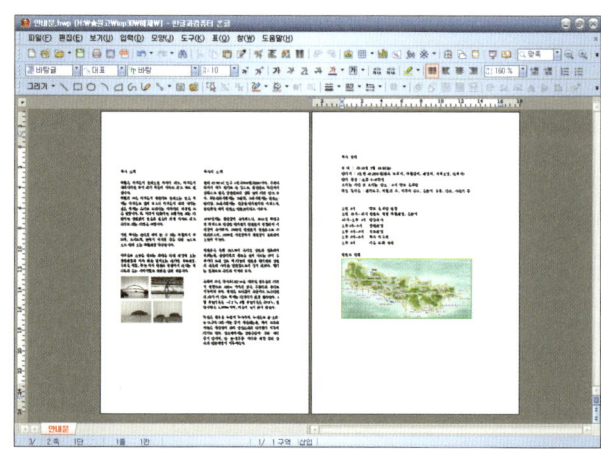

Section 05 멋지고 화려한 체험학습 안내문 만들기

제목과 본문 돋보이게 만들기 Step 03

이런 기능들이 사용됐어요 ➜ 도형 속성 설정, 글자 꾸미기, 글자 모양과 문단 모양 복사, 붙여넣기

01 〉〉 두 번째 페이지를 연 다음 ▣ [직사각형] 단추를 클릭하고 글이 모두 포함되도록 마우스로 드래그합니다.

02 〉〉 도형을 선택한 상태에서 [선색]과 [채우기 색] 단추를 클릭해서 [흰 감색]을 설정합니다.

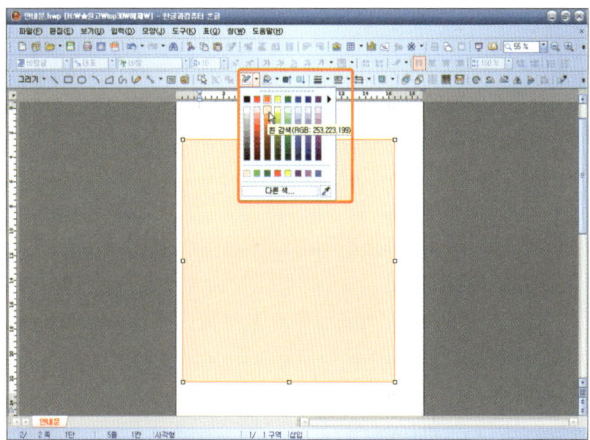

03 〉〉 도형을 더블 클릭하면 나타나는 [개체 속성] 대화 상자에서 [본문과의 배치]에 ▩ [글 뒤로] 단추를 클릭한 다음 [설정] 단추를 클릭합니다.

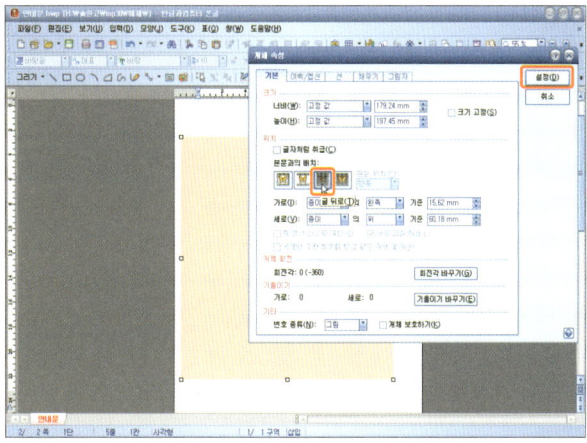

63

04 >> Ctrl+C를 눌러 도형을 복사한 다음 세 번째 페이지로 이동한 후 Ctrl+V를 눌러 도형을 붙여 넣어서 꾸밉니다.

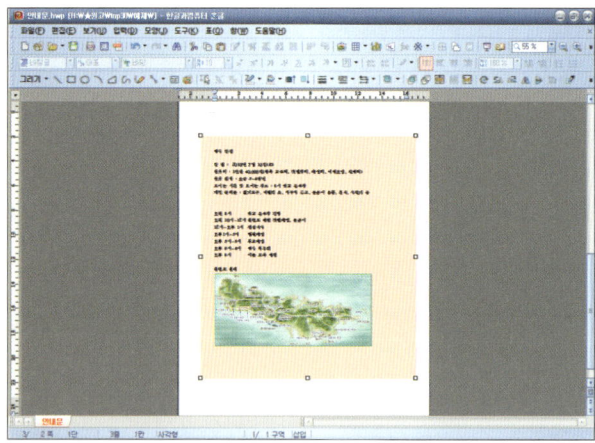

05 >> 두 번째 페이지에서 '행사 소개' 글 뒤에 커서를 위치한 후 Spacebar 를 눌러 간격을 만들어 준 후 글자 속성을 설정하기 위해서 [모양] 메뉴에서 [글자 모양]을 클릭합니다.

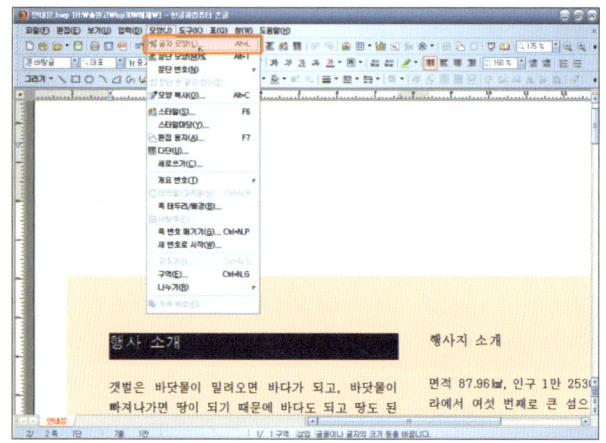

06 >> [글자 모양] 대화 상자가 나타나면 [기준 크기]에 '12', [글꼴]에 '중고딕'을 설정하고 [글자 색]을 클릭하고 '흰색'을 설정, [음영 색] 단추를 클릭하고 '파랑'을 설정한 후 [설정] 단추를 클릭합니다.

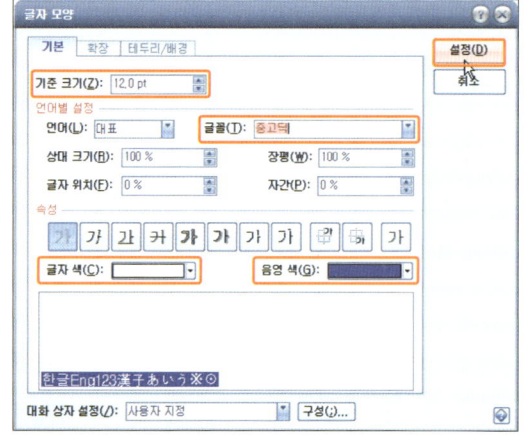

[글자 모양] 대화 상자 바로 가기 키 : Alt+L

07 글자 속성이 설정되었으면 글자를 클릭해서 커서를 위치시킨 후 Alt+C를 누릅니다. [모양 복사] 대화 상자가 나타나면 [글자 모양과 문단 모양 둘 다 복사]를 클릭하고 [복사] 단추를 클릭합니다.

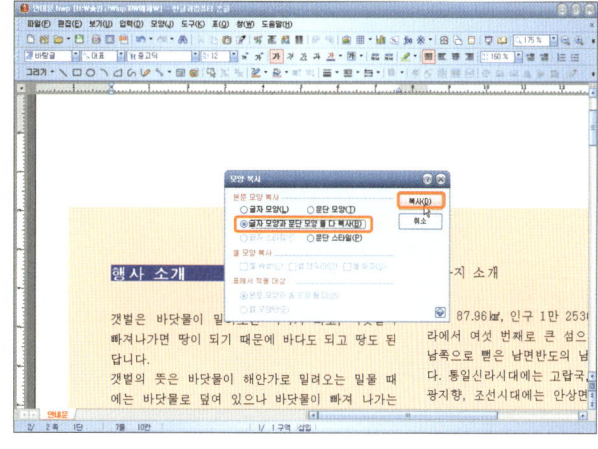

[모양 복사]는 커서가 위치해 있는 글의 글자 모양, 문단 모양 또는 글자 모양과 문단 모양을 복사하는 기능입니다.

08 '행사지 소개' 옆에 Spacebar 를 눌러 간격을 띄운 후 글을 마우스로 드래그해서 블록을 설정한 후 Alt+C를 눌러 복사한 스타일을 적용합니다.

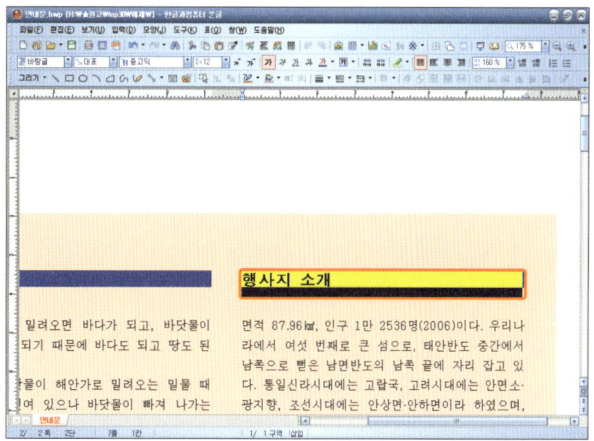

09 같은 방법으로 '행사 일정', '안면도 안내' 글에도 스타일을 적용하여 제목글로 꾸밉니다.

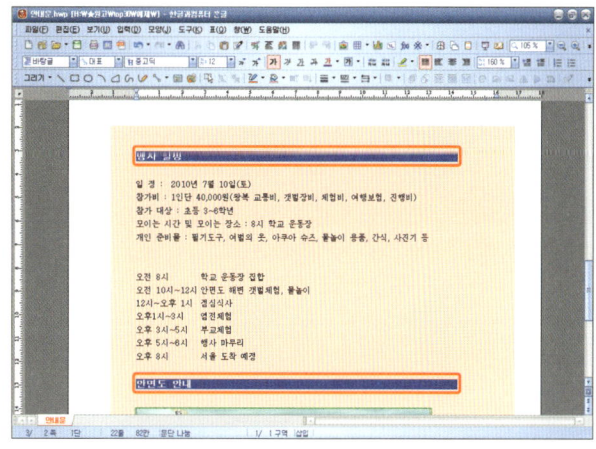

문자열을 표로 만들기 Step 04

이런 기능들이 사용됐어요 ➜ 문자열에 자동으로 표 넣기

01 ›› 세 번째 페이지에서 행사 일정 내용을 마우스로 드래그해서 블록을 설정한 다음 [표] 메뉴에서 [문자열을 표로]를 클릭합니다.

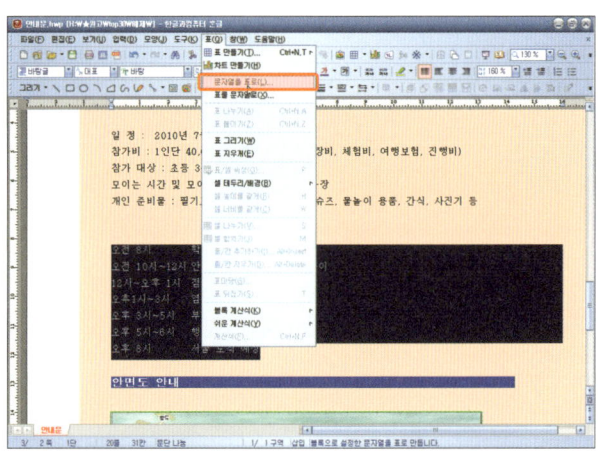

문자열을 표로 제작할 때는 Tab 등의 구분 키를 이용하여 내용을 구분해야 합니다. 예제에서는 Tab 을 이용하여 내용을 구분했습니다.

02 ›› [자동으로 넣기]를 클릭하고 [설정] 단추를 클릭합니다.

03 ›› 행사 일정 내용이 표로 만들어 졌습니다.

그림과 글상자로 제목 만들기

Step 05

이런 기능들이 사용됐어요 ➡ 그림 삽입, 그림 위치 정하기, 개체 묶기, 글 상자 만들기

01 » 두 번째 페이지를 연 다음 [입력] 메뉴에서 [개체]-[그림]을 클릭합니다.

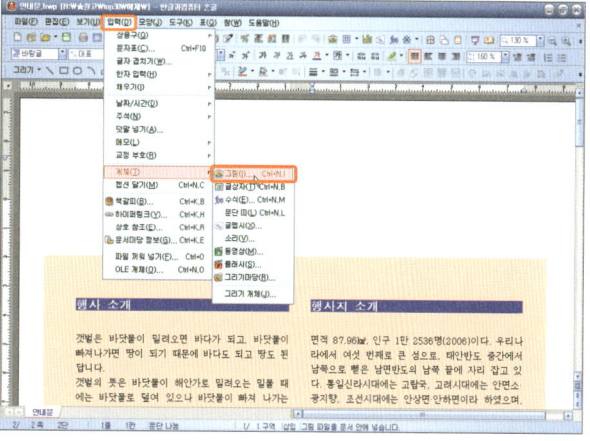

02 » 문서에 불러올 그림을 선택한 다음 [넣기] 단추를 클릭합니다.

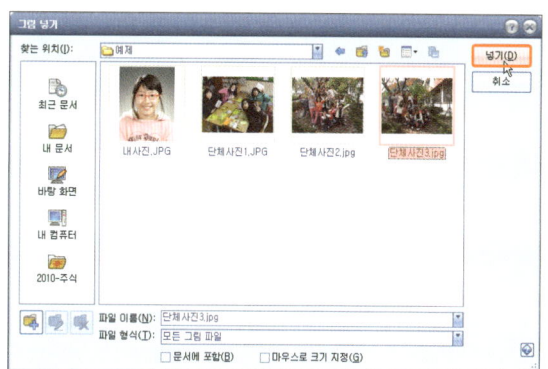

03 » 그림을 더블 클릭하면 나타나는 대화상자에서 [글 앞으로] 단추를 클릭하고 [설정] 단추를 클릭합니다.

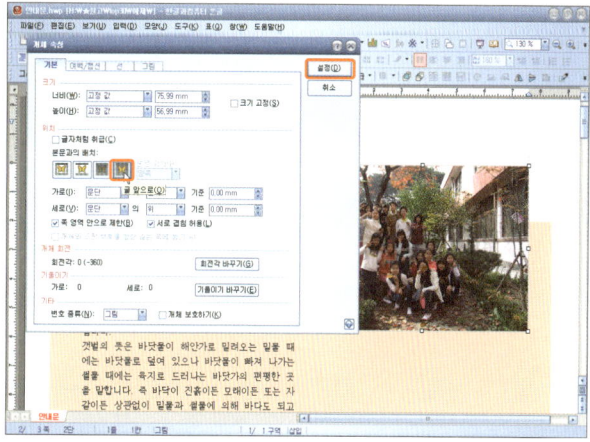

04 » 직사각형 도형을 그린 다음 도형을 더블 클릭하면 나타나는 [개체 속성] 대화 상자에서 [그림자] 탭을 클릭하고 [오른쪽 아래]를 클릭한 후 [설정] 단추를 클릭합니다.

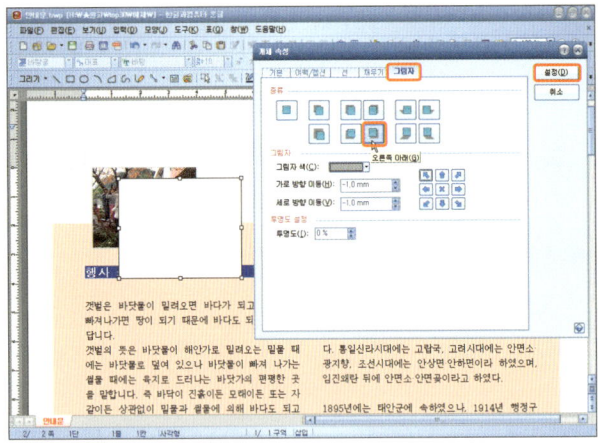

05 » [맨 뒤로] 단추를 클릭해서 직사각형 도형을 그림 밑으로 이동시킵니다.

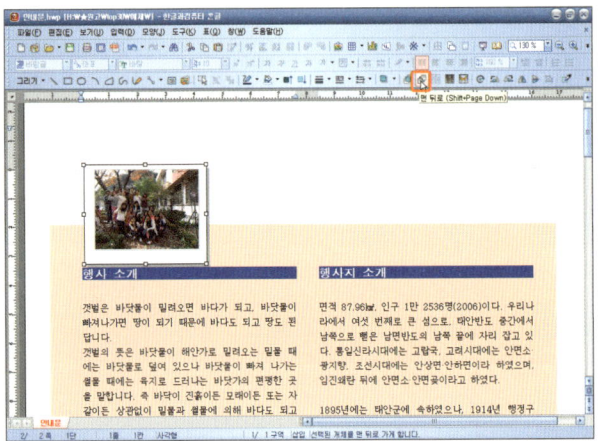

06 » Shift 를 누른 상태에서 직사각형과 사진을 클릭해서 모두 선택한 다음 [개체 묶기] 단추를 클릭합니다.

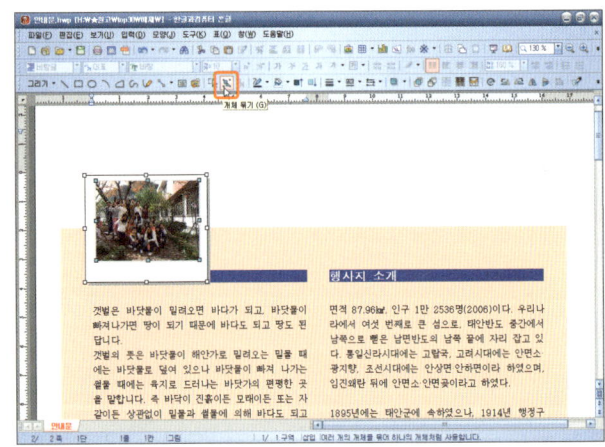

[개체 묶기]는 여러 개의 개체를 하나의 개체처럼 묶어주는 기능이고 [개체 풀기]는 묶여 있는 개체를 풀어주는 기능입니다.

07 ›› [회전] 단추를 클릭한 다음 녹색 조절점을 마우스로 드래그해서 그림을 회전시킵니다.

08 ›› [글상자] 단추를 클릭한 다음 글을 입력할 영역을 마우스로 드래그합니다.

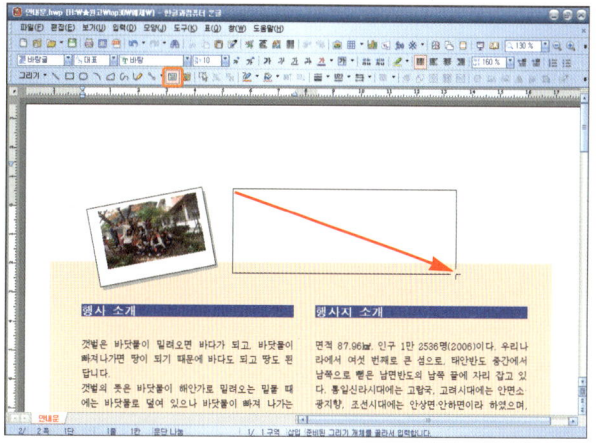

[글상자]는 글을 입력할 수 있는 도형으로 경계선을 클릭하면 나타나는 조절점을 드래그해서 크기를 조절하고 경계선을 마우스로 드래그해서 위치를 조절할 수 있습니다.

09 ›› [선 색]과 [채우기 색] 단추를 클릭한 후 모두 '하양'으로 설정하고 글상자 안을 클릭한 다음 글을 입력하고 글자 속성을 설정해서 문서를 꾸밉니다.

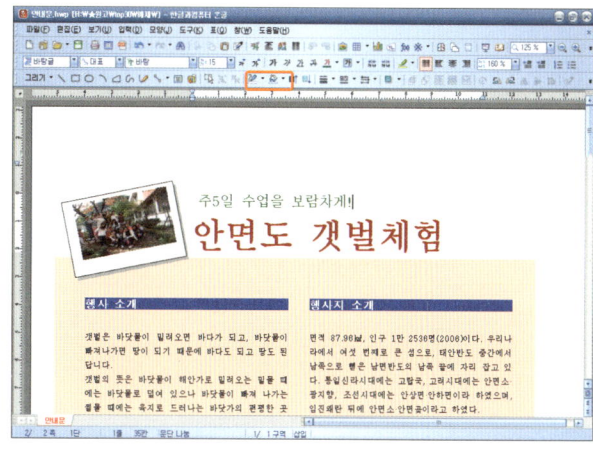

Section 06

시험지 만들기에서 막히는 한글 2007의 기능 알기!

시험지는 대부분 다단으로 구성하고 여러가지 지문과 표, 차트, 수식 등의 요소들이 사용됩니다. 한글 2007의 기능을 이용하여 시험지를 구성하고 지문은 표로 넣고 표, 차트, 수식, 한자 변환기능을 이용하여 시험지를 만드는 방법에 대해서 알아 보겠습니다.

Section 05 | **Section 06** | Section 07 | Section 08 | Section 09 | Section 10 | Section 11 | Section 12

| 완성 파일 : 예제파일\시험문제-결과.hwp |

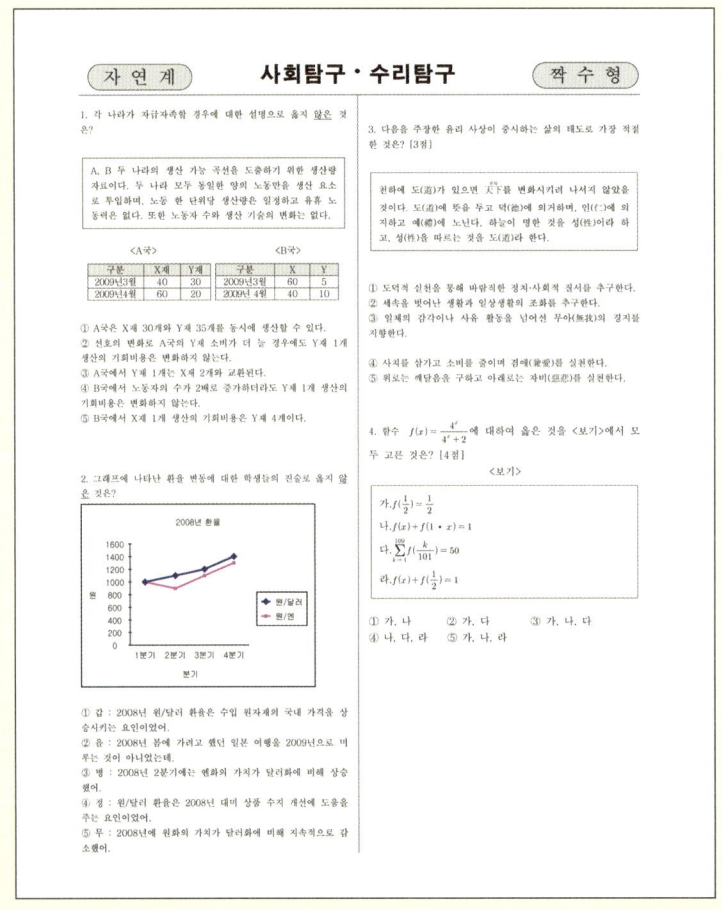

Section 06 시험지 만들기에서 막히는 한글 2007의 기능 알기!

문제지 형식의 다단 만들기

Step 01

이런 기능들이 사용됐어요 ➡ 다단 설정, 구분선 넣기, 글상자 꾸미기

01》 한글 2007을 실행한 다음 '시험문제.hwp' 파일을 불러옵니다. 제목 이후의 내용을 다단으로 설정하기 위해서 1번 문제 앞 줄을 클릭해서 커서를 위치한 다음 [모양] 메뉴에서 [나누기]-[다단 설정 나누기]를 클릭합니다.

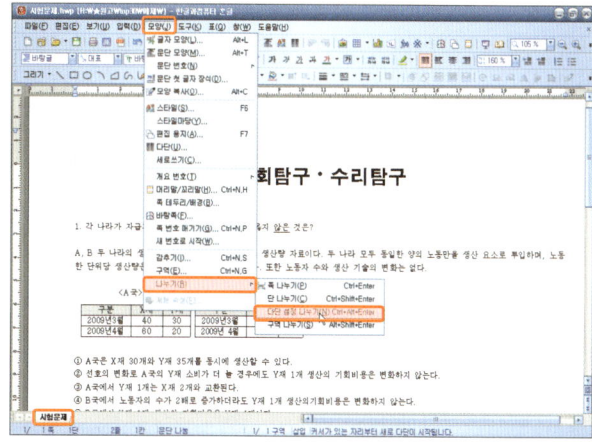

02》 문제가 입력된 영역을 클릭한 다음 [모양] 메뉴에서 [다단]을 클릭합니다. [자주 쓰이는 모양]에 [둘] 단추를 클릭하고 [구분선 넣기] 항목을 클릭해서 체크한 다음 [설정] 단추를 클릭합니다.

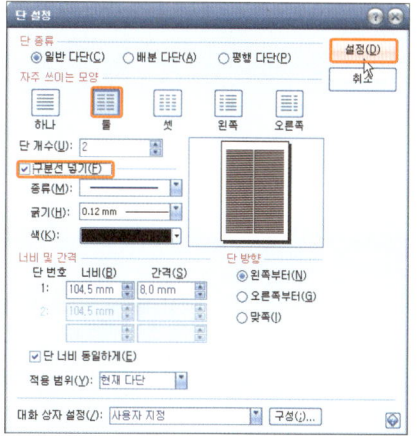

03》 [직선] 도구를 클릭한 다음 제목과 문제 영역을 가로지르도록 마우스로 드래그해서 선을 그립니다. [선 굵기]는 '0.12mm', [선 종류]는 실선을 선택합니다.

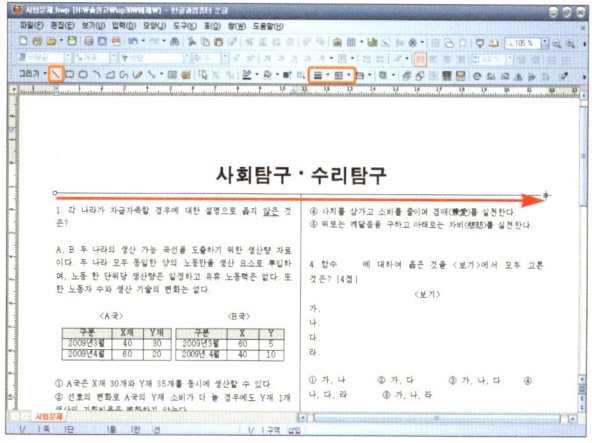

- [선 굵기] : 선택한 선의 굵기를 조절합니다.
- [선 종류] : 선택한 선의 직선, 점선 등의 종류를 변경합니다.

04 >> ▣ [글상자] 단추를 클릭한 다음 마우스로 드래그해서 글상자를 삽입하고 '자연계'라고 글을 입력해서 꾸밉니다. ✎ [선 색]은 [검정], ▨ [채우기 색]은 [연한 회색]을 선택합니다.

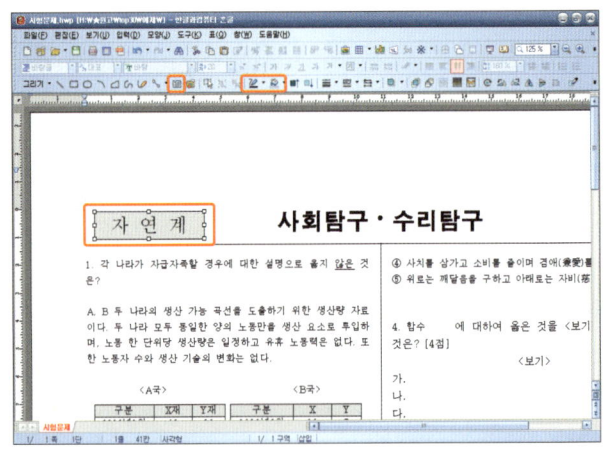

05 >> 글상자의 테두리를 더블 클릭하면 나타나는 [개체 속성] 대화 상자에서 [선] 탭을 클릭하고 [사각형 모서리 곡률]에 [반원] 단추를 클릭하고 [설정] 단추를 클릭합니다.

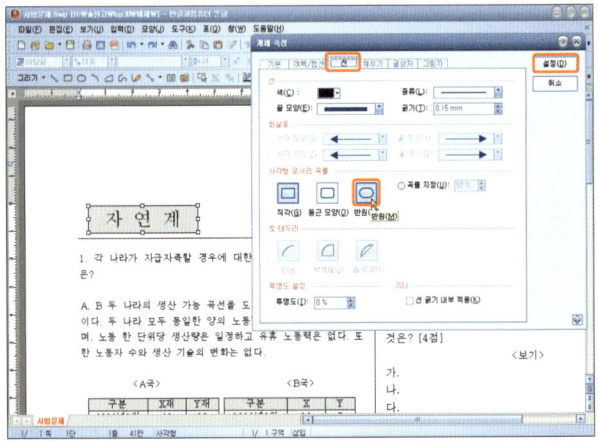

06 >> 같은 방법으로 오른쪽에 둥근 글상자를 만든 다음 '짝수형'이라고 입력해서 꾸밉니다.

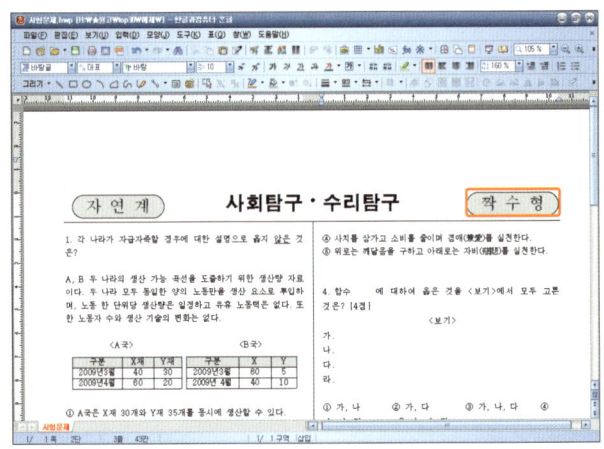

Section 06 시험지 만들기에서 막히는 한글 2007의 기능 알기!

지문 상자 만들기

Step 02

이런 기능들이 사용됐어요 ➜ 표 만들기, 셀 합치기

01 ›› 1번 문제 지문의 내용을 마우스로 드래그해서 블록을 설정한 다음 [표] 메뉴에서 [문자열을 표로]를 클릭합니다.

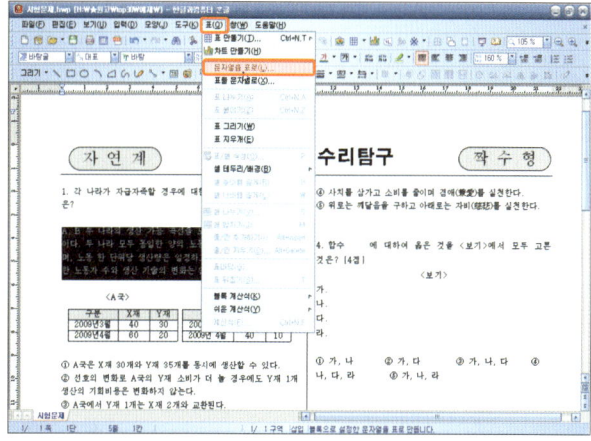

02 ›› [자동으로 넣기]를 클릭한 다음 [설정] 단추를 클릭합니다.

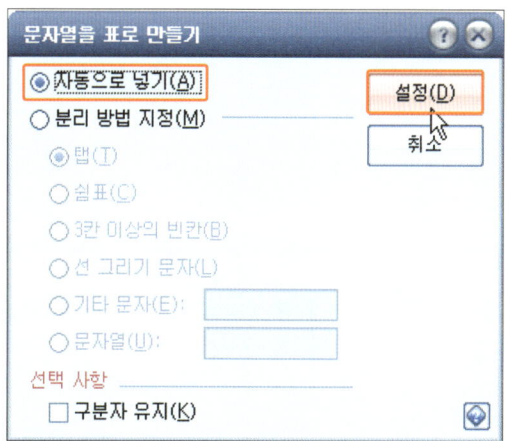

03 ›› 표가 만들어지면 표의 테두리를 더블클릭해서 [표/셀 속성] 대화 상자를 엽니다. [모든 셀의 안 여백]의 [왼쪽], [위쪽], [오른쪽], [아래쪽]에 '3'을 입력한 다음 [설정] 단추를 클릭합니다.

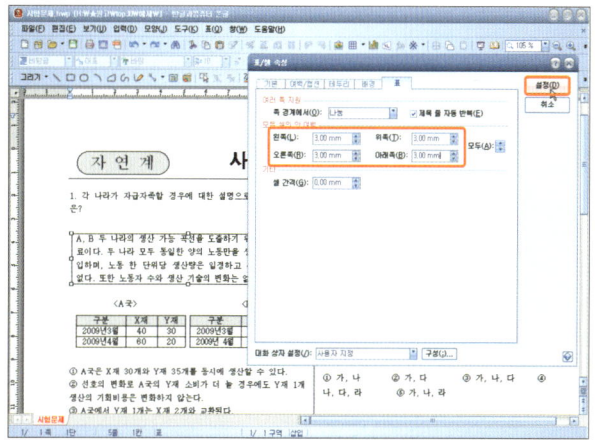

04 같은 방법으로 4번 문제의 보기 부분에 [자동으로 넣기]로 표를 만듭니다.

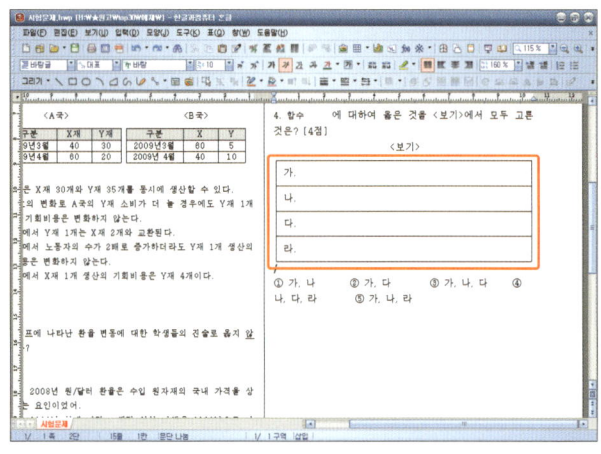

> [자동으로 넣기]로 표를 만들 때 문단별로 칸이 구분됩니다.

05 표를 마우스로 드래그해서 블록을 설정한 다음 마우스 오른쪽 클릭하고 [셀 합치기]를 클릭합니다.

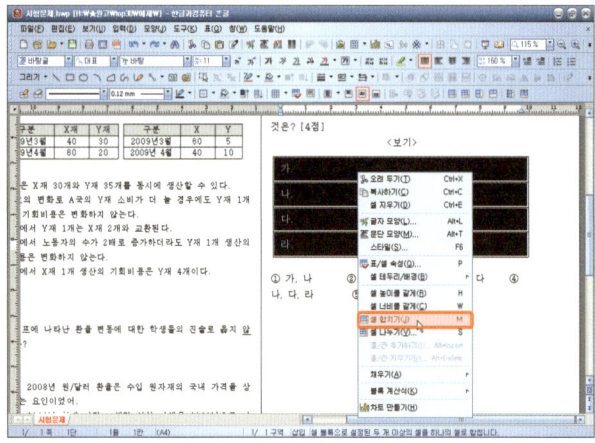

> 셀 합치기 바로 가기 키 : M 을 누르면 셀 합치기를 실행할 수 있습니다.

06 하나의 셀로 합쳐집니다.

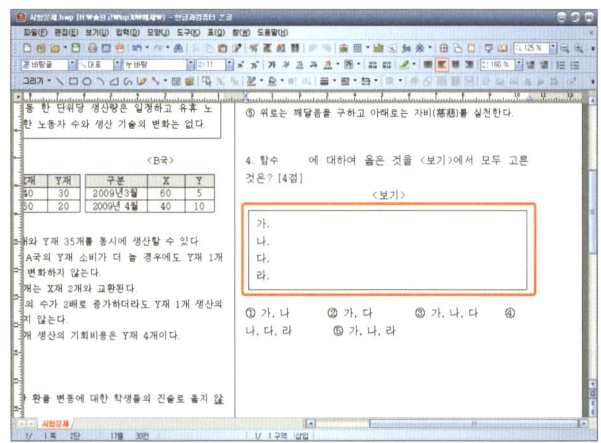

한자 변환하기 Step 03

이런 기능들이 사용됐어요 ➔ 한자 입력

01 앞에서 배운 방법을 이용하여 3번 문제의 지문을 표로 만듭니다. '도' 글자를 블록으로 설정한 다음 키보드의 [한자] 키를 누른 후 [한자 목록]에서 한자로 표시한 한자를 클릭하고 [입력 형식]에 [한글(漢字)(B)] [한글(漢字)]를 선택하고 [바꾸기] 단추를 클릭합니다.

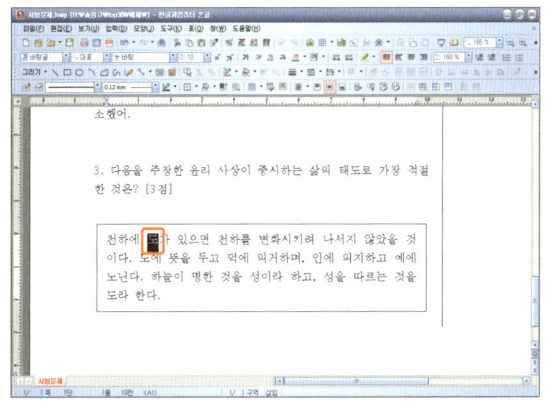

02 '천하' 글자를 선택하고 키보드의 [한자] 키를 누른 다음 [한자 목록]에서 한자로 표시한 한자를 클릭하고 [입력 형식]에 [한글漢字(U)] [한글(漢字)]를 선택하고 [바꾸기] 단추를 클릭합니다.

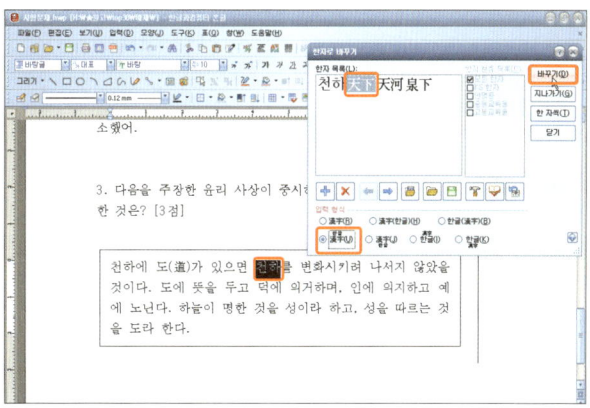

03 같은 방법으로 한글을 한자로 변경하여 꾸밉니다.

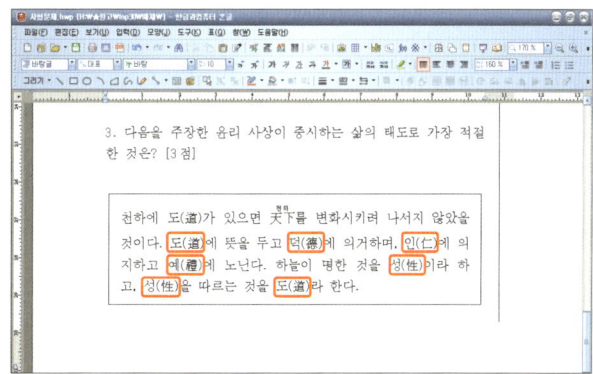

차트 만들기

Step 04

이런 기능들이 사용됐어요 ➔ 차트 데이터 편집, 차트 종류 선택, 차트 제목 넣기

01» 2번 문제에서 차트를 넣을 곳을 클릭해서 커서를 위치한 다음 [차트] 단추를 클릭합니다.

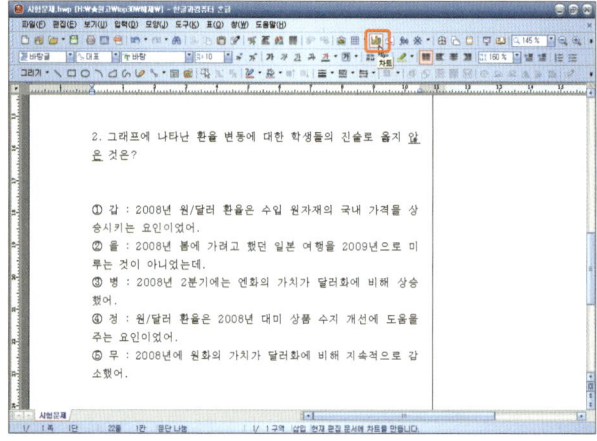

02» 차트를 더블 클릭해서 차트 편집 상태로 변경한 다음 마우스 오른쪽 단추를 클릭하면 나타나는 바로 가기 메뉴에서 [차트 데이터 편집]을 클릭합니다.

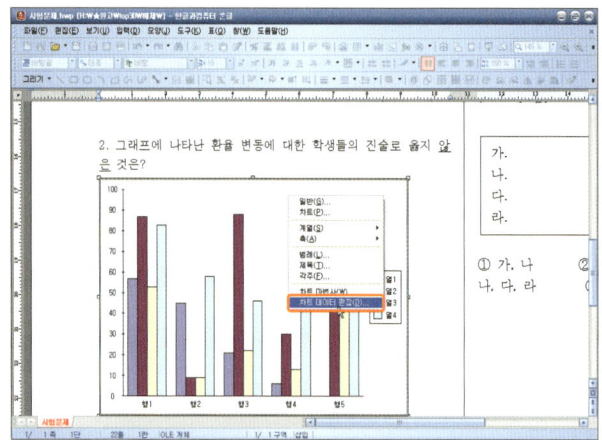

03» [차트 데이터 편집] 대화 상자가 나타나면 각 셀을 클릭해서 데이터를 입력합니다. [차트 데이터]의 [행 수]와 [열 수]에 표시할 행과 열을 입력하고 [확인] 단추를 클릭합니다.

> 차트 데이터 : [행 수]와 [열 수]에 입력한 행과 열의 데이터만 차트에 반영됩니다.

04 〉〉 차트에서 마우스 오른쪽 단추를 클릭한 다음 [차트 마법사]를 클릭합니다. [차트 종류 선택]에 [꺾은선형]을 선택하고 [차트 모양 선택]에 [자료점 표식 표시 꺾은선형]을 선택하고 [다음] 단추를 클릭합니다.

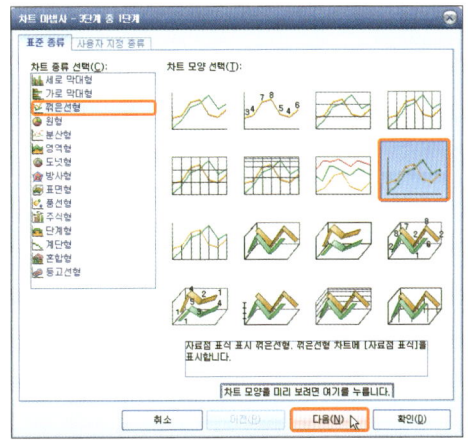

05 〉〉 [차트 제목]과 X축과 Y축에 표시할 제목을 입력한 다음 [확인] 단추를 클릭합니다.

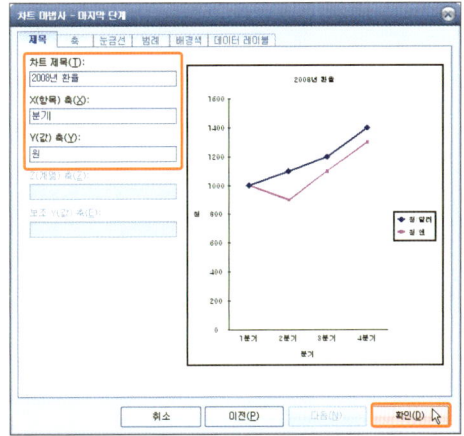

06 〉〉 차트 종류가 바뀌고 차트 제목이 표시됩니다.

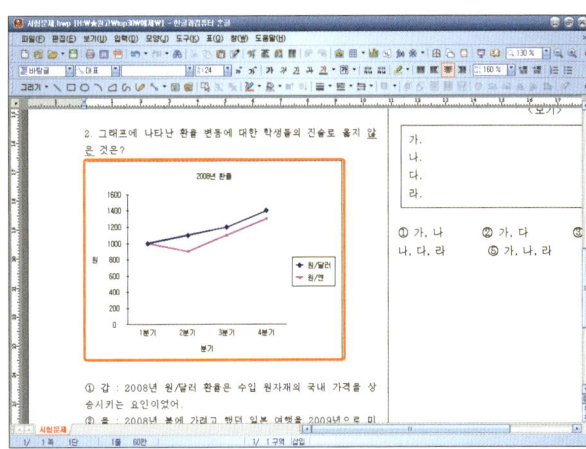

수식 작성하기   Step 05

이런 기능들이 사용됐어요 ➔ 수식 작성

01》 4번 문제의 질문 글에서 수식을 표시할 곳을 클릭해서 커서를 위치한 다음 [입력] 메뉴에서 [개체]-[수식]을 클릭합니다.

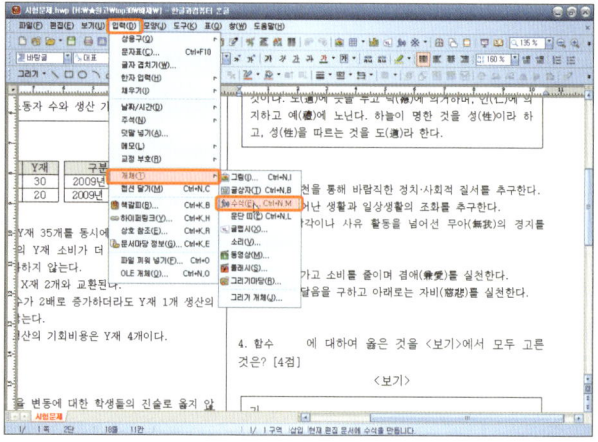

02》 'f(x)='를 입력하고 [분수] 단추를 클릭합니다.

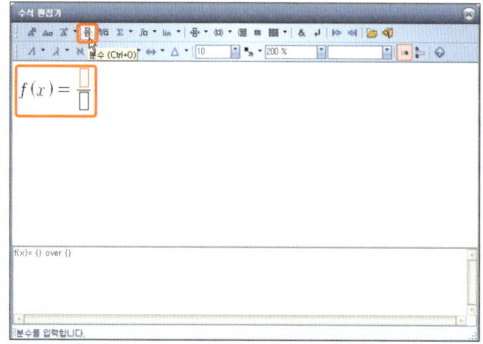

03》 분자 영역을 클릭해서 '4'를 입력한 다음 [위첨자] 단추를 클릭하고 위첨자에 'x'를 입력합니다.

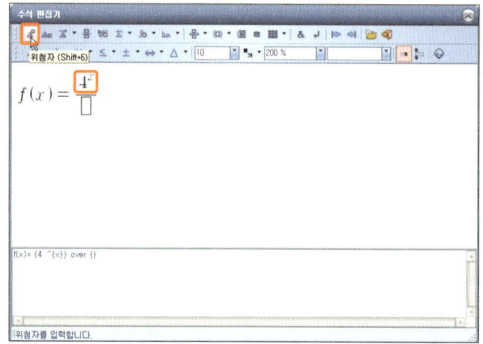

78

04 》 분모 영역을 클릭하고 4^x+2를 입력하고 [넣기] 단추를 클릭합니다.

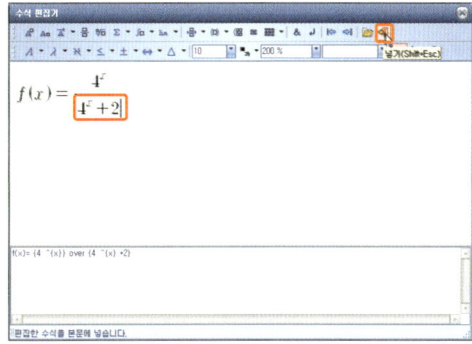

05 》 보기의 '다' 항목에 커서를 위치한 다음 [수식 편집기]를 실행합니다. [Σ] [합] 단추를 클릭한 다음 표시할 기호를 선택합니다.

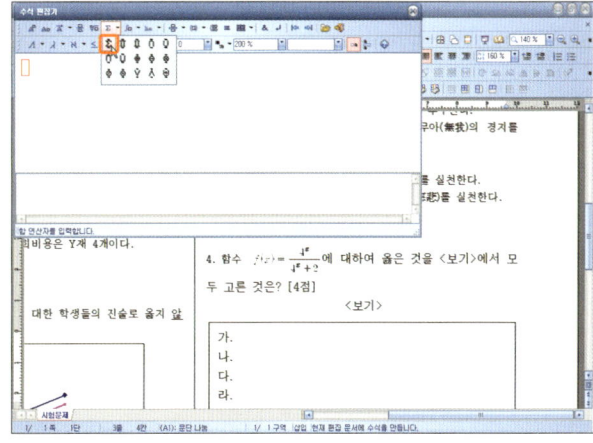

06 》 기호에 윗첨자와 아랫첨자를 입력하고 분수 도구를 이용하여 수식을 작성한 다음 [넣기] 단추를 클릭합니다.

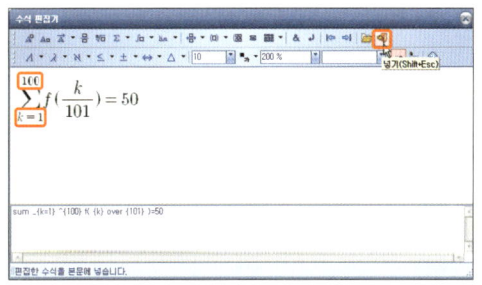

07 》 같은 방법으로 보기 항목에 수식 편집기를 이용하여 수식을 작성합니다.

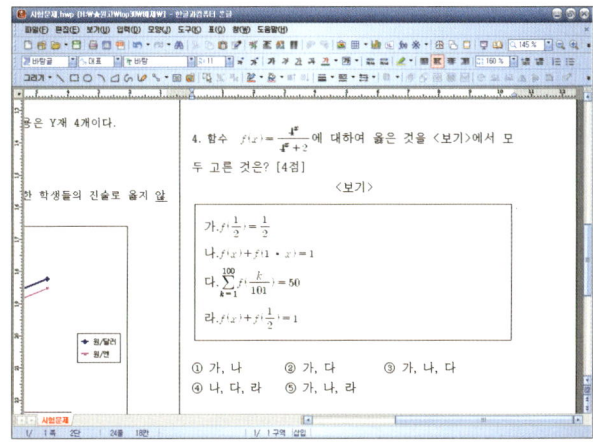

Section 07
사진을 배경으로 넣은 폼나는 주간교육계획서 만들기

주간교육계획서는 일주일간의 교육할 내용을 기록하는 문서입니다. 이번 차시에서는 한글 2007의 표와 표 속성 설정기능을 이용해 계획서에 사용할 칸을 만들고, 쪽 테두리를 넣어서 폼나는 계획서를 만들어 보겠습니다. 이 문서의 형식을 이용하여 급식 식단표, 부서별 업무 계획서 등으로도 응용하여 사용하실 수 있을 것입니다.

| 완성 파일 : 예제파일\주간교육계획서.hwp |

계획서 틀 만들기

Step 01

이런 기능들이 사용됐어요 ➜ 용지 여백 설정, 글자 꾸미기, 표 만들기

01 » 한글 2007을 실행한 다음 F7을 눌러 [편집 용지] 대화 상자를 엽니다. 용지 여백의 왼쪽과 오른쪽에 '15'를 입력하고 [설정] 단추를 클릭합니다.

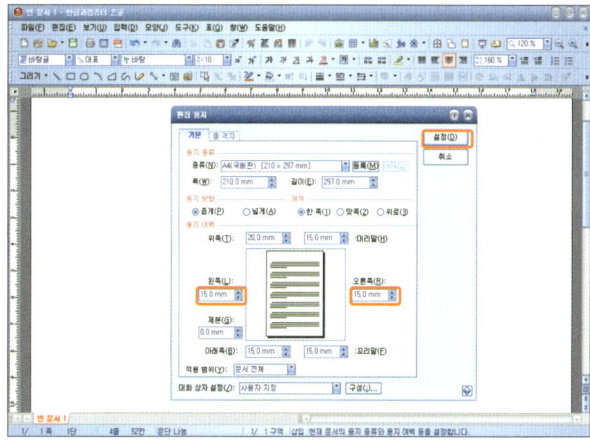

02 » 다음과 같이 글을 입력한 다음 글자 속성을 설정해서 글자를 꾸밉니다.

- 제목 : 중고딕, 40pt, 진한 토마토색
- 날짜 입력 : 16pt, 담당 : 14pt

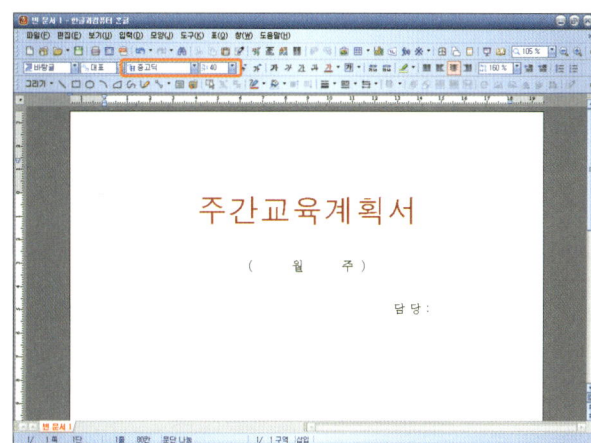

03 » 표를 삽입할 곳에 커서를 위치한 다음 [표 만들기] 단추를 클릭하고 '6×4' 영역을 선택해서 클릭합니다.

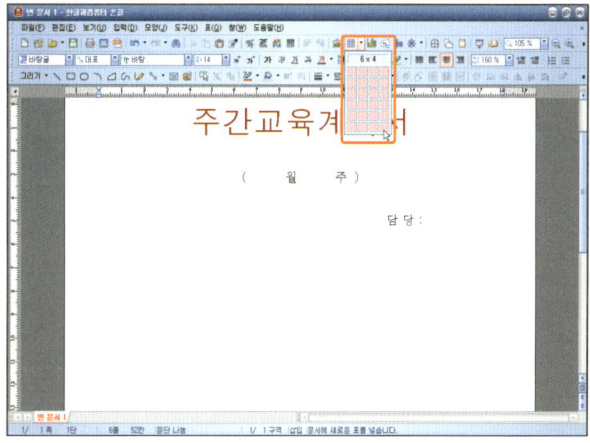

81

04 » 표에서 2~6째 줄을 마우스로 드래그해서 선택한 다음 마우스 오른쪽 단추를 클릭하고 [표/셀 속성]을 클릭합니다.

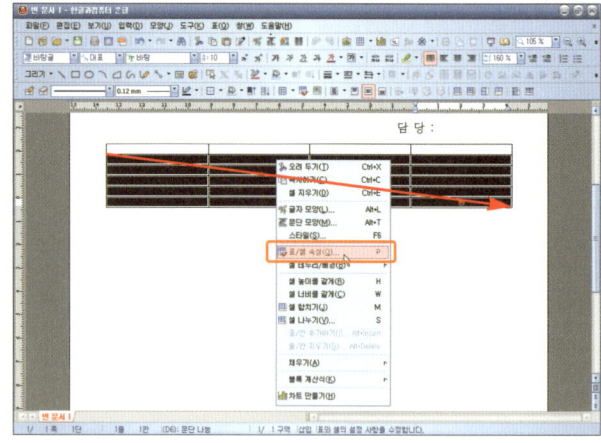

05 » [표/셀 속성] 대화 상자에서 [셀] 탭을 클릭한 다음 [셀 크기 적용]을 클릭해서 체크하고 [높이] 항목에 '30'을 입력한 다음 [설정] 단추를 클릭합니다.

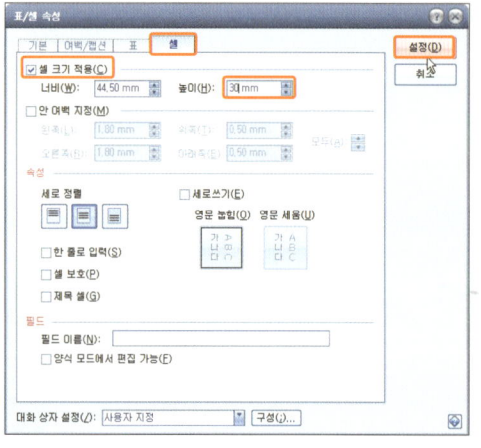

06 » 셀이 선택된 상태에서 Ctrl을 누르고 1~2째 줄 사이의 경계선을 마우스로 드래그해서 첫 번째 줄 높이 간격을 조절합니다.

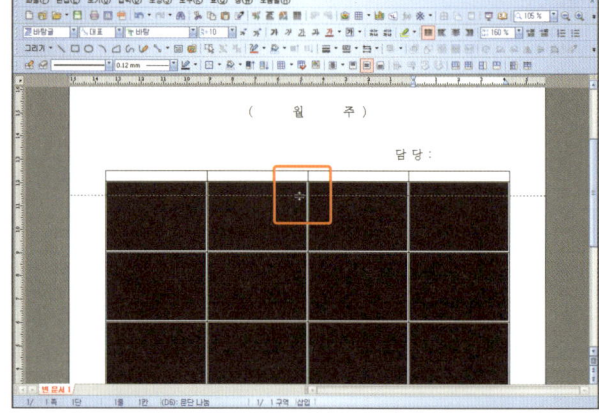

Ctrl을 누르고 경계선을 드래그하면 선택한 셀 전체가 이동됩니다.

07 >> 세로 줄을 마우스로 드래그해서 셀 너비를 조절합니다.

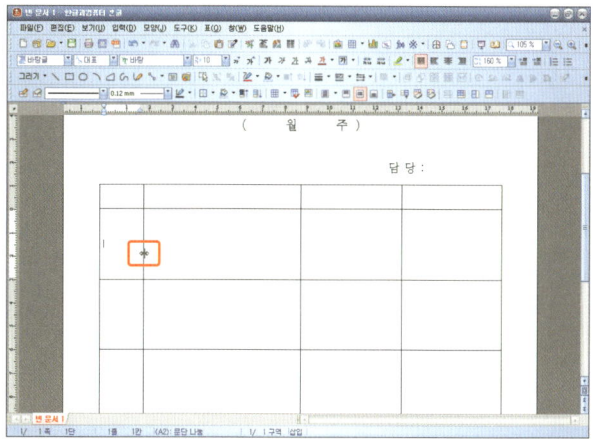

08 >> 2~4째 칸을 블록을 설정한 다음 마우스 오른쪽 단추를 누르고 [셀 너비를 같게]를 선택합니다.

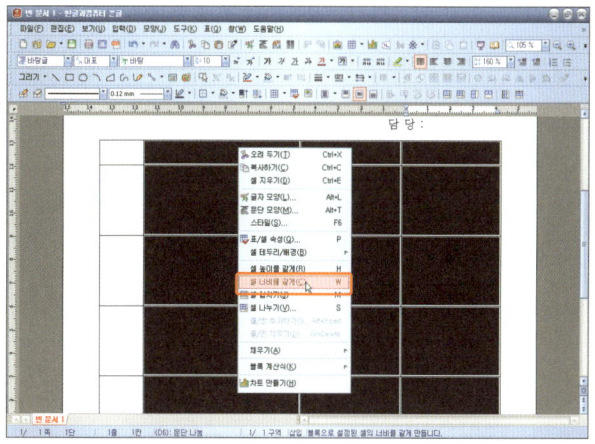

09 >> 셀 선택을 해제한 다음 각 셀에 글을 입력하고 글자 크기를 14pt로 설정해서 꾸밉니다.

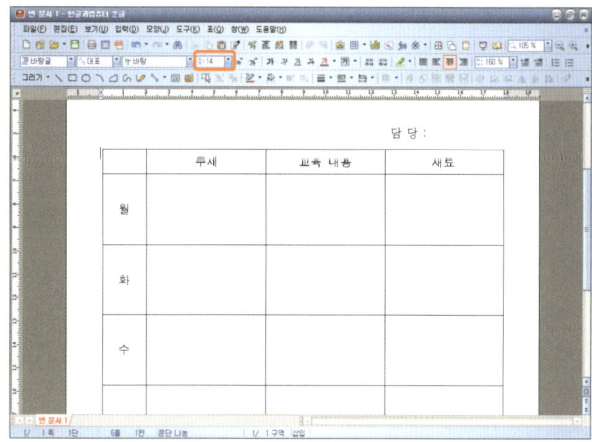

표 테두리와 배경색 넣기   Step 02

이런 기능들이 사용됐어요 ➜ 테두리 저장, 셀 배경에 색 채우기

01 » 표 전체를 블록으로 설정한 다음 마우스 오른쪽 단추를 누르고 [셀 테두리/배경]-[각 셀마다 적용]을 클릭합니다.

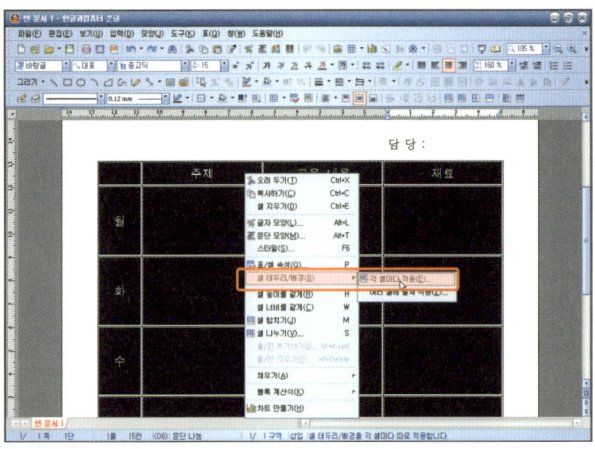

02 » [선 모양 바로 적용] 항목을 클릭해서 선택 해제한 다음 테두리의 종류(━), 색(토마토 색)을 선택하고 ▣ [바깥쪽] 단추를 클릭한 다음 [적용] 단추를 클릭합니다.

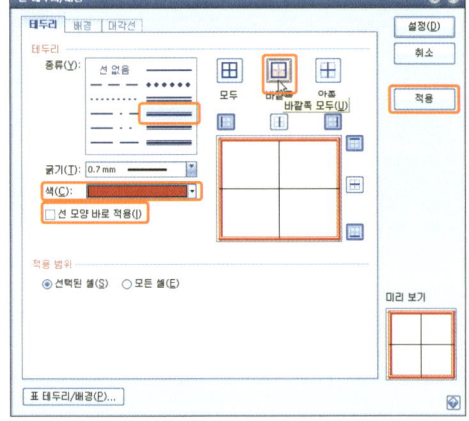

> [적용] 단추를 클릭하면 현재 설정한 속성이 문서에 반영됩니다.

03 » ▣ [바깥쪽] 단추를 클릭해서 선택을 해제한 다음 ⊞ [안쪽] 단추를 클릭해서 선택하고 테두리 종류(━), 색(토마토 색)을 설정하고 [설정] 단추를 클릭합니다.

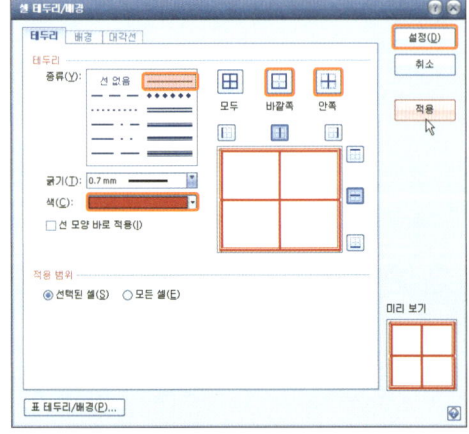

> 다른 선에 속성을 설정하려면 현재 선택되어 있는 선 위치를 해제해야 합니다.

04 »» Ctrl 을 누른 상태에서 셀 배경을 설정할 셀을 마우스로 드래그해서 선택한 후 마우스 오른쪽 단추를 누르고 [셀 테두리/배경]-[각 셀마다 적용]을 클릭합니다.

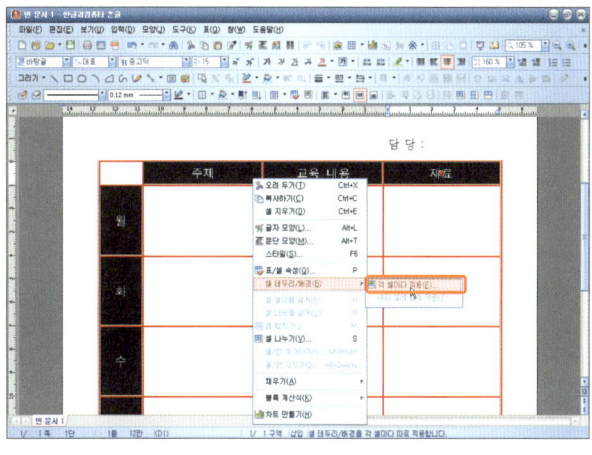

Ctrl 을 누르고 셀을 클릭해서 떨어져 있는 셀들을 선택할 수 있습니다.

05 »» [배경] 탭을 클릭한 다음 [색] 항목에서 [면 색] 단추를 클릭한 다음 '흰 토마토색'을 선택하고 [설정] 단추를 클릭합니다.

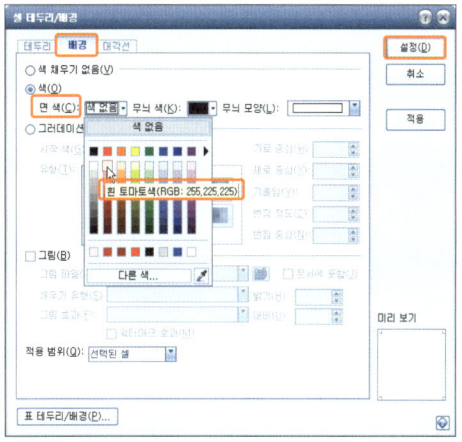

06 »» 표의 테두리와 셀 배경에 색이 채워졌습니다.

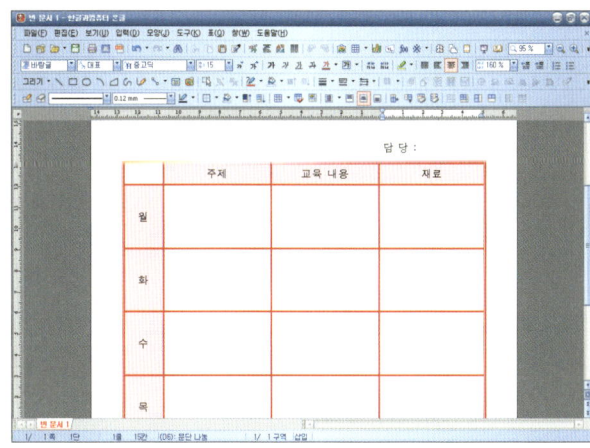

쪽 테두리 넣기

Step 03

이런 기능들이 사용됐어요 ➡ 테두리 저장

01 » [모양] 메뉴에서 [쪽 테두리/배경]을 클릭합니다.

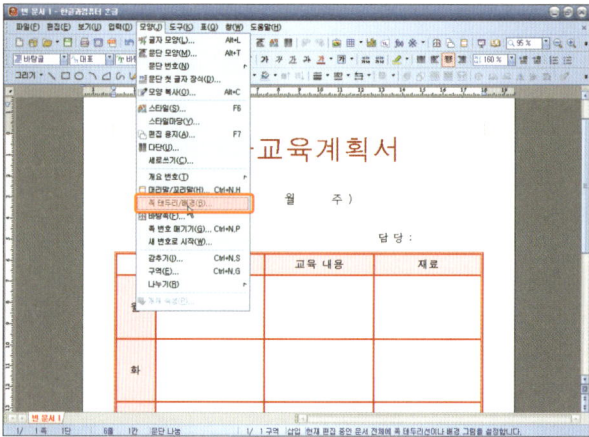

02 » [테두리] 탭에서 종류(▬▬)와 색(흰토마토색)을 설정하고 [모두] 단추를 클릭한 다음 [설정] 단추를 클릭합니다.

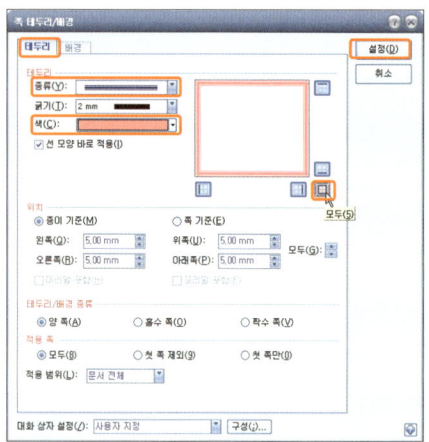

03 » 표 테두리에 선이 표시됩니다.

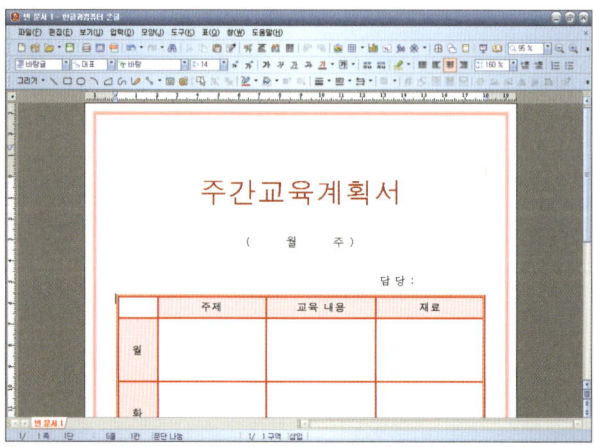

표 배경에 사진 넣기

Step 04

이런 기능들이 사용됐어요 ➡ 사진 삽입

01 ›› 표 전체를 마우스로 드래그해서 블록을 설정한 다음 마우스 오른쪽 클릭하면 나타나는 바로 가기 메뉴에서 [셀 테두리/배경]-[여러 셀에 걸쳐 적용]을 클릭합니다.

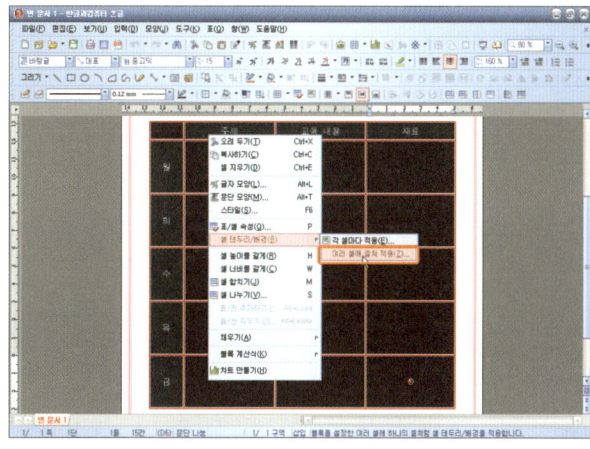

02 ›› [배경] 탭을 클릭한 다음 [그림] 항목을 클릭하고 [찾아보기] 단추를 클릭해서 문서 배경에 넣을 사진을 선택합니다. [채우기 유형]에 [크기에 맞추어], [그림 효과]에 [회색조], [밝기]에 '70'을 입력한 다음 [설정] 단추를 클릭합니다.

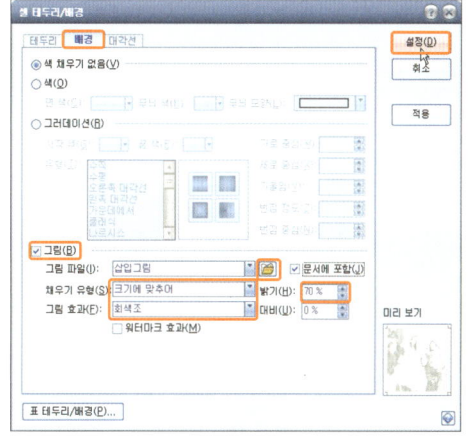

03 ›› 표 안에 선택한 사진이 삽입되었습니다.

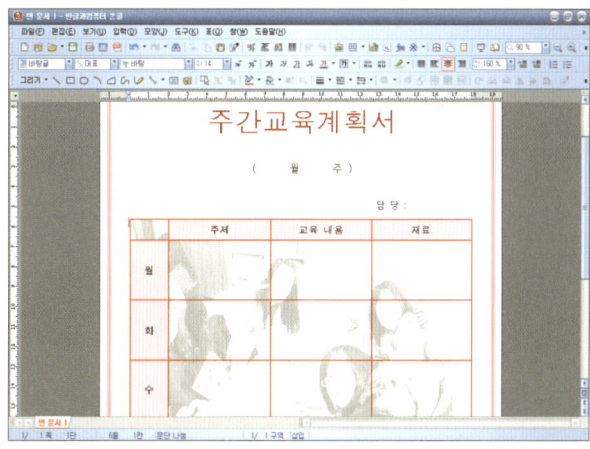

Section 08

사진이 들어간 개성톡톡! 학생 이름표 만들기

학생의 사진이 들어간 이름표는 숫자 또는 이름으로 된 이름표보다 학생들에게 더 친근하고, 책임감을 가지고 자신의 물건을 관리하는 습관을 갖게 할 것입니다. 한글 2007에서 제공하는 표를 이용하여 입력할 내용을 사진 부분과 학생 개인정보 부분으로 나누어서 꾸밀 수 있습니다. 여기서는 두 개의 칸을 가지는 표를 만든 후 사진과 글을 넣어서 학생 이름표를 예쁘게 꾸며 보겠습니다.

| Section 05 | Section 06 | Section 07 | **Section 08** | Section 09 | Section 10 | Section 11 | Section 12 |

| 완성 파일 : 예제파일\이름표.hwp |

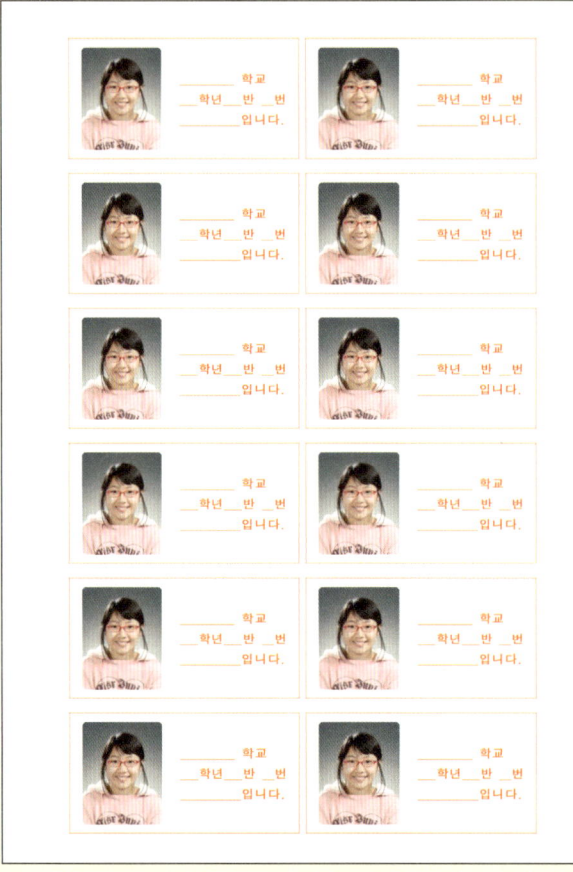

이름표 틀 만들기

Step 01

이런 기능들이 사용됐어요 ➡ 표 만들기, 테두리 지정

01 >> 한글 2007을 실행한 다음 이름표의 틀을 만들기 위해서 [표 만들기] 내림 단추를 클릭한 다음 '1×2'까지 마우스로 드래그합니다.

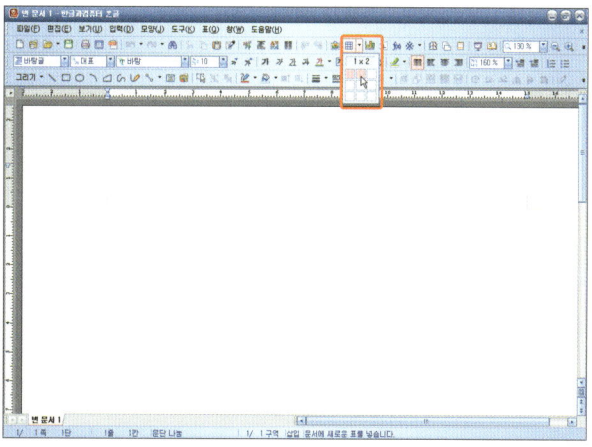

02 >> 표 테두리를 클릭해서 표를 선택한 다음 조절점을 마우스로 드래그해서 표 높이와 너비를 조절합니다.

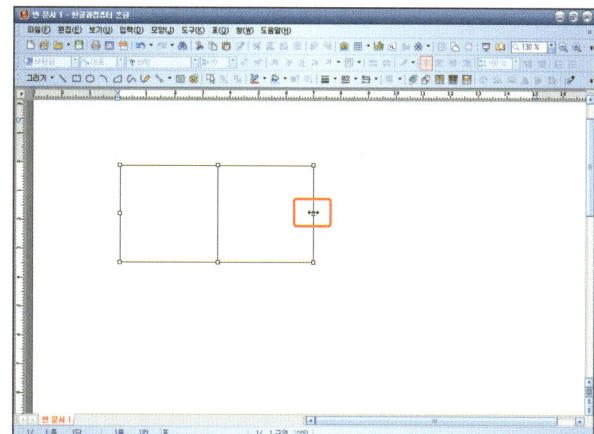

> 표를 선택한 다음 조절점을 드래그하면 표 전체의 셀 구성을 유지한 상태에서 표의 크기를 조절할 수 있습니다.

03 >> 표의 바깥쪽 테두리에 테두리 속성을 설정하기 위해서 표 전체를 마우스로 드래그해서 블록을 설정한 다음 마우스 오른쪽 단추를 클릭하고 [셀 테두리/배경]-[각 셀마다 적용]을 클릭합니다.

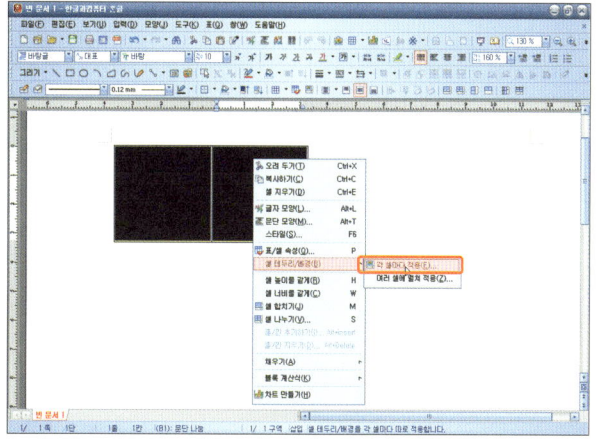

04» 테두리 종류에서 선 종류(━━━)를 선택하고 색 항목에서 [색] 단추를 클릭하고 주황색을 선택한 다음 [바깥쪽] 단추를 클릭합니다.

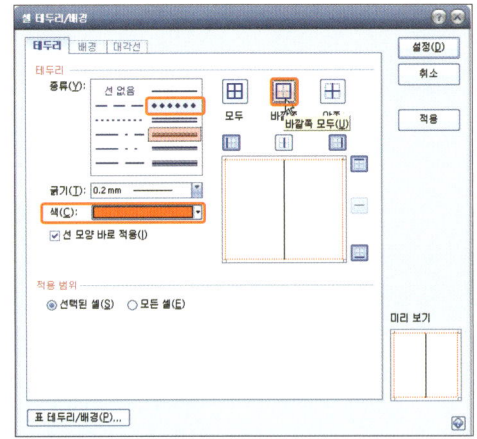

05» [선 모양 바로 적용] 단추를 클릭해서 체크를 해제한 다음 [종류]에 [선 없음]을 선택하고 [안쪽 세로] 단추를 클릭해서 안쪽 선을 지운 후 [설정] 단추를 클릭합니다.

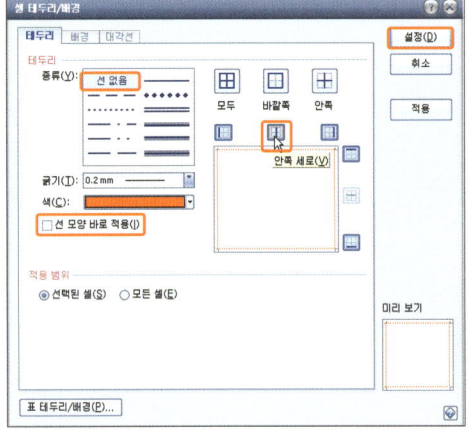

[선 모양 바로 적용] 단추를 클릭하면 앞에서 설정한 테두리 속성 이외에 다른 테두리의 속성을 함께 지정할 수 있습니다.

06» 표 테두리가 만들어 졌습니다.

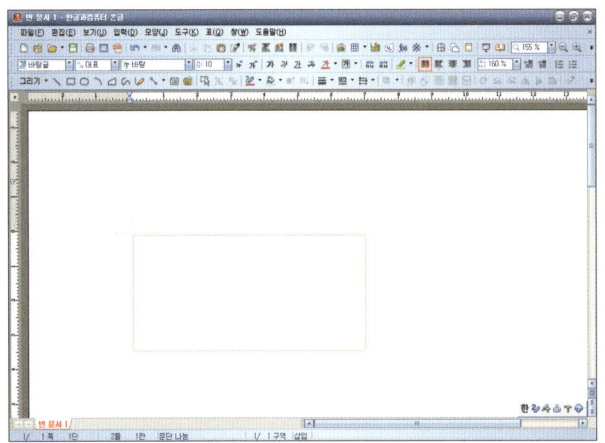

이름표 사진과 글 입력하기

Step 02

이런 기능들이 사용됐어요 ➜ 셀 안에 그림 삽입, 셀 크기 조절

01 » 사진을 넣을 테두리를 만들기 위해서 표의 왼쪽 셀을 클릭해서 커서를 위치한 다음 [그리기] 도구 모음에서 ▢ [직사각형] 도구를 클릭하고 그림을 넣을 곳을 마우스로 드래그합니다.

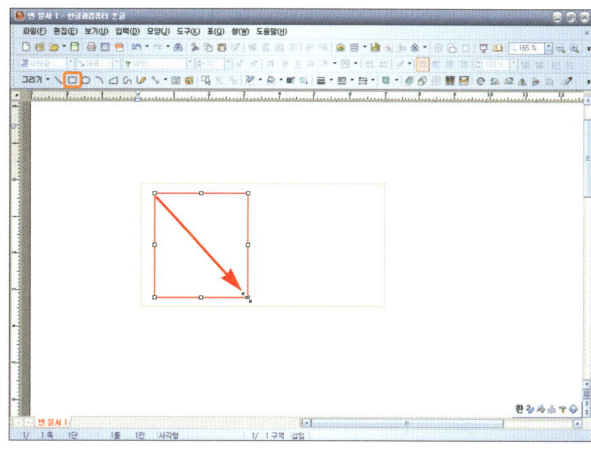

02 » 도형 테두리를 더블 클릭하면 나타나는 [개체 속성] 대화 상자에서 [채우기] 탭을 클릭한 다음 [그림] 항목을 클릭하고 📂 [그림 선택] 단추를 클릭해서 불러 올 사진을 선택합니다. [채우기 유형] 항목에 [크기에 맞추어]를 선택합니다.

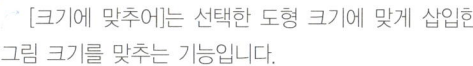

[크기에 맞추어]는 선택한 도형 크기에 맞게 삽입한 그림 크기를 맞추는 기능입니다.

03 » [선] 탭을 클릭한 다음 선의 종류에 [선 없음]을 선택하고 [곡률 지정]에 '7'을 입력한 다음 [설정] 단추를 클릭합니다.

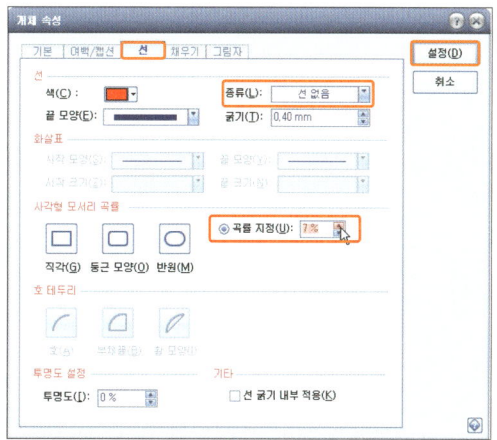

[곡률 지정]에는 선택한 도형의 모서리의 곡률의 비율을 지정하는 항목입니다. 수치가 높을수록 둥글게 표시됩니다.

Chapter 02 한글 2007 활용

04 〉〉 그림이 삽입되었으면 그림을 마우스로 드래그해서 위치를 조절합니다.

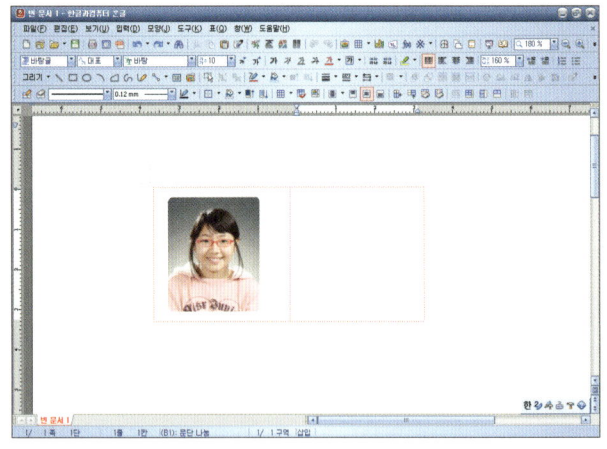

> 도형은 기본적으로 글자처럼 취급으로 처리되지 않으므로 마우스로 드래그해서 그림 위치를 조절할 수 있습니다.

05 〉〉 표의 오른쪽 셀을 클릭한 다음 학교, 학년, 반, 번, 이름을 입력하는 글을 입력하고 글자 속성을 설정합니다. 이때 학교, 학년, 반, 번, 이름을 입력할 공간은 Spacebar 를 눌러 공간을 띄웁니다.

06 〉〉 학교, 학년, 반, 번, 이름을 입력할 영역을 마우스로 드래그한 다음 [밑줄] 단추를 클릭하여 밑줄을 그립니다.

여러 개 이름표 만들기

Step 03

이런 기능들이 사용됐어요 ➡ 복사하기, 붙여넣기

01 >> 표의 테두리를 더블 클릭하면 나타나는 [표/셀 속성] 대화 상자에서 [글자처럼 취급] 항목을 클릭해서 체크한 다음 [설정] 단추를 클릭합니다.

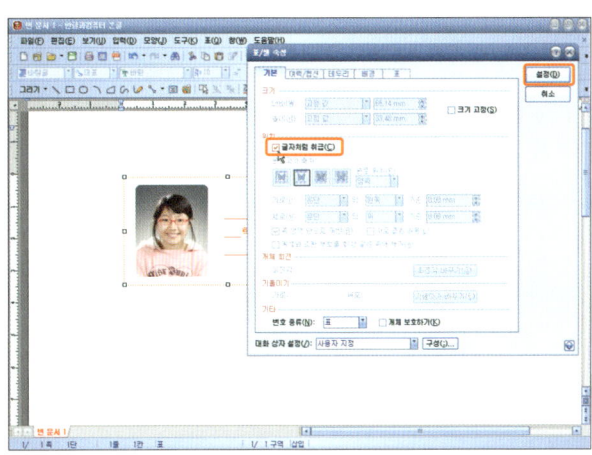

[글자처럼 취급]을 체크하면 선택한 요소를 글자처럼 지정된 위치에 고정되도록 만듭니다.

02 >> 이름표를 저장하기 위해서 표의 테두리를 클릭해서 선택한 다음 Ctrl+C를 누릅니다.

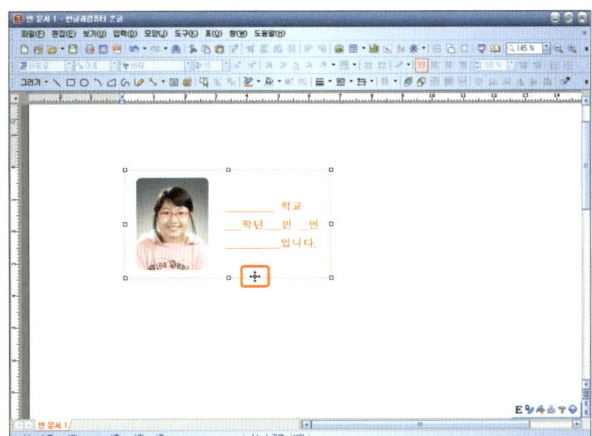

03 >> 이름표 옆에 복사한 이름표를 붙여 넣기 위해서 표의 오른쪽 바깥쪽을 클릭해서 커서를 위치한 다음 Ctrl+V를 눌러 표를 삽입합니다.

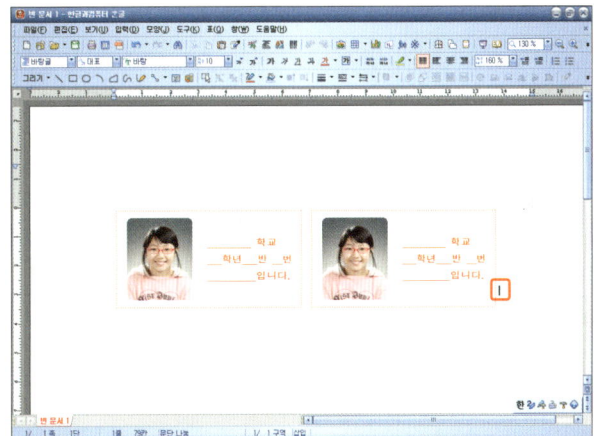

04 두 개의 표가 모두 포함되도록 마우스로 드래그해서 선택한 다음 Ctrl+C를 눌러 표를 복사합니다.

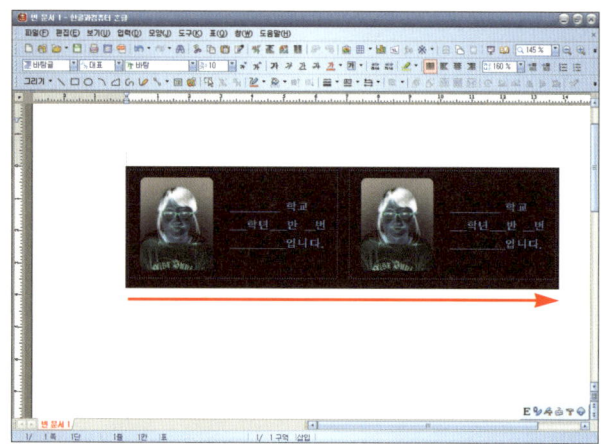

05 표 다음 줄을 클릭해서 커서를 위치한 다음 Ctrl+V를 눌러 표를 붙여 넣습니다. 같은 방법으로 표를 삽입해서 문서 전체에 표를 채웁니다.

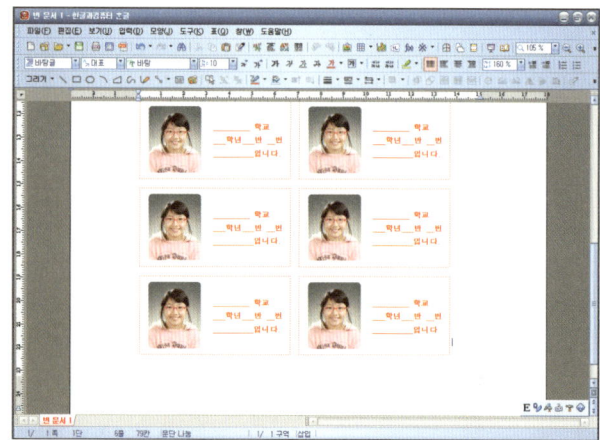

정확한 크기의 표 만들기

[표 만들기] 단추를 클릭하면 나타나는 [표 만들기] 대화 상자에서 [줄 수]와 [칸 수]에 표의 줄 수와 칸 수를 입력하고 [너비]와 [높이]에 [임의 값]을 선택하고 제작할 표의 크기를 직접 입력해서 정확한 크기의 표를 만들 수 있습니다.

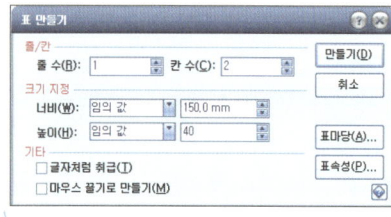

고수 따라잡기 이름표에 사진 넣기

이름표에 사진 넣기

문서에 사진을 넣으면 도형에 사진을 넣었을 때처럼 모서리를 둥글게 만들 수 없지만 사진의 일부를 잘라서 표현하기 편리합니다. 여기서는 표에 사진을 넣고 사진의 밑부분을 잘라 보겠습니다.

01 사진을 넣을 곳을 클릭한 다음 [입력] 메뉴에서 [개체]-[그림]을 클릭합니다.

02 삽입할 그림을 선택한 다음 [넣기] 단추를 클릭합니다.

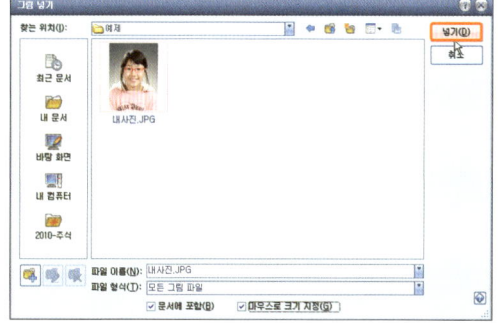

03 그림에서 불필요한 부분을 자르기 위해서 그림을 클릭한 다음 Shift 를 누르고 안보이게 할 부분의 조절점을 드래그합니다.

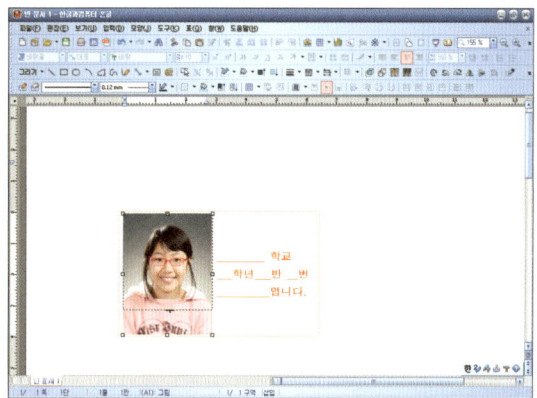

04 그림을 드래그해서 위치를 조절합니다.

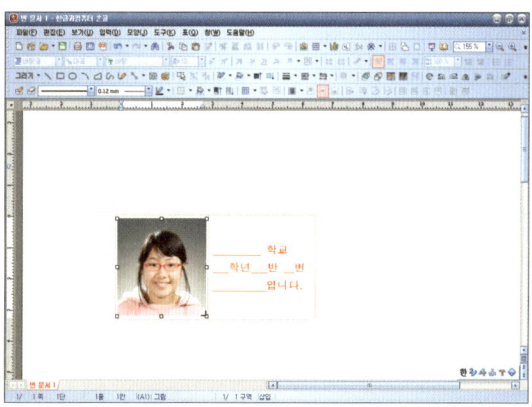

95

Section 09
학습지도안 만들기에서 가장 막히는 부분 해결하기!

학습지도안을 만들면서 한글 프로그램에서도 상당히 고급기능을 사용하기 때문에 선생님들께서 공통적으로 어려워하시는 내용에 대해서 알아 보겠습니다. 학습지도안은 여러 칸으로 구성된 표로 작성을 합니다. 한글 2007을 이용하여 표에 입력되어 있는 내용을 정렬하고, 원하는 위치에 조절하고, 페이지 구분선에 표가 잘렸을 때 표를 나누어서 표시하는 방법에 대해서 알아 보겠습니다.

| 완성 파일 : 예제파일\학습지도안1.hwp |

Section 09 학습지도안 만들기에서 가장 막히는 부분 해결하기!

표의 셀 정렬과 줄 위치 바꾸기

Step 01

이런 기능들이 사용됐어요 ➡ 셀 여백 지정, 셀 정렬

01 » 한글 2007을 실행한 다음 '학습지도안.hwp' 파일을 불러 와서 문서 내용을 확인합니다. 표가 문서에 잘려서 나타난 것을 확인할 수 있습니다.

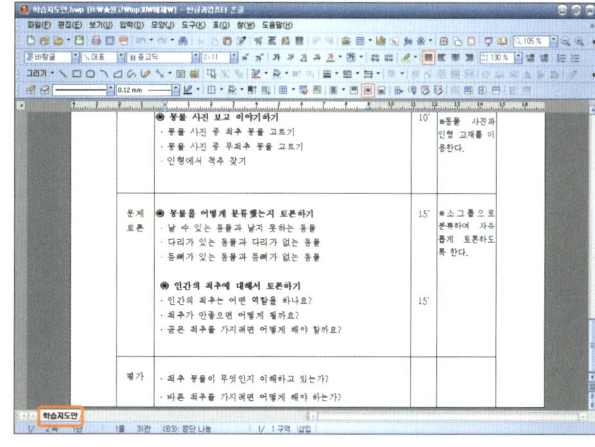

02 » 두 번째 페이지에 삽입되어 있는 표에서 두 번째 줄을 마우스로 드래그해서 블록을 설정한 다음 마우스 오른쪽 단추를 클릭하면 나타나는 바로 가기 메뉴에서 [표/셀 속성]을 클릭합니다.

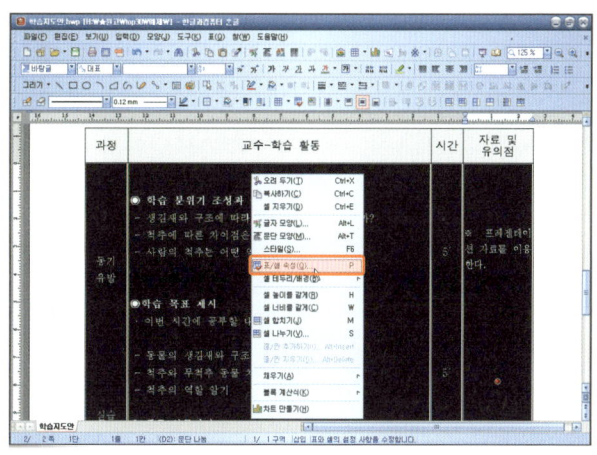

03 » [표/셀 속성] 대화 상자가 나타나면 [셀] 탭을 클릭하고 [안 여백 지정] 항목을 선택한 후 [모두]의 방향키를 클릭해 모든 여백을 '2mm'로 설정합니다.

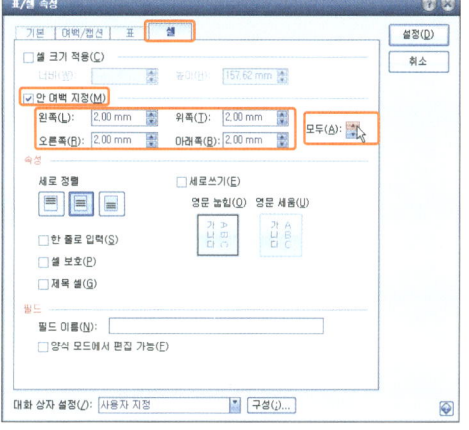

* 셀 안쪽의 여백을 지정하여 셀 테두리와 내용의 간격을 조절합니다.

04 [세로 정렬] 항목에서 [위] 단추를 클릭한 다음 [설정] 단추를 클릭합니다.

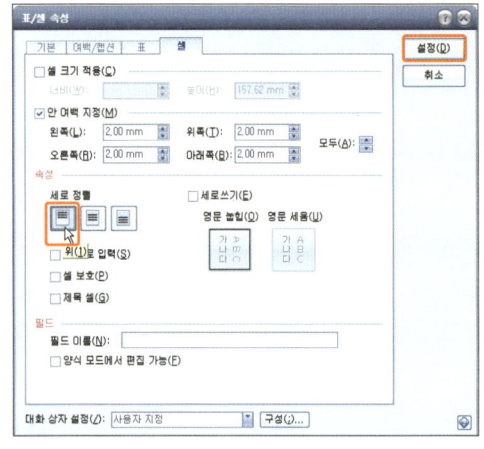

> 셀 안에 입력되어 있는 내용은 기본적으로 가운데 정렬로 설정되어 있습니다. [위] 또는 [아래] 단추를 클릭하여 셀 안에 입력된 내용의 위치를 조절할 수 있습니다.

05 '실습' 글자 앞을 클릭해서 커서를 위치한 다음 Enter 를 눌러 '동물 사진 보고 이야기하기' 줄과 높이를 맞춥니다.

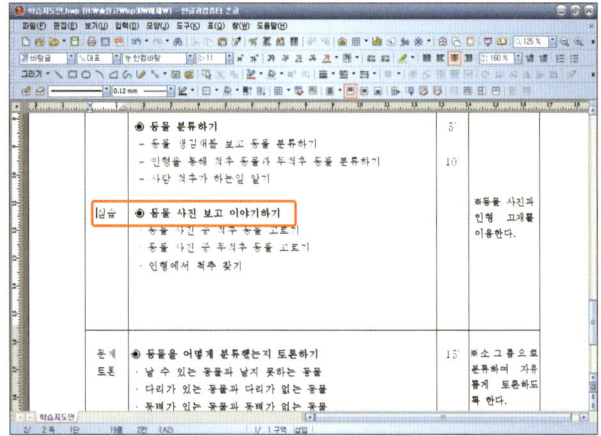

> Enter 를 눌러 글자를 아래로 내릴 수 있고 Delete 를 눌러 위로 올릴 수 있습니다.

06 같은 방법으로 '시간' 과 '자료 및 유의점' 에 입력한 내용도 해당 줄에 맞춥니다.

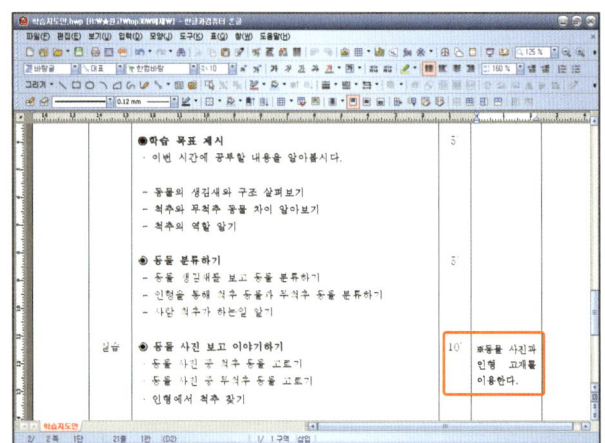

페이지 구분에 잘린 표 나누기

Step 02

이런 기능들이 사용됐어요 ➡ 표 나누기

01 〉〉 두 번째 페이지의 표의 테두리를 클릭해서 선택한 다음 더블 클릭합니다.

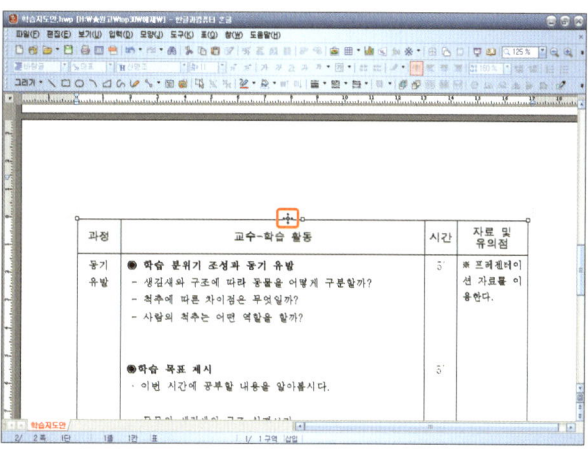

표의 테두리를 더블 클릭하거나 마우스 오른쪽 클릭하면 나타나는 바로 가기에서 [개체 속성]을 클릭합니다.

02 〉〉 표를 페이지에 맞게 나누려면 표를 움직일 수 있는 상태로 변경해야 합니다. [표/셀 속성] 대화 상자의 [기본] 탭에서 [글자처럼 취급] 항목을 클릭해서 체크를 해제합니다.

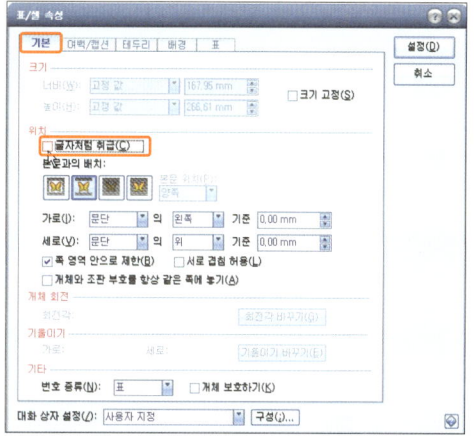

03 〉〉 [표] 탭을 클릭한 다음 [쪽 경계에서] 항목에 [나눔]을 선택하고 [설정] 단추를 클릭합니다.

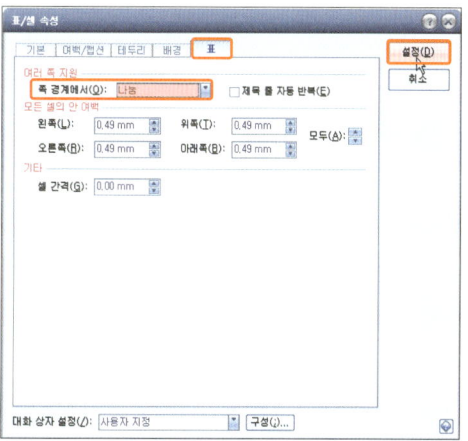

[쪽 경계에서] 항목에서 [나눔]을 선택하면 페이지 경계에 맞게 표를 나누고 [셀 단위로 나눔]을 선택하면 줄 단위에 맞게 나누어집니다.

04 〉〉 선택되어 있는 표의 테두리를 마우스로 드래그해서 표의 위치를 적당하게 조절합니다.

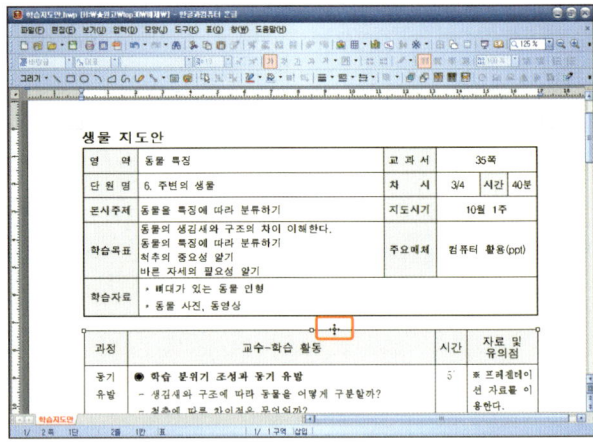

05 〉〉 표가 페이지에 맞게 나누어졌습니다.

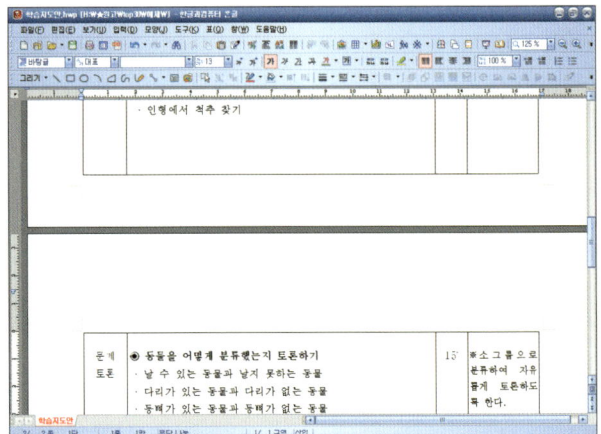

Section 09 학습지도안 만들기에서 가장 막히는 부분 해결하기!

학습지도안 인쇄하기

Step 03

이런 기능들이 사용됐어요 ➡ 인쇄 미리보기, 인쇄하기

01 » 한글 2007의 기본 도구 모음에서 [미리 보기] 단추를 클릭합니다. 미리 보기 창이 나타나면 [여러 쪽] 단추를 클릭한 다음 '1×2' 만큼 크기를 클릭합니다.

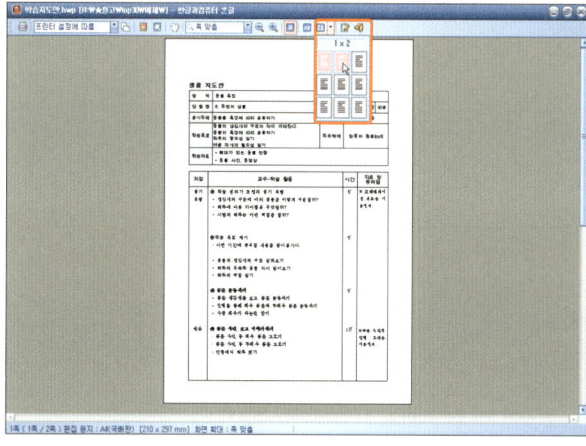

02 » 두 페이지를 한 화면에 볼 수 있습니다. 지도안 문서의 구성이 제대로 표현되었는지 확인합니다.

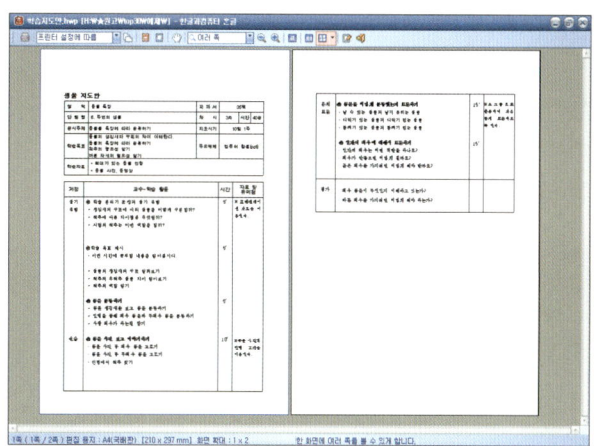

03 » [인쇄] 단추를 클릭하면 나타나는 [인쇄] 대화 상자에서 프린터 선택에 인쇄할 프린터를 선택하고 [인쇄 매수]에 인쇄 매수를 입력한 다음 [인쇄] 단추를 클릭합니다.

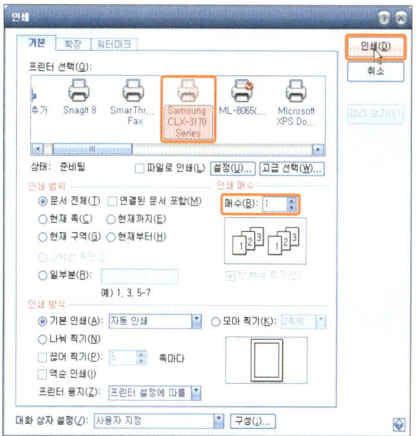

Section 10

한글 2007로 우리 반 성적 다양하게 관리하기!

한글 2007의 표 기능을 이용하면 학생들의 성적을 입력하고 바로 총점, 최대값, 최소값을 구할 수 있습니다. 또한 특정 기준으로 정렬하거나 차트를 만들어서 시각적으로 성적을 분석할 수 있습니다. 이번 단원을 통해서 잘 배운 한글의 계산관련 고급 기능들이 열 엑셀 안 부럽다고 느끼실 것입니다.

| 완성 파일 : 예제파일\성적표-결과.hwp |

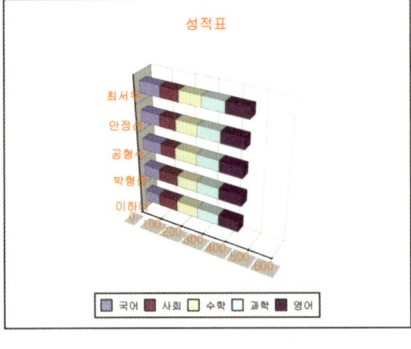

Section 10 한글 2007로 우리 반 성적 다양하게 관리하기!

함수를 이용하여 합계, 평균, 최고와 최저값 구하기 Step 01

이런 기능들이 사용됐어요 ➔ 계산식 활용

01 » 한글 2007을 실행한 다음 '성적표.hwp' 파일을 불러 옵니다. '이하나'의 총점을 구하기 위해서 국어부터 총점 칸까지 마우스로 드래그해서 블록을 설정한 다음 [표] 메뉴에서 [블록 계산]-[블록 합계]를 클릭합니다.

02 » '이하나' 점수의 평균을 구하기 위해서 '평균' 항목을 클릭해서 커서를 위치한 다음 [표] 메뉴에서 [계산식]을 클릭합니다.

03 » [함수] 항목에 [AVG(..), AVERAGE(..)]를 선택하고 [계산식] 항목에서 괄호 안에 'C2:G3'를 입력하고 [형식]에 [정수형]을 선택한 다음 [확인] 단추를 클릭합니다.

> 표에서 셀의 위치는 열 방향은 A,B,C… 순으로 매기고, 행 방향은 1, 2, 3… 순으로 매긴 후 해당 위치에 있는 셀을 열 번호와 행 번호를 입력해서 표시합니다.

04 〉〉 국어 점수의 최고 점수를 구하기 위해서 점수를 표시할 칸을 클릭한 다음 [표] 메뉴에서 [계산식]을 클릭합니다. [함수] 항목에 [MAX(..)]를 선택하고 [계산식] 항목에서 괄호 안에 'C2:C6'를 입력한 다음 [확인] 단추를 클릭합니다.

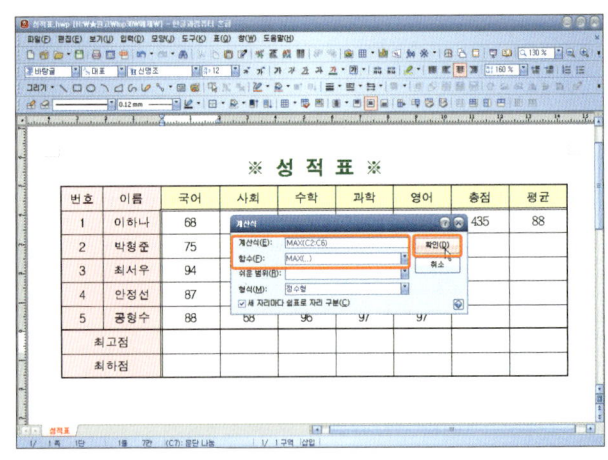

MAX( )는 선택한 데이터 중 최고의 점수를 구해주는 함수입니다.

05 〉〉 국어 점수의 최저 점수를 구하기 위해서 점수를 표시할 칸을 클릭한 다음 [표] 메뉴에서 [계산식]을 클릭합니다. [함수] 항목에 [MIN(..)]를 선택하고 [계산식] 항목에서 괄호 안에 'C2:C6'를 입력한 다음 [확인] 단추를 클릭합니다.

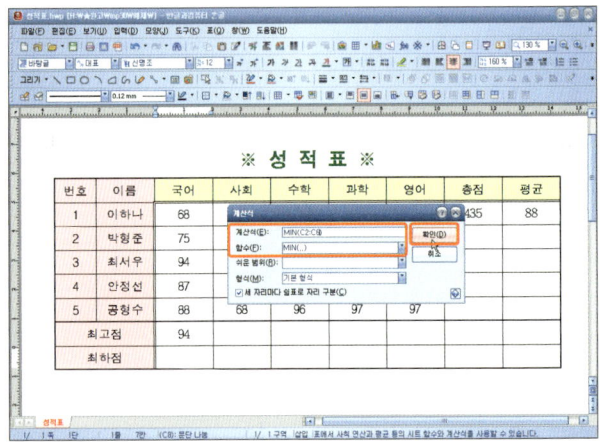

MIN( )는 선택한 데이터 중 최저의 점수를 구해주는 함수입니다.

06 〉〉 최고 점수와 최저 점수가 표시되었습니다.

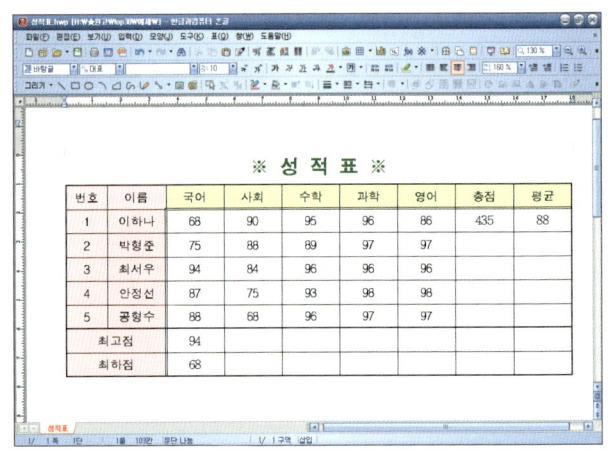

데이터와 근접해 있는 경우 블록 계산식을 이용하고 데이터와 떨어져 있는 경우에는 계산식을 이용해서 계산합니다.

채우기로 계산값 채우기

Step 02

이런 기능들이 사용됐어요 ➡ 채우기 활용

01» 총점을 [채우기]로 빈칸에 모두 채우기 위해서 총점 영역을 블록으로 설정한 다음 마우스 오른쪽 단추를 클릭하면 나타나는 바로 가기 메뉴에서 [채우기]-[표 자동 채우기]를 클릭합니다.

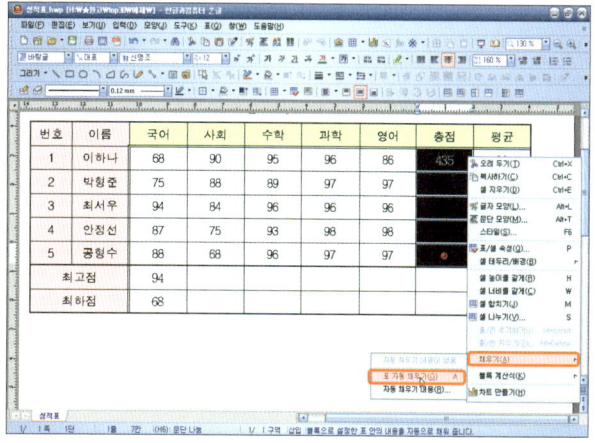

02» 평균 계산에 사용한 함수식을 고치기 위해서 평균을 구한 칸을 클릭하고 마우스 오른쪽 단추를 클릭한 다음 [계산식 고치기]를 클릭합니다. [계산식] 항목에서 괄호 안에 입력된 내용을 'C?:G?' 로 고친 다음 [확인] 단추를 클릭합니다.

> ?는 상대 좌표로 설정해주는 기호입니다. 평균의 값을 행 방향으로 채우므로 행 번호를 ? 기호로 표시합니다.

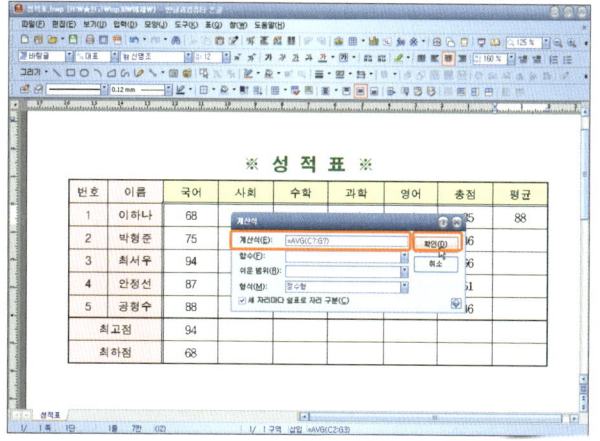

03» 평균값을 [채우기]로 빈칸에 모두 채우기 위해서 평균 영역을 블록으로 설정한 다음 마우스 오른쪽 클릭하면 나타나는 바로 가기 메뉴에서 [채우기]-[표 자동 채우기]를 클릭합니다.

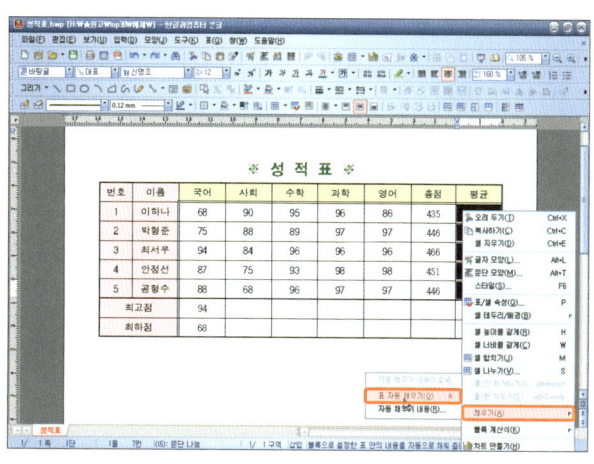

04 » 최고점에 사용된 함수식을 고치기 위해서 같은 방법으로 [계산식 고치기]를 실행한 다음 [계산식] 항목에 'C2:C6'를 '?2:?6'으로 고친 다음 [확인] 단추를 클릭합니다.

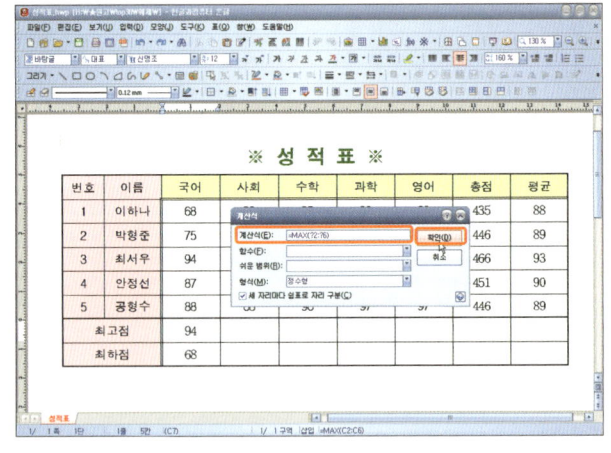

> [채우기]로 행 방향으로 채울 것이므로 열 주소를 ? 기호로 표시합니다.

05 » 최저점에 사용된 함수식을 고치기 위해서 같은 방법으로 [계산식 고치기]를 실행한 다음 [계산식] 항목에 'C2:C6'를 '?2:?6'으로 고친 다음 [확인] 단추를 클릭합니다.

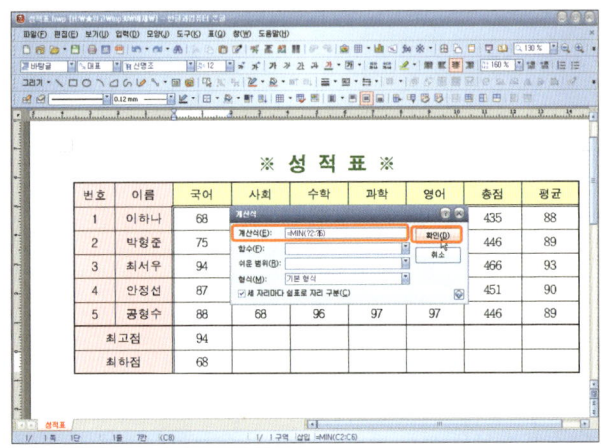

06 » 최고점과 최저점을 [채우기]로 빈칸에 모두 채우기 위해서 최고점과 최저점 영역을 블록으로 설정한 다음 마우스 오른쪽 단추를 클릭하면 나타나는 바로 가기 메뉴에서 [채우기]-[표 자동 채우기]를 클릭해서 값을 채웁니다.

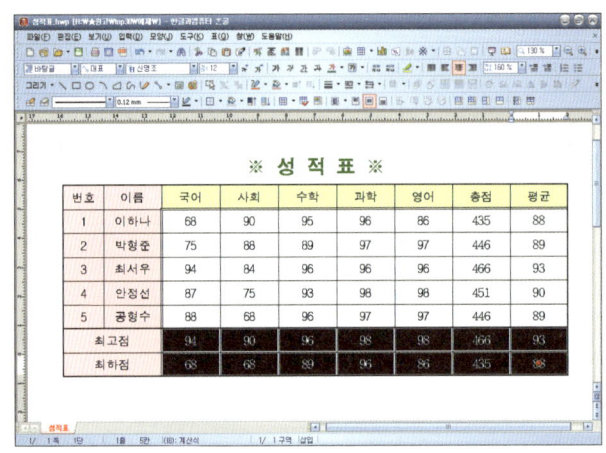

데이터 정렬하기

Step 03

이런 기능들이 사용됐어요 ➜ 정렬 활용

01 〉〉 총점이 높은 순으로 데이터를 정렬하기 위해서 데이터를 블록으로 설정한 다음 [도구] 메뉴에서 [정렬]을 클릭합니다.

02 〉〉 [위치] 항목에 '총점'이 있는 필드인 '필드6'을 선택하고 점수가 높은 순으로 정렬하기 위해서 [형식]에 [숫자(987)]을 선택한 다음 [실행] 단추를 클릭합니다.

저장하기 : Alt + S

03 〉〉 번호 항목에 입력된 숫자를 모두 지우고 순서대로 1, 2를 입력한 다음 숫자 영역을 모두 선택하고 마우스 오른쪽 클릭하면 나타나는 바로 가기 메뉴에서 [채우기]-[표 자동 채우기]를 클릭해서 값을 채웁니다.

숫자를 자동 채우기하면 칸과 칸 사이의 차이만큼 빈 칸에 값이 채워집니다.

차트 만들기

Step 04

이런 기능들이 사용됐어요 ➡ 차트 편집

01» 학생들의 점수를 차트로 만들기 위해서 '이름'부터 '영어' 영역까지 데이터를 블록으로 설정한 다음 [차트] 단추를 클릭합니다.

02» 차트가 만들어지면 차트를 마우스로 드래그해서 위치를 조절하고 조절점을 마우스로 드래그해서 크기를 조절합니다.

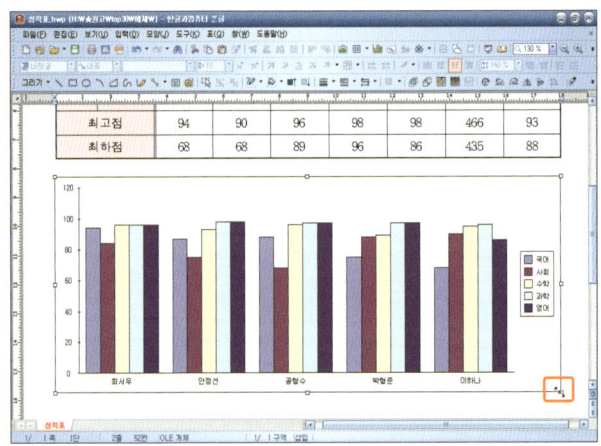

03» 차트를 더블 클릭해서 차트 편집 모드로 변경한 다음 차트를 마우스 오른쪽 클릭하면 나타나는 바로 가기 메뉴에서 [제목]을 클릭합니다.

차트를 더블 클릭하면 차트 편집 모드로 변경됩니다. 차트 밖을 클릭하면 차트 편집 모드가 해제됩니다.

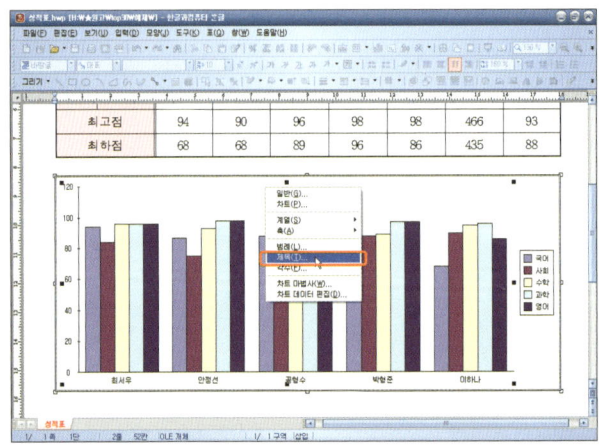

Section 10 한글 2007로 우리 반 성적 다양하게 관리하기!

04 » [위치] 탭에서 [보임]을 클릭해서 체크한 다음 제목을 표시할 위치를 선택합니다.

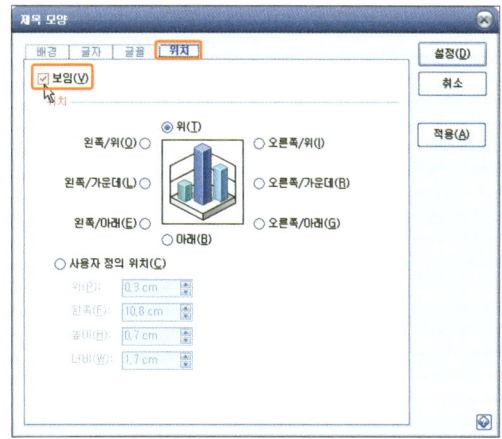

05 » [글꼴] 탭에서 글자 속성을 설정하고 [글자] 탭의 [내용]에서 차트 제목을 입력한 다음 [설정] 단추를 클릭합니다.

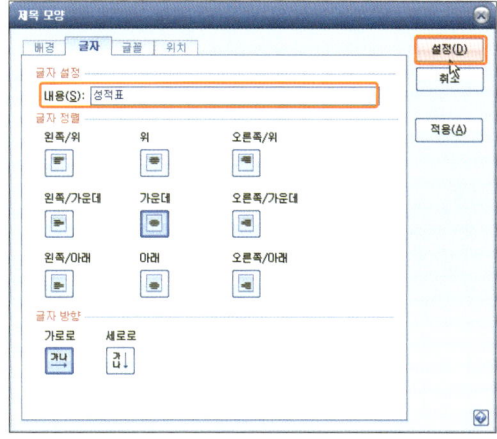

06 » 차트의 계열을 더블 클릭하면 나타나는 대화 상자에서 [면 색] 항목의 색을 변경하여 계열 막대의 색을 변경합니다.

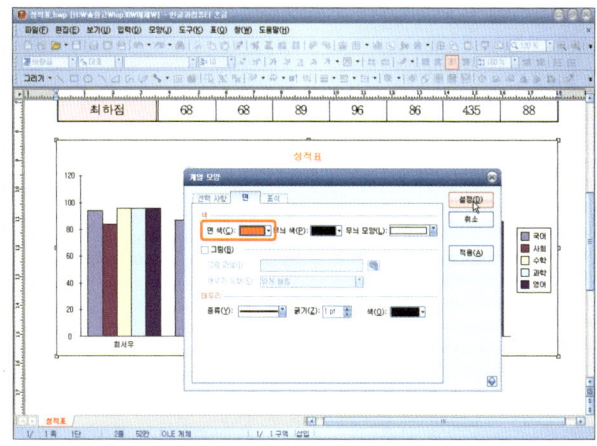

차트 편집 모드에서 [차트 요소]를 더블 클릭하면 해당 대화 상자가 나타납니다.

07 >> 같은 방법으로 계열 막대의 색을 변경하고 범례를 더블 클릭하면 나타나는 대화 상자를 이용하여 범례를 차트 아래로 배치시킵니다.

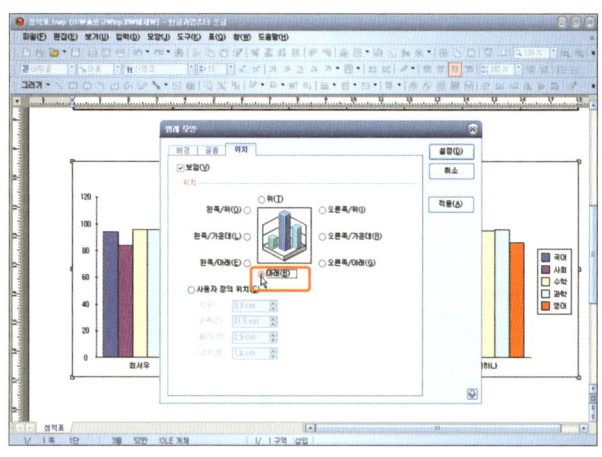

• 범례란 계열 막대의 계열 이름을 알려주는 안내표를 말합니다.

08 >> 축 이름을 더블 클릭하면 나타나는 대화 상자에서 [글꼴] 탭을 클릭하고 글자 속성을 변경한 다음 [설정] 단추를 클릭합니다.

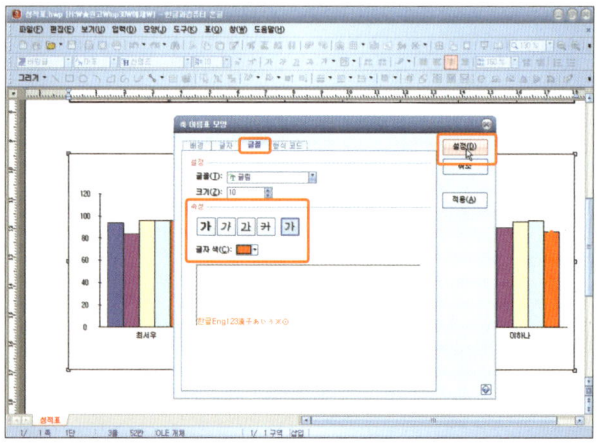

09 >> 같은 방법으로 차트 속성을 변경하여 차트를 꾸밉니다.

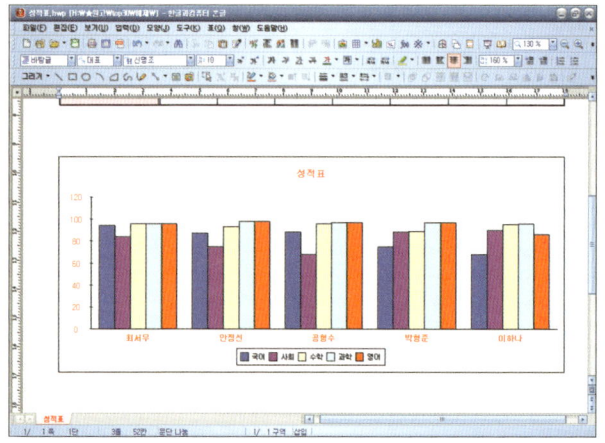

Section 10 한글 2007로 우리 반 성적 다양하게 관리하기!

차트 종류 변경하기

Step 05

이런 기능들이 사용됐어요 ➜ **차트 마법사 활용**

01 >> 차트 편집 모드에서 차트를 오른쪽 클릭한 다음 [차트 마법사]를 클릭합니다. [차트 마법사] 대화 상자가 나타나면 [가로 막대형]을 클릭하고 [3차원 설정 누적 가로 막대형]를 클릭하고 [다음] 단추를 클릭합니다.

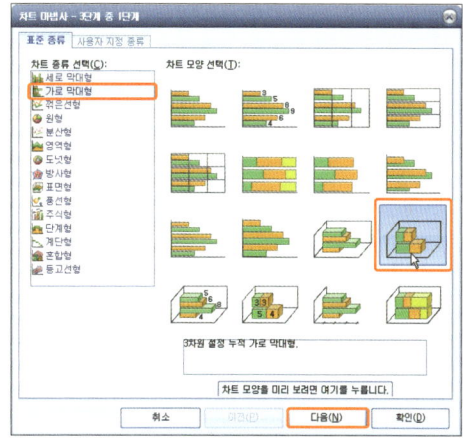

02 >> [방향]을 [열]로 클릭한 다음 [확인] 단추를 클릭합니다.

차트를 구성하는 행과 열을 차트를 보여주기 적합한 형태로 변경합니다.

03 >> 차트가 변경되었습니다. 차트를 클릭하면 나타나는 조절점을 마우스로 드래그해서 차트 모양을 변경합니다.

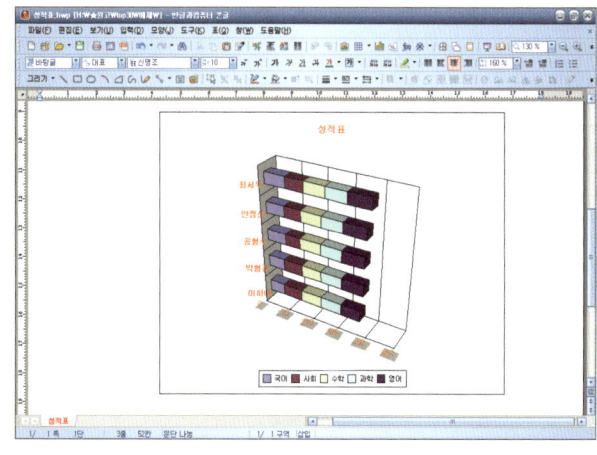

111

Section 11
메일머지로 학생 정보만 바뀌는 상장 만들기

한글 2007의 메일 머지 기능을 이용하면 학생 정보 데이터를 불러와서 상장 기본 문서에 학생 정보만 바뀌도록 만들 수 있습니다. 메일 머지에 사용할 정보 데이터는 특정 규칙을 맞추어 작성해야 하는데, 고급기능인 매크로를 이용하면 손쉽게 데이터를 정리할 수 있습니다. 이 기능은 상장 이외에도 가정통신문 등 공통 사항의 문서를 작성할 때 유용하게 사용하실 수 있습니다.

| 완성 파일 : 예제파일\상장-결과.hwp |

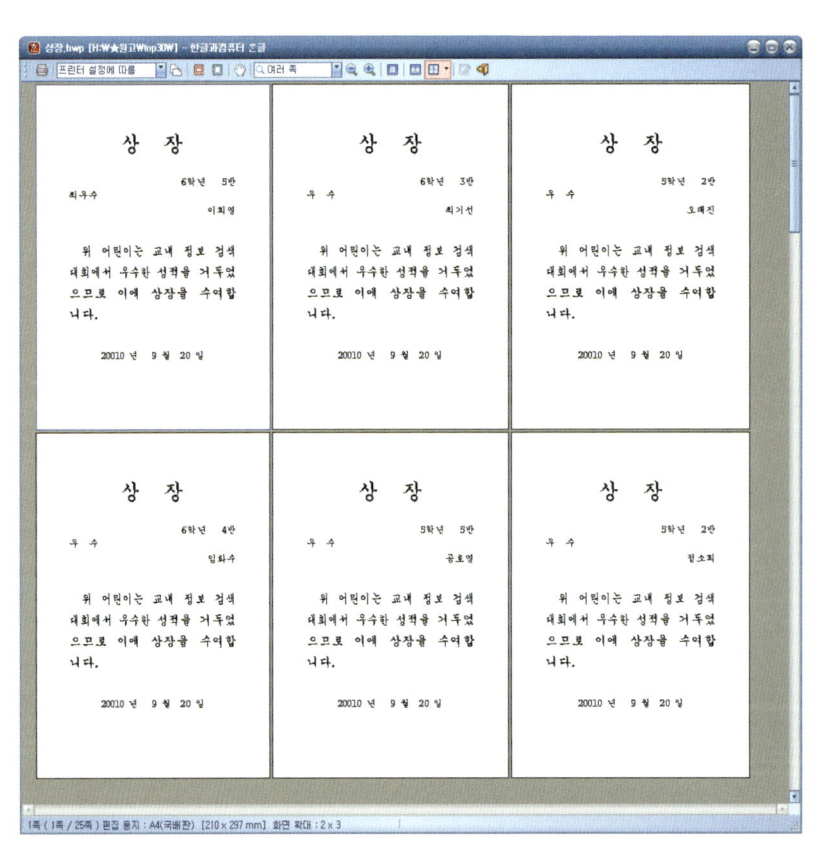

Section 11 메일머지로 학생 정보만 바뀌는 상장 만들기

수상자 명단 정리하기

Step 01

이런 기능들이 사용됐어요 ➡ 표를 문자열로 바꾸기

01 >> 한글 2007을 실행한 다음 '수상자명단.hwp' 파일을 불러 옵니다. 데이터 항목을 삭제하기 위해서 첫 행을 마우스로 드래그해서 블록을 설정한 다음 마우스 오른쪽 단추를 클릭하면 나타나는 바로 가기 메뉴에서 [셀 지우기]를 클릭합니다.

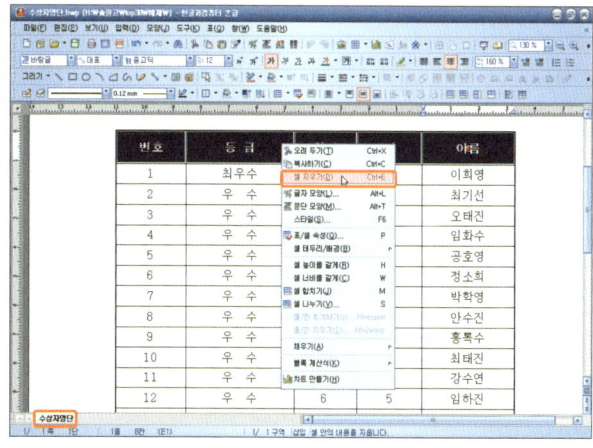

02 >> 선택된 셀들을 지울지 묻는 메시지가 나타나면 [지우기] 단추를 클릭합니다.

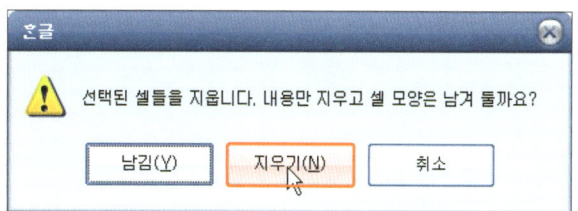

* [남김] 단추를 클릭하면 선택한 셀에 입력되어 있는 내용만 삭제됩니다.

03 >> 같은 방법으로 왼쪽 열도 [셀 지우기]를 실행하여 삭제합니다.

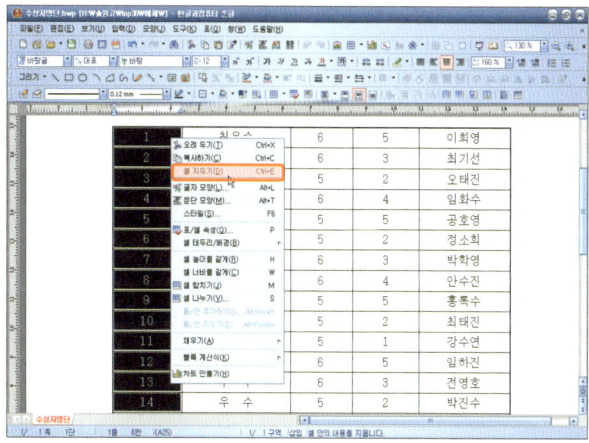

113

04 ›› 표를 클릭해서 선택한 다음 [표] 메뉴에서 [표를 문자열로]를 클릭합니다.

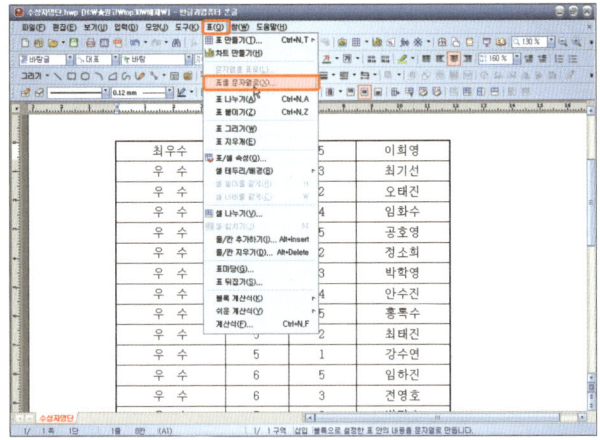

05 ›› 셀 안의 내용과 내용 사이에 아무것도 입력하지 않게 하기 위해서 [기타 문자열]을 선택한 다음 [설정] 단추를 클릭합니다.

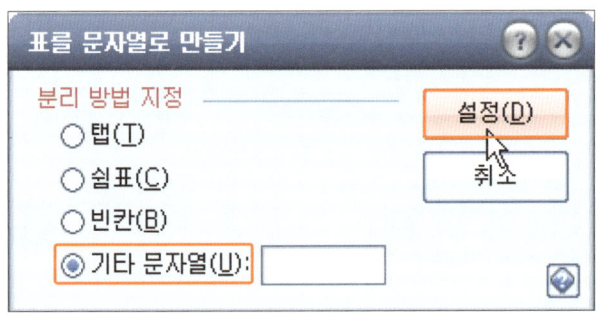

• 셀마다 입력되어 있는 내용을 [분리 방법 지정]에 선택한 기준으로 분리합니다.

06 ›› 데이터를 모두 선택한 다음 [양쪽 정렬] 단추를 클릭해서 데이터를 왼쪽으로 정렬합니다.

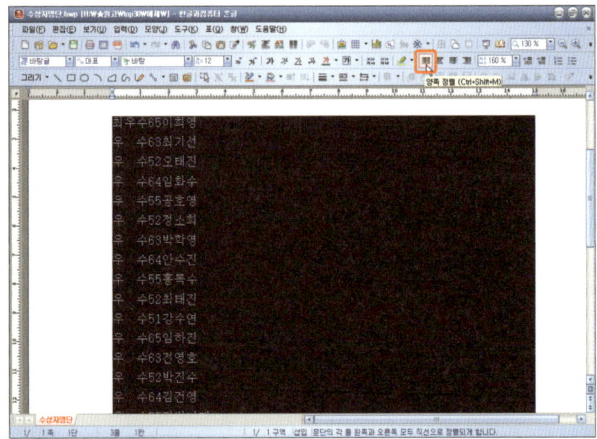

매크로를 이용하여 메일 머지용 데이터 정리하기 Step 02

이런 기능들이 사용됐어요 ➡ 메일 머지로 데이터 분류

01 » 상 종류, 학년, 반, 이름 순으로 Enter 를 눌러 줄을 바꿉니다.

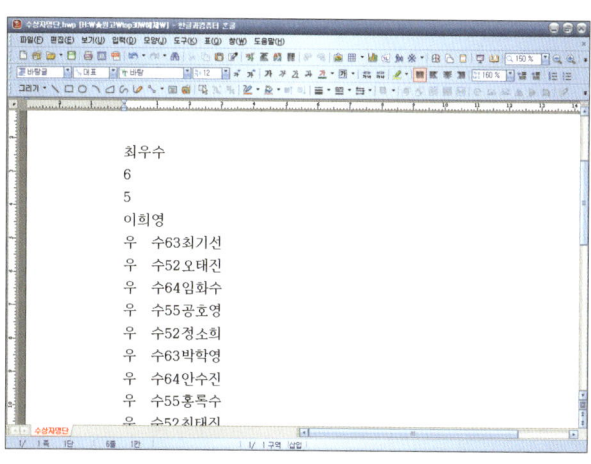

> 메일 머지에 사용할 데이터로 정리하기 위해서 각 데이터를 다른 줄로 정리합니다.

02 » 5번째 줄 앞을 클릭해서 커서를 위치한 다음 [도구] 메뉴에서 [매크로]-[키 매크로 정의]를 클릭합니다. 매크로를 정의할 위치를 클릭한 다음 [매크로 이름]에 '데이터분류'를 입력하고 [정의] 단추를 클릭합니다.

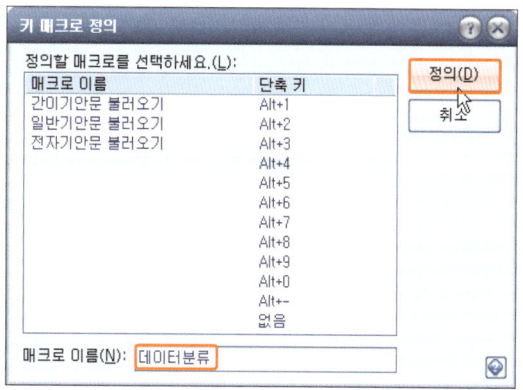

03 » 키보드만 이용하여 상 종류, 학년, 반, 이름 순으로 Enter 를 눌러 줄을 바꾸어서 매크로로 등록할 내용을 기록한 후 [중지] 단추를 클릭합니다.

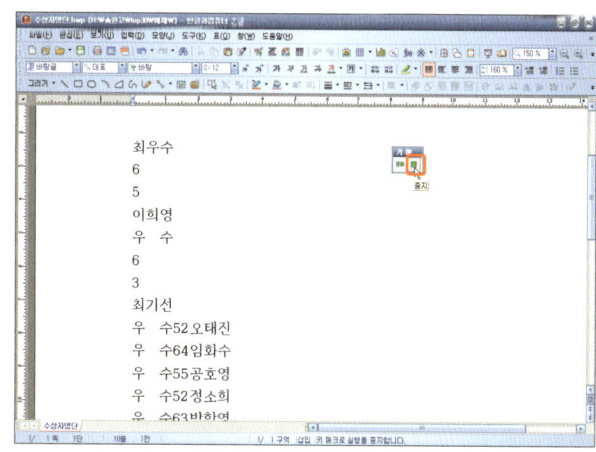

> [키 매크로 정의]는 사용자가 조작한 키 조작 내용을 기록해주는 기능입니다.

04》 등록한 매크로의 바로 가기 키였던 Alt + 4 를 누르면 자동으로 데이터가 분류됩니다.

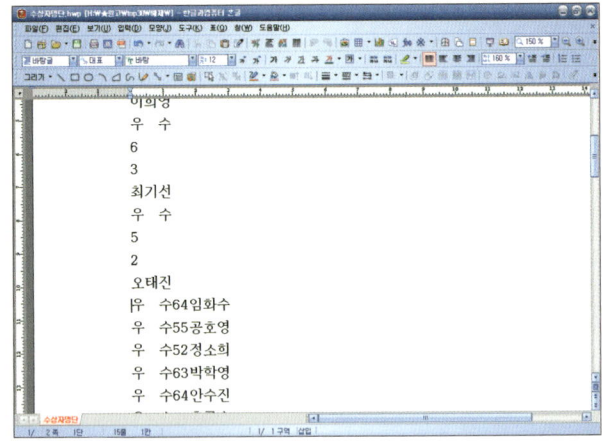

05》 [도구] 메뉴에서 [매크로]-[키 매크로 실행]을 클릭하면 나타나는 대화 상자에서 등록한 매크로 목록을 클릭하고 [매크로 반복 횟수]에 반복 실행할 횟수를 입력하고 [실행] 단추를 클릭하면 입력한 횟수만큼 매크로를 반복해서 실행해줍니다.

> [키 매크로]는 현재 커서 위치를 중심으로 기록된 내용을 실행하므로 매크로 작성시 커서 위치를 잘 위치시켜 주어야 합니다.

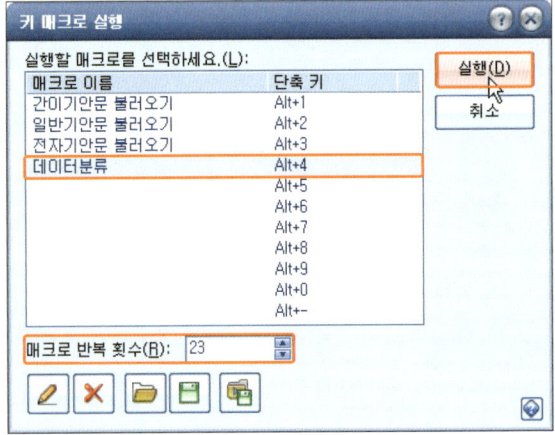

06》 데이터 첫 줄에 데이터 개수인 '4'를 입력하고 Ctrl + S 를 눌러 문서를 저장합니다.

> 메일 머지로 사용할 데이터의 맨 첫 줄에는 메일 머지로 삽입되는 데이터의 개수를 반드시 입력해 주어야 합니다.

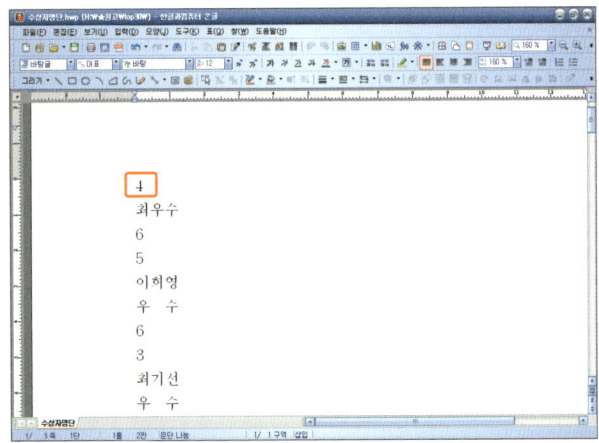

메일 머지로 학생 정보만 바뀌는 상장 만들기

Step 03

이런 기능들이 사용됐어요 ➔ 메일 머지 만들기

01 » 데이터 중 상장 종류를 표시할 곳에 커서를 위치한 다음 [도구] 메뉴에서 [메일 머지]-[메일 머지 표시 달기]를 클릭합니다.

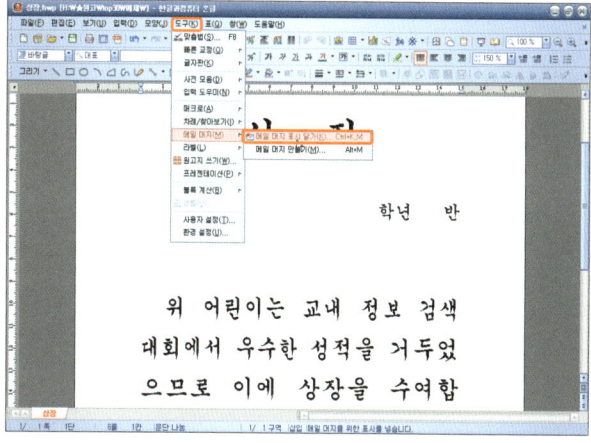

02 » [필드 만들기] 탭을 클릭한 다음 필드 번호에 '1'을 입력하고 [넣기] 단추를 클릭합니다.

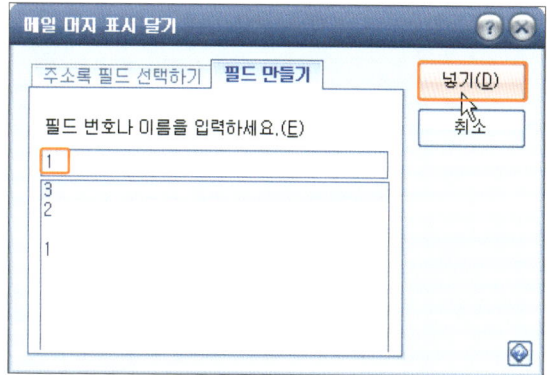

[필드 번호]는 메일 머지 데이터에서 작성한 순서대로 필드 번호를 입력합니다.

03 » 같은 방법으로 '학년'을 표시할 곳에 커서를 위치한 다음 '2'번으로 필드 번호를 등록합니다.

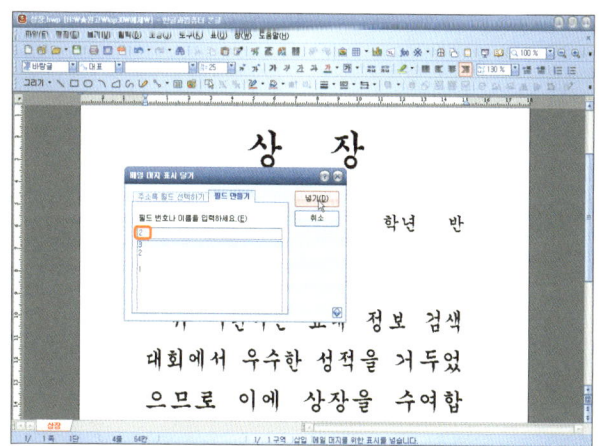

04 >> 같은 방법으로 반은 '3', 이름은 '4'로 필드 이름을 등록합니다.

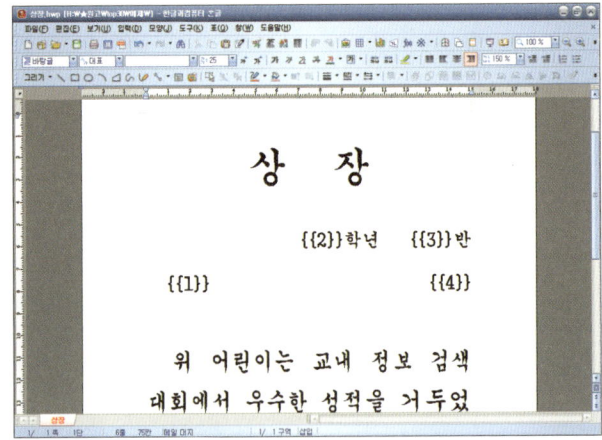

05 >> [도구] 메뉴에서 [메일 머지]-[메일 머지 만들기]를 클릭합니다.

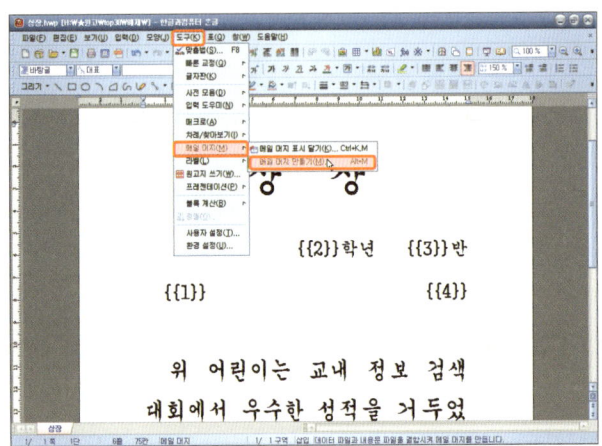

06 >> [자료 종류]에 '한글 파일'을 선택하고 [찾아보기] 단추를 클릭해서 앞에서 저장한 '수상자명단.hwp' 파일을 선택하고 [출력 방향] 항목에 [화면]을 선택하고 [확인] 단추를 클릭합니다.

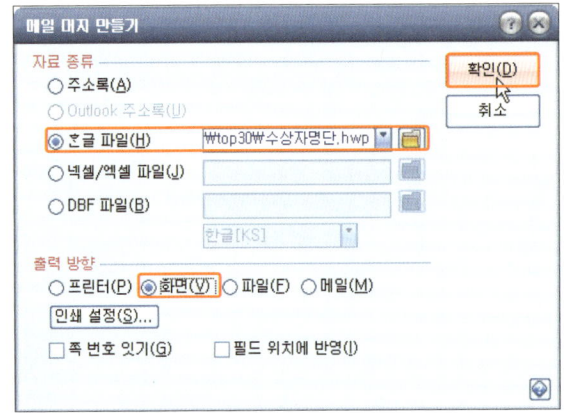

07 >> 상장 종류, 학년, 반, 이름만 바뀐 상장 문서가 데이터 개수만큼 만들어 집니다.

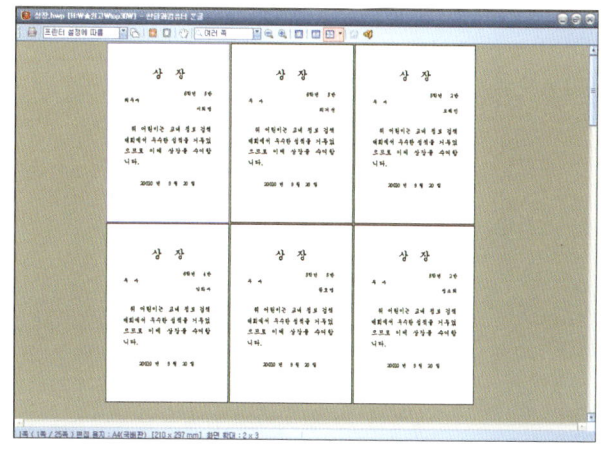

[화면]으로 출력 방향을 지정하면 미리보기 화면으로만 메일 머지로 작성된 문서가 나타날 뿐 문서 자체에는 반영되지 않습니다.

08 >> 미리보기 창을 닫은 다음 같은 방법으로 메일 머지 만들기를 실행합니다. [출력 방향]에 [파일]을 선택하고 [파일 이름]에 저장할 파일 이름을 입력하고 [확인] 단추를 클릭하면 메일 머지로 만들어진 자료가 새 한글 문서로 저장됩니다.

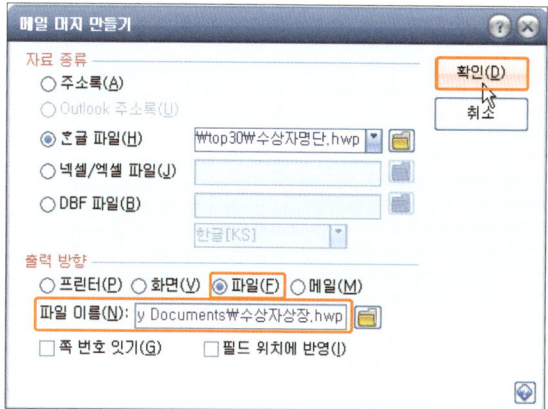

09 >> 같은 방법으로 메일 머지 만들기를 실행한 다음 [출력 방향]에 [프린터]를 선택하고 [인쇄 설정] 단추를 클릭해서 인쇄 환경을 설정한 다음 [확인] 단추를 클릭하면 메일 머지로 만들어진 문서가 인쇄됩니다.

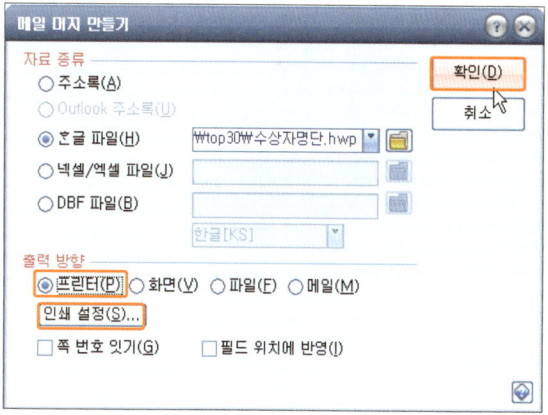

Section 12
한글 2007의 다양한 기능을 사용하여 학급 신문 꾸미기

여러 장의 페이지로 구성되는 학급 신문을 작성하려면 머리말 또는 꼬리말, 페이지 번호 삽입 등 여러가지 편집기술이 필요합니다. 한글 2007에서는 조판 편집기술 이외에 작성한 글이나 그림을 보기 좋게 꾸미는 방법 말고도 앞에서 말씀드린 다른 문서의 내용을 끼워 넣는 기능을 제공합니다. 이번 차시에서는 한글에서 제공하는 편집기능을 이용하여 학급 신문을 작성할 때 자주 사용되는 기능들을 배워 보겠습니다.

| 완성 파일 : 예제파일\우리들 이야기-결과.hwp |

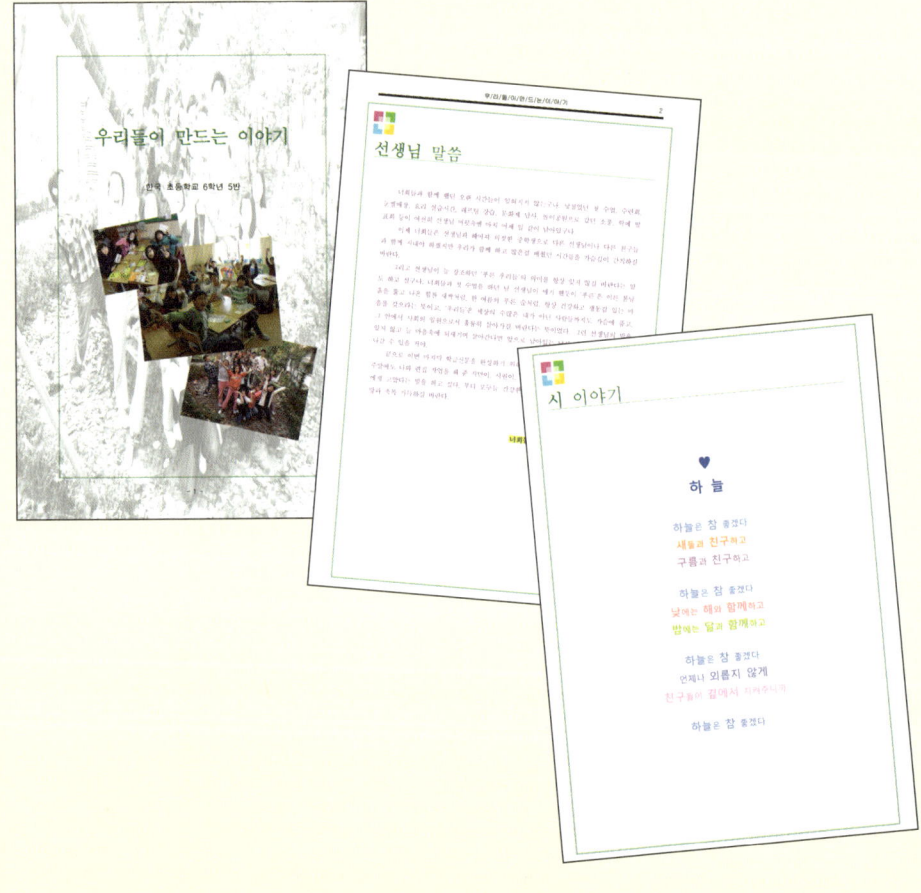

글자와 문단 속성 설정하기

Step 01

이런 기능들이 사용됐어요 ➜ 문단 속성 설정, 글자 꾸미기

01 >> 한글 2007을 실행한 다음 '우리들 이야기.hwp' 문서를 불러 온 다음 두 번째 페이지의 내용을 마우스로 드래그해서 블록을 설정한 다음 [모양]-[문단 모양] 메뉴를 클릭합니다.

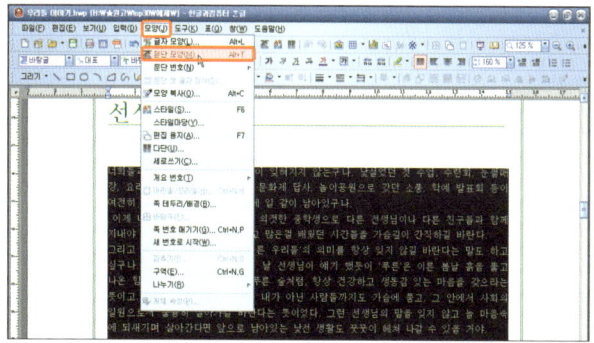

02 >> 여백과 들여쓰기를 설정하기 위해서 [여백] 항목의 [왼쪽]과 [오른쪽]에 '20'을 입력, [들여쓰기]를 클릭하고 '20'을 입력, 줄 간격을 조절하기 위해서 [줄 간격] 항목에 '180'을 입력한 다음 [설정] 단추를 클릭합니다.

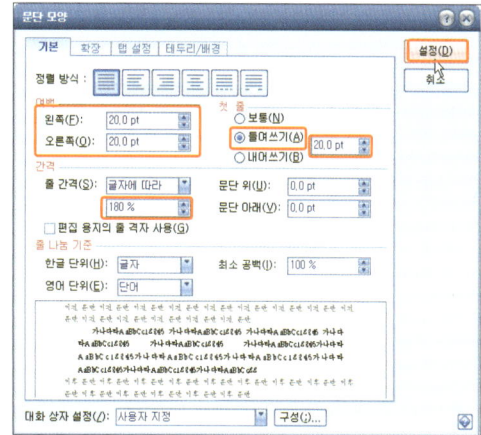

문단 속성
- 여백 : 선택한 문단의 왼쪽과 오른쪽에 공간을 만듭니다.
- 들여쓰기 : 문단의 시작글을 입력한 크기만큼 안쪽으로 넣습니다.
- 줄 간격 : 줄과 줄 사이의 간격을 백분율 단위로 조절합니다.

---

03 >> 블록이 설정된 상태에서 [모양]-[글자 모양] 메뉴를 클릭합니다.

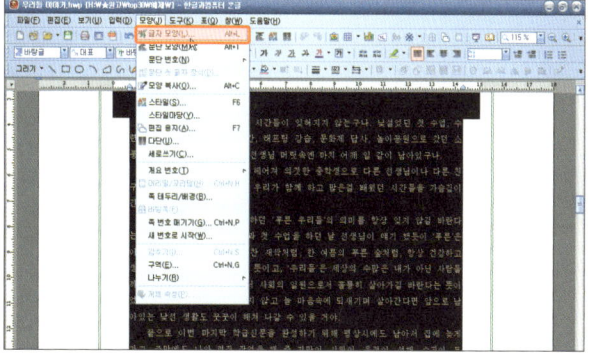

04 [자간]에 '-6'을 입력하고 [글자 색] 단추를 클릭한 다음 보라색을 선택하고 [설정] 단추를 클릭합니다.

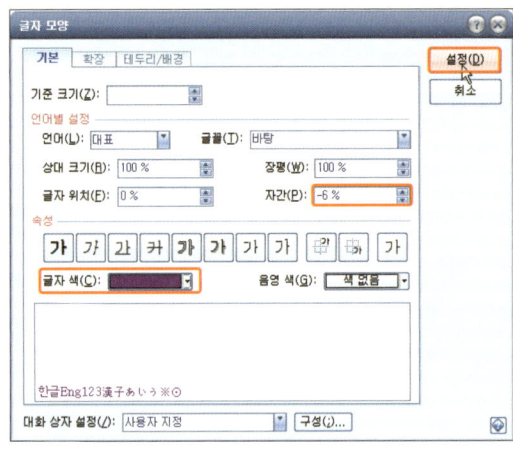

[장평]은 글자의 폭을 백분율로 조절하고 [자간]은 글자와 글자 간격을 백분율로 조절합니다.

05 글을 블록으로 설정한 다음 Alt + L 을 누르면 나타나는 [글자 모양] 대화 상자에서 [음영 색]에 노란색을 선택하고 속성에 [그림자] 단추를 클릭한 다음 [설정] 단추를 클릭합니다.

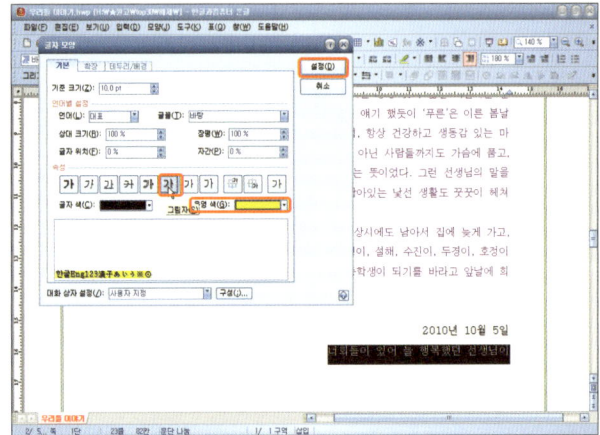

[문단 속성]의 바로 가기 키는 Alt + T , [글자 모양]의 바로 가기 키는 Alt + L 입니다.

06 문단의 폭이 좁아졌고 줄 간격, 자간 및 글자 속성이 변경되었습니다.

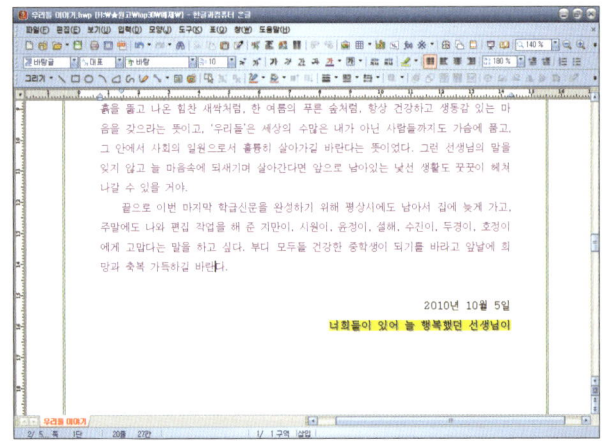

사진 자유롭게 삽입해서 꾸미기

Step 02

이런 기능들이 사용됐어요 ➡ 사진 삽입, 사진 꾸미기

01 » 첫 페이지에 사진을 삽입하기 위해서 첫 페이지로 이동한 다음 [입력] 메뉴에서 [개체]-[그림]을 클릭합니다.

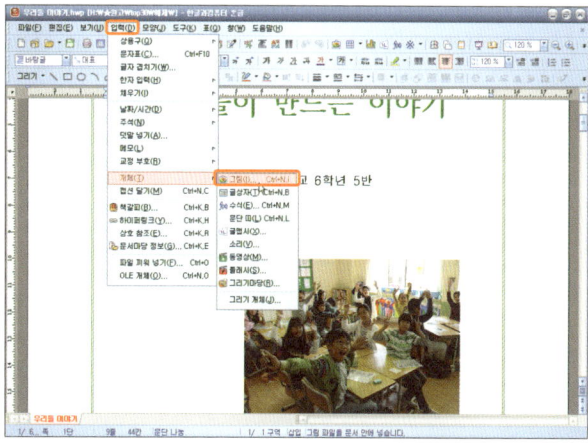

02 » 불러 올 그림을 선택한 다음 [넣기] 단추를 클릭합니다.

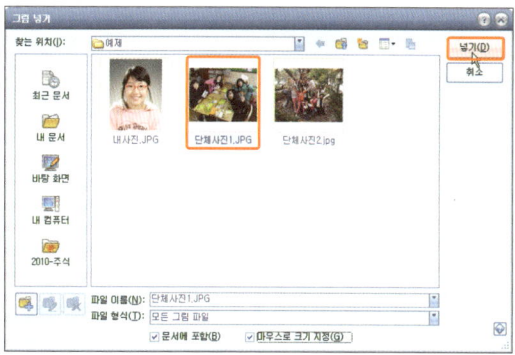

03 » 마우스로 드래그해서 사진을 삽입한 다음 사진을 자유롭게 배치하기 위해서 그림을 더블 클릭하면 나타나는 [개체 속성] 대화 상자에서 [글 앞으로] 단추를 클릭하고 [설정] 단추를 클릭합니다.

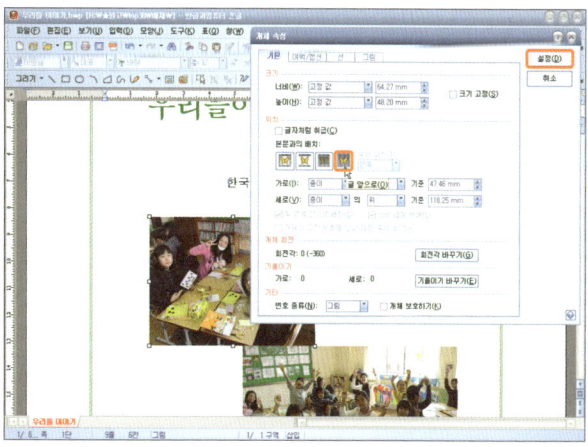

[글 뒤로]와 [글 위로]
- [글 뒤로] : 선택한 요소를 글자 밑으로 배치
- [글 위로] : 선택한 요소를 글자 위에 배치

Chapter 02 한글 2007 활용

04 >> [개체 회전] 단추를 클릭하면 나타나는 녹색 조절점을 마우스로 드래그해서 그림을 회전시킵니다.

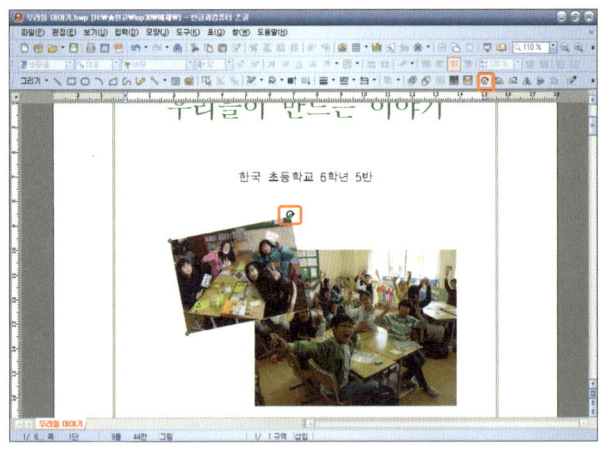

> [개체 회전] 단추를 다시 클릭하거나 그림 밖을 클릭하면 그림 개체 회전 편집이 종료됩니다.

05 >> 같은 방법으로 사진을 삽입한 다음 그림을 회전해서 꾸밉니다.

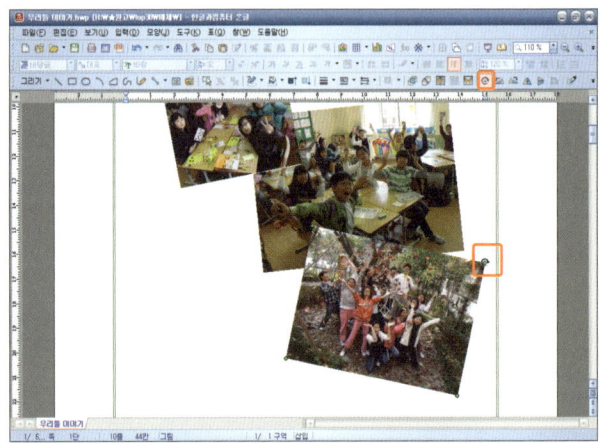

06 >> 사진을 클릭한 다음 [맨 뒤로] 단추를 클릭하면 선택한 사진이 밑으로 이동됩니다.

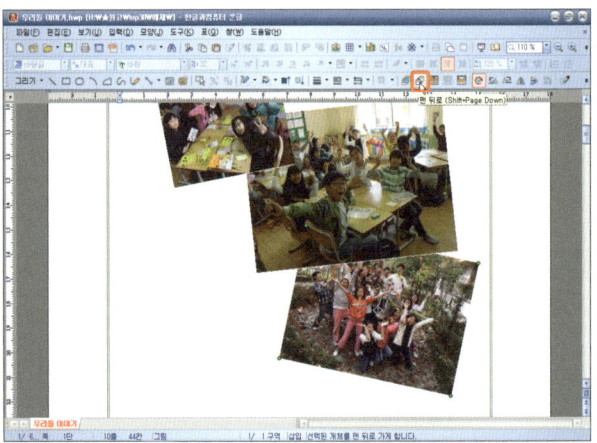

> - [맨 앞으로] : 선택한 요소를 한 단계 앞으로 이동
> - [맨 뒤로] : 선택한 요소를 한 단계 뒤로 이동

첫 페이지 문서 배경에 사진 넣기

Step 03

이런 기능들이 사용됐어요 ➜ 사진을 배경으로 설정

01 >> 첫 번째 페이지로 이동한 다음 [모양] 메뉴에서 [쪽 테두리/배경]을 클릭합니다.

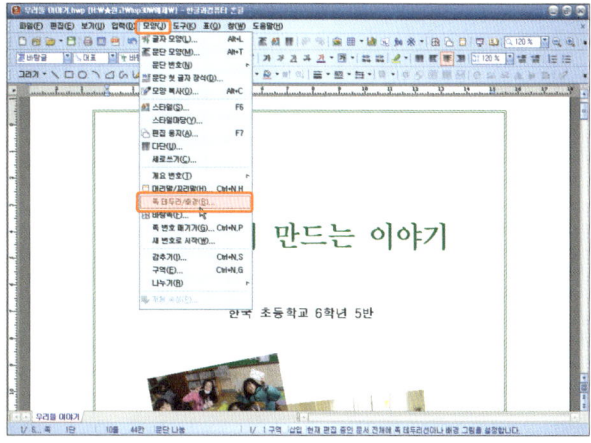

02 >> [배경] 탭을 클릭한 다음 [그림] 항목을 클릭하고 [찾아보기] 단추를 클릭해서 문서 배경에 넣을 그림을 선택합니다. [채우기 유형]에 [크기에 맞추어], [그림 효과]에 [회색조], [밝기]에 '70'을 입력, [적용 쪽]에 [첫 쪽만]을 클릭한 다음 [설정] 단추를 클릭합니다.

[채우기 유형]에는 삽입한 그림을 문서 크기에 맞게 채우는 방법을 설정하고 [그림 효과]에는 사진을 흑백 또는 회색조로 변환해줍니다.

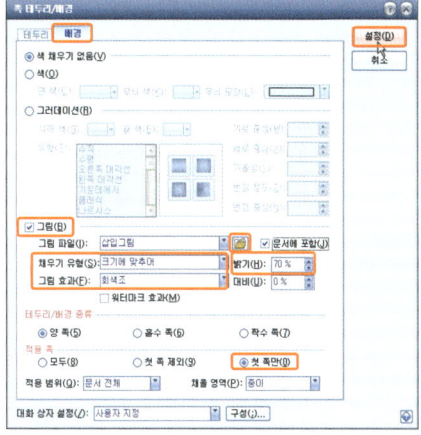

03 >> 첫 페이지의 배경에 선택한 그림이 흑백으로 삽입되었습니다.

문서에 다른 문서 내용 끼워 넣기

Step 04

이런 기능들이 사용됐어요 ➡ 한글문서 끼워넣기

01 » 4번째 페이지로 이동한 다음 [입력] 메뉴에서 [파일 끼워 넣기]를 클릭합니다.

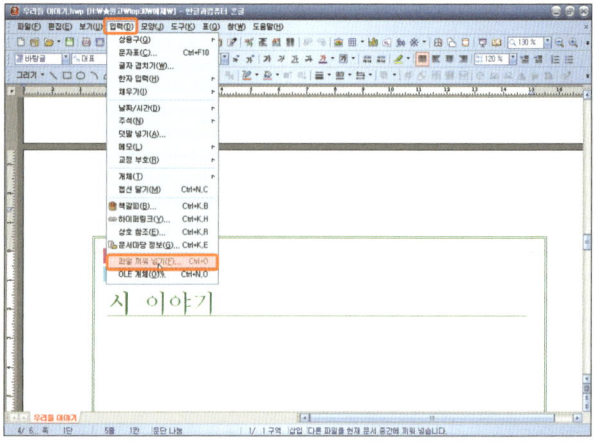

02 » 문서에 삽입할 한글 문서를 선택한 다음 [넣기] 단추를 클릭합니다.

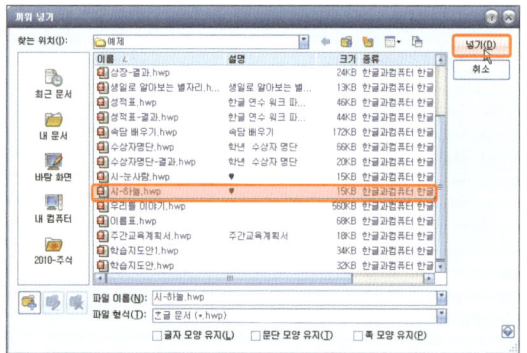

03 » 선택한 문서가 문서에 삽입됩니다.

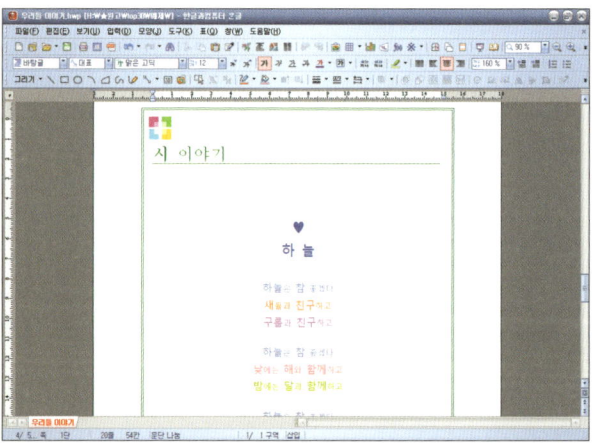

쪽 번호 매기기

Step 05

이런 기능들이 사용됐어요 ➡ 페이지 번호 매기기

01 》 쪽 번호를 매기기 위해서 [모양] 메뉴에서 [쪽 번호 매기기]를 클릭합니다.

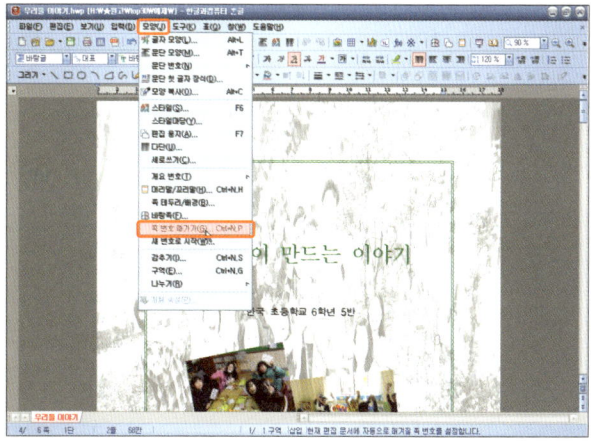

02 》 번호 위치에서 쪽 번호를 삽입할 위치를 선택하고 [넣기] 단추를 클릭합니다.

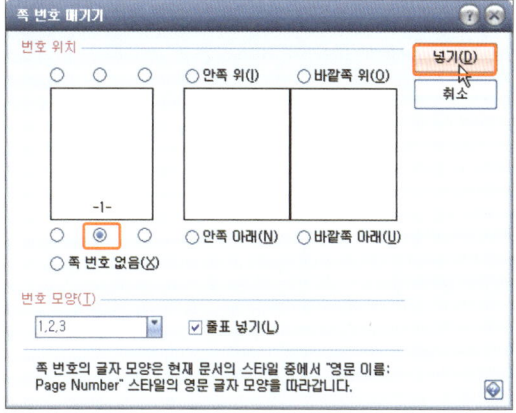

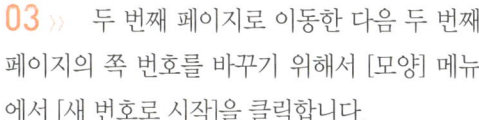
번호 위치에서 오른쪽 그림은 펼침면으로 편집할 경우 [안쪽 위], [안쪽 아래], [바깥쪽 위], [바깥쪽 아래]로 쪽 번호 위치를 설정할 수 있습니다.

03 》 두 번째 페이지로 이동한 다음 두 번째 페이지의 쪽 번호를 바꾸기 위해서 [모양] 메뉴에서 [새 번호로 시작]을 클릭합니다.

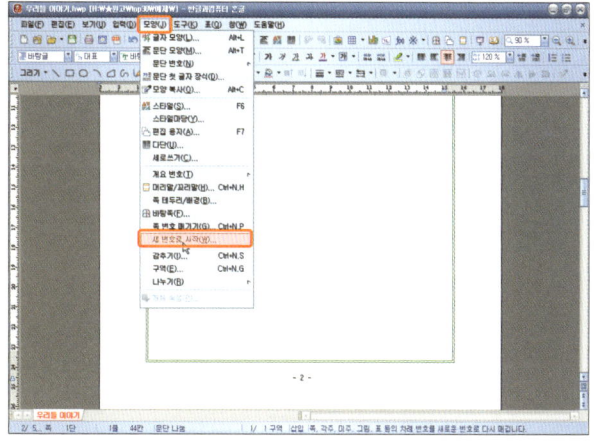

127

04 ›› [시작 번호] 항목에 '1'을 입력하고 [넣기] 단추를 클릭합니다.

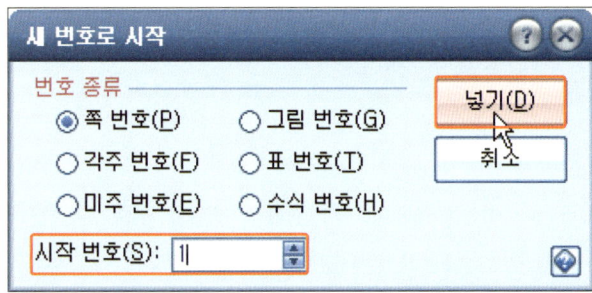

05 ›› 페이지 번호가 2에서 1로 바뀌었습니다.

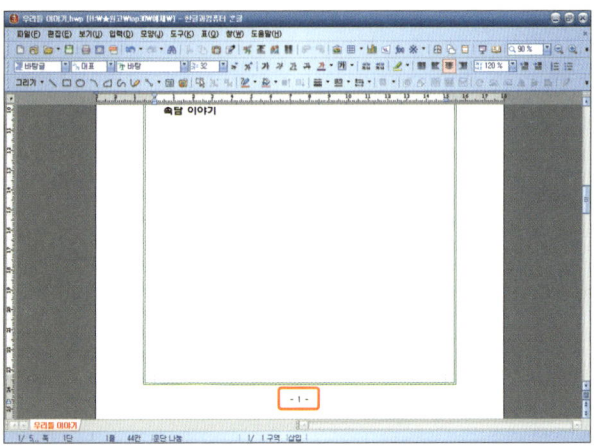

새 번호로 매긴 페이지를 중심으로 이전 페이지에는 예전에 매긴 페이지 번호가 표시되고 이후의 페이지는 새 번호로 매긴 페이지로 번호가 매겨집니다.

머리말 표시하기

Step 06

이런 기능들이 사용됐어요 ➡ 머리말 편집

01 >> 머리말을 넣기 위해서 [모양] 메뉴에서 [머리말/꼬리말]을 클릭합니다.

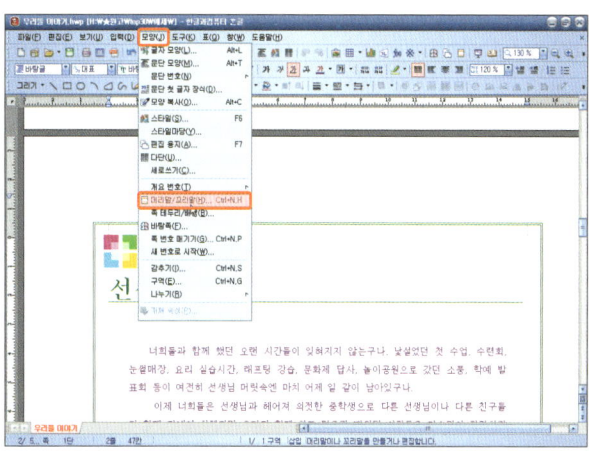

* 현재 선택한 페이지부터 머리말 또는 꼬리말이 삽입됩니다.

02 >> [머리말/꼬리말마당] 항목에서 '오른쪽 쪽 번호' 항목을 표시한 다음 [만들기] 단추를 클릭합니다.

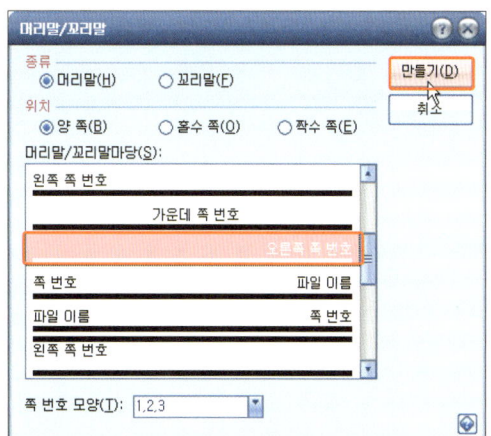

* 머리말 또는 꼬리말을 넣은 후 [머리말/꼬리말마당]에서 [없음]을 선택하면 머리말 또는 꼬리말에 입력된 내용들이 모두 삭제됩니다.

03 >> 머리말 영역을 더블 클릭한 다음 머리말에 표시할 글을 입력하고 편집한 다음 [머리말/꼬리말] 창에서 [닫기] 단추를 클릭하여 머리말 편집을 완료합니다.

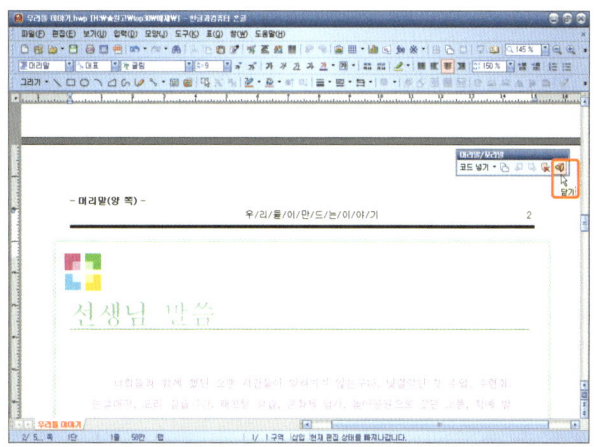

* 머리말 영역을 더블 클릭하면 언제라도 머리말 내용을 편집할 수 있습니다.

컴 퓨 터 활 용 B E S T 3 0

Chap 03

Section 13 엑셀 2007 살펴보고 달라진 점 알아보기
Section 14 엑셀로 우리 반 명렬 주소록 작성하기
Section 15 우리 반 수행평가 자료 내 맘대로 주무르기
Section 16 가계부 작성에 토대가 되는 용돈 기입장 만들기

엑셀 2007 활용

엑셀은 스프레드시트를 만들어 서식을 지정하거나 분석하여 보다 나은 결과를 얻을 수 있도록 해주는 실용적인 프로그램으로, 일반적인 업무에서 가장 많이 사용되는 오피스 프로그램입니다. 여기서는 엑셀 2007 버전을 토대로 한 기본적인 활용법들을 알아보도록 하겠습니다. 엑셀 2007은 이전 버전에 비해 화면 구성이 크게 바뀌어서 처음에는 낯설게 느껴질 수도 있습니다. 하지만 꼼꼼하게 정리된 사진설명을 따라하다보면 이전 버전에 비해 훨씬 더 편리해졌다는 것을 알 수 있을 것입니다. 이제 엑셀 2007의 새로워진 화면 구성을 비롯해 그 기능들을 알아보고 학교에서 반드시 필요한 업무인 출석부의 주소록 작성과 학생 수행평가 입력 시트 작성법 등에 관하여 배워보도록 하겠습니다.

Section 13

엑셀 2007 살펴보고 달라진 점 알아보기

엑셀은 수식 계산 문서를 작성할 때 사용하는, 알아두면 아주 유용한 프로그램입니다. 이번 차시에서는 엑셀 2007로 어떤 작업을 할 수 있는지 알아보고 엑셀 2007의 기본 사용 방법을 배운 다음 엑셀에서 제공하는 서식 파일을 이용하여 거래명세표를 작성해 보겠습니다.

Section 13 | Section 14 | Section 15 | Section 16

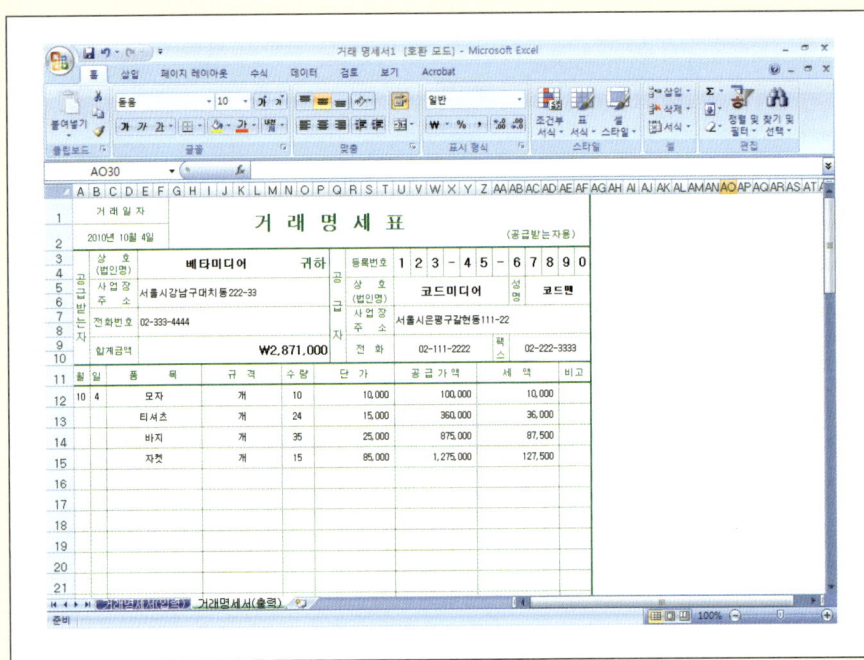

Section 13 엑셀 2007 살펴보고 달라진 점 알아보기

엑셀의 기능

Step 01

이런 기능들이 사용됐어요 ➡ 엑셀의 기능

엑셀은 문서 작성, 수식 계산 등의 작업을 할 수 있는 대표적인 스프레드시트 프로그램입니다. 엑셀을 이용하여 작업할 수 있는 기능에 대해서 알아보겠습니다.

문서 작성

엑셀은 각 셀에 내용을 입력하여 문서 작성, 수식 계산을 할 수 있도록 만든 프로그램입니다. 행과 열의 자유로운 조절이 가능하므로 복잡한 구조의 문서나 표 작성할 때는 워드프로세서보다 편리하게 문서를 작성할 수 있습니다. 각종 서류 양식이나 기획서 등을 작성할 때 많이 사용합니다.

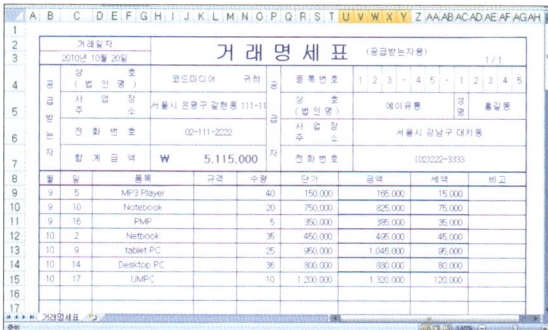 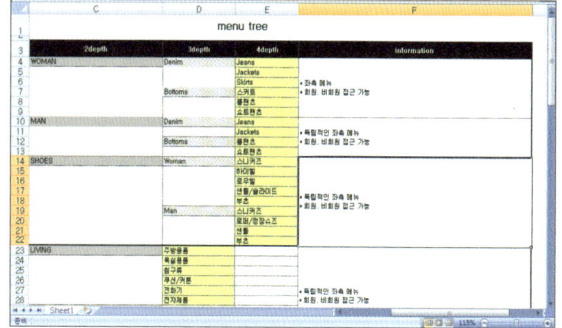

데이터 관리

특정한 규칙에 따라 나열해서 작성한 데이터를 만들 때 사용합니다. 이름, 직업 등의 목록에 따라 해당 내용들을 작성하는데 이름, 직업과 같은 목록은 '필드', 필드에 따라 작성한 데이터는 '레코드'라고 하며 필드와 레코드에 따라 작성한 데이터 그룹을 '데이터베이스'라고 합니다. 엑셀로 작성한 데이터베이스는 엑셀의 데이터베이스 관리 기능을 이용하여 검색 및 수정 등의 작업을 하거나 데이터베이스 프로그램과 연결하여 관리할 수 있습니다.

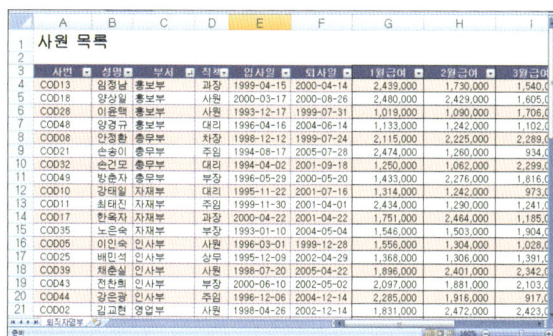 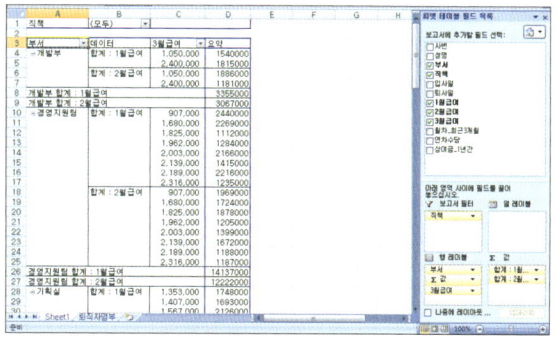

133

수식 계산

엑셀의 가장 큰 특징은 수식 기능입니다. 셀에 입력되어 있는 숫자를 사칙연산을 이용하여 계산하거나 함수를 이용하여 복잡한 계산도 할 수 있습니다. 데이터베이스의 자료를 불러와서 각종 계산서, 급여계산, 출근현황 등을 계산하는 자동화 작업도 할 수 있습니다.

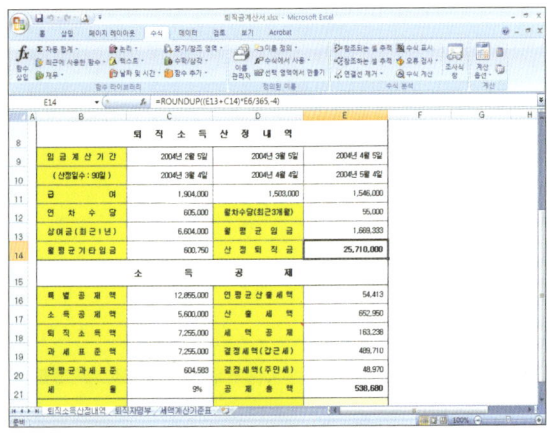 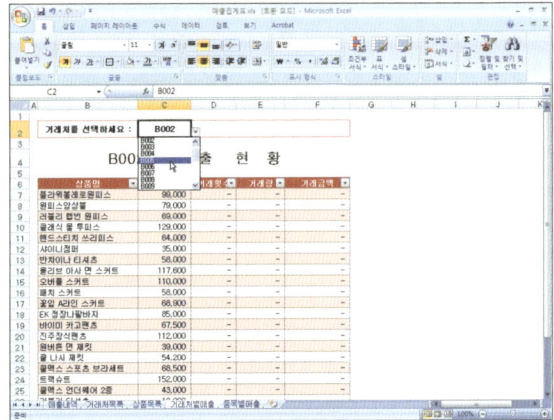

멀티미디어 요소 작성

엑셀 문서에 작성한 자료를 이용하여 차트를 만들 수 있습니다. 엑셀에서 제공하는 다양한 종류의 차트를 이용하여 데이터를 시각적으로 보여줄 때 유용하게 사용됩니다.

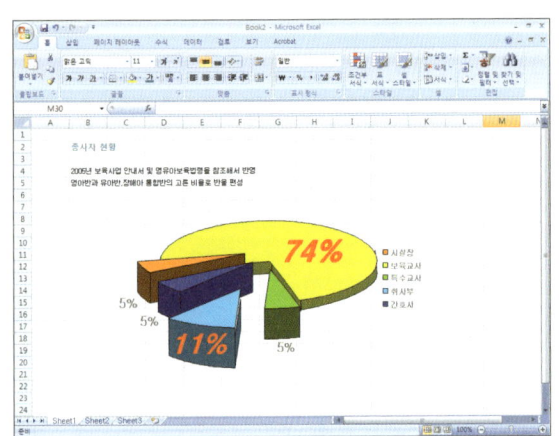 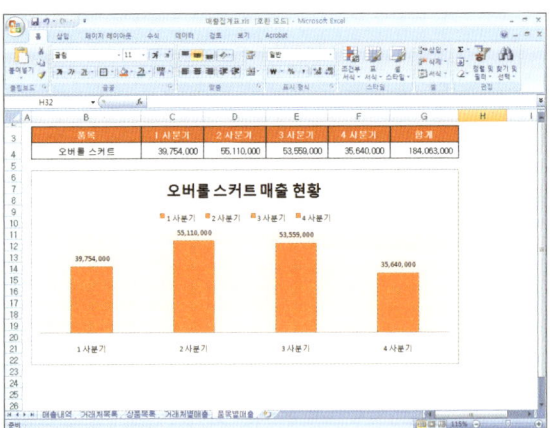

엑셀 2007 살펴보기

Step 02

이런 기능들이 사용됐어요 ➡ 엑셀의 메뉴 구성, 메뉴 속성 설정

[시작]-[모든 프로그램]-[Microsoft Office]-[Microsoft Office Excel 2007] 메뉴를 클릭하면 엑셀 2007이 실행됩니다.

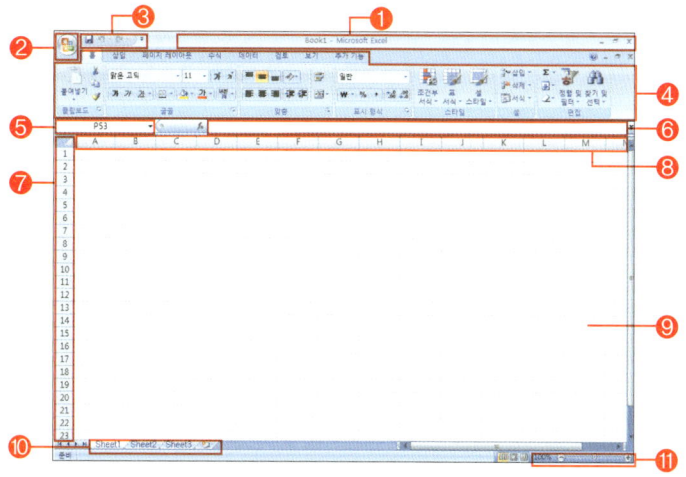

① **제목 표시줄** : 현재 작업 중인 엑셀 문서의 이름을 표시합니다.
② **[Office 단추]** : 파일 열기, 저장, 인쇄, 마침 및 공유 등 기본적인 명령이 있는 메뉴입니다.
③ **빠른 실행 도구 모음** : 사용자가 자주 사용하는 도구를 등록할 수 있는 도구 모음입니다.
④ **리본 메뉴** : 특정한 그룹으로 분류된 명령들이 탭으로 구성되어 있습니다.
⑤ **이름 상자** : 선택한 셀의 이름 또는 셀 주소를 표시합니다.
⑥ **수식 입력줄** : 셀의 내용을 보거나 내용을 편집할 수 있습니다.
⑦ **행 머리글** : 1, 2, 3… 순으로 구성되어 있는 행의 이름입니다.
⑧ **열 머리글** : A, B, C… 순으로 구성되어 있는 열의 이름입니다.
⑨ **워크시트** : 셀로 구성되어 있는 작업 문서입니다.
⑩ **시트 탭** : 통합 문서에 포함되어 있는 시트를 선택할 수 있습니다.
⑪ **상태 표시줄 사용자 지정 도구** : 화면 보기 및 화면의 확대/축소를 지정할 수 있는 도구 모음입니다.

엑셀 메뉴 구성 보기

▶ [시작] 메뉴

새 문서 열기, 저장 등의 기본 작업을 할 수 있는 메뉴를 담고 있습니다.

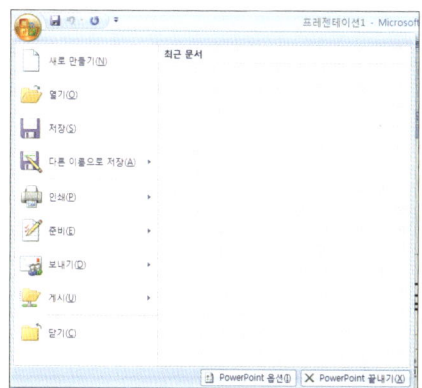

▶ 메뉴 탭

엑셀 2007의 메뉴는 [홈], [삽입], [디자인], [페이지레이아웃], [수식], [데이터], [검토], [보기], [Acrobat] 탭으로 구성되어 있습니다. 탭을 클릭하면 그룹으로 구성되어 있고 그룹에는 관련 메뉴들이 담겨 있습니다. 이와 같은 메뉴를 리본 메뉴라고 합니다.

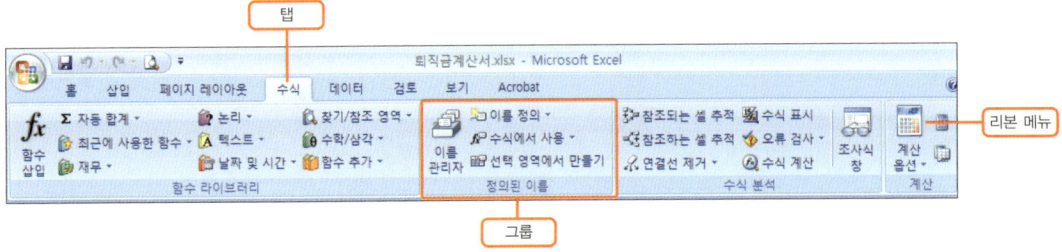

차트, 도형, 그림, 피벗 테이블 등의 요소를 선택하면 새로운 메뉴가 나타납니다. 선택한 요소와 관련된 속성을 설정할 수 있습니다.

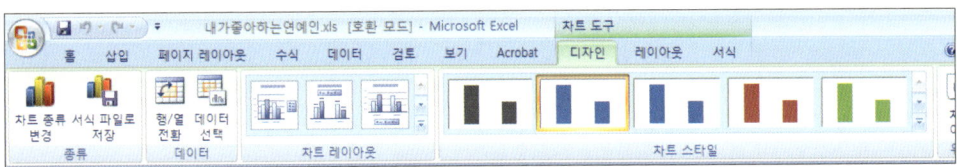

빠른 실행 도구 모음과 리본 메뉴 관리하기   Step 03

이런 기능들이 사용됐어요 ➡ 빠른 실행 도구 모음에 메뉴 추가, 리본 메뉴 감추기

빠른 실행 도구 모음에 있는 내림 단추를 클릭하면 여러 가지 메뉴가 나타납니다. 빠른 실행 도구 모음에 표시하고 싶은 메뉴를 클릭해서 나타나게 만들 수 있습니다.

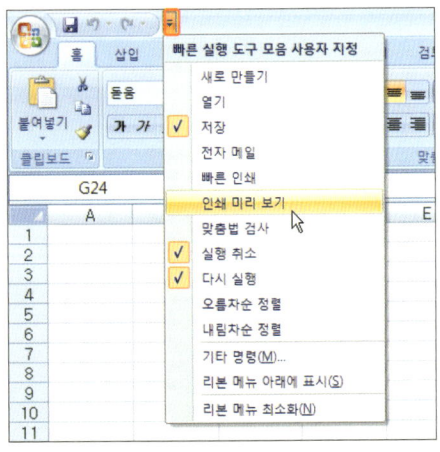
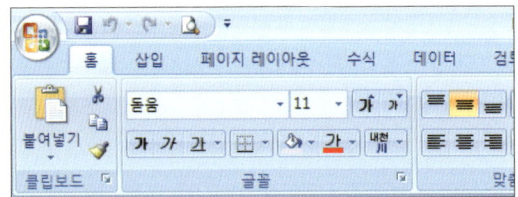

빠른 실행 도구 모음의 내림 단추를 클릭한 다음 [리본 메뉴 아래에 표시]를 클릭하면 빠른 실행 도구 모음이 리본 메뉴 아래에 표시됩니다.

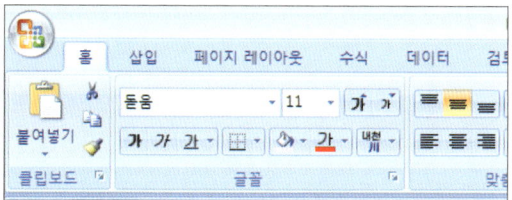

빠른 실행 도구 모음의 내림 단추를 클릭한 다음 [리본 메뉴 최소화]를 클릭하면 리본 메뉴가 감춰집니다. 메뉴를 클릭해서 리본 메뉴를 보이거나 감출 수 있습니다.

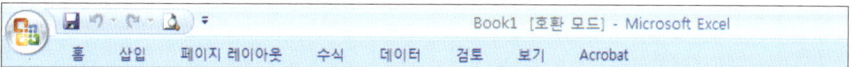

거래 명세서 작성하기 — Step.04

이런 기능들이 사용됐어요 ➜ 자동화 서식, 서식 저장

01 엑셀 2007을 실행한 다음 [OFFICE] 단추를 클릭한 다음 [새로 만들기]를 클릭합니다.

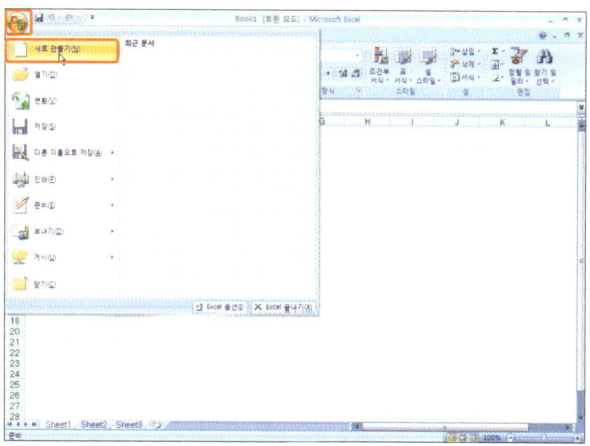

02 [새 통합 문서] 대화 상자가 나타나면 온라인으로 제공하는 문서를 열기 위해서 [Microsoft Office Online] 항목에서 고릅니다. 여기서는 [Microsoft Office Online]-[양식] 항목을 클릭하고 [자동화 서식]을 클릭합니다.

> 빈 문서를 열려면 [새 문서 및 최근 문서]를 클릭하고 [새 통합 문서]를 클릭합니다.

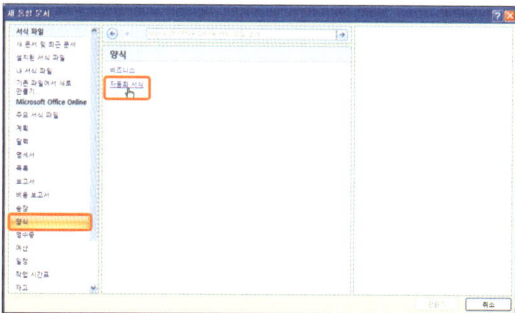

03 » 자동화 서식이 나타나면 [거래 명세서]를 클릭하고 [다운로드] 단추를 클릭합니다.

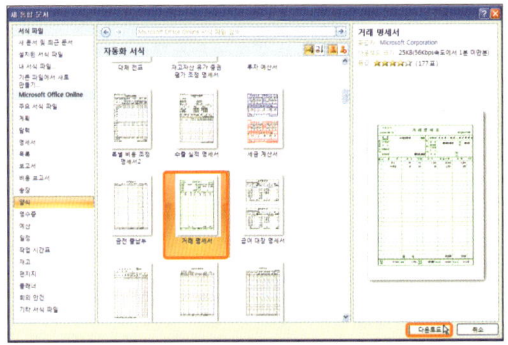

04 » 거래 명세서가 열리면 문서를 작성합니다. 입력할 칸을 클릭한 후 글을 입력해서 문서를 작성할 수 있습니다.

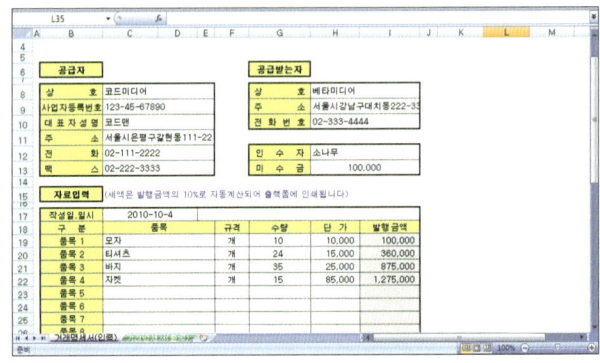

05 » 문서를 모두 작성한 후 [거래명세서(출력)] 시트 탭을 클릭합니다. 입력한 내용이 자동화 처리되어 출력용 문서가 나타납니다.

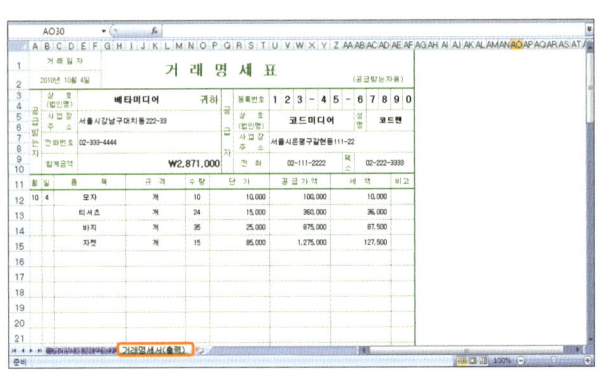

06 » 문서를 저장하기 위해서 [OFFICE 단추]를 클릭하면 나타나는 메뉴에서 [저장]을 클릭합니다.

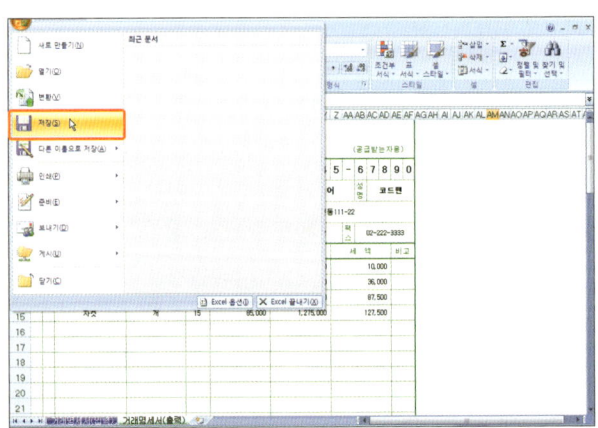

07 ›› [다른 이름으로 저장] 대화 상자가 나타나면 파일 이름을 입력하고 [파일 형식]에 [Excel 통합 문서(*.xlsx)]를 선택하고 [저장] 단추를 클릭합니다.

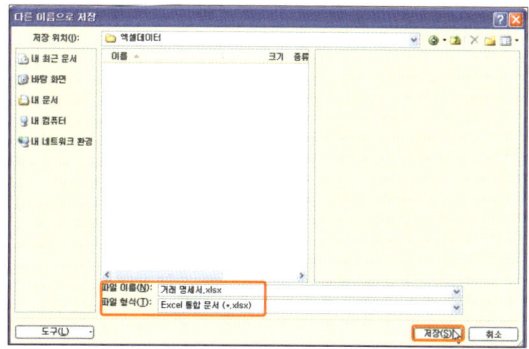

08 ›› 엑셀을 종료하기 위해서 [OFFICE 단추]를 클릭하면 나타나는 메뉴에서 [Excel 끝내기] 단추를 클릭합니다.

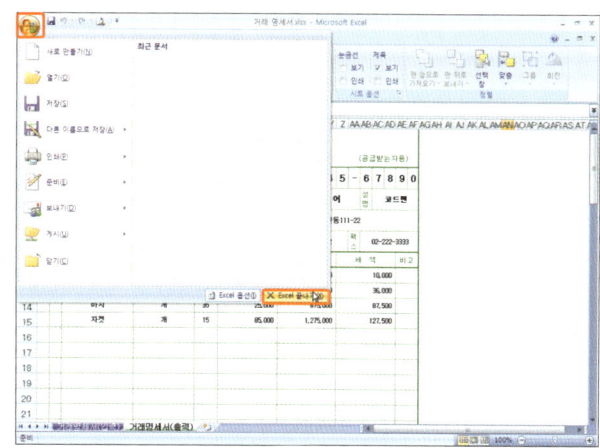

09 ›› [Windows 탐색기]를 실행한 후 문서를 저장한 폴더를 엽니다. 저장된 엑셀 문서의 확장자는 XLSX(*.xlsx)입니다. 엑셀 파일을 더블 클릭하면 엑셀 2007이 실행되면서 문서가 열립니다.

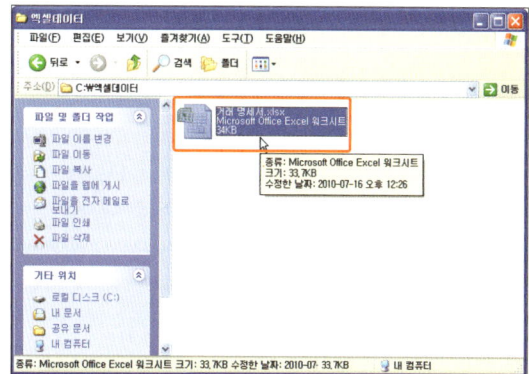

Section 14
엑셀로 우리 반 명렬 주소록 작성하기

출석부에는 번호, 이름, 성별이 있는 명렬 부분과 주소록, 전화번호, 이메일 등이 나오는 신상자료가 기록되어 있습니다. 이번 차시에서는 엑셀 2007을 이용하여 출석부 양식에 맞게 줄 간격과 글자 속성을 조절하고 줄마다 색을 넣어 출석부를 만들어 보겠습니다. 그리고 가장 중요한 인쇄 속성을 설정하여 페이지에 맞게 출석부를 인쇄하는 방법에 대해서도 배워 보겠습니다.

| 완성 파일 : 예제파일\출석부 명렬 주소록_완성.xlsx |

Section 14 엑셀로 우리 반 명렬 주소록 작성하기

명렬주소록 문서 양식 만들기

Step 01

이런 기능들이 사용됐어요 ➜ 글자 속성 변경, 행 높이 조정, 조건부 서식, 셀 채우기

01 ›› '출석부 명렬 주소록_예제.xlsx' 파일을 불러온 다음 왼쪽 머리글을 클릭하여 전체 시트를 선택한 후 글꼴을 '굴림' 글꼴 크기를 '9' 포인트로 지정하여 글자 속성을 변경합니다.

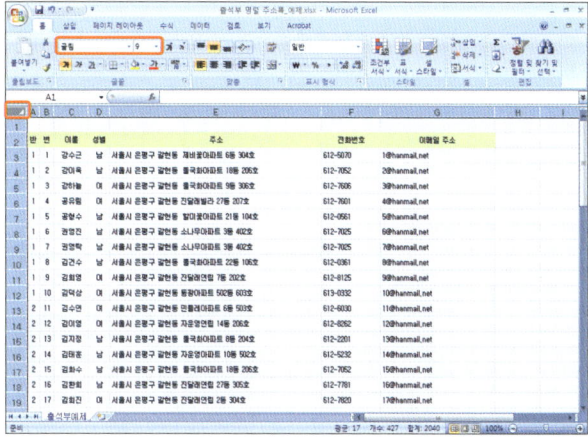

02 ›› [셀] 그룹의 [서식] 단추를 클릭한 다음 [행 높이]를 선택합니다. [행 높이] 대화 상자에서 [행 높이]를 '15'로 입력하고 [확인] 단추를 클릭합니다.

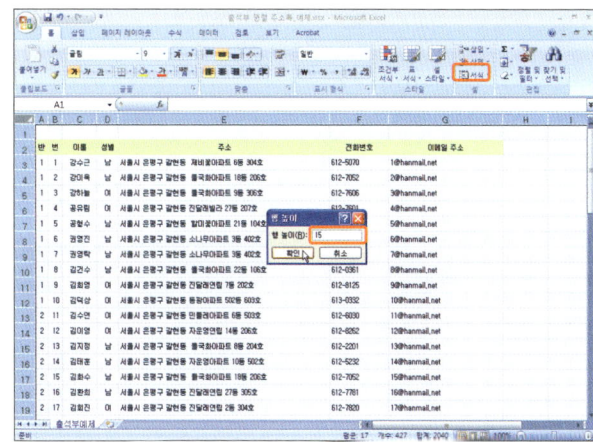

▶ 출석부 양식의 행 높이는 보통 15포인트로 설정합니다.

03 ›› 줄 별로 색을 넣어 보겠습니다. 데이터가 입력되어 있는 [A2:G32] 셀을 선택한 후 [스타일] 그룹의 [조건부 서식] 단추를 클릭하고 [새 규칙]을 선택합니다.

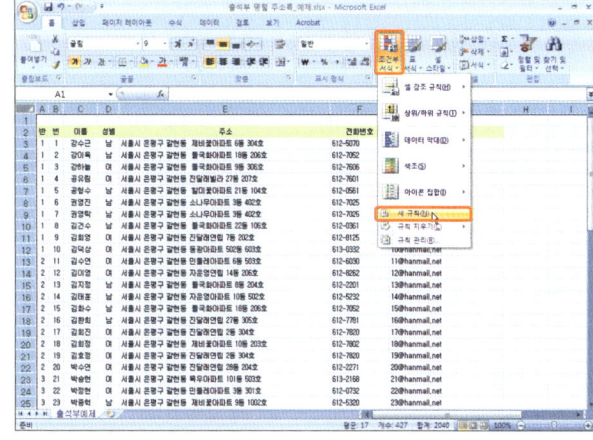

▶ [조건부 서식]이란 조건을 지정하여 조건에 맞는 셀에 서식을 설정해 주는 기능입니다.

04 ›› [새 서식 규칙] 대화 상자에서 [수식을 사용하여 서식을 지정할 셀 결정]을 클릭하고 서식 지정란에 '=MOD(ROW(),2)=0'를 입력한 후 [서식] 단추를 클릭합니다.

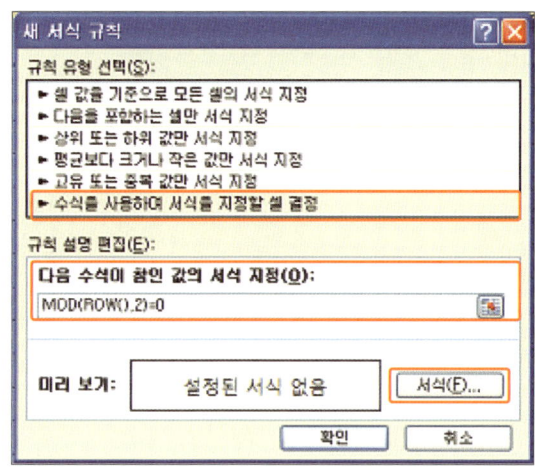

> MOD(number,divisor)는 number를 divisor로 나눈 나머지를 구하는 함수이고 ROW()는 행번호를 지정하는 함수입니다. MOD(ROW(),2)=0은 행 번호를 2로 나누었을 때 나머지가 0인 행을 말하므로 2,4,6,…행, 즉 짝수행을 선택하게 됩니다.

05 ›› 조건이 맞을 때 지정할 서식을 설정합니다. [셀 서식] 대화 상자의 [채우기] 탭에서 배경으로 채울 색을 선택하고 [확인] 단추를 클릭합니다. [다른 색] 단추를 클릭하면 다양한 색을 선택할 수 있습니다.

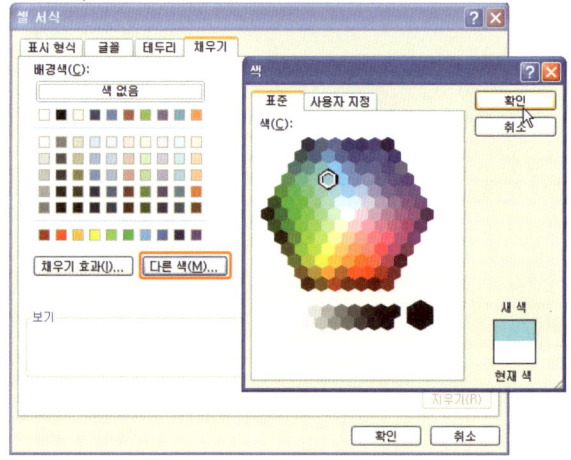

06 ›› 짝수행마다 지정한 셀 서식이 적용된 것을 볼 수 있습니다.

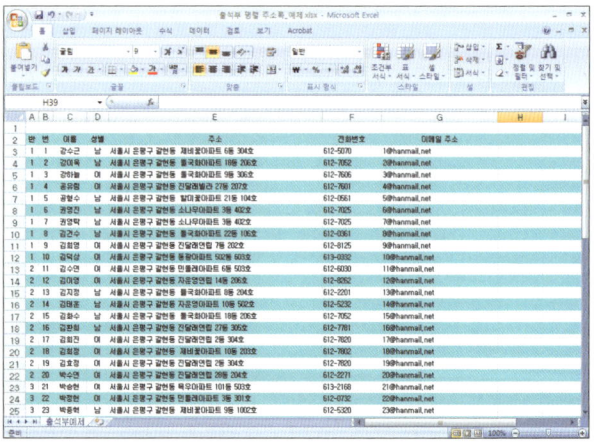

Section 14 엑셀로 우리 반 명렬 주소록 작성하기

명렬주소록 인쇄하기

Step 02

이런 기능들이 사용됐어요 ➡ 페이지 나누기, 반복할 행 지정

01 〉〉 [페이지 레이아웃] 탭의 [페이지 설정] 그룹에서 [인쇄 제목]을 클릭합니다. [인쇄 제목]의 [반복할 행]의 입력란을 클릭하고 2행을 클릭해서 반복해서 표시할 행을 지정한 후 [확인] 단추를 클릭합니다.

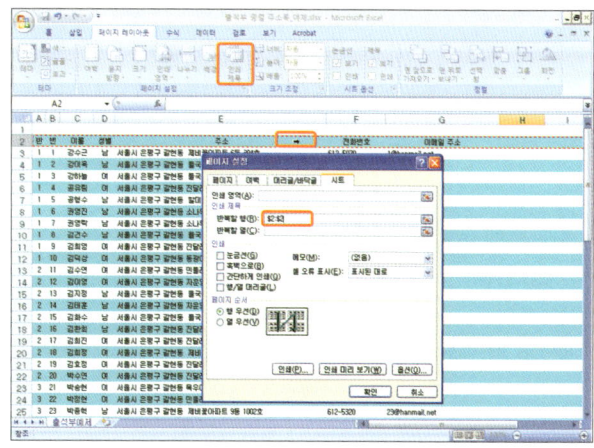

02 〉〉 [보기] 탭의 [통합 문서 보기] 그룹에서 [페이지 나누기 미리보기] 단추를 클릭하여 인쇄될 페이지를 확인합니다. [확인] 단추를 클릭해서 대화 상자를 닫습니다.

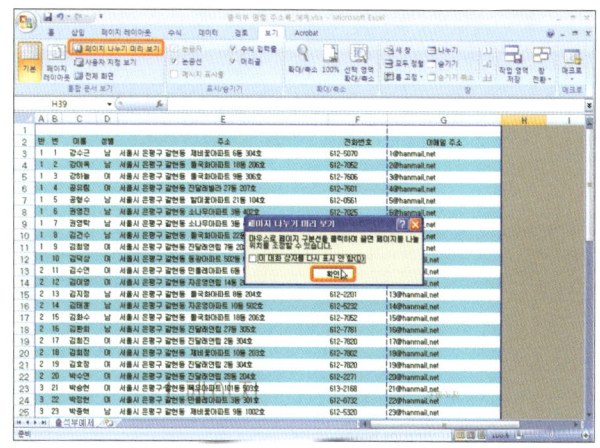

03 〉〉 '이메일 주소' 영역이 인쇄 구분선에 넘쳐있습니다. '이메일 주소' 항목이 포함되도록 인쇄 구분선을 마우스로 드래그하여 페이지를 맞춥니다.

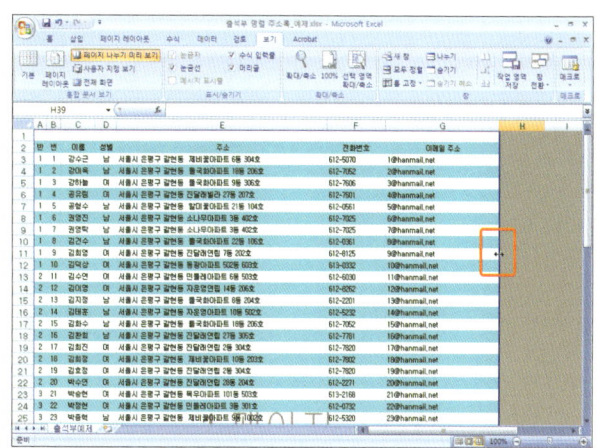

143

04 ›› [Office 단추]를 클릭한 다음 [인쇄]-[인쇄 미리보기]를 클릭합니다. [확대/축소] 단추를 클릭해서 문서를 확대해서 볼 수 있습니다. [다음 페이지] 단추를 클릭하여 두 번째 페이지를 확인합니다. 반복할 행으로 지정한 행이 첫 줄에 표시된 것을 볼 수 있습니다.

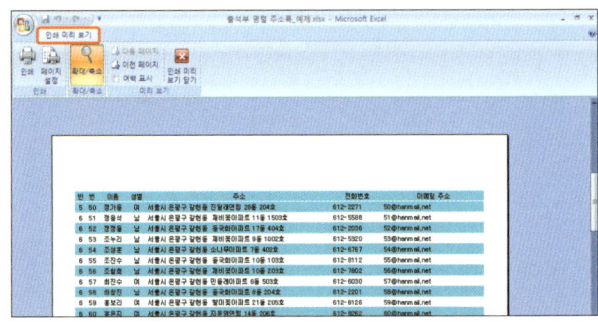

05 ›› 인쇄할 내용을 문서 가운데에 배치하기 위해서 [페이지 설정] 단추를 클릭한 다음 [여백] 탭을 클릭하고 [가로] 항목을 클릭해서 체크한 다음 [확인] 단추를 클릭합니다.

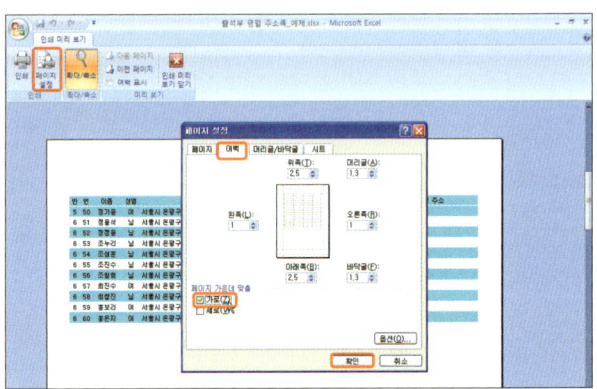

06 ›› [여백 표시] 항목을 클릭해서 체크합니다. 여백 안내선이 나타나면 안내선을 마우스로 드래그해서 여백을 조절합니다.

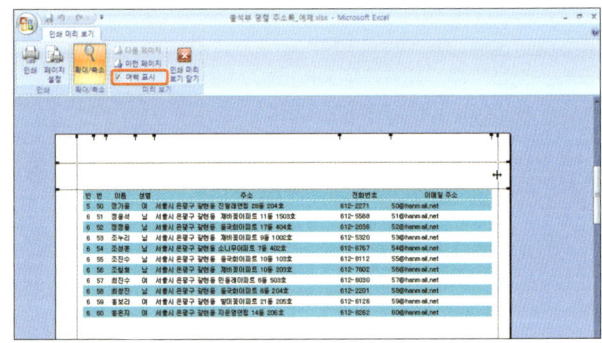

07 ›› 문서를 인쇄하기 위해서 [인쇄] 단추를 클릭합니다. [프린터] 항목에 인쇄할 프린터를 선택합니다. [인쇄 매수]에 인쇄할 매수를 입력하고 [확인] 단추를 클릭합니다.

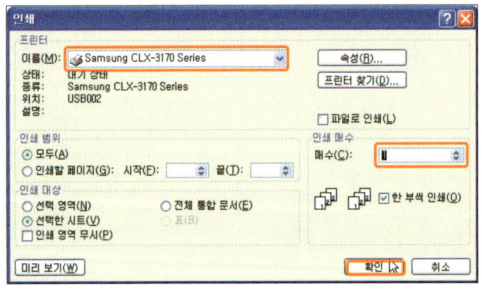

> 인쇄 컬러 설정하기 : [인쇄] 대화 상자에서 프린터 항목의 [속성] 단추를 클릭하면 나타나는 프린터 등록 정보에서 [그래픽] 탭을 클릭하고 컬러 모드에서 인쇄할 컬러 모드를 선택합니다. 선택한 컬러에 따라 인쇄 미리보기 화면의 컬러도 변경됩니다. 프린터 등록 정보의 내용은 프린터 종류에 따라 다릅니다.

Section 14 엑셀로 우리 반 명렬 주소록 작성하기

페이지 맞추기

Step 03

이런 기능들이 사용됐어요 ➜ 페이지 맞추기

배율로 페이지 맞추기

[페이지 레이아웃] 탭의 [크기 조정] 그룹에서 [배율] 항목의 수치를 조절하여 문서의 내용을 확대 또는 축소하여 페이지를 맞춥니다. 반드시 [인쇄 미리보기]를 실행하여 인쇄 비율이 적당한지 확인하도록 합니다. 축소를 많이 하면 글자 내용이 잘 보이지 않을 수 도 있으므로 주의하도록 합니다.

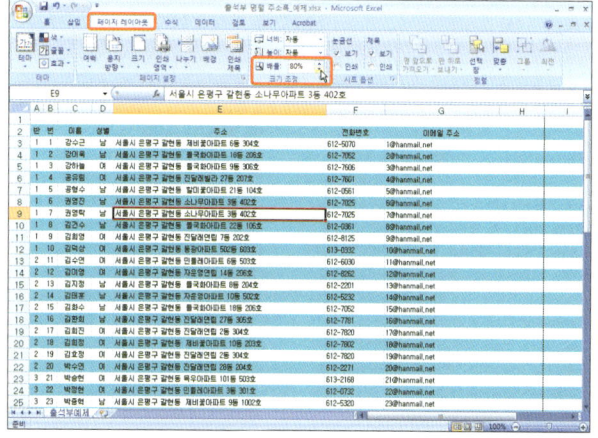

자동 맞추기로 페이지 맞추기

[페이지 레이아웃] 탭의 [크기 조정] 그룹에서 [너비] 또는 [높이] 항목에서 맞출 페이지를 설정합니다. 예를 들어 [높이]에 '1페이지'로 설정하면 현재 문서를 세로로 1페이지에 맞춥니다. 가장 손쉽게 이용할 수 있는 방법입니다.

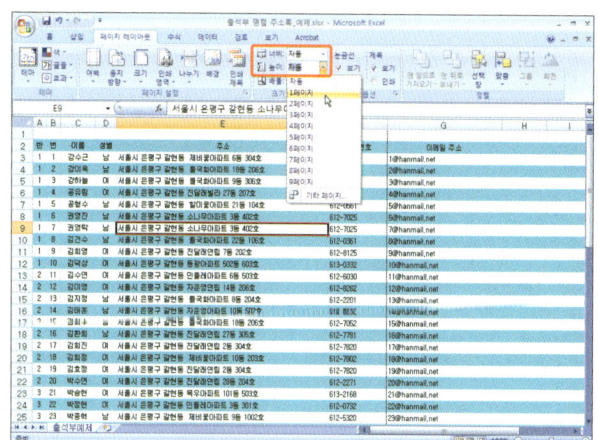

Section 15 우리 반 수행평가 자료 내 맘대로 주무르기

엑셀로 학생들의 성적을 관리하면 한글보다 더 다양한 결과처리기능을 이용하실 수 있습니다. 엑셀로 수행평가 결과를 관리하기 위해서는 항목별 점수, 또는 등급을 매기고 이것을 집계하여 처리해야 합니다. 이번 차시에서는 학생 수행평가 입력시트와 결과시트를 만들고, 엑셀의 수식 기능을 이용하여 환산값을 구해 보겠습니다.

| 완성 파일 : 예제파일\수행평가 파일_완성.xlsx |

수행평가 데이터 입력

반	번	이름	성별	항목1	항목2	항목3	항목4	항목5	총점	평균
1	1	강수근	남	90	100	80	100	100	470	94
1	2	강이욱	남	100	90	80	90	100	460	92
1	3	권영탁	남	90	100	80	70	80	420	84
1	4	김태훈	남	100	90	80	90	70	430	86
1	5	김환희	여	80	90	80	100	70	420	84
1	6	박종호	여	80	90	100	70	60	400	80
1	7	박지엽	여	100	90	80	100	70	440	88
1	8	성지원	여	90	100	70	70	100	430	86
1	9	심규성	여	80	90	80	100	90	440	88
1	10	안정민	남	80	90	100	80	70	420	84
1	11	여인영	남	100	90	80	100	100	470	94
1	12	오정석	남	90	100	90	70	60	410	82
1	13	우성현	남	90	80	90	100	80	440	88
1	14	이명진	남	100	80	100	80	90	450	90
1	15	조누리	여	80	90	70	100	90	430	86
1	16	조성훈	여	100	80	80	100	100	460	92
1	17	조철희	여	70	100	70	80	90	410	82
1	18	강하늘	여	100	80	80	100	80	440	88
1	19	공유림	여	90	80	100	90	90	450	90
1	20	김수연	여	90	80	90	70	100	430	86
1	21	김지정	남	80	70	90	60	90	390	78
1	22	김희진	남	100	80	80	90	70	420	84
1	23	박수연	남	60	100	90	70	90	410	82
1	24	박승현	여	90	70	80	100	80	420	84
1	25	박정현	여	70	100	60	80	60	370	74
1	26	염혜리	여	80	70	90	90	100	430	86

Section 15 우리 반 수행평가 자료 내 맘대로 주무르기

입력 시트 만들기   Step 01

이런 기능들이 사용됐어요 ➜ 시트 이름 바꾸기, 채우기 핸들로 채우기, 셀 속성 설정, 테두리 지정

01》 '수행평가 파일_예제.xlsx' 파일을 불러온 후 'sheet1' 시트 탭에서 마우스 오른쪽 단추를 클릭하면 나타나는 바로 가기 메뉴에서 [이름 바꾸기]를 클릭하고 '입력'을 입력합니다. 같은 방법으로 'sheet2' 시트의 이름은 '결과'로 수정합니다.

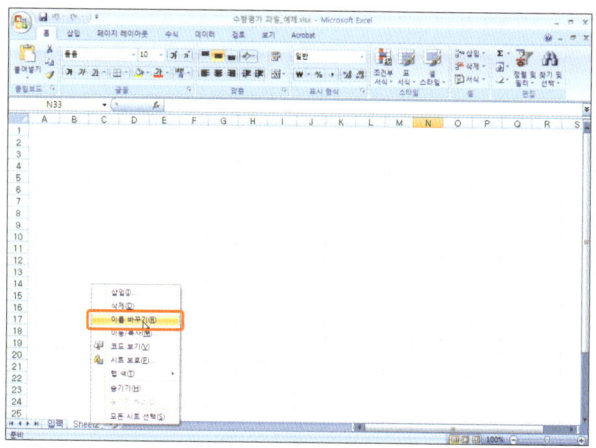

· 시트 탭의 이름을 더블 클릭해서 이름을 변경할 수 있습니다.

02》 '입력' 시트에서 [E2] 셀에 '항목1'을 입력한 다음 셀의 오른쪽 하단에 마우스 포인터를 위치하면 나타나는 채우기 핸들(+)로 [I2] 셀까지 드래그해서 채웁니다.

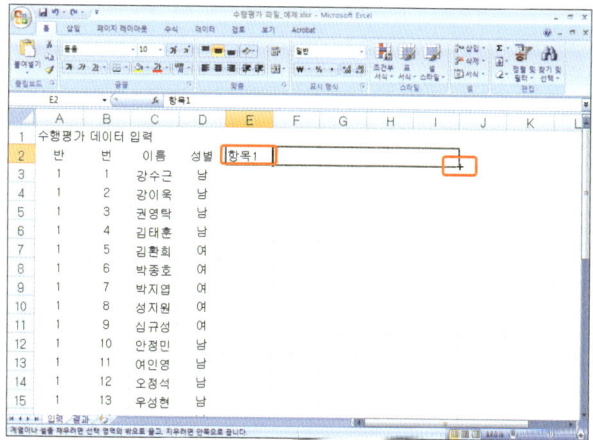

· 문자나 숫자를 채우기 핸들로 채우면 같은 값이 채워지지만 문자와 숫자가 결합된 데이터를 채우기 핸들로 채우면 숫자만 1씩 증가됩니다.

03》 [A2]~[I2] 셀을 선택한 다음 셀 배경(🎨▼)은 '진한 파랑', 글자색(가▼)을 '흰색', 글씨체를 '굵게(가)'로 설정합니다.

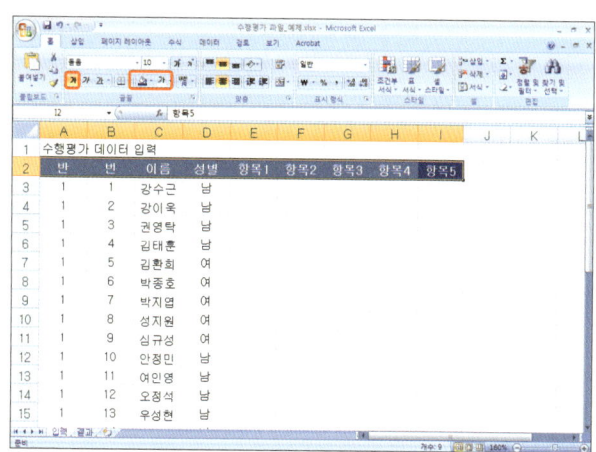

147

04 제목이 입력된 1행의 구분선을 마우스로 끌어서 [40픽셀]로 맞춥니다.

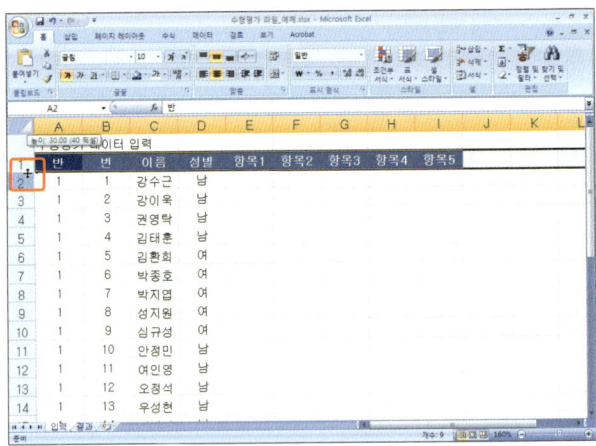

05 제목셀을 하나의 셀로 합치기 위해서 [A1]~[I1]셀을 선택하고 [병합하고 가운데 맞춤] 단추를 클릭한 후 글꼴 크기를 [18], [굵게]를 설정합니다.

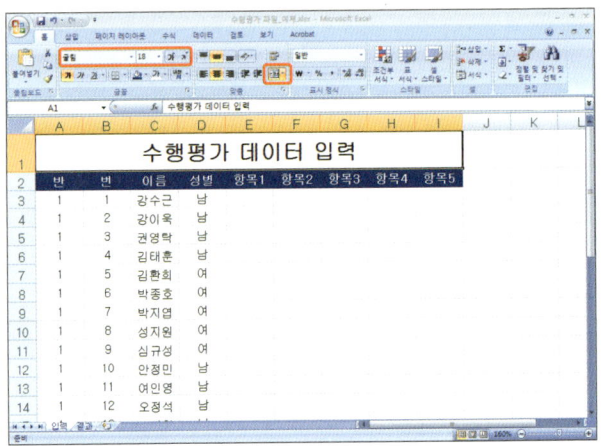

06 표 테두리를 표시하기 위해서 [A1]~[I32] 셀을 선택한 후 [글꼴] 그룹의 [테두리] 도구를 클릭한 다음 [모든 테두리]를 선택합니다.

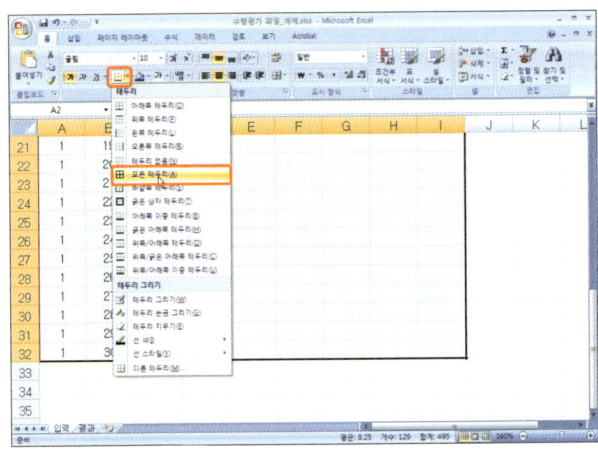

Section 15 우리 반 수행평가 자료 내 맘대로 주무르기

07 [A3]~[I32] 셀을 선택한 후 마우스 오른쪽 클릭하면 나타나는 바로 가기 메뉴에서 [셀 서식]을 클릭합니다.

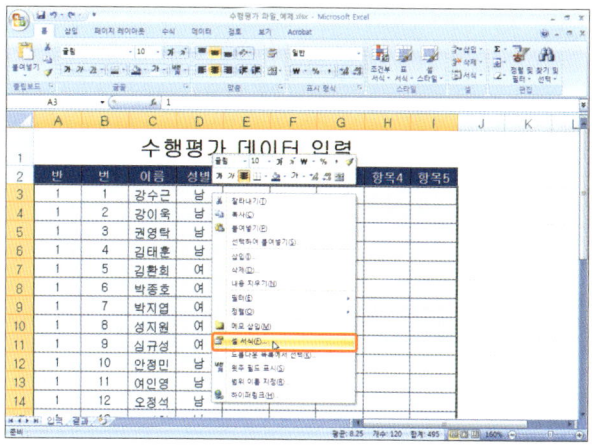

08 [셀 서식] 대화 상자의 [테두리] 탭에서 [스타일] 항목의 [실선]을 선택하고, [미리 설정] 항목에서 [안쪽] 단추를 클릭한 후 [확인] 단추를 클릭합니다.

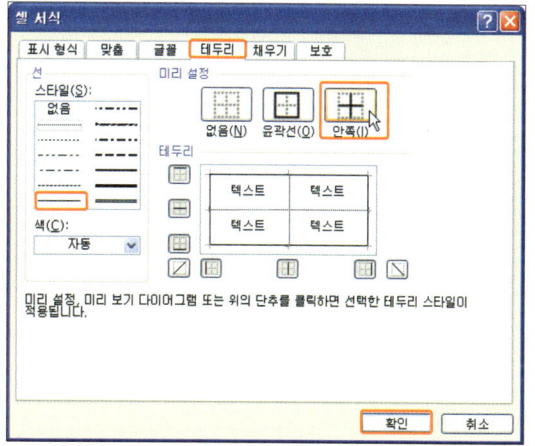

09 다음과 같이 수행평가 데이터 입력 시트가 완성되었습니다.

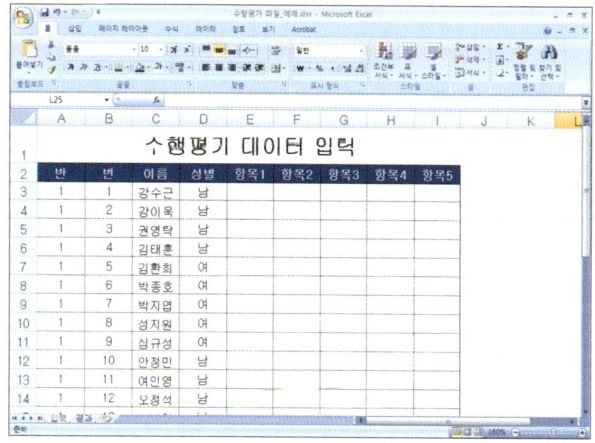

149

안내문 만들기   Step 02

이런 기능들이 사용됐어요 → 도형 삽입

01 〉〉 안내문을 표시할 도형을 그리기 위해서 [삽입] 탭을 선택한 후 [일러스트레이션] 그룹의 [도형] 단추를 클릭한 다음 □ [직사각형]을 클릭합니다.

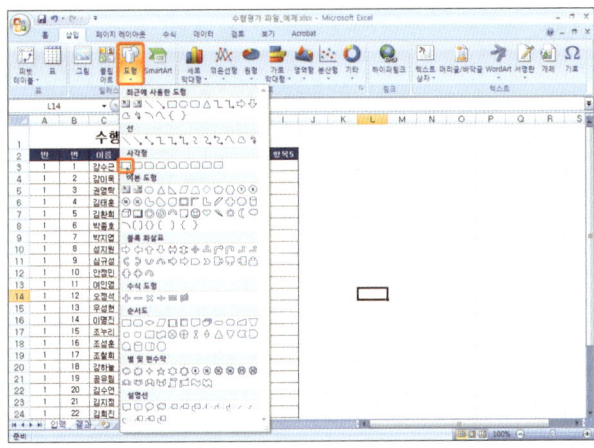

02 〉〉 도형을 그릴 위치를 마우스로 드래그해서 도형을 그립니다. 도형에 글을 넣기 위해서 도형을 마우스 오른쪽 클릭하면 나타나는 바로 가기 메뉴에서 [텍스트 편집]을 클릭합니다.

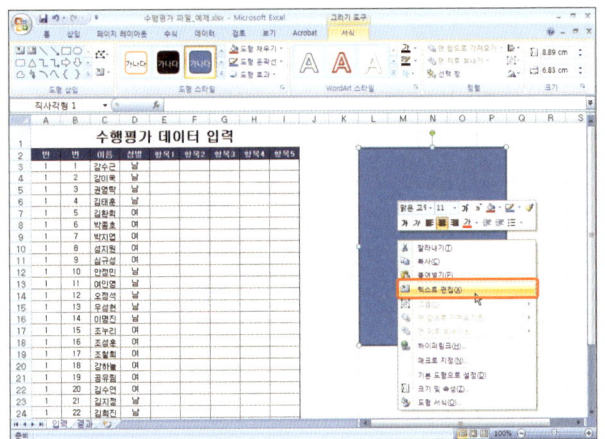

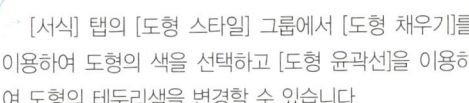
[서식] 탭의 [도형 스타일] 그룹에서 [도형 채우기]를 이용하여 도형의 색을 선택하고 [도형 윤곽선]을 이용하여 도형의 테두리색을 변경할 수 있습니다.

03 〉〉 평가에 관련된 기준 및 방식을 입력합니다. 글을 마우스로 드래그한 다음 [글꼴] 그룹에 있는 글자 서식 도구를 이용하여 글자를 꾸밉니다. 다음과 같이 입력합니다.

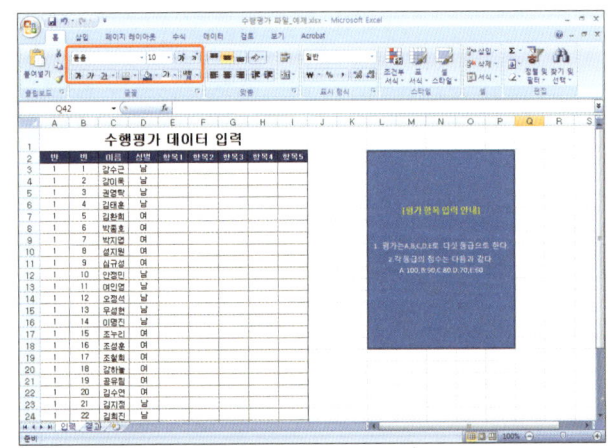

평가 항목입력 안내
- A,B,C,D,E 다섯 등급으로 한다.
- 각 등급의 점수는 다음과 같다.
 A:100, B:90, C:80, D:70, E:60

결과 시트 만들기

Step 03

이런 기능들이 사용됐어요 ➜ 서식 복사, 병합하고 가운데 맞춤

01 » '입력' 시트에서 머리글 단추를 클릭해서 모든 데이터를 선택한 다음 Ctrl+C를 눌러 복사합니다.

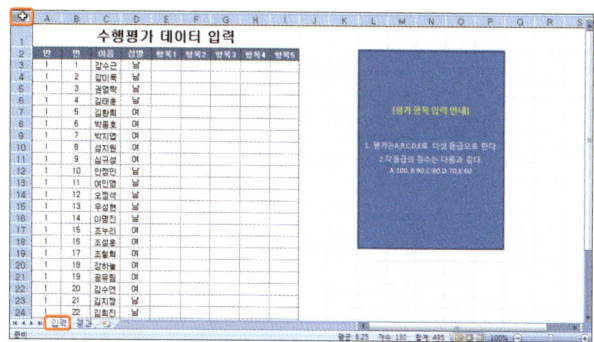

02 » '결과' 시트 탭을 클릭해서 연 다음 머리글 단추를 클릭하고 Ctrl+V를 눌러 붙여넣습니다. 직사각형 도형의 테두리를 클릭하고 Delete를 눌러 삭제합니다.

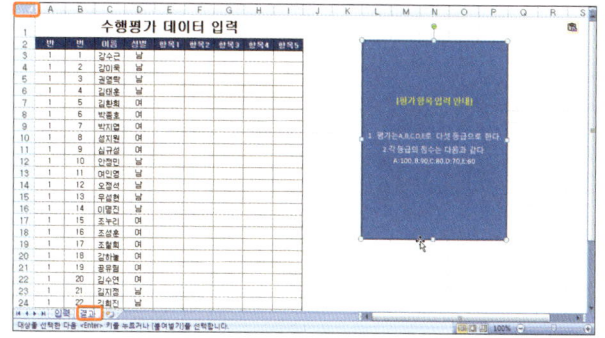

03 » 열을 클릭해서 선택한 다음 [홈] 탭의 [클립보드] 그룹의 [서식 복사] 단추를 클릭합니다. [J]~[K] 열을 드래그해서 복사한 서식을 적용합니다.

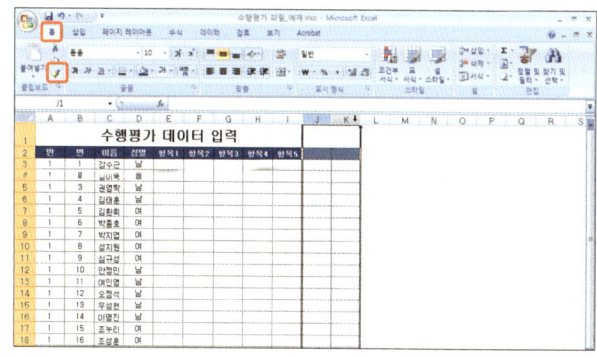

04 » [J2] 셀에 '총점', [K2] 셀에 '평균'을 입력합니다. [A1]~[K1] 셀까지 선택한 다음 [병합하고 가운데 맞춤] 단추를 두 번 클릭하여 셀을 다시 병합합니다.

환산 값 구하기

Step 04

이런 기능들이 사용됐어요 ➡ 수식 입력

01》 '입력' 시트에서 학생 수행평가 등급 데이터를 A, B, C, D, E 등급으로 입력합니다.

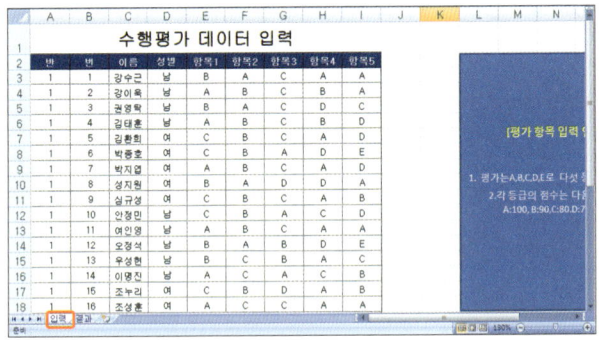

02》 '결과' 시트 탭을 클릭한 다음 [E3] 셀에 '입력' 시트의 [E3] 셀의 값을 가져와서 셀의 값을 분석하여 등급에 맞는 점수를 표시하도록 해주는 수식인 '=IF(입력!E3="A",100,IF(입력!E3="B",90,IF(입력!E3="C",80,IF(입력!E3="D",70,60))))' 을 입력합니다.

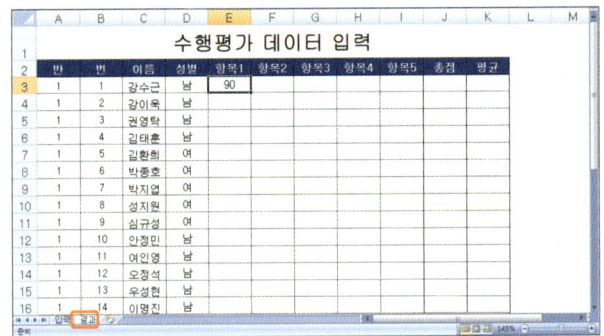

수식 분석
- IF(조건,A,B) : 조건이 참이면 A를 실행하고 아니면 B를 실행합니다.
- IF(조건1,A,IF(조건2,B,IF(조건3,C,D))) : 조건1이 참이면 A, 조건2가 참이면 B, 조건3이 참이면 C, 모두 만족하지 않으면 D를 실행합니다.
- 입력!E3 : '입력' 시트의 [E3] 셀의 값을 가져옵니다.

03》 [E3] 셀의 채우기 핸들을 [I3] 셀까지 마우스로 드래그해서 값을 채웁니다.

> 수식도 채우기 핸들을 이용하면 선택된 셀로 자동으로 위치가 이동되어 계산해줍니다.

04 » [E3]~[I3] 셀이 선택된 상태에서 [I3] 셀의 채우기 핸들로 32행까지 드래그해서 값을 채웁니다.

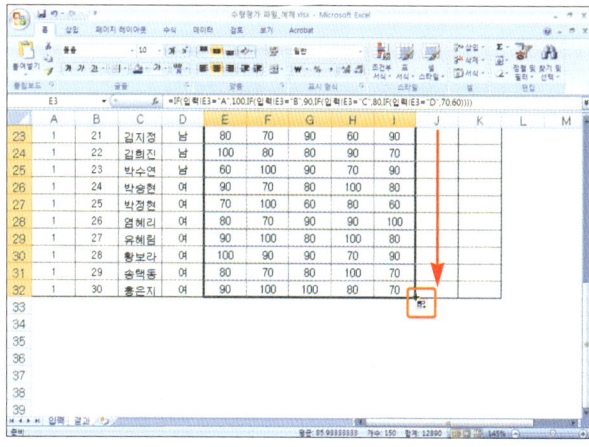

05 » [J3] 셀에 점수의 총점을 구하는 수식인 '=SUM(E3:I3)'을, [K3] 셀에 평균을 구하는 수식인 '=AVERAGE(E3:I3)'을 입력합니다.

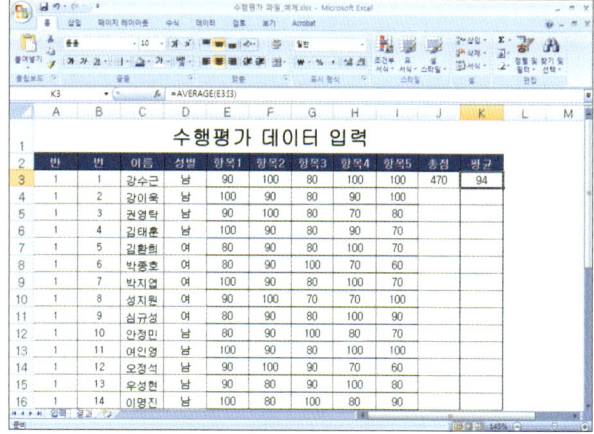

수식 분석
- SUM(A,B, ...) : A, B... 의 숫자의 총 합계를 구합니다.
- AVERAGE(A,B, ...) : A, B... 의 숫자의 평균을 구합니다.

06 » [J3]~[K3] 셀을 선택한 다음 [K3] 셀의 채우기 핸들로 32행까지 드래그해서 값을 채웁니다.

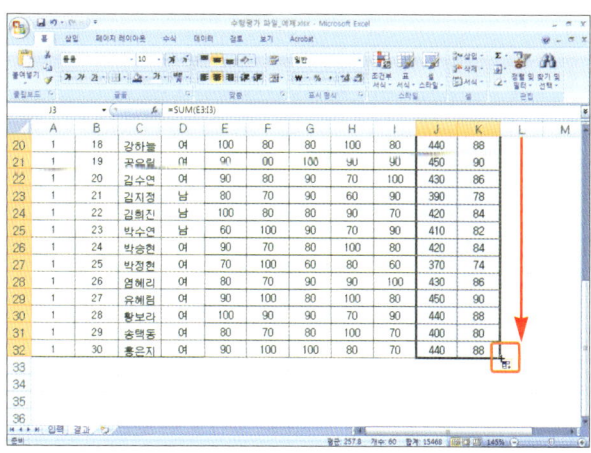

Section 16
가계부 작성에 토대가 되는 용돈 기입장 만들기

엑셀은 셀에 입력되어 있는 숫자들을 계산하기에 무척 편리한 프로그램입니다. 이번 차시에서는 가계부 작성의 토대가 되는 학생 용돈 기입장 만들기를 통해 엑셀의 기초를 다져보겠습니다. 용돈의 수입과 지출을 워크시트에 작성한 다음 엑셀의 뛰어난 계산 기능을 이용하여 잔액을 구해주는 나만의 용돈기입장을 만들어 보겠습니다.

| 완성 파일 : 예제파일\용돈기입장.xlsx |

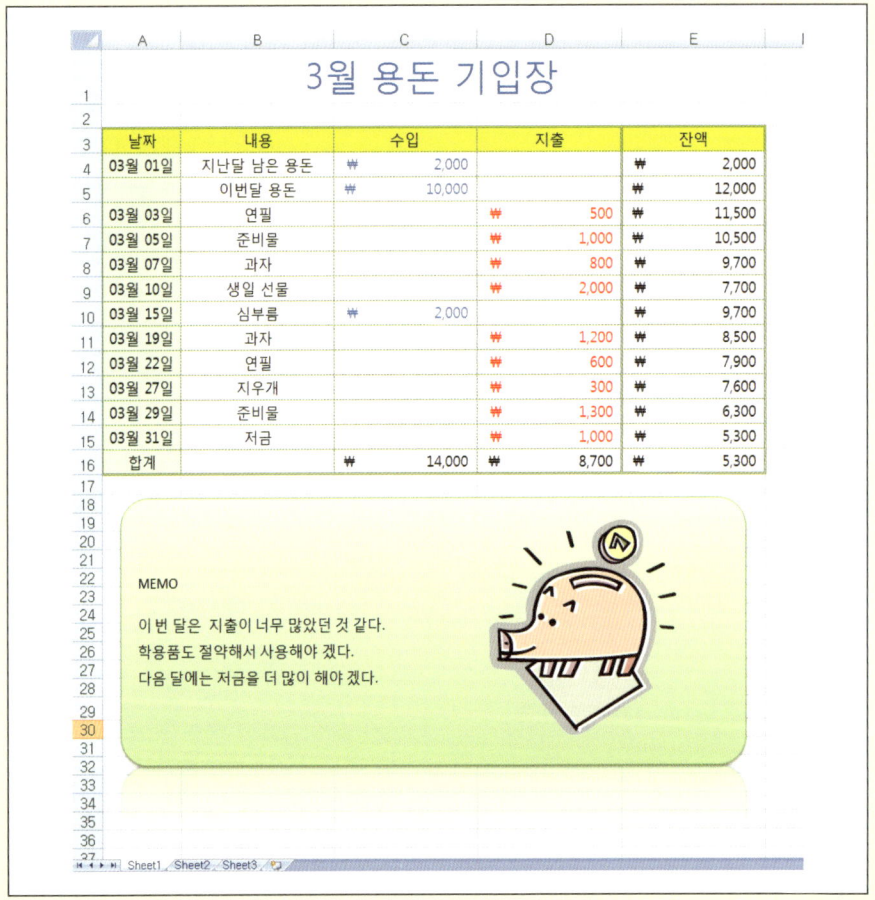

Section 16 가계부 작성에 토대가 되는 용돈 기입장 만들기

기본자료 입력하기   Step 01

이런 기능들이 사용됐어요 ➡ 셀 정렬

01 ›› 용돈 기입장에 표시할 글과 자료를 입력합니다. 열 머리글의 경계선을 마우스로 드래그해서 열 간격을 적당하게 조절합니다.

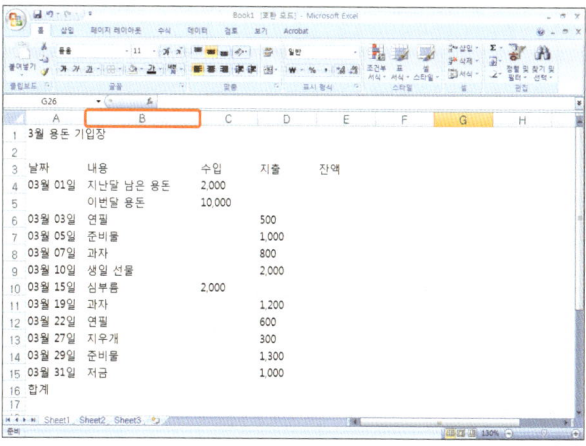

02 ›› [A3]~[E16] 셀까지 선택하고 [가운데 맞춤] 단추를 클릭하고 [C4]~[E15] 셀까지 선택하고 [오른쪽 맞춤] 단추를 클릭해서 내용을 정렬합니다.

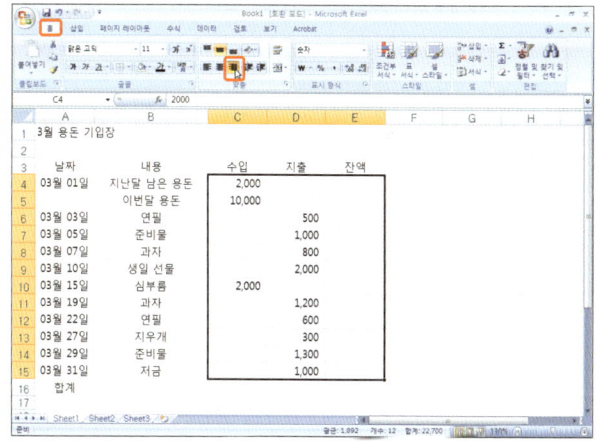

03 ›› [A1]~[E1] 셀까지 선택하고, [홈] 탭의 [맞춤] 그룹에서 [병합하고 가운데 맞춤] 단추를 클릭해서 병합한 후 글자 크기는 26pt, 글꼴 색은 파란색으로 지정합니다. [C4]~[C15] 셀은 파란색, [D4]~[D15] 셀은 빨간색으로 지정합니다.

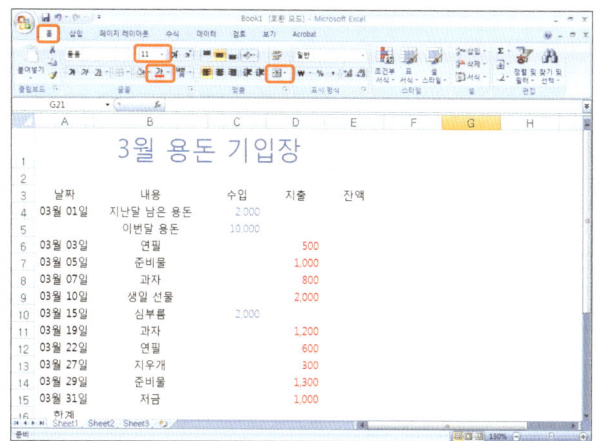

155

Chapter 03 엑셀 2007 활용

셀 서식 변경하기   Step 02

이런 기능들이 사용됐어요 ➡ 서식 꾸미기

01 » [C4]~[E16] 셀을 선택한 다음 Ctrl + 1 을 누르면 나타나는 [셀 서식] 대화 상자에서 [표시 형식] 탭의 [범주]에 [회계]를 선택하고 [확인] 단추를 클릭합니다.

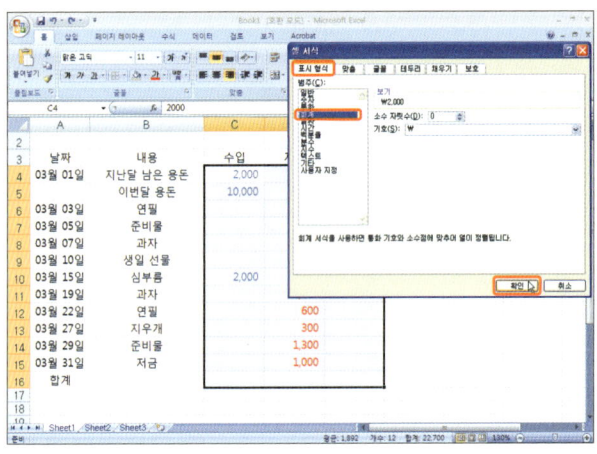

[범주]는 선택한 셀에 적합한 표시 형식을 설정해주는 항목입니다. 회계를 선택하면 통화 기호와 천자리 구분 기호(,)가 자동으로 표시됩니다.

02 » 3~16행의 높이는 '16' 픽셀로 설정하고 [C]~[E] 열의 너비는 '15' 픽셀로 설정합니다.

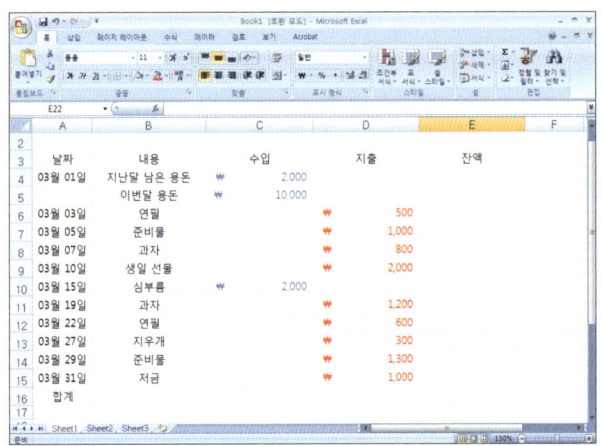

크기를 조절할 행과 열 머리글을 선택한 다음 마우스 오른쪽 클릭하면 나타나는 바로 가기 메뉴에서 [행 높이], [열 너비]를 선택해서 높이와 너비를 손쉽게 조절할 수 있습니다.

03 » [A3]~[E16] 셀을 선택한 다음 Ctrl + 1 을 눌러 [셀 서식] 대화 상자를 연 다음 [테두리] 탭에서 스타일 ▬▬▬, 색(황록색, 강조3, 25% 더 어둡게)를 설정한 다음 [윤곽선] 단추를 클릭합니다.

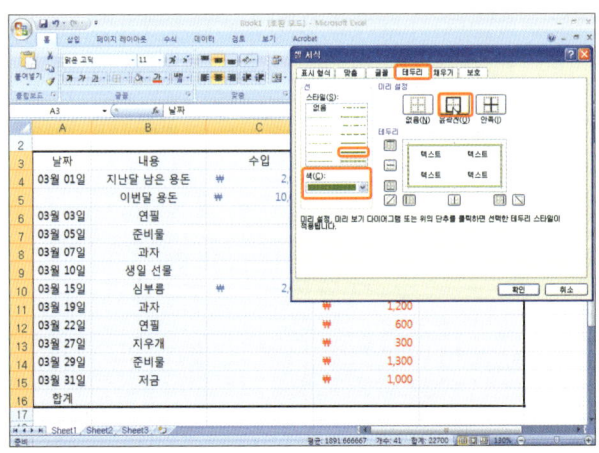

Ctrl + 1 은 [셀 서식] 대화 상자를 열어 주는 바로 가기 키입니다.

156

04 » 표의 안쪽에 점선 테두리를 넣기 위해서 스타일 ┈┈┈을 선택한 다음 [안쪽] 단추를 클릭하고 [확인] 단추를 클릭합니다.

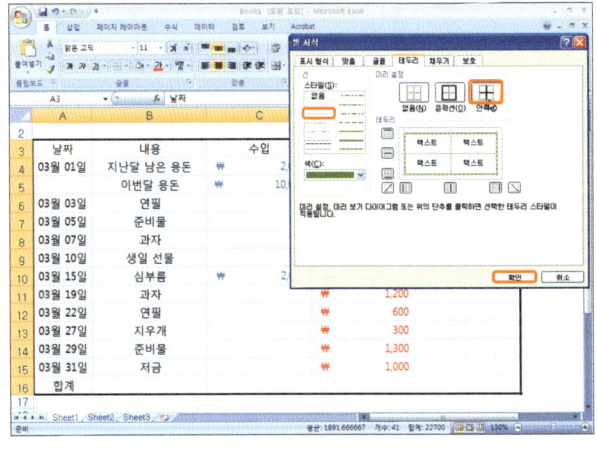

> 테두리 스타일과 색을 설정하고 [미리 설정] 또는 [테두리]에서 표시할 선 위치를 지정합니다. 같은 방법으로 테두리 속성을 설정하고 선 위치를 표시할 곳을 지정하여 각 선마다 테두리 속성을 설정할 수 있습니다.

05 » [E3]~[E16] 셀을 선택하고 Ctrl+1을 눌러 [셀 서식] 대화 상자를 연 다음 [테두리] 탭에서 스타일 ▬▬, 색(황록색, 강조3, 25% 더 어둡게)을 설정한 다음 🔲 단추를 클릭하고 [확인] 단추를 클릭합니다.

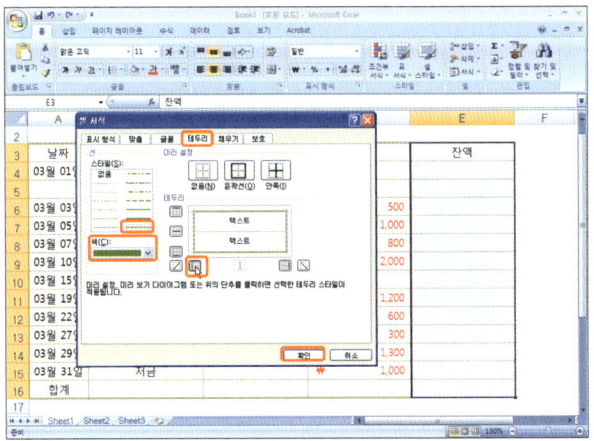

06 » [A3]~[E3] 셀을 선택한 다음 배경색을 노란색으로 지정하고 [A4]~[A16] 셀을 선택한 다음 배경색을 '황록색, 강조3, 80% 더 밝게'로 지정하여 문서를 꾸밉니다.

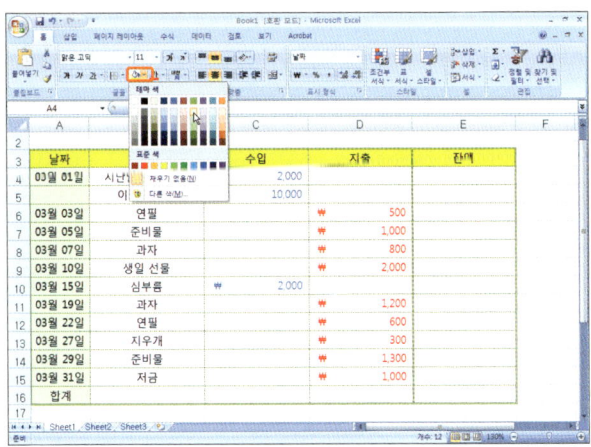

용돈 기입장 수식 입력하기

Step 03

이런 기능들이 사용됐어요 ➡ 수식 입력, 자동합계

01 ›› 첫 번째 잔액은 지난달 남은 용돈과 같으므로 [E4] 셀을 클릭하고 '='를 입력한 후 [C4]셀을 클릭합니다. Enter 를 누르면 수식 결과가 표시됩니다.

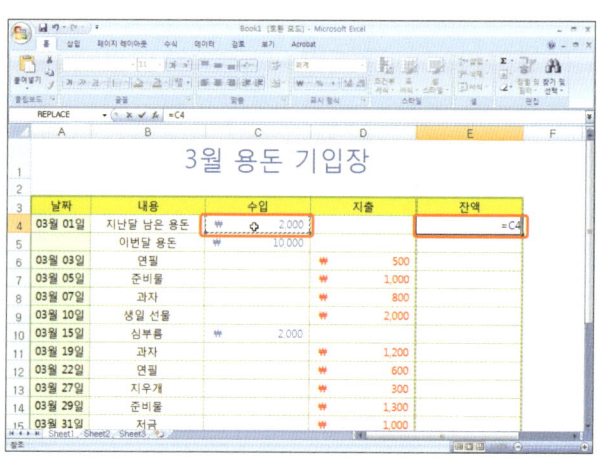

> 수식을 작성할 때 반드시 '='를 입력해야 하고 참조할 셀은 직접 셀 주소를 입력하거나 해당 셀을 클릭해서 표시합니다.

02 ›› 두 번째 잔액([E5])은 '잔액+수입-지출'이므로 '=E4+C5-D5'로 수식을 입력하고 Enter 를 누릅니다.

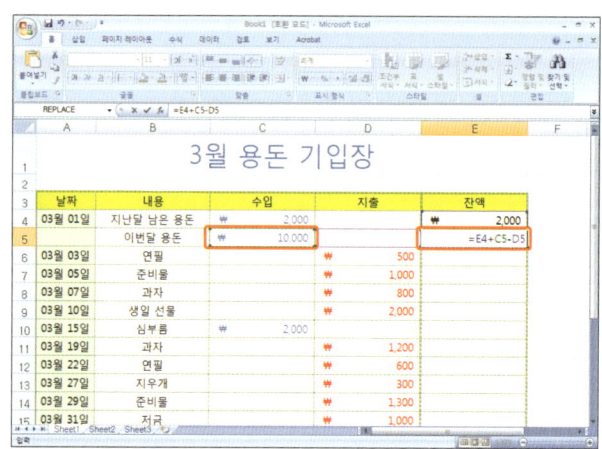

> 셀을 더블 클릭하거나 F2 를 누르면 셀 안에 커서가 표시되어 입력된 내용을 수정할 수 있습니다.

03 ›› [E5] 셀의 채우기 핸들을 [E15] 셀까지 드래그해서 값을 채웁니다.

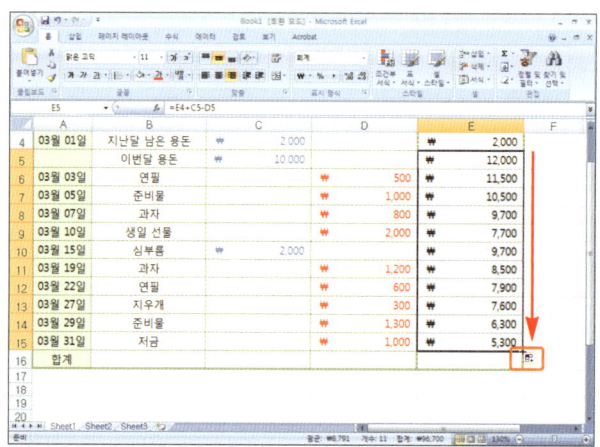

04 [C16] 셀을 클릭한 다음 [수식] 탭의 [함수 라이브러리] 그룹의 Σ [자동 합계] 단추를 클릭합니다. 합계를 계산할 영역이 표시되면 [C4]~[C15]까지 마우스로 드래그해서 계산할 영역을 설정한 다음 Enter 를 누릅니다.

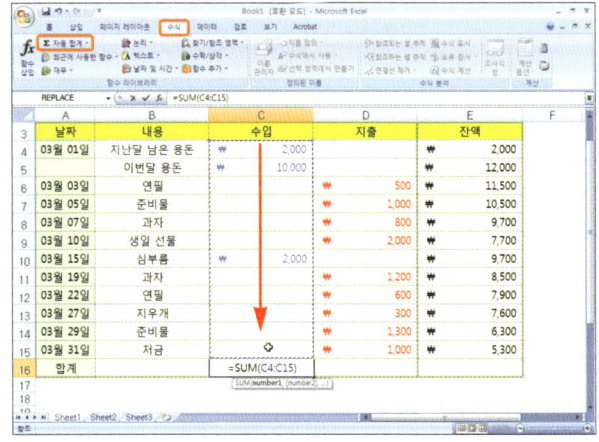

05 같은 방법으로 [D16] 셀에 합계를 구합니다. 그런 다음 [E16] 셀에 '=C15-D16'을 입력하여 수입에서 지출을 뺀 값을 표시합니다.

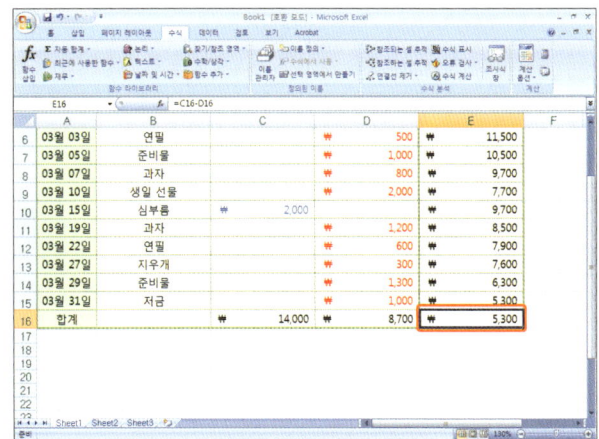

자동 합계

[자동 합계] 단추의 내림 단추를 클릭하면 합계 계산 이외에 평균, 숫자 개수, 최대값, 최소값을 구할 수 있습니다. 각 함수의 기능에 대해서 알아보겠습니다.

- 평균 : 선택한 셀들의 평균을 구합니다.
- 숫자 개수 : 선택한 셀에서 숫자가 입력되어 있는 셀의 개수를 구합니다.
- 최대값 : 선택한 셀들의 숫자 중 가장 높은 수를 구합니다.
- 최소값 : 선택한 셀들의 숫자 중 가장 낮은 수를 구합니다.

도형과 클립아트 넣기

Step 04

이런 기능들이 사용됐어요 ➡ 클립아트로 꾸미기

01›› [삽입] 탭을 선택해 [일러스트레이션] 그룹의 [도형]을 클릭합니다. [모서리가 둥근 직사각형]을 클릭해서 메모 상자로 사용할 도형을 선택합니다.

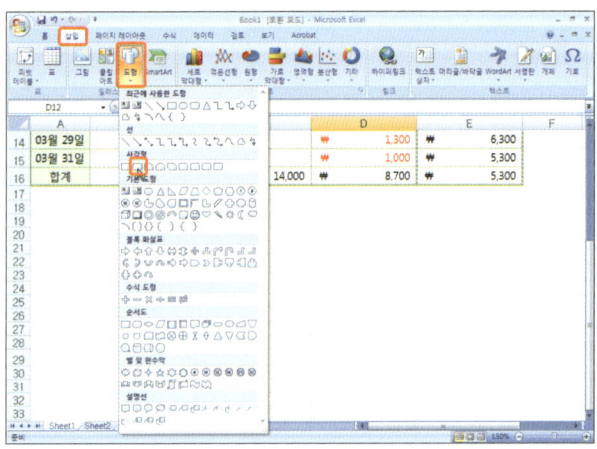

02›› 메모를 넣을 위치를 마우스로 드래그해서 도형을 그립니다. 도형에 표시되는 노란색 조절점을 마우스로 드래그해서 사각형의 곡률을 적당하게 조절합니다.

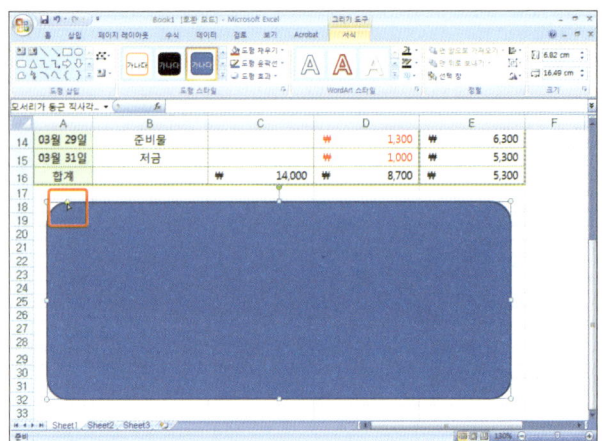

03›› 도형에 텍스트를 추가하여 글을 입력해서 꾸밉니다. [그리기 도구]-[서식] 탭의 [도형 스타일] 그룹에서 도형 스타일을 선택합니다.

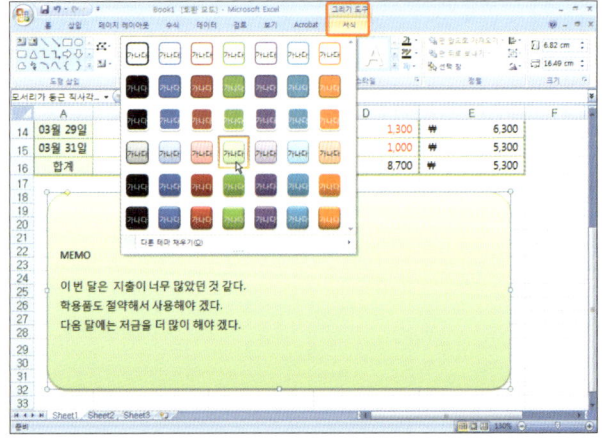

04 [그리기 도구]-[서식] 탭의 [도형 스타일] 그룹의 [도형 효과] 단추를 클릭한 다음 [반사]에서 반사 효과를 선택합니다.

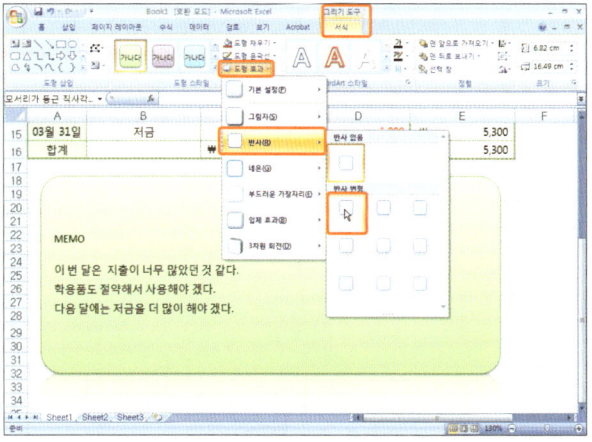

05 [삽입] 탭의 [일러스트레이션] 그룹의 [클립 아트] 단추를 클릭한 다음 [검색 대상]에 '저축'을 입력하고 [이동] 단추를 클릭합니다.

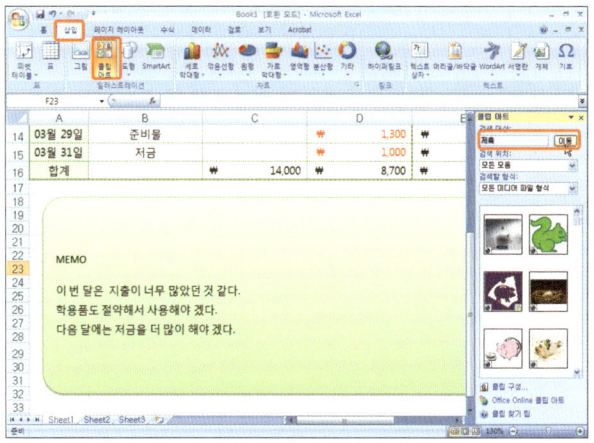

06 사용할 그림을 마우스로 드래그해서 문서에 삽입한 다음 조절점을 마우스로 드래그해서 크기를 조절해서 꾸밉니다.

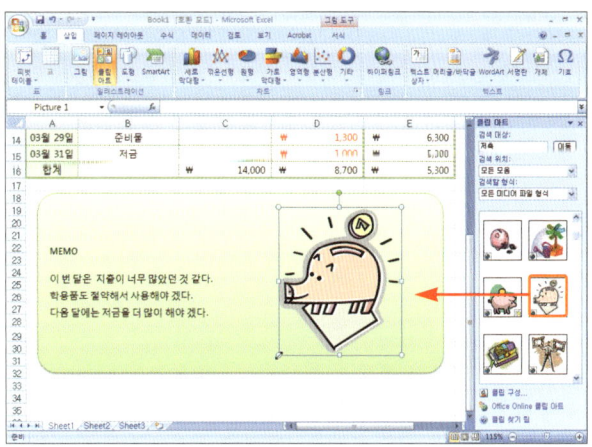

컴 퓨 터 활 용 BEST 30

Chap 04

Section 17　파워포인트에서 가장 자주 쓰이는 기능 해부하기
Section 18　공개 수업 자료용 프리젠테이션 문서 만들기
Section 19　가장 빠른 학부모총회용 발표자료 만들기

파워포인트 2007 활용

요즘에는 학교에서도 보고서 발표와 수업진행을 위해 파워포인트를 사용하는 경우가 많습니다. 파워포인트는 마이크로 소프트사의 프리젠테이션 프로그램으로서 여러 가지 다양한 멀티미디어적인 효과로 시각적이며 효율성 있게 발표를 진행할 수 있도록 도와줍니다. 여기서는 파워포인트 2007이 가진 이전 버전에 비해 더욱 향상된 효과와 디자인 및 서식 옵션을 이용해 연구학교 보고서와 수업 자료 프리젠테이션, 그리고 학부모 총회 보고서를 만들어 보겠습니다.

Section 17 파워포인트에서 가장 자주 쓰이는 기능 해부하기

학교를 소개하는 문서를 파워포인트 프로그램을 사용하여 만들면 시각적인 효과를 얻을 수 있습니다. 파워포인트 2007에서는 입력한 글과 도형에 멋진 스타일을 지정할 수 있는 기능을 제공합니다. 이번 차시에서는 가장 자주 쓰이는 기능만 추출하여 슬라이드를 작성하고 슬라이드를 구성하는 각 요소에 사용자 지정 애니메이션을 설정하여 효과적인 보고서 PPT를 만들어 보겠습니다.

Section 17 | Section 18 | Section 19

| 완성 파일 : 예제파일\연구학교보고서.pptx |

Section17 파워포인트에서 가장 자주 쓰이는 기능 해부하기

슬라이드 레이아웃 꾸미기

Step 01

이런 기능들이 사용됐어요 ➡ 그림 삽입, 제목 스타일 지정

01 » 파워포인트 2007을 실행한 다음 슬라이드를 디자인하기 위해서 [보기] 탭의 [프레젠테이션 보기] 그룹의 [슬라이드 마스터]를 클릭합니다.

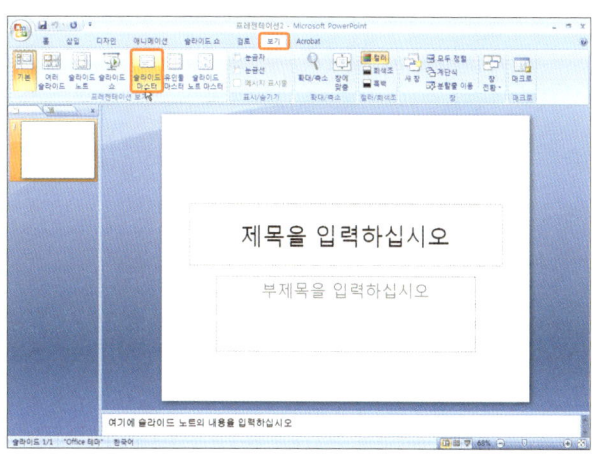

슬라이드 마스터는 슬라이드의 디자인을 편집할 수 있도록 해주는 도구입니다.

02 » [빈 화면 레이아웃]을 클릭한 다음 [삽입] 탭의 [일러스트레이션] 그룹에서 [그림]을 클릭합니다.

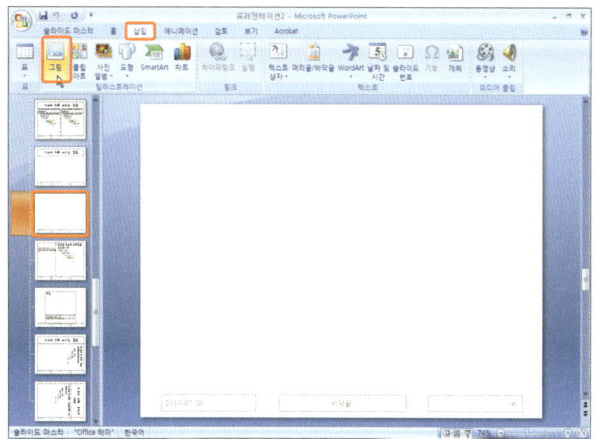

03 » 슬라이드 배경에 삽입할 그림을 선택한 다음 [삽입] 단추를 클릭합니다.

165

04 〉〉 슬라이드에 삽입된 그림을 마우스로 드래그해서 위치를 조절한 다음 [그림 도구]-[서식] 탭의 [정렬] 그룹에서 [맨 뒤로 보내기]를 클릭합니다.

> 배경 그림은 바닥에 표시하기 위해서 [맨 뒤로 보내기]로 클릭해야 합니다.

05 〉〉 같은 방법으로 [제목만 레이아웃]을 클릭한 다음 배경 그림을 삽입해서 꾸밉니다. 그리고 제목 글상자를 클릭하고 [그리기 도구]-[서식] 탭의 [WordArt 스타일] 그룹에서 글자에 사용할 스타일을 선택합니다.

> [제목만 레이아웃]은 제목을 입력할 수 있는 글상자를 가지고 있는 레이아웃입니다.

06 〉〉 레이아웃 편집이 완료되었으면 [슬라이드 마스터] 탭의 [닫기] 그룹에서 [마스터 보기 닫기]를 클릭합니다.

표지 슬라이드 만들기

Step 02

이런 기능들이 사용됐어요 ➔ 레이아웃, WordArt 적용

01 » [홈] 탭의 [슬라이드] 그룹에서 [레이아웃]을 클릭하고 [빈 화면]을 클릭합니다.

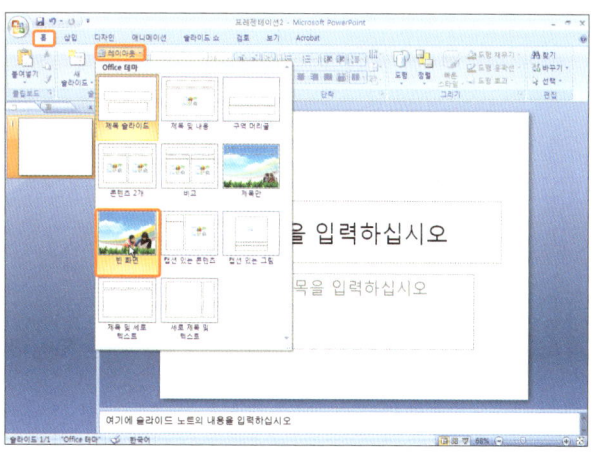

> [레이아웃]은 현재 열려 있는 슬라이드의 레이아웃 종류를 바꾸어주는 도구입니다.

02 » [삽입] 탭의 [텍스트] 그룹에서 [텍스트 상자]를 클릭한 다음 글을 입력할 부분을 마우스로 드래그한 후 글을 입력합니다.

> 텍스트 상자의 연두색 조절점을 마우스로 드래그해서 회전시킬 수 있습니다.

03 » [홈] 탭의 [글꼴] 그룹에서 글자 크기를 '72'로 설정한 다음 [그리기 도구]-[서식] 탭의 [WordArt 스타일] 그룹에서 글자에 사용할 스타일을 선택합니다.

> 글자의 글꼴, 크기, 글자 색 등의 속성은 [홈] 탭의 [글꼴]에서 설정합니다.

04 같은 방법으로 텍스트 상자를 추가하여 글을 입력하고 [WordArt]를 적용해서 꾸밉니다.

[WordArt]는 선택한 텍스트 상자에 입력되어 있는 글자에 스타일을 적용해주는 도구입니다.

05 학교 로고 이미지를 삽입하기 위해서 [삽입] 탭의 [일러스트레이션] 그룹의 [그림] 단추를 클릭한 다음 그림을 선택하고 [삽입] 단추를 클릭합니다.

크기를 조절할 행과 열 머리글을 선택한 다음 마우스 오른쪽 클릭하면 나타나는 바로 가기 메뉴에서 [행 높이], [열 너비]를 선택해서 높이와 너비를 손쉽게 조절할 수 있습니다.

06 그림이 삽입되면 조절점을 마우스로 드래그해서 크기를 조절하고 그림을 마우스로 드래그해서 위치를 조절합니다.

활용 현황 슬라이드 만들기

Step 03

이런 기능들이 사용됐어요 ➜ 슬라이드 만들기, 도형 삽입해서 꾸미기

01 》 [홈] 탭의 [슬라이드] 그룹에서 [새 슬라이드]를 클릭하고 [제목만]을 클릭합니다.

02 》 글상자에 글을 입력합니다.

[제목만 레이아웃]은 제목을 입력할 수 있는 글상자를 가지고 있는 슬라이드입니다.

03 》 [삽입] 탭의 [일러스트레이션] 그룹에서 [도형]을 클릭하고 [모서리가 둥근 직사각형]을 클릭합니다.

Chapter 04 파워포인트 2007 활용

04 〉〉 마우스로 드래그해서 둥근 사각형을 그립니다.

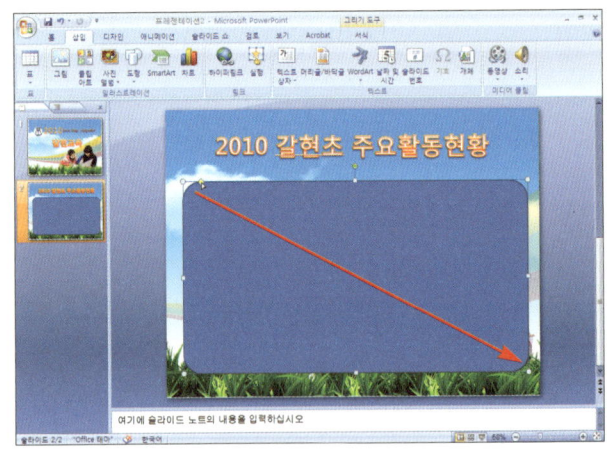

05 〉〉 [그리기 도구]-[서식] 탭의 [도형 스타일]의 내림 단추를 클릭한 다음 도형에 사용할 스타일을 골라서 클릭합니다.

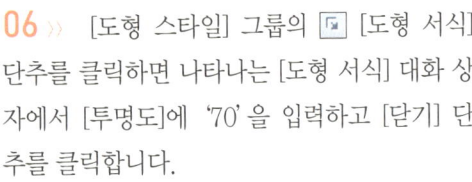
[도형 스타일] 그룹의 [도형 채우기]에서 도형 안의 색을 설정할 수 있고 [도형 윤곽선]에서 도형 테두리의 색과 모양을 변경할 수 있습니다.

06 〉〉 [도형 스타일] 그룹의 [도형 서식] 단추를 클릭하면 나타나는 [도형 서식] 대화 상자에서 [투명도]에 '70'을 입력하고 [닫기] 단추를 클릭합니다.

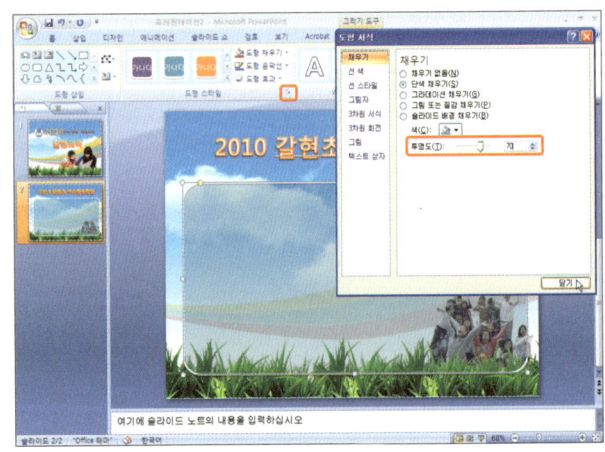

07 >> 같은 방법으로 [위쪽 리본], [모서리가 둥근 직사각형] 도형을 삽입해서 다음과 같이 꾸밉니다.

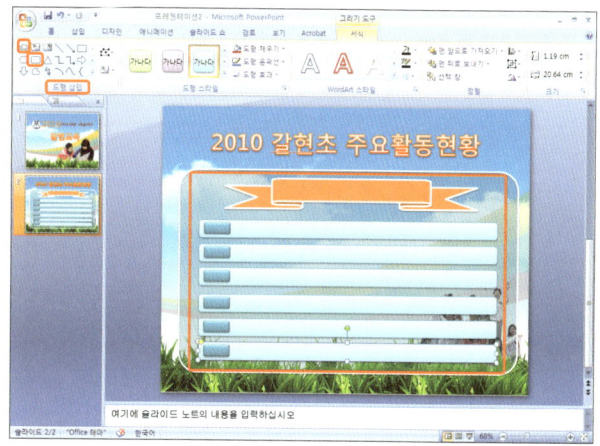

08 >> 글을 입력하기 위해서 도형을 마우스 오른쪽 클릭하면 나타나는 바로 가기 메뉴에서 [텍스트 편집]을 클릭한 후 도형에 표시할 글을 입력합니다.

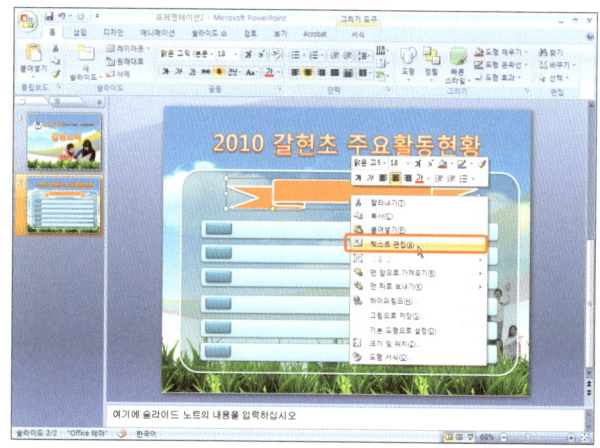

09 >> 같은 방법으로 각각의 도형에 텍스트 편집을 실행하여 글을 입력해서 꾸밉니다.

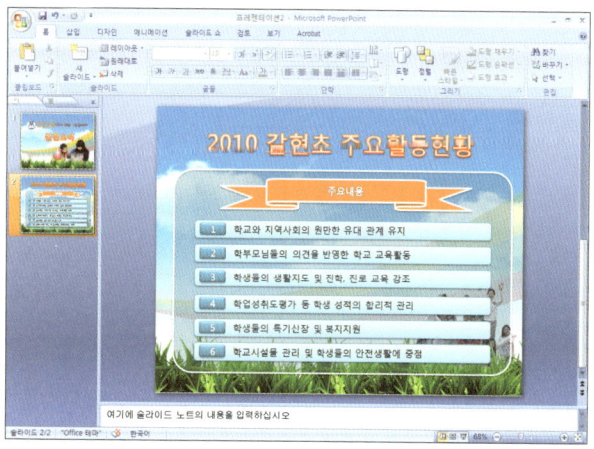

10 세 번째 슬라이드를 클릭한 다음 제목 글을 입력합니다. 글이 글상자보다 길면 [홈] 탭의 [글꼴] 그룹의 [문자 간격] 단추를 클릭하고 [좁게]를 클릭합니다.

11 모서리가 둥근 직사각형 도형을 삽입한 후 투명도를 조절해서 다음과 같이 꾸밉니다.

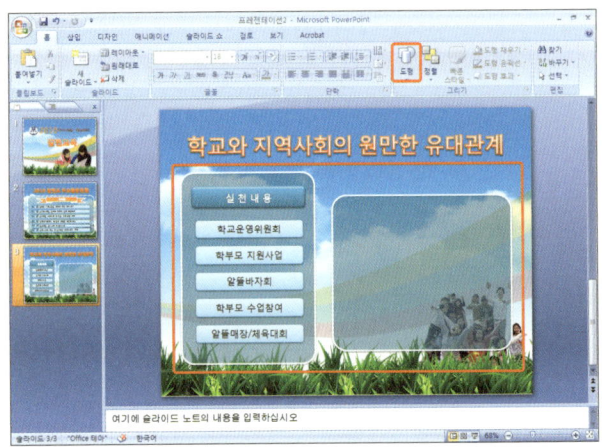

도형 효과

[그리기 도구]-[서식] 탭의 [도형 스타일] 그룹에 있는 [도형 효과]는 선택한 도형에 그림자를 넣거나 반사 효과 등 다양한 효과를 연출할 수 있도록 해주는 도구입니다.

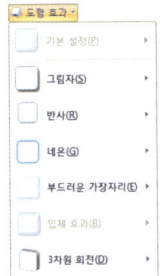

- 그림자 : 선택한 도형에 그림자를 넣습니다.
- 반사 : 선택한 도형의 상하 대칭으로 반사 효과를 적용합니다.
- 네온 : 선택한 도형 테두리에 번짐 효과를 연출합니다.
- 부드러운 가장자리 : 선택한 도형의 테두리를 뿌옇게 표현합니다.
- 입체 효과 : 선택한 도형을 볼록 또는 오목하게 표현합니다.
- 3차원 회전 : 선택한 도형을 지정한 모양으로 회전하여 3차원 도형으로 만듭니다.

자동 실행 애니메이션 만들기

Step 04

이런 기능들이 사용됐어요 ➡ 애니메이션 효과 주기

01» 첫 번째 슬라이드를 클릭한 다음 [애니메이션] 탭의 [애니메이션] 그룹에서 [사용자 지정 애니메이션]을 클릭합니다.

[사용자 지정 애니메이션]은 선택한 요소에 애니메이션 종류와 실행 방법으로 사용자가 직접 지정하는 효과입니다.

02» 학교 로고 이미지를 클릭하고 [효과 적용] 단추를 클릭하고 [나타내기]-[기타 효과]를 클릭합니다.

[나타내기]는 요소가 나타날 때 관련된 효과, [강조]는 요소를 강조할 때 사용하는 효과, [끝내기]는 요소가 사라지게 할 때 사용하는 효과입니다.

03» [나타내기 효과 추가] 대화 상자가 나타나면 그림에 표현할 효과를 클릭합니다. 미리 보기를 통해 효과를 확인한 후 [확인] 단추를 클릭합니다.

[나타내기 효과 추가] 대화 상자는 파워포인트 2007에서 제공하는 모든 효과들을 보여줍니다.

04 >> [사용자 지정 애니메이션]에서 [시작]에 [이전 효과와 함께], [속도]는 [중간]으로 설정합니다.

[시작]에 [이전 효과와 함께]를 선택하면 바로 전의 지정된 애니메이션과 함께 실행하게 해줍니다. 특히 처음 효과를 지정할 경우 슬라이드가 열릴 때 바로 애니메이션을 실행하게 해줍니다.

05 >> 같은 방법으로 글상자를 선택하고 사용자 지정 애니메이션을 설정합니다. 이때 3개의 글상자의 [시작] 항목은 '이전 효과 다음에'로 설정하여 애니메이션이 순차적으로 진행되도록 만듭니다.

순서대로 애니메이션을 실행하게 하려면 [시작]에 [이전 효과 다음에]로 설정합니다.

06 >> [사용자 지정 애니메이션]에서 [재생] 단추를 클릭하여 애니메이션 진행을 확인합니다.

목록별로 나타나는 애니메이션 효과 만들기 | Step 05

이런 기능들이 사용됐어요 ➜ 글 상자 그룹으로 묶기, 애니메이션 효과 만들기

01 » 두 번째 슬라이드를 클릭한 다음 Shift 를 누른 상태에서 첫 번째 글상자와 번호 글상자를 클릭해서 선택한 다음 [그리기 도구]-[서식] 탭의 [정렬] 그룹에서 [그룹]-[그룹]을 클릭합니다. 같은 방법으로 나머지 목록도 그룹으로 묶습니다.

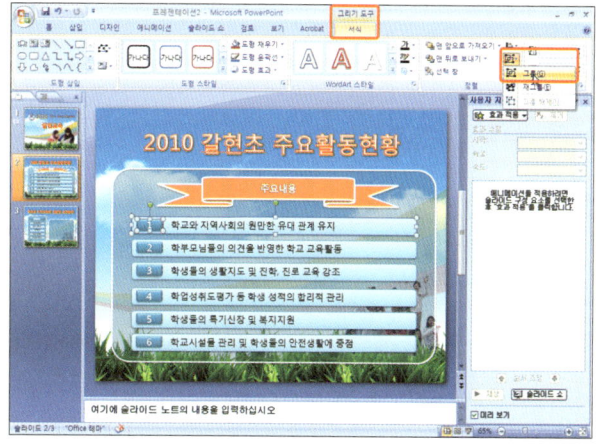

* 함께 움직이게 할 요소는 그룹으로 묶어두는 것이 좋습니다.

02 » Shift 를 누른 상태에서 바닥에 있는 '모서리가 둥근 직사각형'과 '위쪽 리본'을 클릭해서 선택한 다음 애니메이션 효과를 적용합니다. 이때 [시작] 항목에는 [이전 효과와 함께]로 설정합니다.

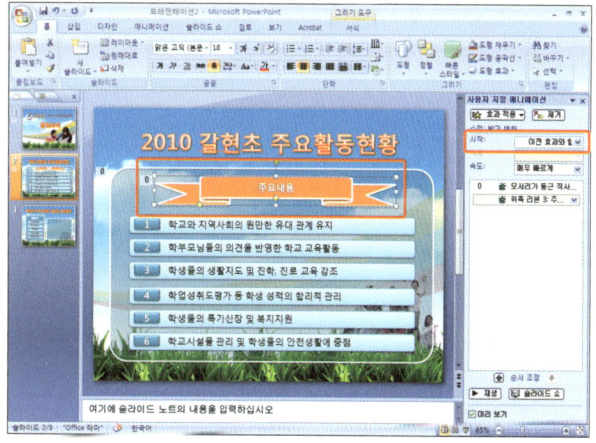

03 » 같은 방법으로 각 목록들도 사용자 지정 애니메이션을 설정합니다. 각 항목이 순서대로 나타나게 만들기 위해서 [시작] 항목에는 [이전 효과 다음에]로 설정합니다.

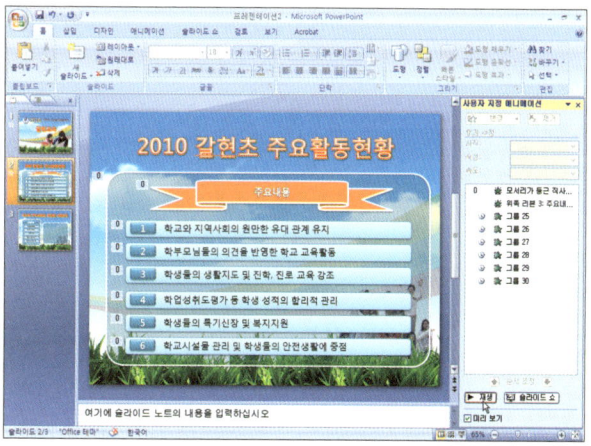

04 >> 세 번째 슬라이드를 클릭한 다음 Shift 를 누른 상태에서 바닥의 도형과 '실천 내용'을 입력한 도형을 선택하고 애니메이션을 설정합니다. [시작]에 [이전 효과와 함께]로 설정합니다. 그리고 '학교운영위원회'라고 입력한 도형을 선택하고 '흩어뿌리기' 애니메이션을 설정한 다음 [시작]에 [클릭할 때]로 설정합니다.

05 >> '학교운영위원회'를 클릭하면 나타나게 할 그림을 삽입한 다음 '흩어뿌리기' 애니메이션을 설정합니다. 이때 [시작]에는 [이전 효과와 함께]로 설정합니다.

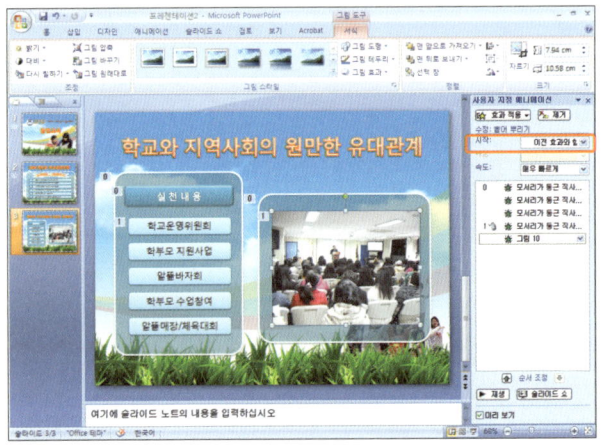

06 >> 같은 방법으로 도형을 클릭하면 관련 그림이 나타나도록 애니메이션을 설정합니다. 관련 그림은 순서대로 삽입하여 같은 위치에 배치합니다.

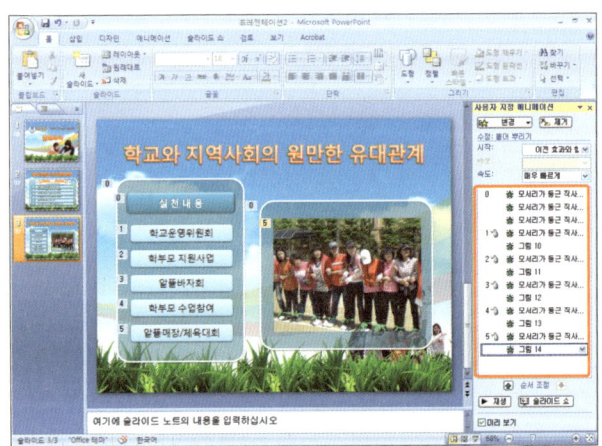

슬라이드 쇼 보기

Step 06

이런 기능들이 사용됐어요 ➡ 슬라이드 쇼 실행

01 » F5 를 누르면 슬라이드 쇼를 실행할 수 있습니다. 첫 번째 슬라이드는 슬라이드가 열리자 마자 그림과 글자가 순차적으로 애니메이션으로 실행됩니다. 마우스로 클릭하면 다음 슬라이드로 이동됩니다.

02 » 두 번째 슬라이드도 슬라이가 열리면 바닥과 각 항목 도형이 순서대로 애니메이션으로 실행됩니다. 마우스로 클릭하면 다음 슬라이드로 이동됩니다.

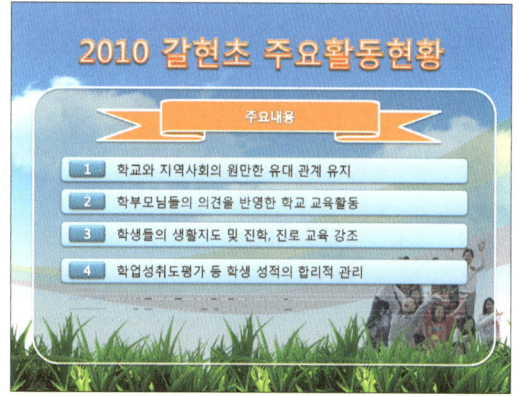

03 » 슬라이드가 열리면 바닥과 '실천내용' 도형이 표시됩니다. 마우스로 클릭하면 항목이 열리고 관련 그림이 나타납니다. 마우스를 클릭하면 각 항목의 목록과 그림이 순차적으로 나타납니다. 슬라이드 쇼가 끝나면 Esc 를 눌러 슬라이드 쇼를 종료합니다.

Section 18
공개 수업 자료용 프리젠테이션 문서 만들기

파워포인트는 사진, 동영상 및 애니메이션 효과를 이용하여 수업자료로 사용하기에 적합합니다. 기존 자료를 다운 받아서 수정하려고 해도 특정 기능을 몰라서 어려움을 겪으시는 일도 있을 것입니다. 이번 차시에서는 파워포인트의 애니메이션 기능을 이용하여 재미있는 만화 이야기와 OX 퀴즈도 꾸며 보고 동영상도 삽입하여 속담을 소개하는 수업자료를 만들어 보겠습니다.

| Section 17 | **Section 18** | Section 19 |

| 완성 파일 : 예제파일\수업자료.pptx |

Section 18 공개 수업 자료용 프리젠테이션 문서 만들기

테마로 슬라이드 디자인하기   Step 01

이런 기능들이 사용됐어요 ➡ 슬라이드 디자인

01 » 파워포인트를 실행한 다음 [디자인] 탭의 [테마] 그룹에서 사용할 테마를 골라서 클릭합니다.

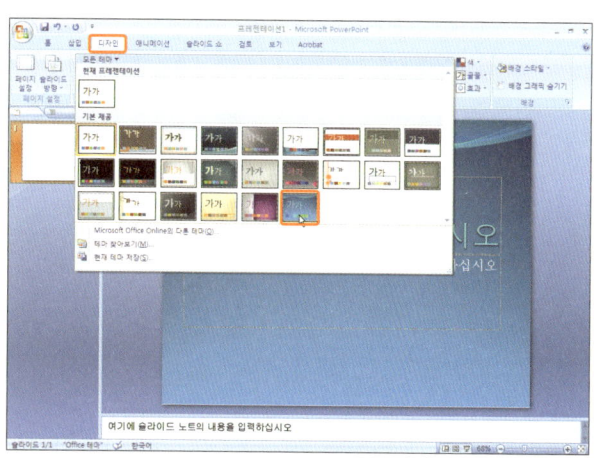

[테마]는 슬라이드 배경, 글자, 색상 등이 미리 디자인되어 있는 구성 목록입니다. 선택한 테마에 따라 모든 슬라이드 디자인이 변경됩니다.

02 » [디자인] 탭의 [테마] 그룹에서 [글꼴] 단추를 클릭한 다음 사용할 글꼴 목록을 골라서 클릭합니다.

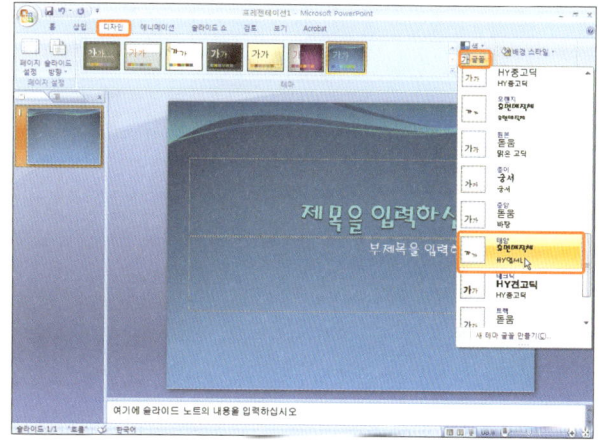

슬라이드에 사용되는 주요 글꼴을 변경해줍니다.

03 » 제목 슬라이드에서 제목과 부제목을 입력합니다.

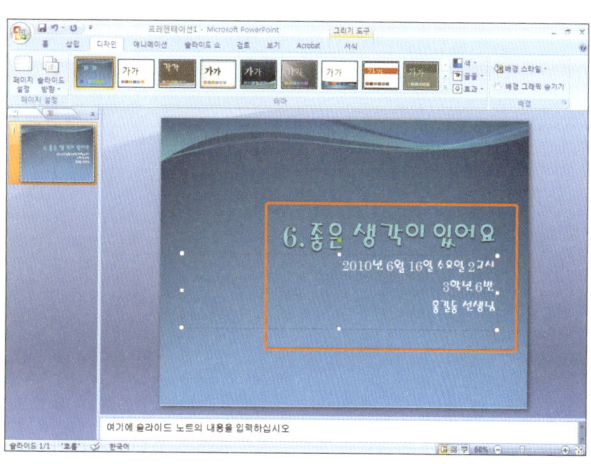

언제라도 다른 테마를 선택해서 슬라이드 디자인을 변경할 수 있습니다.

이야기가 있는 카툰 만들기

Step 02

이런 기능들이 사용됐어요 ➡ 그림 삽입하기, 그림 스타일 정하기, 도형 삽입하기

01 » [홈] 탭의 [슬라이드] 그룹에서 [새 슬라이드]를 클릭하고 [제목 및 내용]을 클릭합니다.

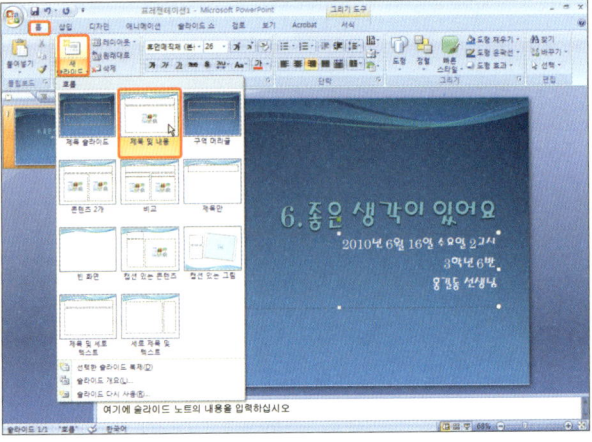

02 » 제목 글상자에 글을 입력하고 내용 상자에서 □ [파일에서 그림 삽입] 단추를 클릭합니다.

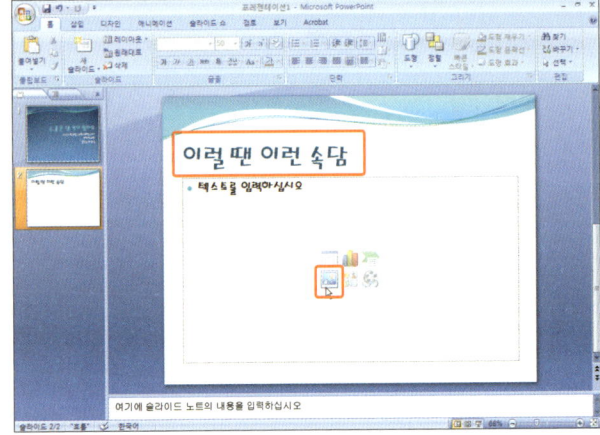

> 내용 상자에 있는 아이콘을 클릭하여 표, 차트, 스마트아트, 그림, 클립 아트, 동영상을 삽입할 수 있습니다.

03 » 삽입할 그림을 선택한 다음 [삽입] 단추를 클릭합니다.

Section 18 공개 수업 자료용 프리젠테이션 문서 만들기

04 » 그림을 선택한 상태에서 [그림 도구]-[서식] 탭의 [그림 스타일]에서 그림에 사용할 효과를 골라서 클릭합니다.

05 » [삽입] 탭의 [일러스트레이션] 그룹의 [도형] 단추를 클릭하고 [구름 모양 설명선]을 클릭합니다.

06 » 마우스로 드래그해서 도형을 그린 다음 [그리기 도구]-[서식] 탭의 [도형 스타일]에서 도형에 사용할 스타일을 클릭합니다.

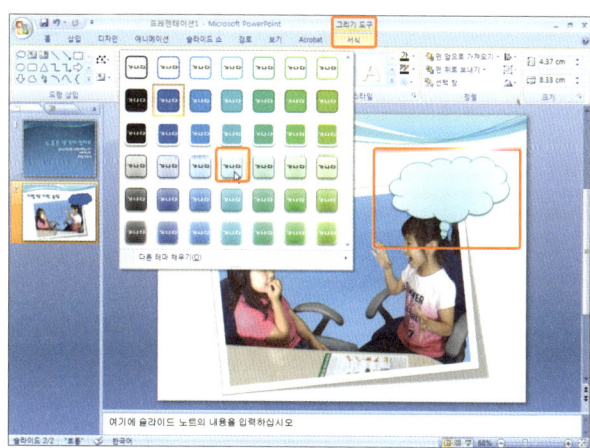

181

07 » 같은 방법으로 ▨ [구름 모양 설명선] 도형을 그린 후 도형에 글을 입력해서 꾸밉니다.

08 » ▨ [모서리가 둥근 직사각형] 도형을 삽입한 후 도형 스타일을 설정하고 도형에 글을 입력해서 꾸밉니다.

09 » 2개의 ▨ [구름 모양 설명선] 도형에 [시작]은 [이전 효과와 함께], [효과]는 [펼치기]로 설정하고 ▨ [모서리가 둥근 직사각형] 도형에 [시작]은 [클릭할 때], [효과]는 [블라인드]로 사용자 지정 애니메이션을 설정합니다.

> 슬라이드가 열리면 풍선 도움말이 열리고 마우스를 클릭할 때 관련 속담이 나타나도록 애니메이션을 설정합니다.

OX 퀴즈 만들기

Step 03

이런 기능들이 사용됐어요 ➡ 도형 스타일과 WordArt 스타일 지정, 애니메이션 효과 주기

01 》 [제목 및 내용] 슬라이드를 추가한 다음 제목을 입력하고 [모서리가 둥근 직사각형] 도형을 추가한 다음 글을 입력하고 [도형 스타일]과 [WordArt 스타일]을 적용하여 꾸밉니다.

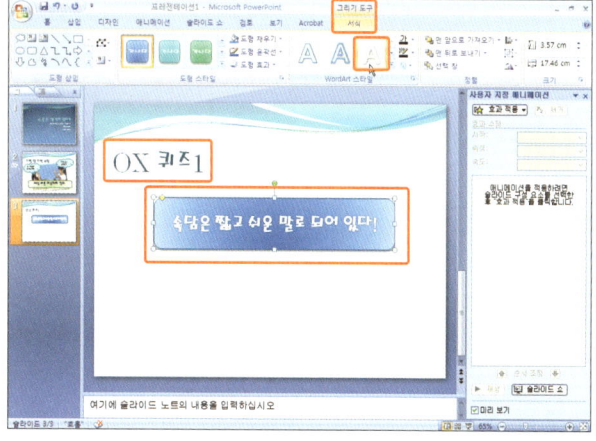

02 》 도형이 선택된 상태에서 [그리기 도구]-[서식] 탭의 [도형 스타일] 그룹에서 [도형 효과]를 클릭하고 [반사]-[근접 반사, 터치]를 클릭하여 반사 그림자를 만듭니다.

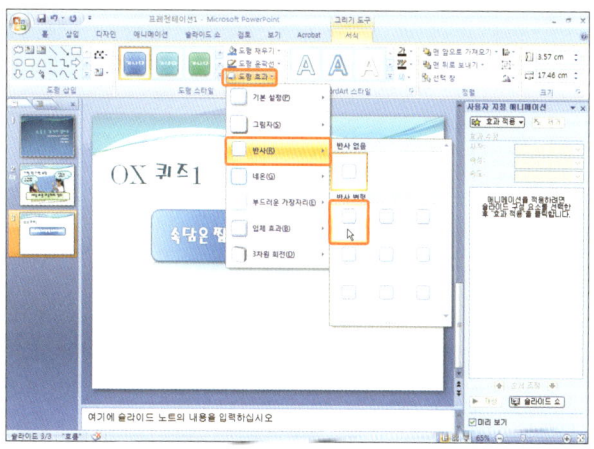

03 》 [타원] 도형을 추가한 다음 'O' 글을 입력하고 [도형 스타일]과 [WordArt 스타일]을 적용하여 꾸밉니다.

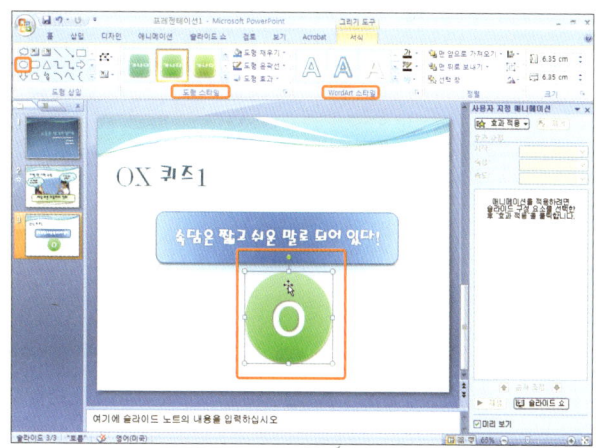

04 ›› ▢ [모서리가 둥근 직사각형] 도형에 [시작]은 [이전 효과와 함께], [효과]는 [흩어 뿌리기]로 설정하고 [원형] 도형에 [시작]은 [클릭할 때], [효과]는 [바운드]로 사용자 지정 애니메이션을 설정합니다.

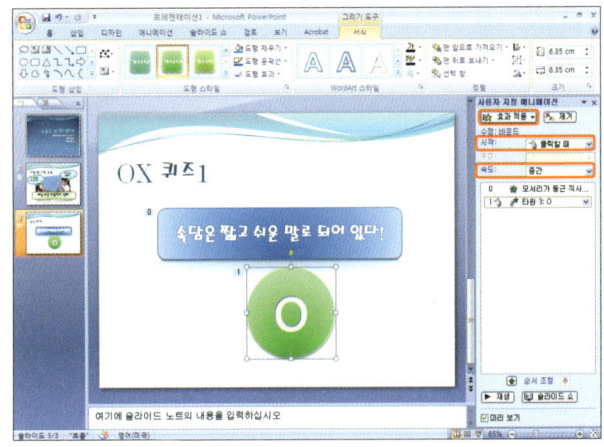

05 ›› 3번 슬라이드를 클릭하고 Ctrl+C를 누르고 Ctrl+V를 눌러 복제 슬라이드를 만든 다음 내용을 수정해서 4번 슬라이드를 꾸밉니다.

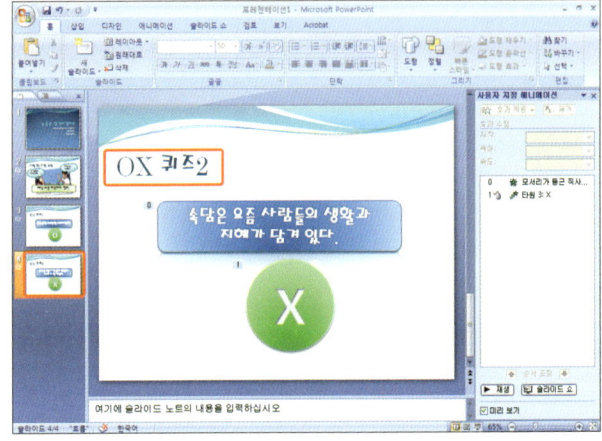

슬라이드를 복사하고 붙여넣기를 이용하여 슬라이드를 복제할 수 있습니다.

06 ›› [텍스트 상자]를 추가하여 [X], [옛날] 글을 입력해서 배치합니다. 그리고 [시작]은 [이전 효과와 함께], [효과]는 [흩어 뿌리기]로 사용자 지정 애니메이션을 추가합니다.

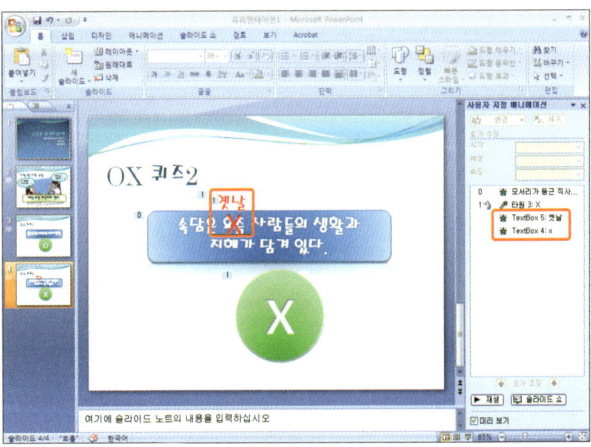

정답이 표시될 때 문제에서 잘못된 부분이 표시되도록 애니메이션을 꾸밉니다.

동영상 슬라이드 만들기

Step 04

이런 기능들이 사용됐어요 ➜ 동영상 삽입, 동영상 실행

01 [제목과 내용] 슬라이드를 추가한 다음 내용 상자에서 [미디어 클립 삽입] 단추를 클릭합니다.

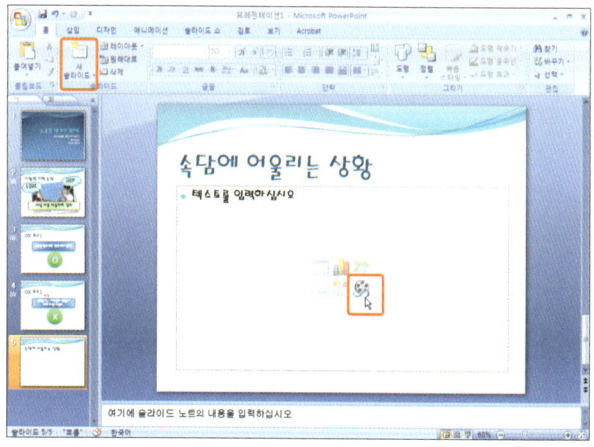

02 슬라이드에 삽입할 동영상을 선택한 다음 [확인] 단추를 클릭합니다.

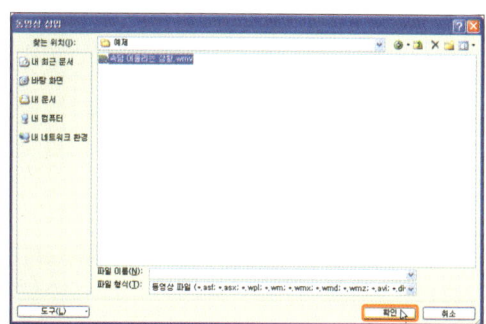

03 동영상은 언제 실행할지 묻는 메시지 창이 열립니다. 동영상을 클릭해야 동영상이 실행되도록 만들기 위해서 [클릭하여 실행] 단추를 클릭합니다.

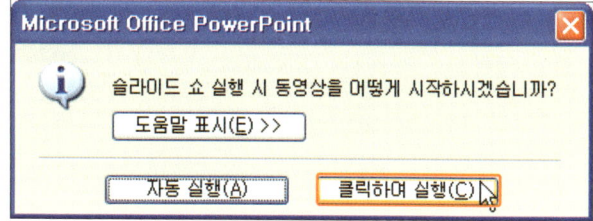

[자동 실행] 단추를 클릭하면 슬라이드가 열릴 때 동영상이 자동으로 실행됩니다.

슬라이드 쇼 잘하는 방법

Step 05

이런 기능들이 사용됐어요 ➡ 슬라이드 쇼, 슬라이드 저장

01 ›› F5 를 눌러 슬라이드 쇼를 실행합니다. 두 번째 슬라이드는 풍선 도움말이 순서대로 나타나고 마우스로 클릭하면 관련 속담이 나타납니다.

02 ›› 잠시 슬라이드를 보이지 않고 싶을 때 B 를 누르면 검정 화면이 나타납니다. 다시 B 를 누르면 원래의 슬라이드로 나타납니다.

W 을 누르면 흰색 화면이 나타납니다. 키를 누를 때는 반드시 영문 모드로 설정되어 있어야 합니다.

03 ›› 슬라이드에 선을 그릴려면 슬라이드를 마우스 오른쪽 클릭하면 나타나는 바로 가기 메뉴의 [포인터 옵션]에서 선 종류와 색을 선택합니다.

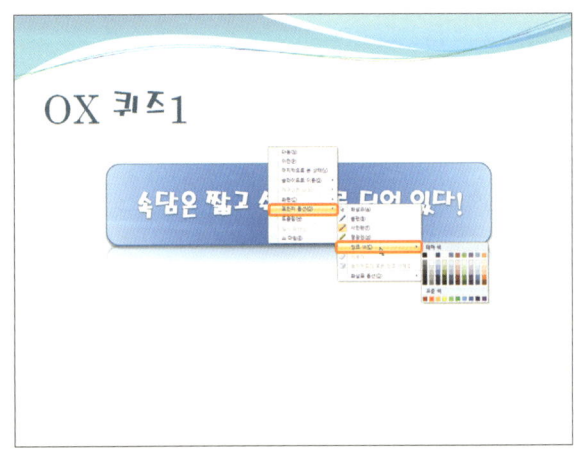

04 >> 마우스로 드래그하여 요약글이나 표시글을 그릴 수 있습니다.

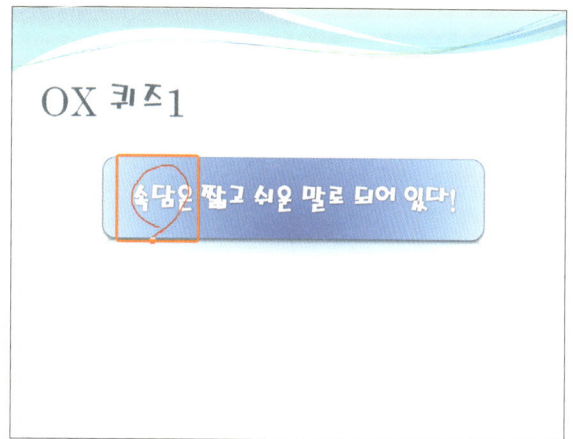

선 그리기가 완료되었으면 바로 가기 메뉴에서 [포인터 모양]-[화살표]를 클릭해서 선 그리기를 해제합니다.

05 >> 동영상을 삽입한 슬라이드에서 동영상 영역을 마우스로 클릭하면 동영상이 실행되고 다시 클릭하면 동영상이 일시 정지됩니다.

06 >> 슬라이드 쇼가 모두 끝나면 잉크 주석을 유지할지 묻는 메시지가 나타납니다. [예] 단추를 클릭하면 슬라이드에 그렸던 선 내용들이 저장됩니다.

Section 19
가장 빠른 학부모총회용 발표자료 만들기

파워포인트 문서를 작성할 때는 기본적으로 제공하는 디자인 서식을 사용하기 보다는 스타일에 맞게 디자인된 서식을 이용하시는 것이 좋습니다. 파워포인트의 슬라이드 마스터를 이용하면 개체 틀 추가를 이용하여 슬라이드에 글이나 그림을 삽입할 수 있고, 레이아웃 추가기능을 이용하여 새로운 레이아웃도 만들 수 있습니다. 이번 차시에는 슬라이드 마스터 편집 기능을 이용하여 학부모총회용 발표자료를 만들어 보겠습니다.

| 완성 파일 : 예제파일\학부모 총회 보고서.pptx |

Section 19 가장 빠른 학부모총회용 발표자료 만들기

테마 슬라이드 마스터 편집하기   Step 01

이런 기능들이 사용됐어요 ➜ 슬라이드 배경 그림 삽입, 도형 삽입해서 꾸미기, 글자 꾸미기, 슬라이드 번호 적용

01 ›› 파워포인트 2007을 실행한 다음 [보기] 탭의 [프레젠테이션] 그룹의 [슬라이드 마스터]를 클릭합니다.

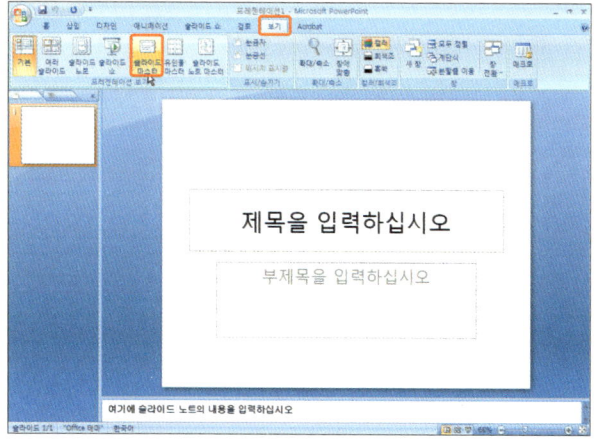

02 ›› [Office 테마 슬라이드 마스터] 슬라이드를 클릭하고 슬라이드 배경에 사용할 그림을 삽입한 후 맨 뒤로 이동시킵니다.

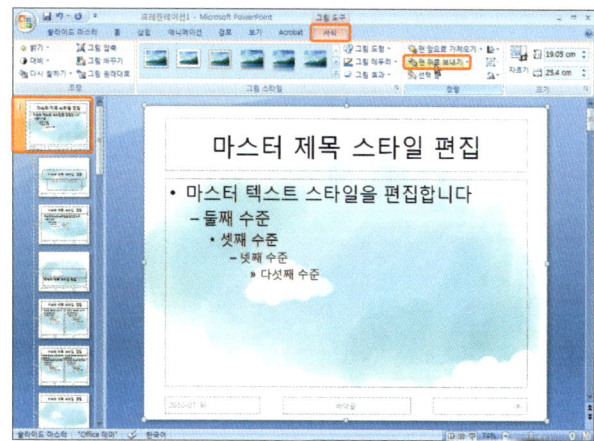

슬라이드 목록에서 첫 번째 위치해 있는 슬라이드는 [테마 슬라이드]로 모든 슬라이드에 공통적으로 적용할 레이아웃을 편집합니다.

03 ›› [직사각형] 도형을 삽입한 후 문서 바닥에 배치한 후 도형 스타일을 적용해서 꾸밉니다. 도형을 맨 뒤로 이동한 후 [맨 앞으로 가져오기]-[앞으로 가져오기]를 클릭하여 배경 그림 위에 배치시킵니다.

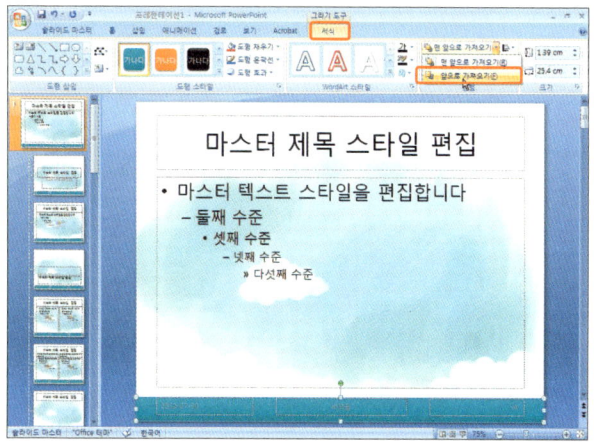

189

04 ›› '바닥글' 글상자의 테두리를 슬라이드 오른쪽 상단까지 마우스로 드래그해서 이동시킵니다. [글꼴] 그룹의 글자 속성 도구를 이용하여 글자를 꾸미고 [단락] 그룹의 ▤ [텍스트 오른쪽 맞춤] 단추를 클릭하여 오른쪽으로 정렬시킵니다.

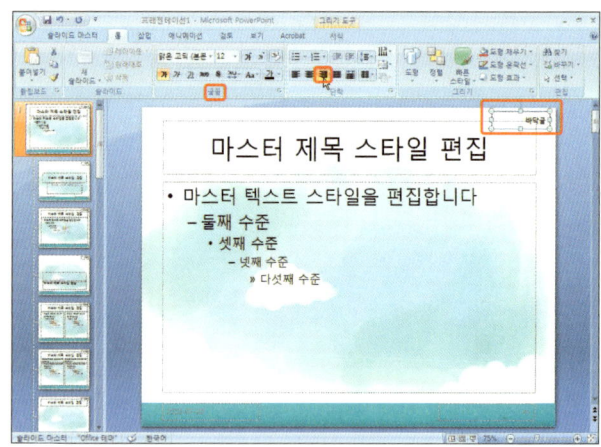

05 ›› 페이지 번호가 위치해 있는 곳에 [원형] 도형을 삽입합니다. 도형을 글자 밑으로 이동시킨 후 도형 스타일을 적용해서 꾸밉니다. 페이지 번호 글상자를 클릭한 후 [WordArt 스타일]을 이용하여 글자가 잘 보이도록 꾸밉니다.

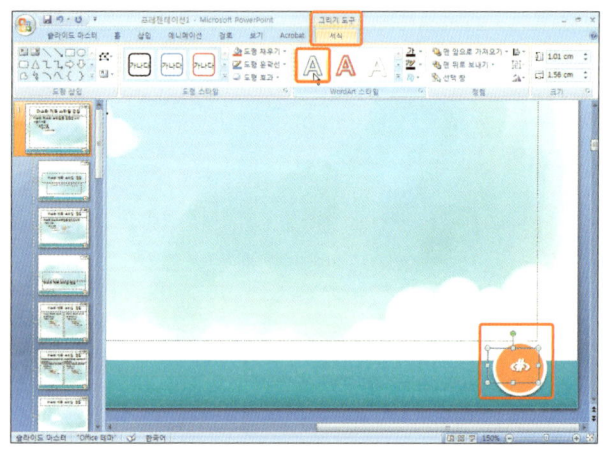

06 ›› 날짜 글상자를 선택한 다음 [WordArt 스타일]을 이용하여 글자를 꾸밉니다.

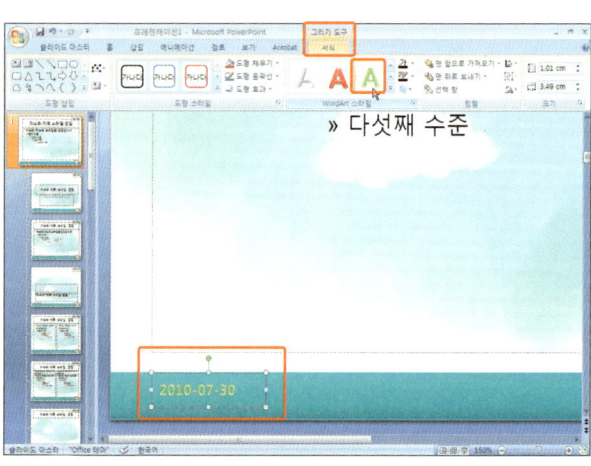

[슬라이드 마스터 편집]을 이용하여 바닥글, 페이지 번호, 날짜를 표시할 곳에 배치시킬 수 있습니다.

Section 19 가장 빠른 학부모총회용 발표자료 만들기

07 [슬라이드 마스터] 탭의 [닫기] 그룹에서 [마스터 보기 닫기]를 클릭해서 마스터 편집을 완료합니다. 제목 슬라이드의 레이아웃이 바뀌었습니다.

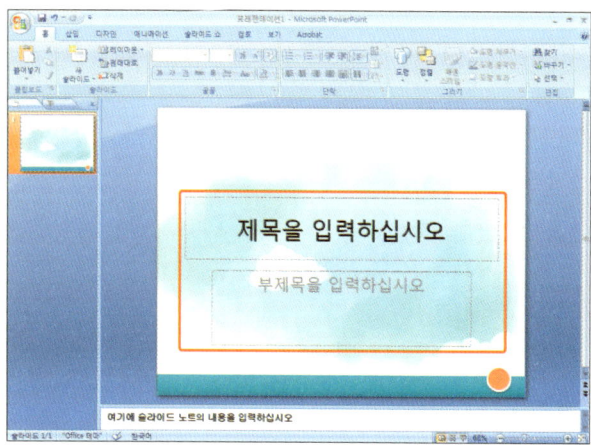

08 [삽입] 탭의 [텍스트] 그룹에서 [슬라이드 번호]를 클릭하면 나타나는 대화 상자에서 슬라이드에 표시할 항목을 클릭하고 바닥글에는 '학부모 총회'라고 입력하고 [모두 적용] 단추를 클릭합니다.

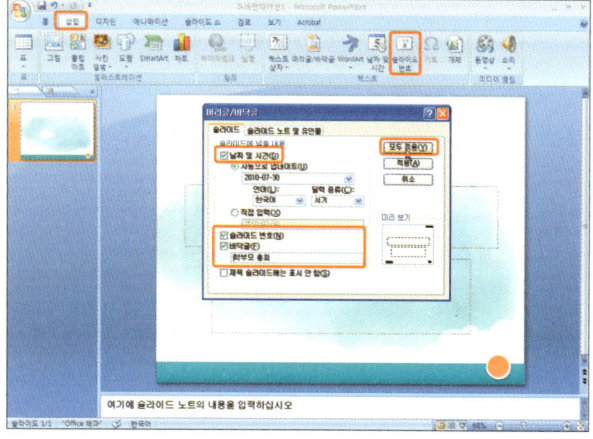

[제목 슬라이드에는 표시 안 함] 항목을 클릭해서 체크하면 제목 슬라이드에는 페이지 번호, 바닥글, 날짜가 표시되지 않습니다.

09 바닥글, 페이지 번호, 날짜가 슬라이드에 표시되었습니다.

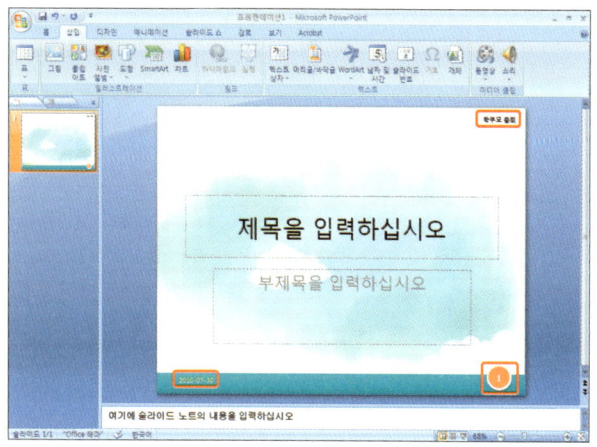

191

Chapter 04 파워포인트 2007 활용

제목 슬라이드 디자인 변경하기   Step 02

이런 기능들이 사용됐어요 ➜ 텍스트 효과 변환

01 〉〉 슬라이드 마스터 편집을 실행한 다음 [제목 슬라이드]를 클릭하고 제목 글상자를 클릭하고 도형 스타일을 적용해서 꾸밉니다. 그리고 [텍스트 효과] 단추를 클릭한 다음 [변환]-[물결1]을 클릭합니다.

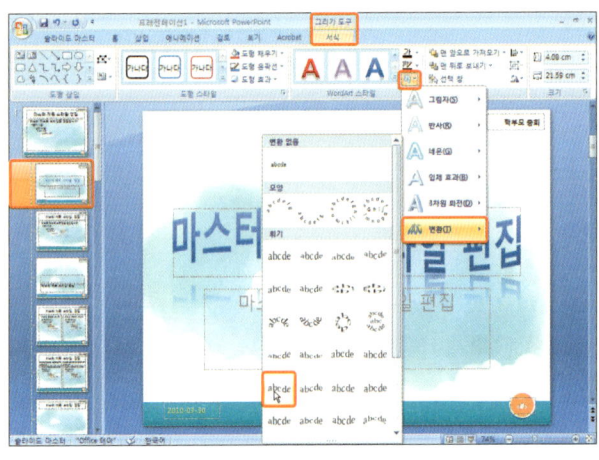

[변환]은 선택한 텍스트의 배열을 바꾸어 주는 도구입니다.

02 〉〉 날짜 글상자를 [부제목] 글상자 밑으로 이동시킨 다음 [WordArt 스타일]을 적용하여 글자를 꾸밉니다.

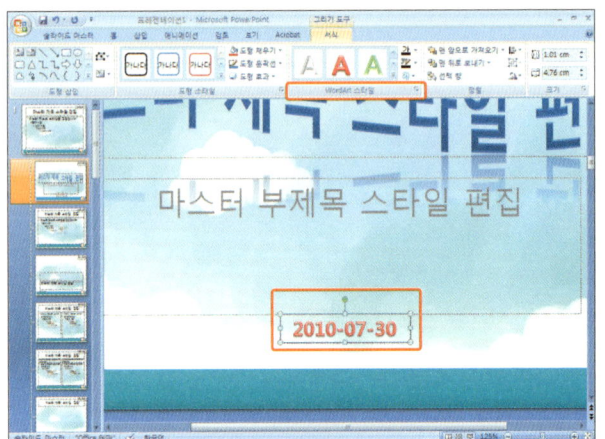

슬라이드 구성 요소들은 테마 슬라이드 마스터에 지정한 위치에 모든 슬라이드에 표시되고 특정 슬라이드에 위치를 이동시킬 경우 해당 슬라이드에만 위치가 다르게 표시됩니다.

03 〉〉 슬라이드 마스터 편집을 완료한 다음 제목 슬라이드의 글상자에 글을 입력해서 슬라이드를 꾸밉니다.

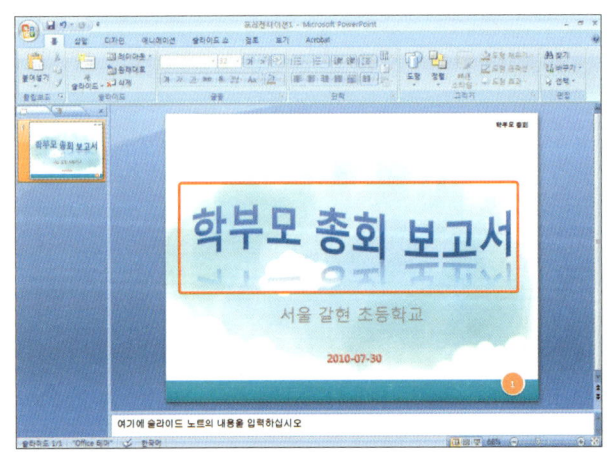

새로운 슬라이드 마스터 추가하기

Step 03

이런 기능들이 사용됐어요 ➜ 레이아웃 삽입

01 » 슬라이드 마스터 편집을 실행한 다음 '제목' 슬라이드를 클릭한 상태에서 [슬라이드 마스터] 탭의 [마스터 편집] 그룹의 [레이아웃 삽입]을 클릭합니다.

[레이아웃 삽입]을 클릭하면 선택한 테마 슬라이드에 새로운 레이아웃 슬라이드가 추가됩니다.

02 » 새 슬라이드가 추가되면 [사각형 설명선] 도형을 삽입해서 제목 글상자 밑으로 이동시키고 도형 스타일을 설정해서 꾸밉니다. 글상자에는 [WordArt 스타일]을 적용하고 왼쪽 정렬시킨 다음 글상자 크기를 도형 크기에 맞춥니다.

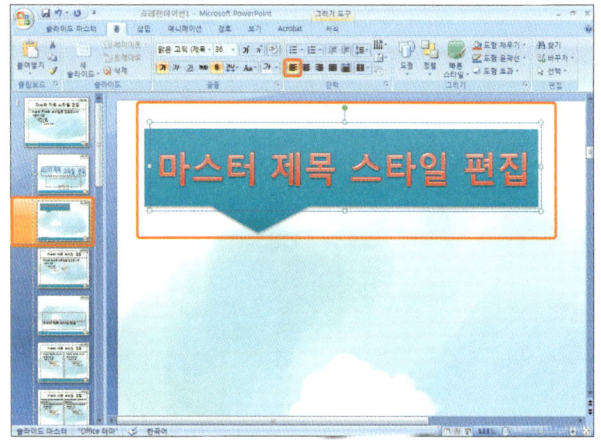

03 » [모서리가 둥근 직사각형] 도형을 삽입해서 글을 입력할 부분에 배치해서 꾸밉니다.

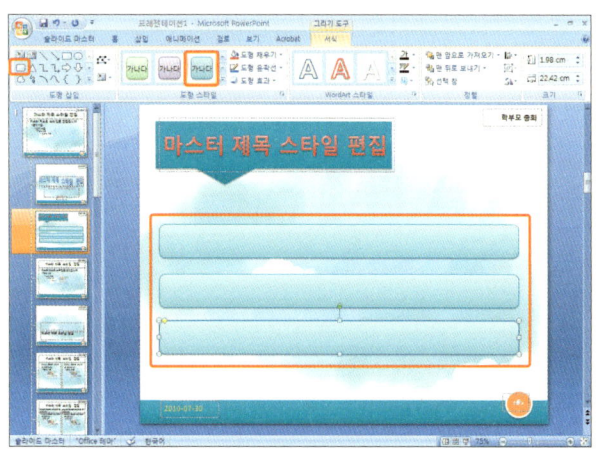

04 » [슬라이드 마스터] 탭의 [마스터 레이아웃] 그룹의 [개체 틀 삽입]-[텍스트]를 클릭합니다.

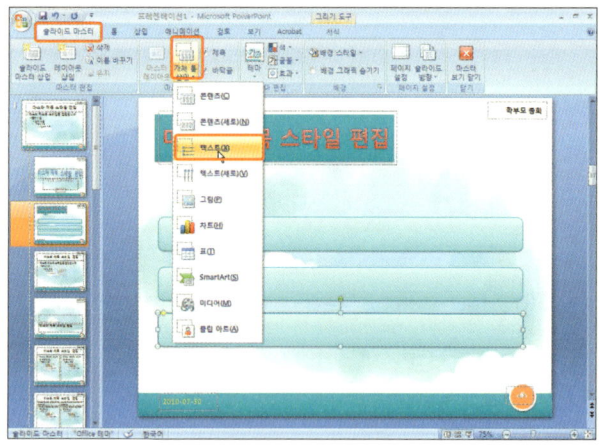

[개체 틀 삽입]이란 사용자가 입력할 수 있는 개체들을 삽입할 수 있도록 해주는 도구입니다.

05 » 글상자 크기에 맞게 마우스로 드래그해서 글상자 영역을 만듭니다. 글상자 안을 클릭한 다음 '둘째 수준' 글자 뒷부분을 지웁니다.

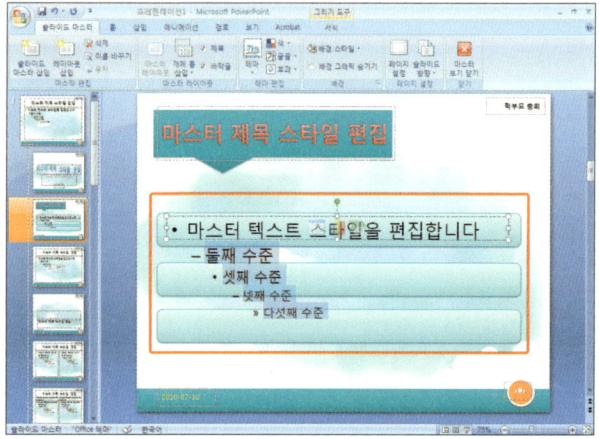

텍스트 글상자에 글을 입력할 때 Tab 을 눌러 글자의 하위 수준을 조절할 수 있습니다.

06 » 같은 방법으로 두 번째와 세 번째 도형에도 글상자를 추가하여 꾸밉니다.

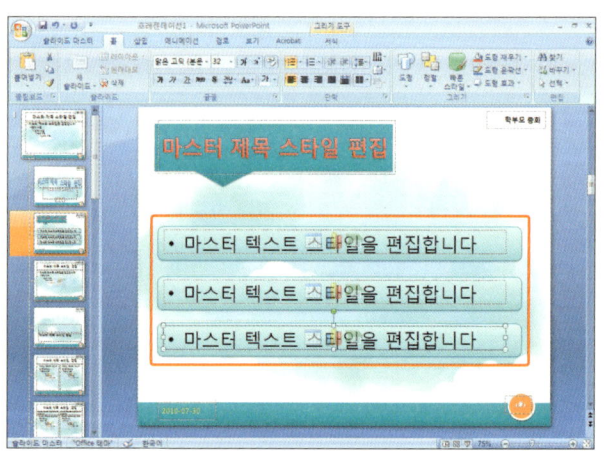

Section 19 가장 빠른 학부모총회용 발표자료 만들기

07 >> [슬라이드 마스터] 탭의 [마스터 편집] 그룹에서 [이름 바꾸기]를 클릭하면 나타나는 대화 상자에서 레이아웃 이름을 입력하고 [이름 바꾸기] 단추를 클릭합니다.

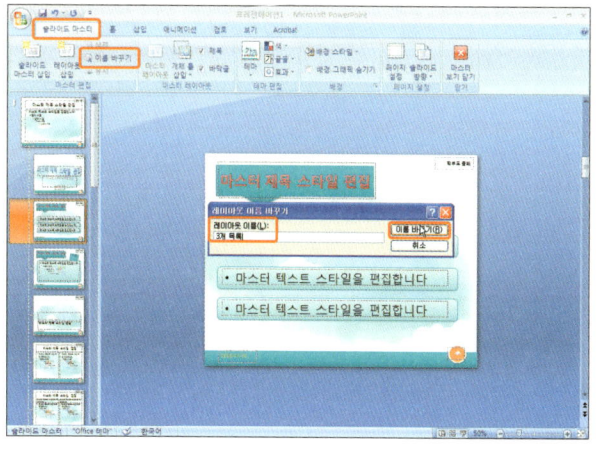

새로 만든 슬라이드 레이아웃의 이름은 [사용자 지정 레이아웃]으로 표시되며 [이름 바꾸기]를 이용하여 다른 이름으로 바꿀 수 있습니다.

08 >> 슬라이드 마스터 편집을 완료한 다음 [홈] 탭의 [슬라이드] 그룹에서 [새 슬라이드]을 클릭한 다음 추가한 레이아웃 슬라이드를 클릭합니다.

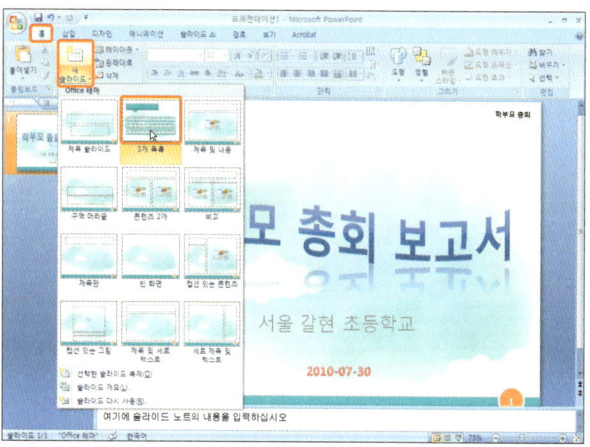

09 >> 슬라이드가 나타나면 글상자 안에 글을 입력해서 슬라이드를 완성합니다.

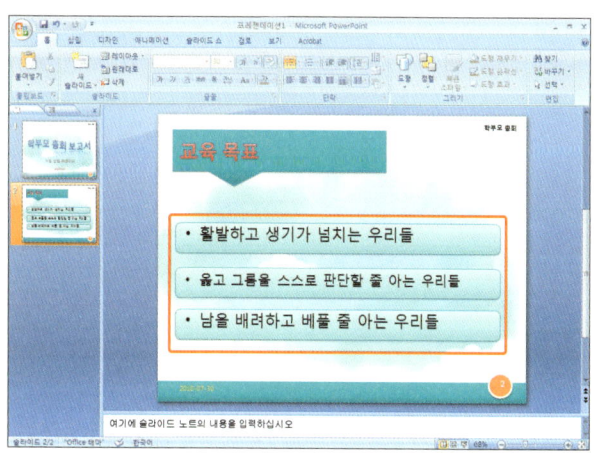

195

그림 개체 틀 추가하기

Step 04

이런 기능들이 사용됐어요 ➡ 개체 틀 삽입

01 ›› 슬라이드 마스터 편집을 실행한 다음 [제목 및 내용 레이아웃] 슬라이드를 클릭합니다. 앞에서 제작했던 제목 스타일에 맞게 도형을 삽입해서 꾸미고 텍스트 글상자를 클릭한 다음 조절점을 마우스로 드래그해서 글상자 영역을 조절합니다.

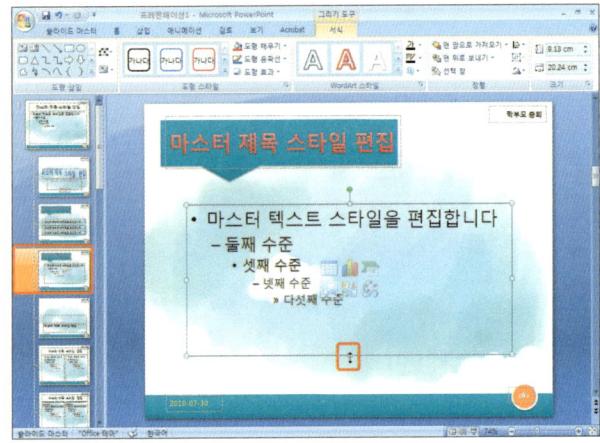

02 ›› [모서리가 둥근 직사각형] 도형을 삽입한 후 텍스트 글상자 밑에 배치시킵니다.

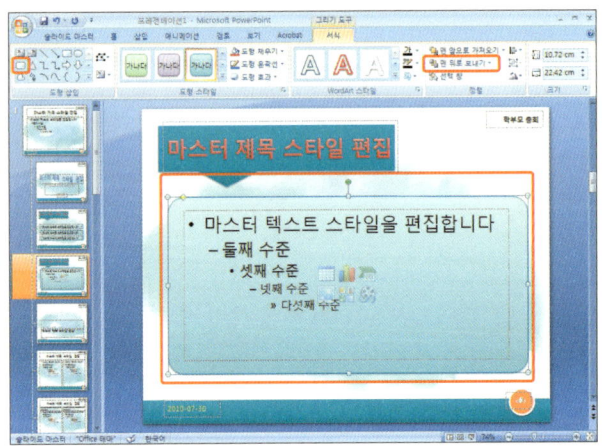

03 ›› [슬라이드 마스터] 탭의 [마스터 레이아웃] 그룹에서 [개체 틀 삽입]-[그림]을 클릭합니다.

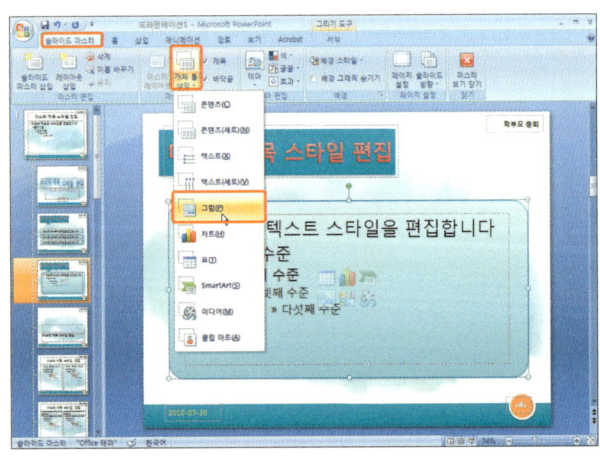

슬라이드에 그림 요소를 삽입할 수 있도록 해주는 개체 틀입니다.

Section 19 가장 빠른 학부모총회용 발표자료 만들기

04 >> 텍스트 글상자 오른쪽 윗부분을 마우스로 드래그해서 그림 영역을 만든 다음 테두리가 흰색인 도형 스타일을 적용합니다.

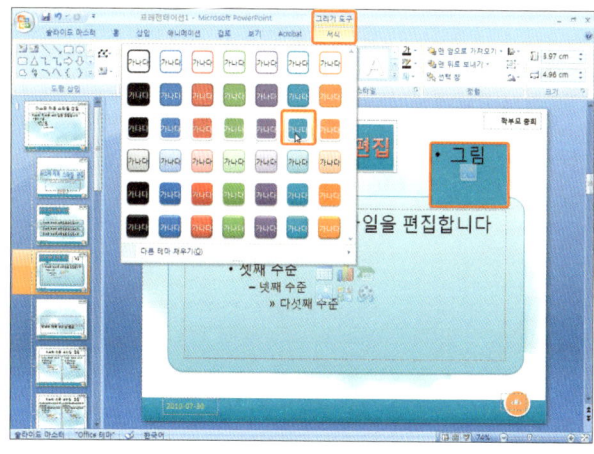

테두리가 있는 도형 스타일을 이용하여 그림 테두리에 흰색 테두리를 표시할 수 있습니다.

05 >> [그림] 개체 틀을 클릭하면 나타나는 연두색 조절점을 마우스로 드래그해서 회전시킵니다.

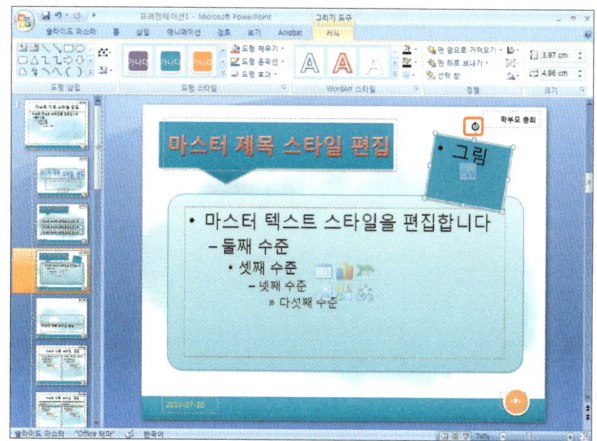

06 >> 슬라이드 마스터 편집을 완료한 다음 [제목 및 내용 레이아웃]을 추가합니다. 빈 텍스트 상자에 글을 입력하고 그림 개체 틀을 클릭해서 그림을 삽입해 슬라이드를 꾸밉니다.

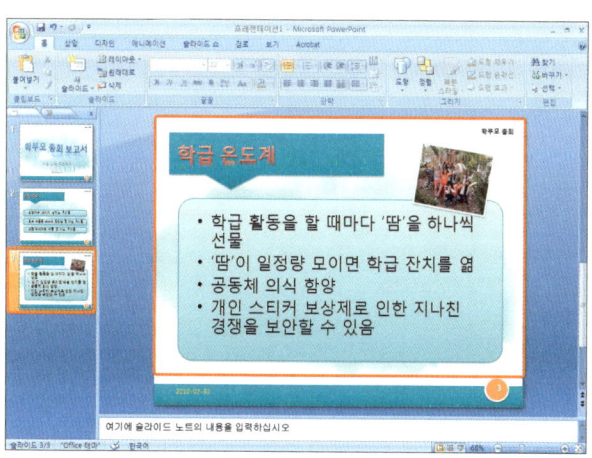

197

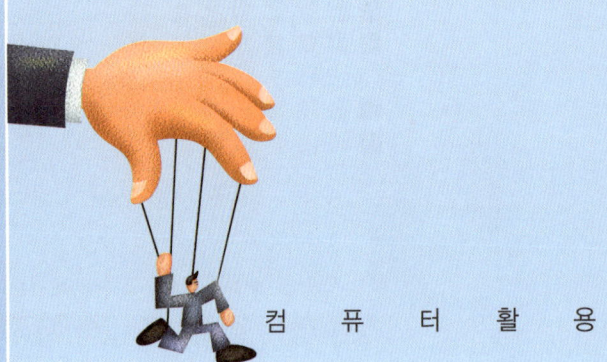
컴 퓨 터 활 용 BEST 30

Section 20   구글 캘린더로 일정을 공유하기
Section 21   구글 리더 대안 서비스로 쏟아지는 정보 한 곳으로 모아서 보기
Section 22   여러 개의 이메일 계정을 통합 관리하기
Section 23   웹에서 제공하는 무료 프로그램으로 문서 작업하기
Section 24   구글 폼 양식을 이용하여 설문조사하기
Section 25   인터넷 지도를 이용하여 재미있는 수업 운영하기
Section 26   사진과 동영상을 온라인으로 손쉽게 공유하기
Section 27   에버노트 모든 수업자료, 평가자료 공유하기

인터넷 서비스 활용

다양해진 인터넷 서비스는 우리의 생활을 더욱 윤택하게 하며 점점 더 깊숙이 관여하고 있습니다. 인터넷에서 제공하는 정보와 서비스들로 우리는 지구 반대편에서 일어나는 일들에 관해서도 실시간으로 보거나 들을 수 있게 되었습니다. 인터넷은 그 밖에도 많은 서비스를 제공하는데 여기서는 캘린더 웹서비스를 이용해 일정을 관리해 보고, 원하는 정보를 한 곳으로 모아 간편하게 볼 수 있는 방법에 대해 알아보겠습니다. 또 사진과 동영상을 인터넷으로 공유하거나 지도 검색 서비스를 이용해 국내외의 명소도 찾아가 보도록 하겠습니다.

Section 20
구글 캘린더로 일정을 공유하기

구글이나 네이버에서 제공하는 캘린더 웹서비스를 이용하면 손쉽게 중요한 일정을 확인하고 관리할 수 있습니다. 무엇보다 다른 선생님 또는 학생의 일정을 공유하여 함께 일정관리가 가능하며 SMS 일정알림 서비스를 통해 언제 약속이 있었는지도 확인할 수 있습니다. 이번 차시에서는 구글에서 제공하는 캘린더 웹서비스를 이용하여 일정을 관리하는 방법에 대해서 알아 보겠습니다.

| Section 20 | Section 21 | Section 22 | Section 23 | Section 24 | Section 25 | Section 26 | Section 27 |

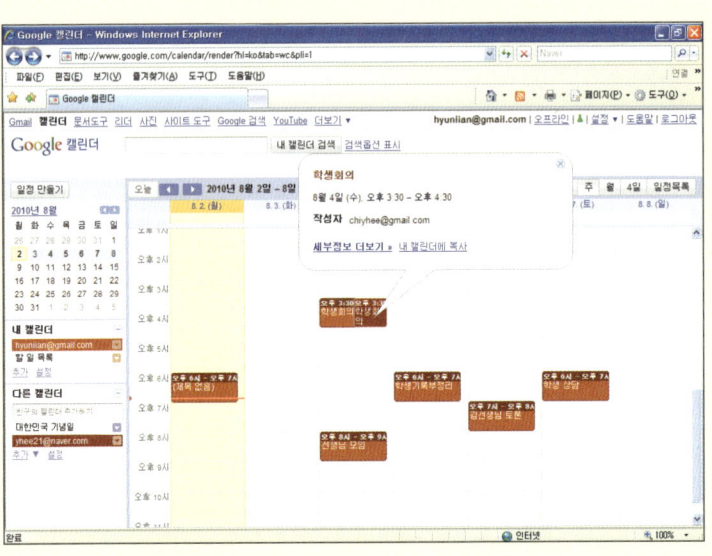

Section 20 구글 캘린더로 일정을 공유하기

구글 캘린더 서비스 시작하기

Step 01

이런 기능들이 사용됐어요 ➜ 구글 계정 신청하기, 캘린더 실행하기

01 〉〉 [구글] 홈페이지(http://www.google.co.kr)에 접속합니다. 상단 메뉴에서 [더보기]-[캘린더]를 클릭합니다.

스마트폰에서 모바일 구글 홈페이지(http://m.google.co.kr)에 접속하여 구글에서 제공하는 서비스를 휴대폰으로 이용할 수 있습니다.

02 〉〉 구글 계정 신청할 때 사용한 이메일과 비밀번호를 입력한 다음 [로그인] 단추를 클릭합니다. 만일 구글 홈페이지에 신청하지 않았다면 [계정 만들기] 단추를 클릭해서 회원 가입을 신청합니다.

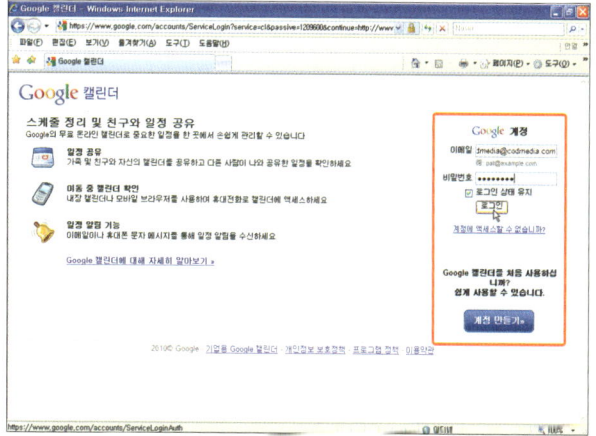

계정 신청은 처음에만 실행하며 계정 신청할 때 설정한 이메일과 비밀번호를 이용하여 홈페이지에 접속합니다.

03 〉〉 캘린더가 실행됩니다. 캘린더 오른쪽 상단에 위치해 있는 [일], [주], [월], [4일]을 클릭하여 일별, 주별, 월별, 4일별로 캘린더를 볼 수 있습니다.

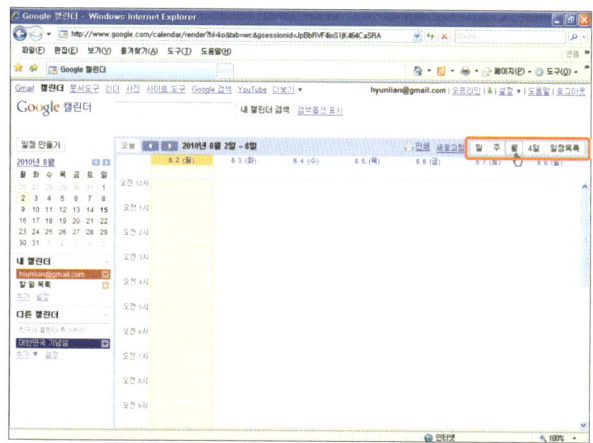

201

일정 기록하기

Step 02

이런 기능들이 사용됐어요 ➡ 일정 세부정보 수정, 일정 목록 정리

01 ›› 캘린더에서 일정을 입력할 곳을 클릭합니다. 풍선 도움말이 나타나면 [내용]에 기록할 내용을 입력하고 [일정 만들기]를 클릭합니다.

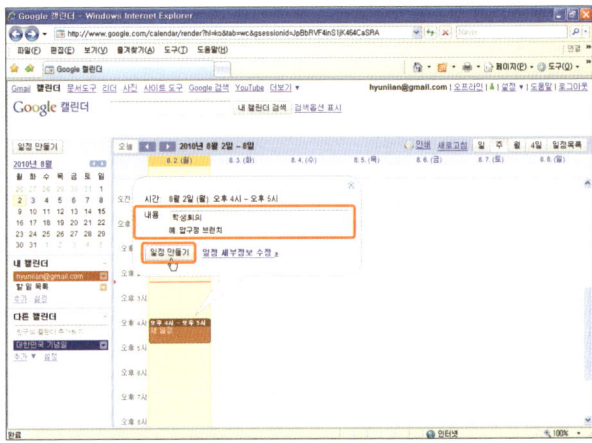

02 ›› 같은 방법으로 일정을 기록할 위치를 클릭한 다음 보다 자세하게 일정을 입력하기 위해서 [일정 세부정보 수정]을 클릭합니다.

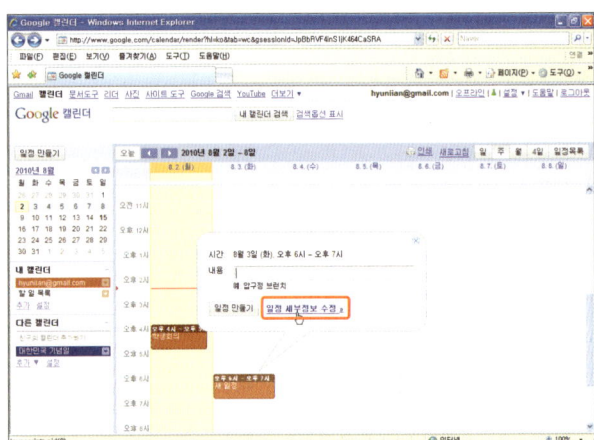

03 ›› 내용과 시간, 장소, 설명을 입력한 다음 [저장] 단추를 클릭합니다.

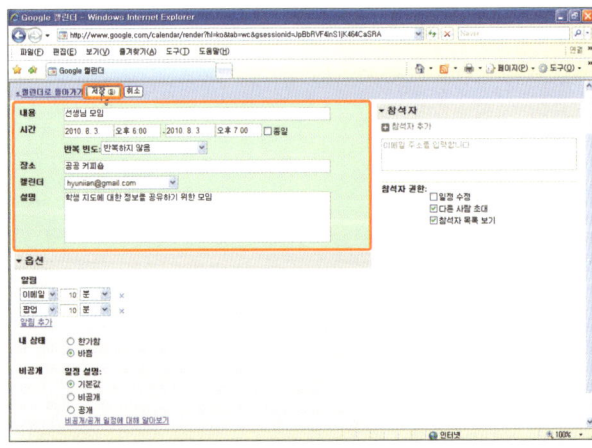

[옵션]의 [알림]은 지정된 시간 전에 휴대폰의 메시지, 이메일, 팝업 창으로 일정 정보를 알려주는 서비스입니다. [알림 추가]를 클릭하여 알림 방법을 추가할 수 있습니다. SMS는 휴대폰 인증을 해야 사용이 가능합니다.

Section 20 구글 캘린더로 일정을 공유하기

04 ›› 일정이 기록됩니다. 기록된 일정을 마우스로 드래그해서 위치를 조절할 수 있습니다.

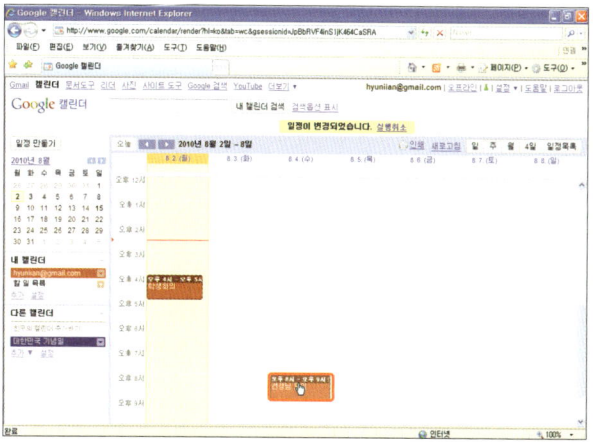

05 ›› 같은 방법으로 일정을 기록합니다. 삭제하고 싶은 일정은 일정을 클릭하면 나타나는 풍선 도움말에서 [삭제]를 클릭합니다.

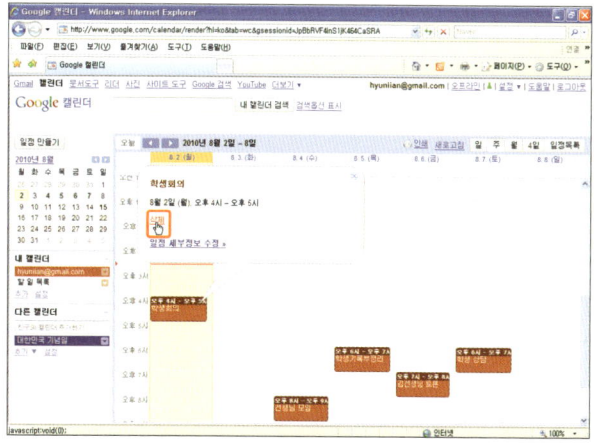

06 ›› [일정목록]을 클릭하면 기록된 일정 목록만 정리해서 볼 수 있습니다.

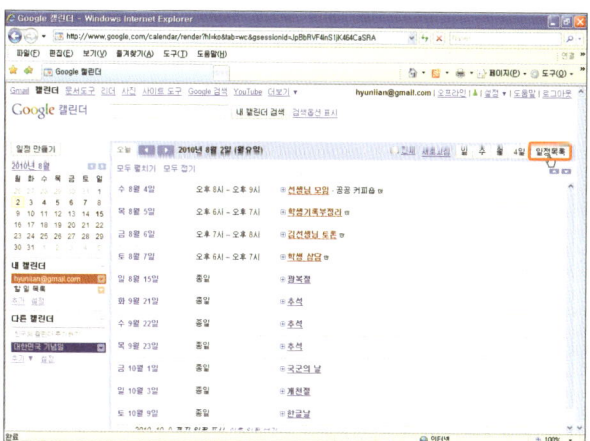

친구와 캘린더 정보 공유하기 Step 03

이런 기능들이 사용됐어요 ➔ 캘린더 정보 공유, 사용자 계정 추가

01›› [내 캘린더]의 내림 단추를 클릭한 다음 [이 캘린더 공유하기]를 클릭합니다.

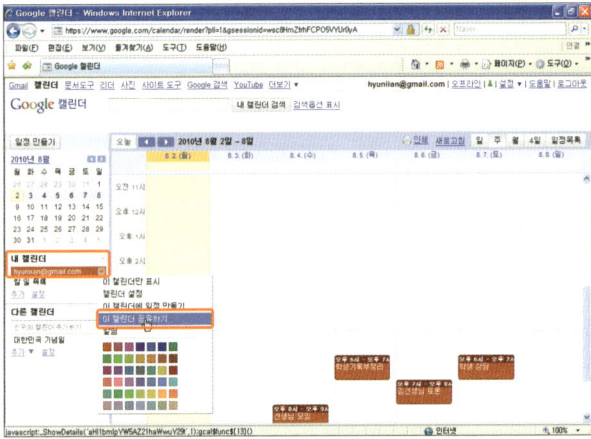

02›› [사용자]에 캘린더 내용을 볼 수 있도록 하고 싶은 사람의 구글 계정을 입력한 다음 [사용자 추가]를 클릭합니다. 계정이 추가되면 [저장] 단추를 클릭합니다.

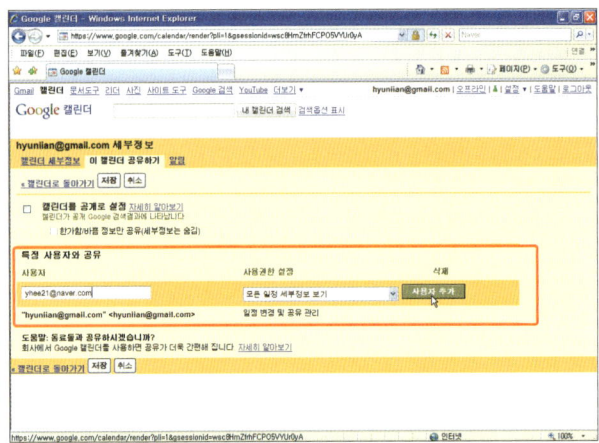

03›› 친구의 캘린더 내용을 표시하기 위해서 [다른 캘린더] 항목에 있는 [추가]를 클릭하면 나타나는 메뉴에서 [친구의 캘린더 추가하기]를 클릭합니다.

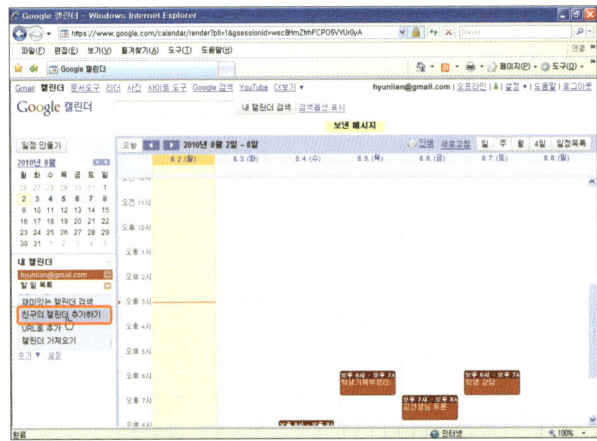

Section 20 구글 캘린더로 일정을 공유하기

04 >> 캘린더에 표시하게 할 친구의 이메일 주소를 입력한 다음 [추가] 단추를 클릭합니다.

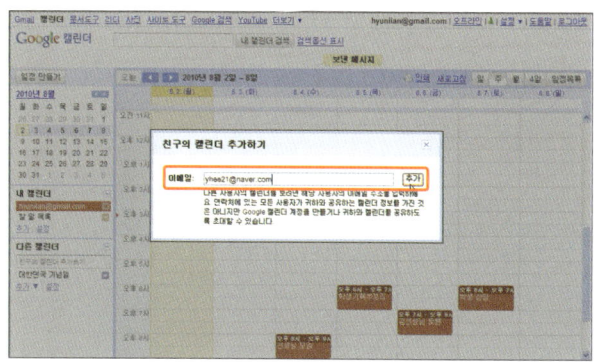

05 >> 친구 캘린더가 공유되어 있지 않으면 [친구의 캘린더 추가하기]가 나타납니다. [요청 보내기]를 클릭합니다.

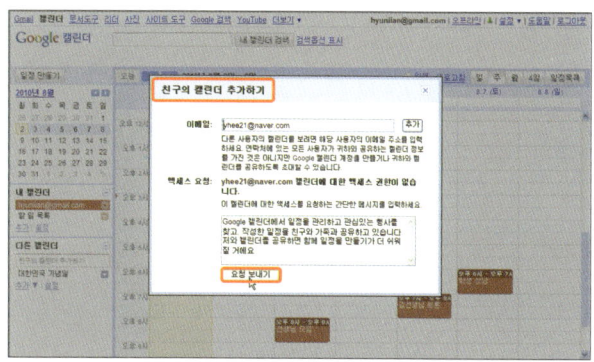

06 >> 캘린더 공유 요청이 정상적으로 발송 되면 친구의 전자우편에 다음과 같은 메일이 전송됩니다. 공유를 하려면 메일 내용에 입력 되어 있는 주소를 클릭합니다.

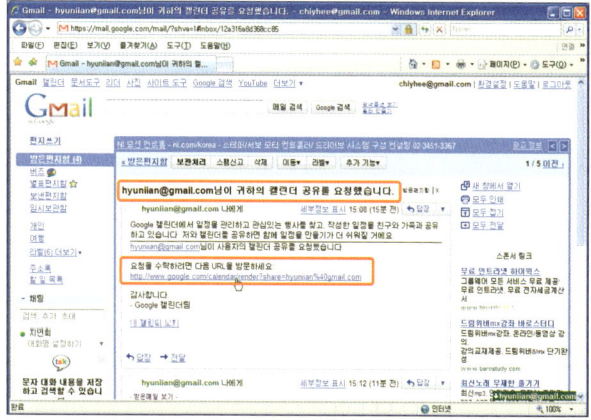

07 공유 설정을 한 다음 [사용자 추가]를 클릭하면 공유가 설정됩니다.

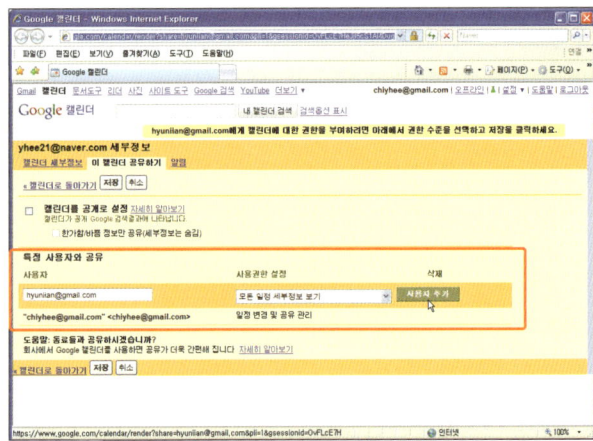

08 자신의 캘린더를 열면 공유한 친구의 캘린더 목록도 함께 표시됩니다. 친구가 등록한 목록을 내 캘린더에 저장하려면 친구가 등록한 목록을 클릭한 다음 [내 캘린더에 복사]를 클릭합니다.

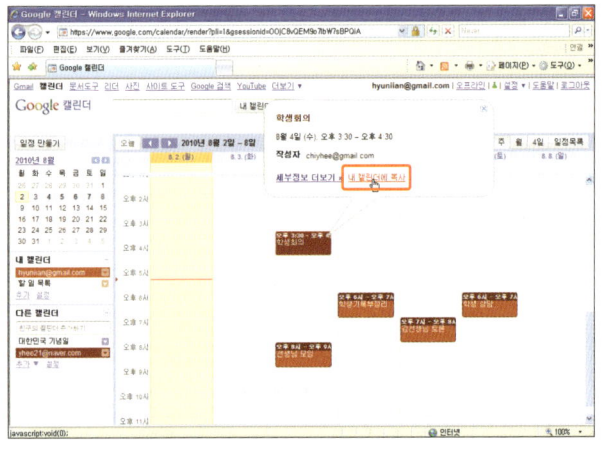

09 선택한 친구가 등록한 목록이 내 캘린더에 저장됩니다.

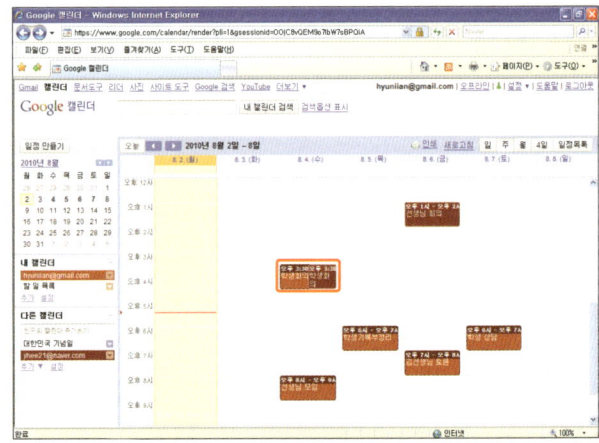

Section 20 구글 캘린더로 일정을 공유하기

휴대폰 알림 서비스 설정하기

Step 04

이런 기능들이 사용됐어요 ➡ 모바일 설정, SMS 추가

01 » [내 캘린더] 항목에서 [설정]을 클릭합니다.

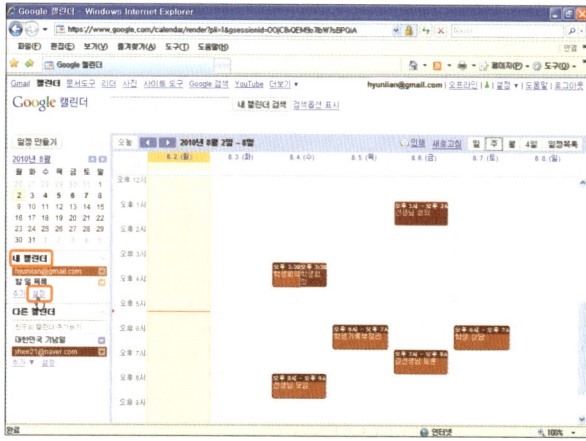

02 » [모바일 설정] 탭을 클릭한 다음 국가와 휴대폰 전화를 입력하고 [인증코드 전송] 단추를 클릭합니다. 해당 전화로 메시지가 도착하면 메시지에 적힌 인증코드를 [인증코드]란에 입력한 다음 [설정 마침] 단추를 클릭합니다.

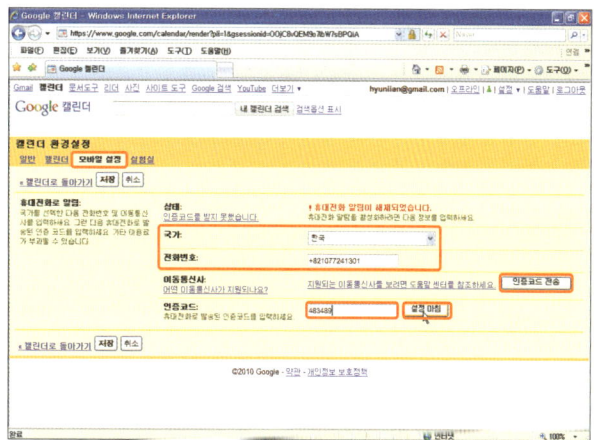

03 » [알림 추가]를 클릭해서 'SMS'를 추가하고 알림 수신방법에서 수신받고 싶은 항목의 이메일과 SMS를 클릭해서 체크한 다음 [저장] 단추를 클릭합니다. 캘린더에 기록된 일정의 지정된 시간 10분 전이 되면 메일 또는 휴대폰 메시지로 일정 내용을 알려줍니다.

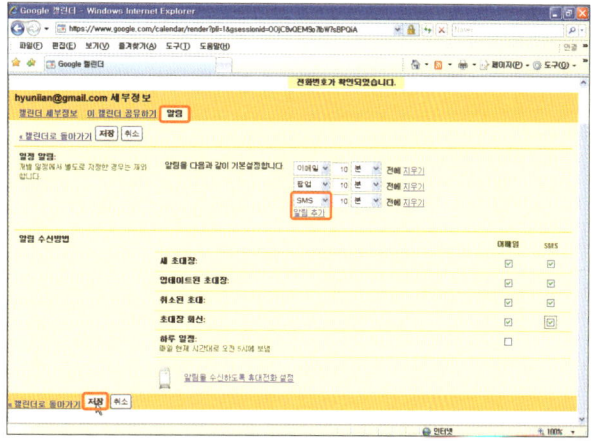

Section 21
구글 리더 대안 서비스로 쏟아지는 정보 한 곳으로 모아서 보기

구글 리더가 서비스를 종료하면서 구글 리더 대안으로 여러 서비스들이 쏟아지고 있습니다. 선생님께서 가장 많이 사용하는 포털 사이트 네이버에서 정보를 모아볼 수 있다면 훨씬 편리할 것입니다. 네이버me를 사용하면 유용한 콘텐츠를 주제별로 구독하여 모아볼 수 있고, RSS를 추가하여 볼 수 있습니다. 모아보기에서 블로그, 카페, 미투데이의 업데이트 내용도 한꺼번에 볼 수 있어서 편리합니다.

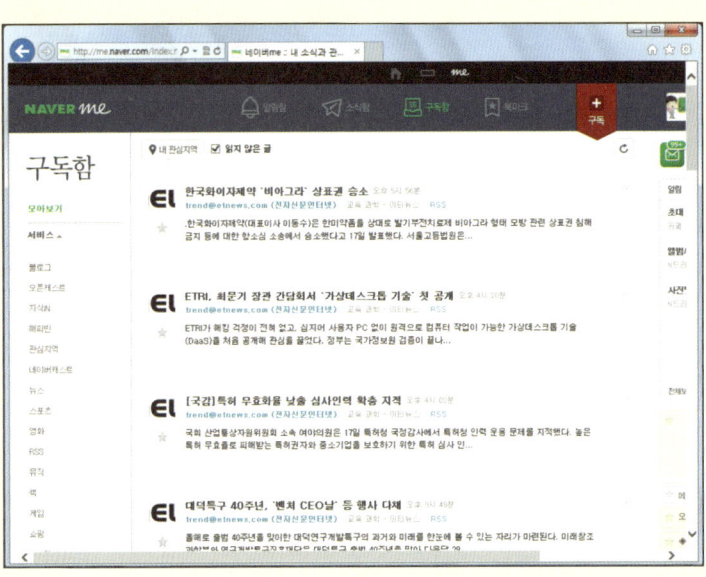

Section 21 구글 리더 대안 서비스로 쏟아지는 정보 한 곳으로 모아서 보기

네이버me로 모아보기

Step 01

이런 기능들이 사용됐어요 ➔ [구독+], [모아보기], [북마크]

01 [네이버] 홈페이지(http://www.naver.com)에 접속하고 로그인한 다음 [me 홈]을 클릭합니다.

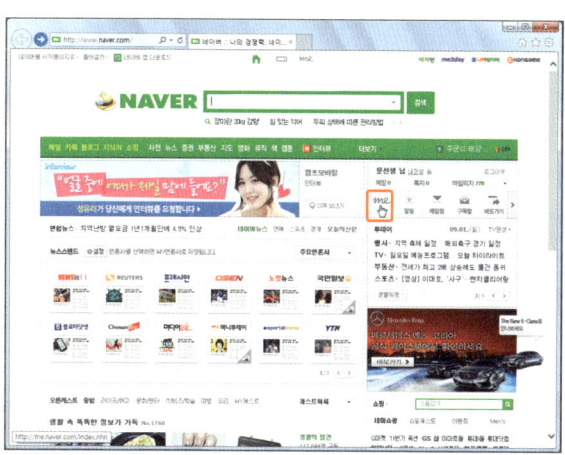

네이버me에서는 요리, 캠핑, 패션 등 30여 가지의 추천 콘텐츠를 제공하며, [구독+]를 클릭하면 네이버me에서 주제별로 모아서 볼 수 있습니다.

02 네이버me 홈 화면에서 [구독+]를 클릭합니다.

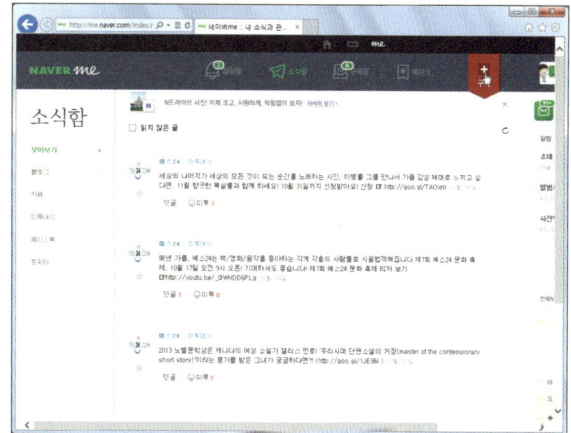

03 네이버에서 추천하는 블로그, 미디어, 오픈 캐스트가 주제별로 표시됩니다. 일일이 인터넷을 서핑하면서 구독할 필요 없이 원하는 주제를 클릭한 후 구독을 원하는 정보의 [+]를 클릭합니다. 다른 주제도 살펴보고 구독을 추가합니다.

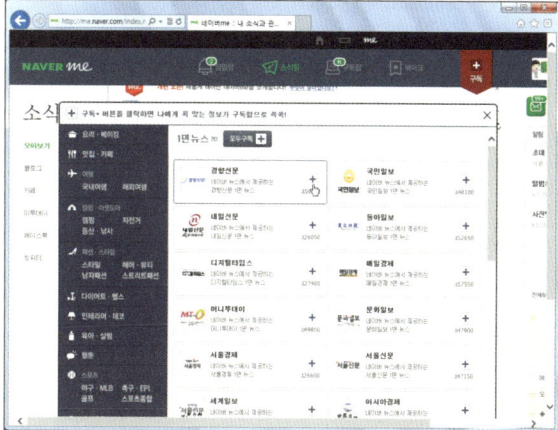

구독을 신청하면 직접 홈페이지에 접속하지 않고 지정한 뉴스 정보의 새로운 기사만 골라서 실시간으로 볼 수 있습니다.

209

04 [구독+] 창의 ⊠를 클릭하여 닫은 후 상단의 [구독함]을 클릭하고, [모아보기]에서 새로 구독한 정보를 봅니다.

05 주제 아이콘을 클릭하면 네이버의 해당 주제 홈 화면으로 이동하여 다른 정보를 볼 수 있습니다.

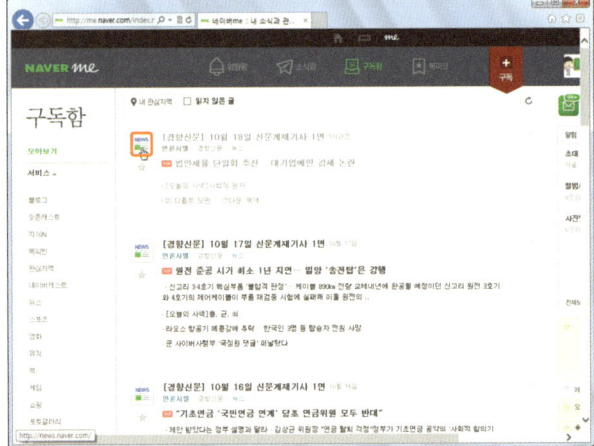

06 자주 보고 싶은 정보의 ☆(북마크)를 클릭하여 즐겨찾기 할 수 있게 북마크합니다.

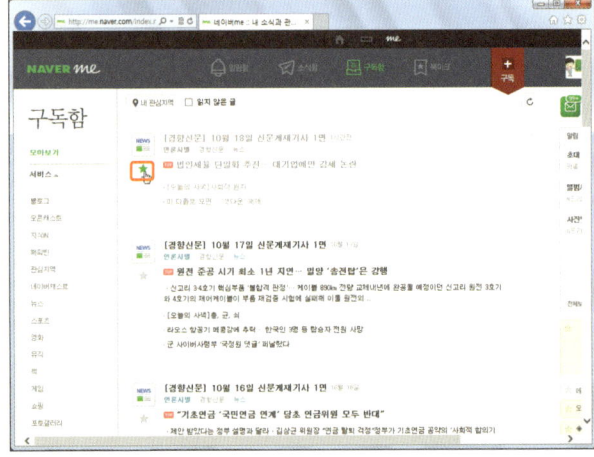

Section 21 구글 리더 대안 서비스로 쏟아지는 정보 한 곳으로 모아서 보기

RSS 구독하기

Step 02

이런 기능들이 사용됐어요 ➜ RSS 구독설정

01 〉〉 네이버me에서는 외부 사이트의 RSS도 구독을 추가할 수 있습니다. 웹 서핑을 하다 보면 뉴스나 블로그 등에서 RSS 아이콘을 볼 수 있는데, 구독 추가를 원하는 사이트의 RSS 아이콘을 찾아 클릭합니다.

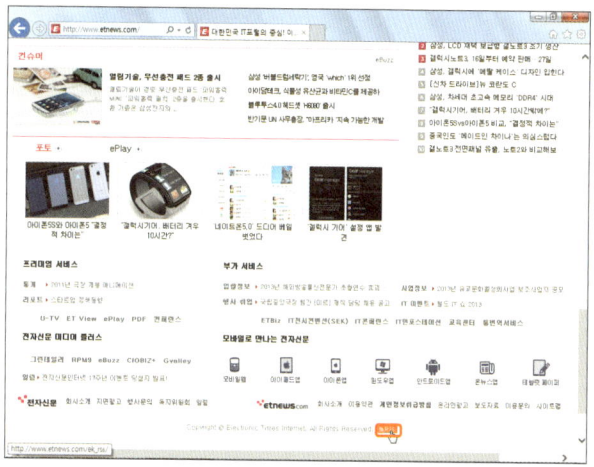

> **RSS란?**
> 뉴스나 블로그 등 콘텐츠 업데이트가 잦은 웹사이트의 업데이트된 정보를 쉽게 확인하고 이용할 수 있는 데이터 형식을 말합니다. RSS 아이콘을 클릭하면 피드 주소를 복사할 수 있으므로, 추가하려는 사이트의 RSS 아이콘을 찾아 선택합니다.

02 〉〉 RSS 목록 중 원하는 정보의 주소를 블록 지정한 후 마우스 오른쪽 단추로 클릭하여 바로 가기 메뉴 중 [복사]를 클릭합니다.

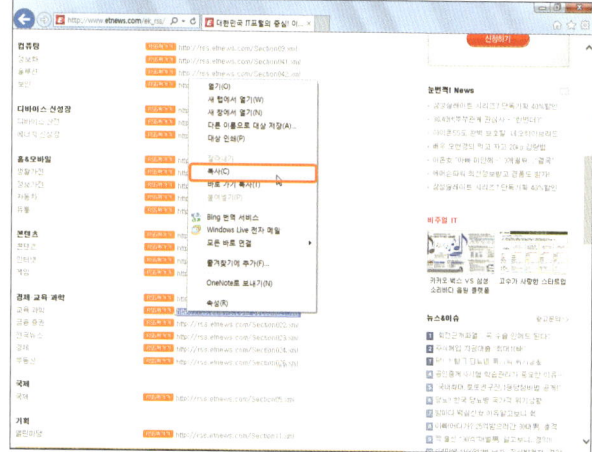

Chapter 07 학교 선생님을 위한 다양한 문서 만들기

03 » 다시 네이버me의 [구독함]으로 되돌아와서 웹사이트의 RSS 주소를 추가하기 위해 상단 오른쪽의 ⚙(환경설정)을 클릭합니다.

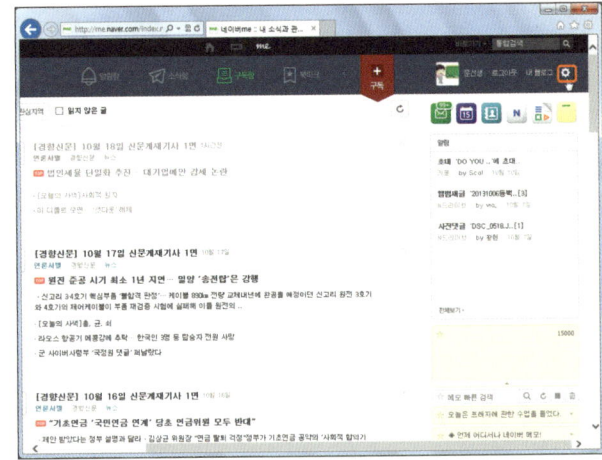

04 » '구독설정'의 [서비스]에서 'RSS'의 [Off] 단추를 클릭하여 [ON] 단추로 전환합니다. RSS 추가 주소란에 복사해온 주소를 Ctrl+V를 눌러 붙여넣기한 후 [추가] 단추를 클릭합니다. 구독되었다는 메시지 창에 [확인] 단추를 클릭합니다.

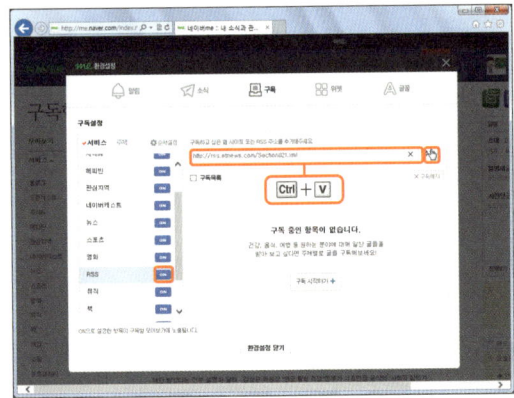

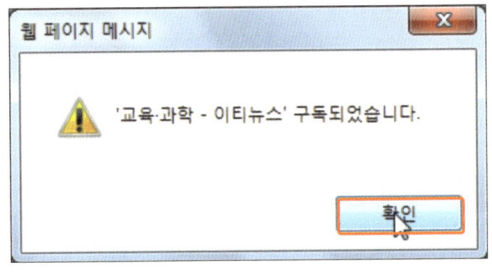

05 » RSS에 추가된 구독목록을 확인한 후 [환경설정 닫기] 단추를 클릭합니다.

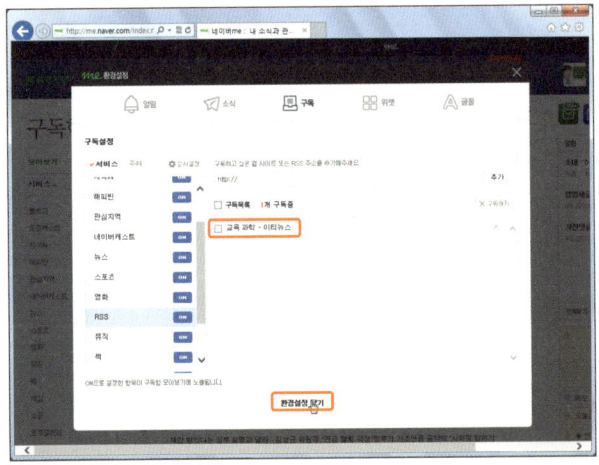

06 » 구독함의 [모아보기]에서 새로 추가된 RSS 정보가 업데이트 된 것을 확인할 수 있습니다. 전자 신문의 교육 과학 뉴스를 전자 신문 사이트에 접속하지 않고 이제 네이버 구독함에서 읽을 수 있습니다.

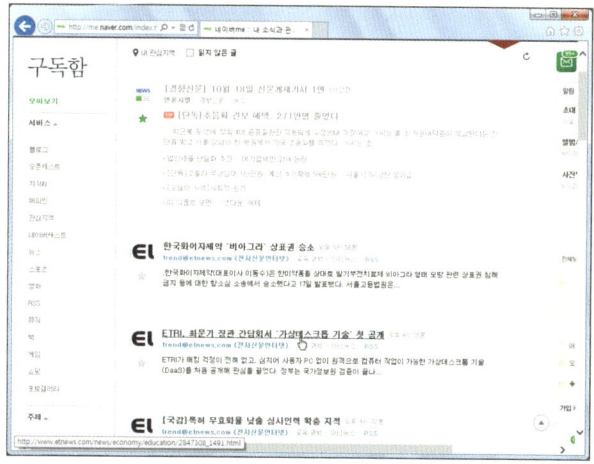

읽지 않은 글만 모아보기

구독함 상단의 '읽지 않은 글'에 체크 표시하면 아직 읽지 못한 글만 모아서 읽을 수 있습니다.

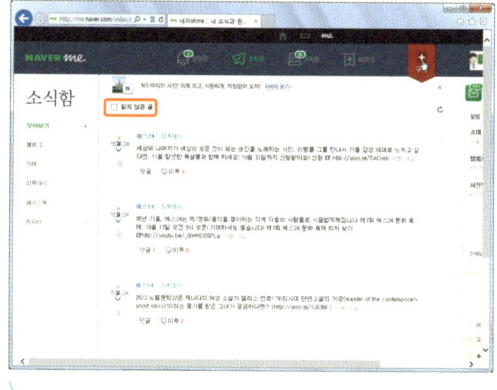

07 » 네이버의 블로그 외에 티스토리 등의 다른 블로그의 정보도 네이버me에서 볼 수 있습니다. 티스토리의 블로그 중에서 구독하고 싶은 블로그가 있는 경우 RSS 아이콘을 찾아 선택합니다.

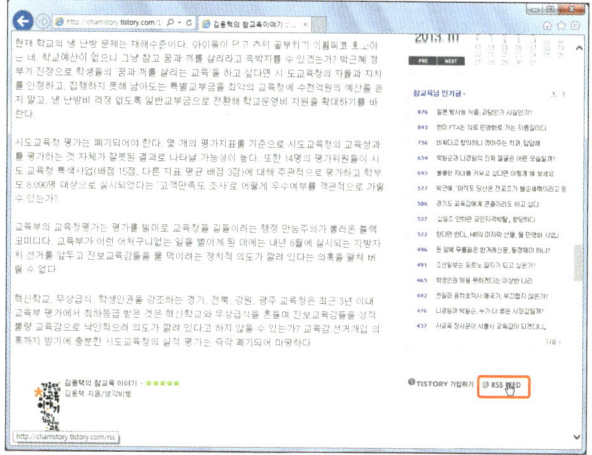

08 ›› 주소 표시줄의 주소를 블록 지정한 후 마우스 오른쪽 단추를 눌러 [복사]를 클릭합니다.

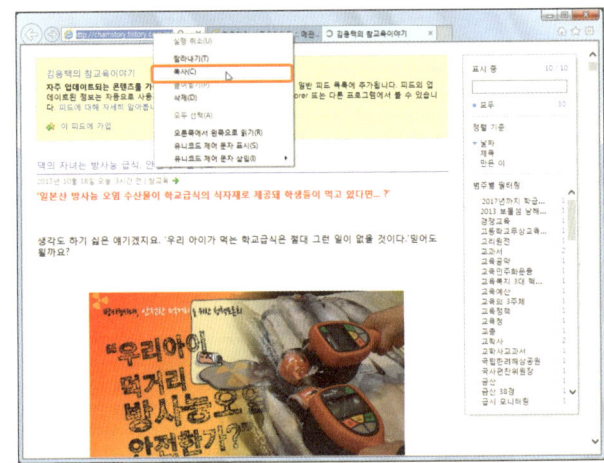

09 ›› 네이버me의 [구독함] ⚙(환경설정)을 클릭합니다. '구독설정'의 [서비스]에서 RSS 추가 주소란에 복사해온 주소를 Ctrl + V 를 눌러 붙여넣기 한 후 [추가] 단추를 클릭합니다. 구독되었다는 메시지 창에 [확인] 단추를 클릭하고, [환경설정 닫기] 단추를 클릭합니다.

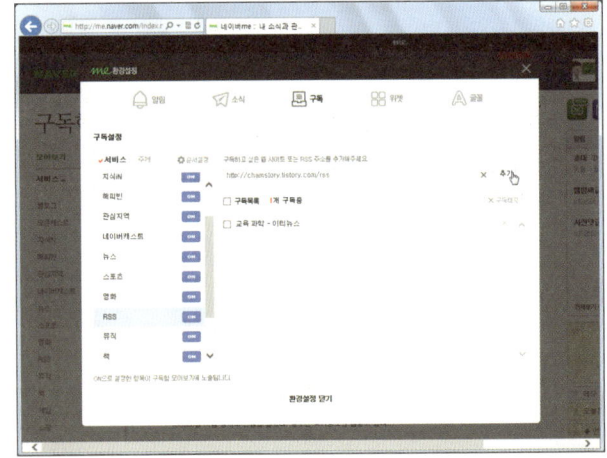

10 ›› 구독함의 [모아보기]에서 새로 추가된 RSS 정보가 업데이트 된 것을 확인할 수 있습니다. 네이버 구독함에서 티스토리 블로그 내용도 확인할 수 있게 되었습니다.

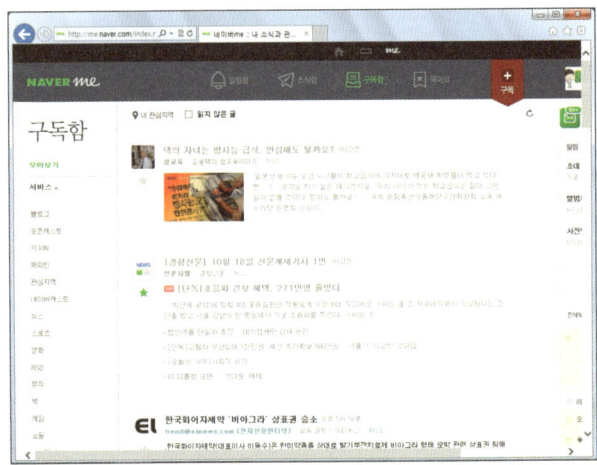

Section 21 구글 리더 대안 서비스로 쏟아지는 정보 한 곳으로 모아서 보기

구독 관리하기

Step 03

이런 기능들이 사용됐어요 ➔ ⚙ (환경설정)

01 >> 너무 많은 구독 신청을 했을 때 일일이 구독 해지하려면 힘들므로 한꺼번에 구독 해지할 수 있는 네이버me의 [구독함] ⚙(환경설정)을 클릭합니다. [환경설정]에서는 구독 설정, 구독 해지, 순서설정에 대해서 알아보겠습니다.

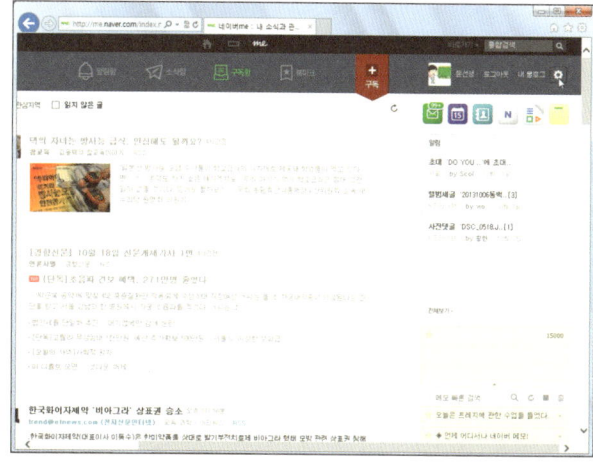

02 >> 구독할 [서비스]나 [주제]를 선택하여 '[ON]/[OFF]' 로 설정할 수 있습니다.

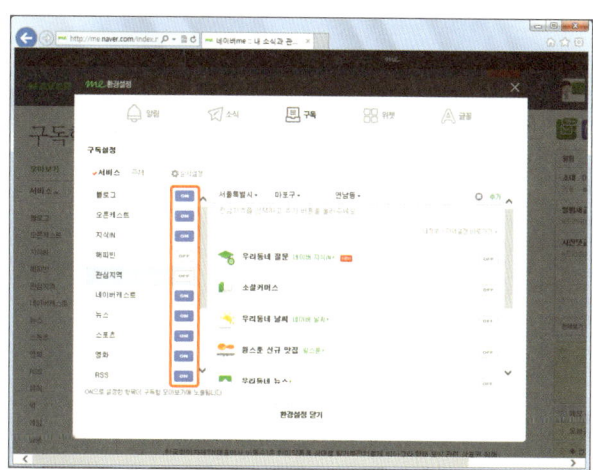

03 >> 구독설정의 [주제]를 클릭한 후 구독 해지할 주제를 선택합니다. 삭제할 제목 앞에 체크 표시한 후 [구독 해지] 단추를 클릭합니다. 구독 전체 목록을 삭제하려면 '구독목록' 앞에 체크 표시하고, [구독 해지] 단추-[구독해지하기] 단추를 차례로 클릭합니다. 구독목록과 함께 [책] 주제까지 삭제됩니다.

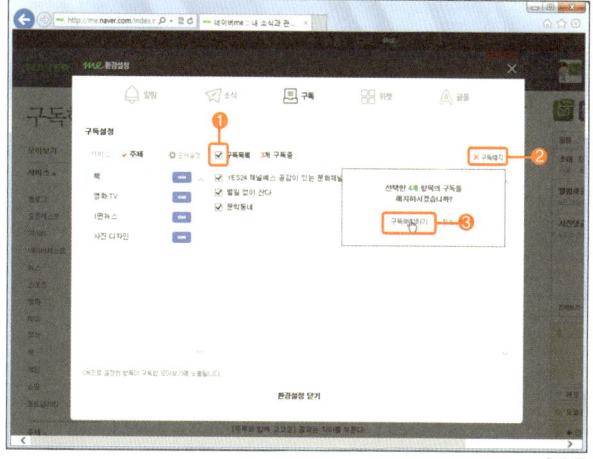

215

04 구독설정에서 [순서설정]을 클릭한 후 순서를 변경할 주제를 선택하고, 아래쪽의 [맨아래], [아래], [위], [맨위]를 사용하여 순서를 변경합니다.

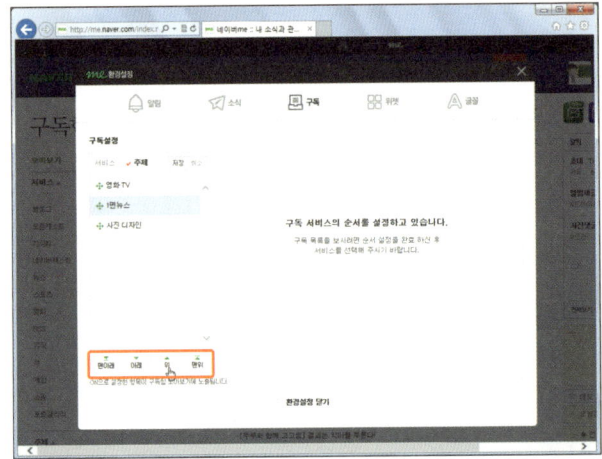

05 순서가 변경되었으면 [저장] 단추를 클릭하여 순서를 변경한 후 [환경설정 닫기] 단추를 클릭합니다.

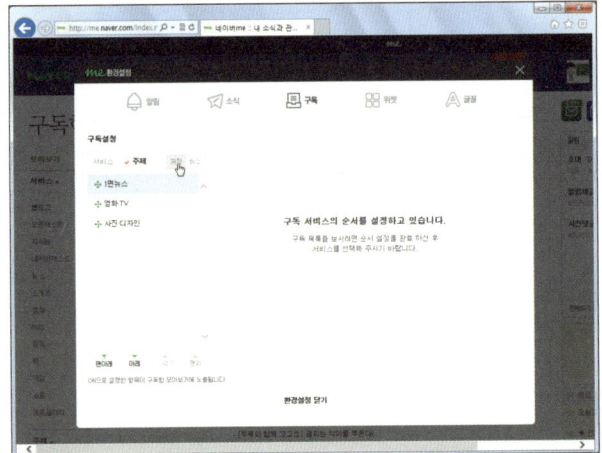

06 네이버me의 구독함에서 '주제'를 보면 주제 순서가 변경된 것을 확인할 수 있습니다.

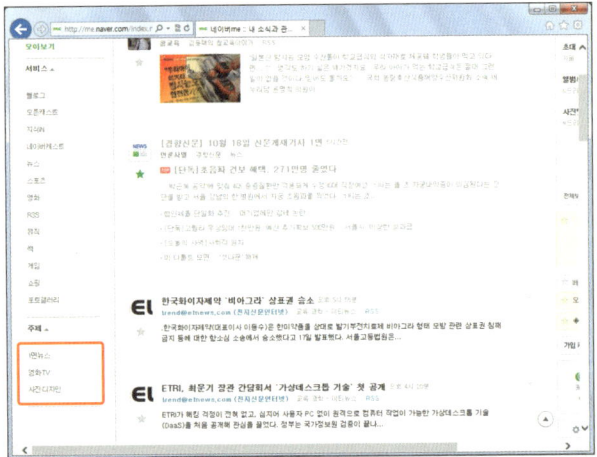

Section 21 구글 리더 대안 서비스로 쏟아지는 정보 한 곳으로 모아서 보기

네이버앱에서 구독하기

Step 04

이런 기능들이 사용됐어요 ➔ [네이버앱]에서 me 실행

01 » 스마트폰에 네이버앱을 설치합니다. 홈 화면에서 ▤를 탭하여 실행한 후 상단의 [me]를 탭합니다.

02 » PC에서 네이버me와 마찬가지로 [소식/구독] 탭을 탭한 후 [구독함]을 탭합니다. 구독한 정보를 모아서 볼 수 있는데 [모아보기]를 탭하면 원하는 주제를 선택할 수 있습니다.

217

Section 22
여러 개의 이메일 계정을 통합 관리하기

메일 서비스에 가입되어 있는 네이버, 다음, 파란 등의 계정을 일일이 로그인해서 메일함을 확인하려면 불편할 뿐더러, 급하게 답변을 줘야할 일이 있을 경우에 많은 시간이 걸리게 됩니다. 이러한 경우 하나의 메일에 다른 계정을 추가하면 다른 메일을 함께 관리할 수가 있습니다. 이번 차시에서는 지메일에 네이버 등의 다른 계정을 등록하여 관리하는 방법에 대해 알아 보겠습니다.

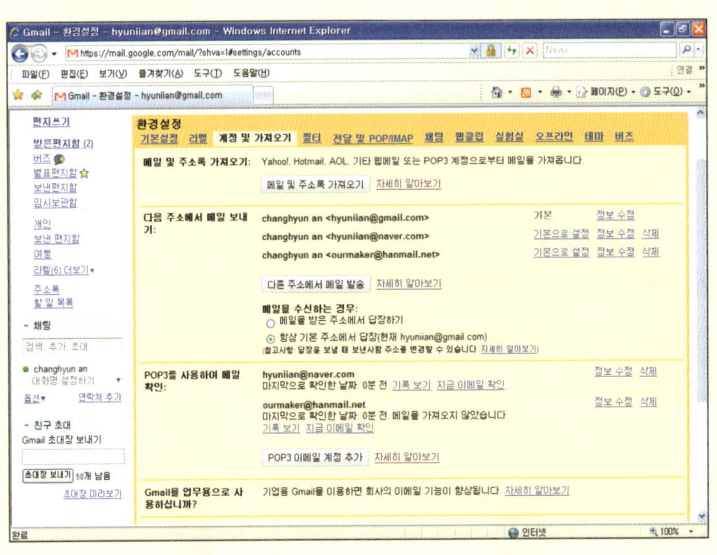

Section 22 여러 개의 이메일 계정을 통합 관리하기

네이버 메일 환경 설정하기

Step 01

이런 기능들이 사용됐어요 ➜ 메일 서비스 신청, 메일 서버 환경 설정

01 >> [네이버 메일](http://mail.naver.com)에 접속한 후 회원가입하여 메일 서비스를 신청합니다. 메일 속성을 설정하기 위해서 [환경설정]을 클릭합니다.

> **네이버 메일 저장 공간**
> 기본 저장 공간 : 5GB, 파일 첨부 용량 : 10MB, 대용량 파일 용량 : 2GB

02 >> 메일 서버 환경을 설정하기 위해서 [POP3/SMTP 설정]을 클릭합니다.

03 >> [POP3/SMTP 사용]에서 [현재부터 받은 메일만 받음] 항목을 클릭하고 [네이버 메일에 원본 저장]을 클릭한 다음 [확인] 단추를 클릭합니다.

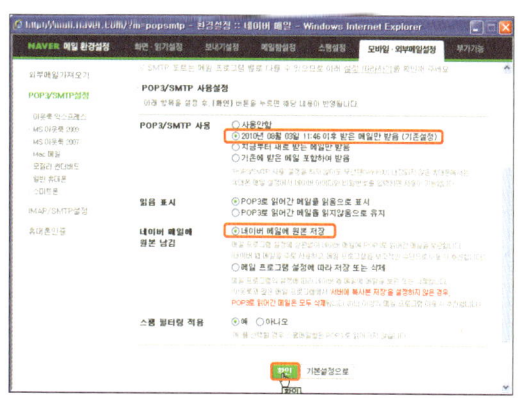

> POP란 수신되는 메일을 저장할 때 사용하는 서버입니다.

219

한메일 환경 설정하기   Step 02

이런 기능들이 사용됐어요 ➡ 메일 서비스 신청, 메일 서버 환경설정

01» [다음] 홈페이지(http://mail.daum.net)에 접속한 다음 회원가입하여 메일 서비스를 신청합니다. 메일 속성을 설정하기 위해서 [환경설정]을 클릭합니다.

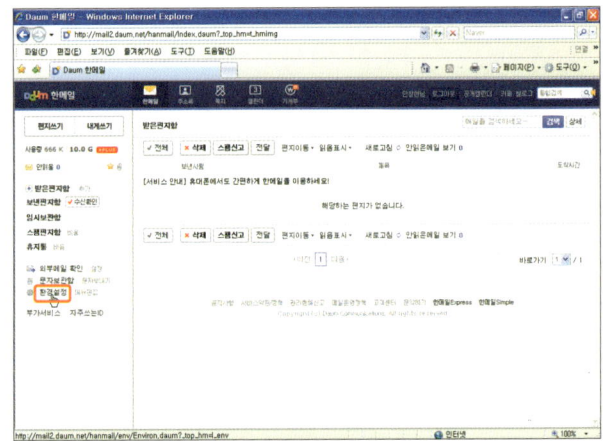

> **한메일 저장 공간**
> 기본 저장 공간 : 약 10GB, 파일 첨부 용량 : 25MB, 대용량 파일 용량 : 제한 없음

02» 외부메일설정 항목의 [IMAP/POP3 설정]을 클릭합니다.

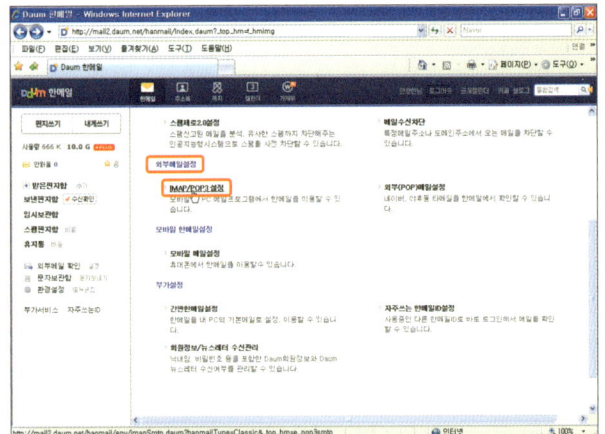

03» [메일 받기] 항목에서 [지금부터 새로 수신되는 메일만 받기]를 클릭하고 [저장하기] 단추를 클릭합니다.

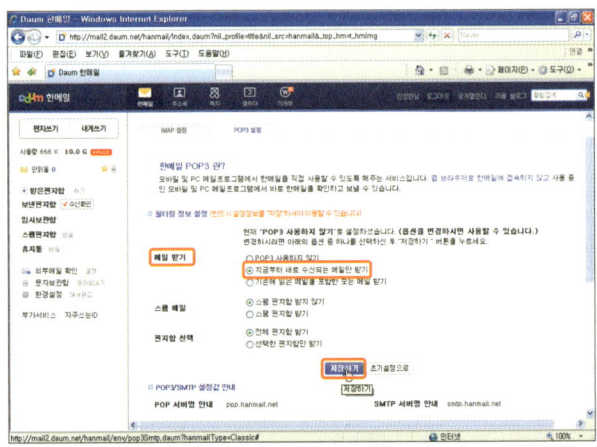

Section 22 여러 개의 이메일 계정을 통합 관리하기

지메일로 메일 통합하기 Step 03

이런 기능들이 사용됐어요 ➜ 이메일 계정 추가

01 ›› [지메일] 홈페이지(http://mail.google.com)에 접속한 후 로그인한 다음 [환경설정]을 클릭합니다.

> **지메일 저장 공간**
> 기본 저장 공간 : 약 7GB, 파일 첨부 용량 : 25MB

02 ›› [계정 및 가져오기] 탭을 클릭한 다음 [POP3 이메일 계정 추가] 단추를 클릭합니다.

03 ›› [메일 계정 추가] 화면이 나타나면 추가할 이메일 주소를 입력하고 [다음 단계] 단추를 클릭합니다.

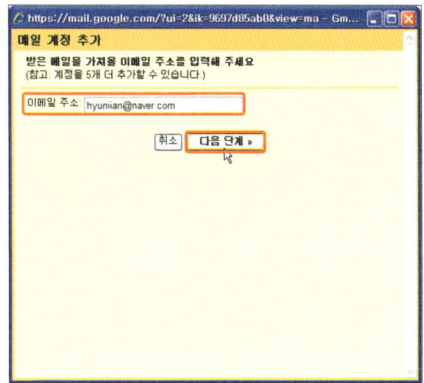

04 » 이메일 주소에 대한 사용자 이름과 비밀번호를 입력하고 POP 서버와 포트를 확인한 후 [계정 추가] 단추를 클릭합니다.

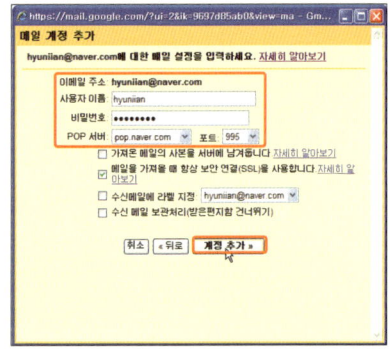

05 » 정상적으로 설정이 완료되면 메일 계정이 추가되었다는 메시지가 나타납니다. 메일 확인을 하기 위해서 [예, 메일로 보내고 싶습니다.]를 클릭한 후 [다음 단계] 단추를 클릭합니다.

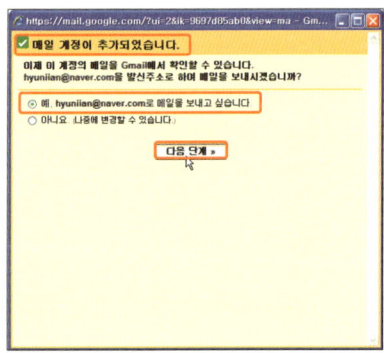

06 » 이메일 주소의 이름을 확인하고 [다음 단계] 단추를 클릭한 다음 메일 발송을 하기 위해서 [Gmail을 통한 발송] 항목을 클릭한 후 [다음 단계] 단추를 클릭합니다.

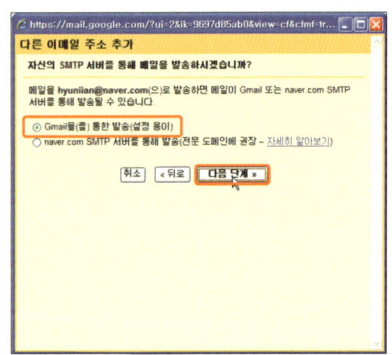

07 » [확인 메일 보내기] 단추를 클릭해서 확인 메일을 전송합니다.

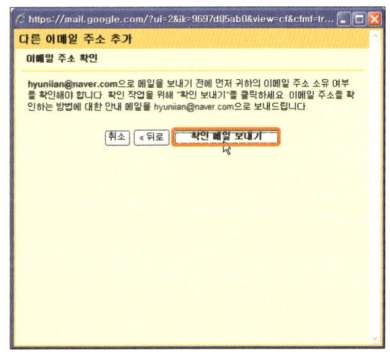

Section 22 여러 개의 이메일 계정을 통합 관리하기

08 » 해당 메일을 확인합니다. 확인 메일을 확인한 후 확인코드를 복사해서 확인코드 항목에 붙여 넣고 [확인] 단추를 클릭합니다.

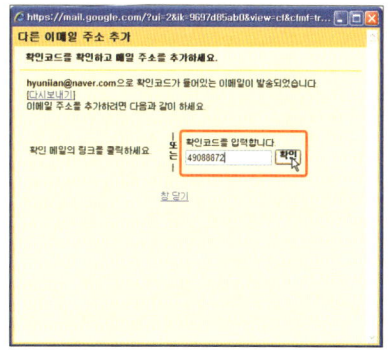

09 » 메일이 등록되었습니다. 새로운 메일을 추가하려면 [POP3 이메일 계정 추가] 단추를 클릭한 후 같은 방법으로 메일을 등록합니다.

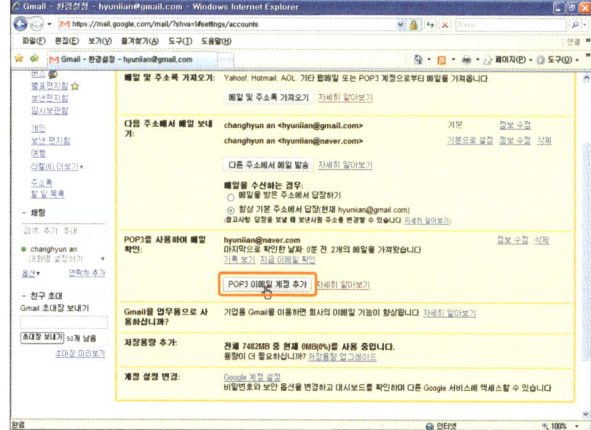

10 » 메일을 모두 등록했습니다. 등록한 메일로 수신된 메일은 모두 지메일로 확인이 가능합니다. [다음 주소에서 메일 보내기]에는 기본 메일이 등록되어 있습니다. 다른 메일로 보내기를 실행하려면 [기본으로 설정]을 클릭해서 기본 메일을 변경할 수 있습니다.

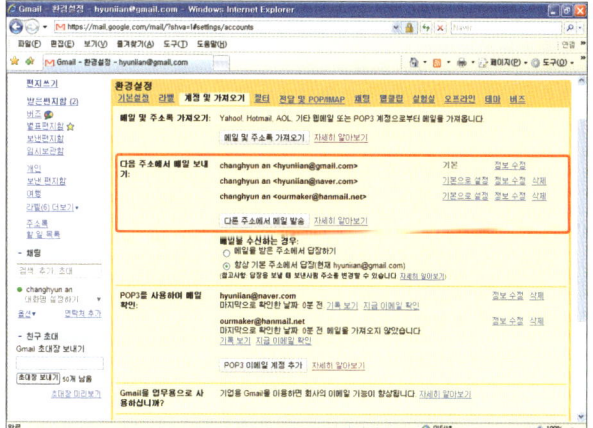

223

Section 23
웹에서 제공하는 무료 프로그램으로 문서 작업하기

오피스 프로그램이 설치되어 있지 않은 상태에서 문서를 작성해야 하는 경우 웹에서 제공하는 무료 오피스 프로그램을 이용해서 문서를 작성할 수 있습니다. 물론 기능은 제한되어 있지만, 급할 때 인터넷만 연결되어 있는 곳이라면 프로그램을 실행하여 문서를 작성하고 다른 친구에게도 공유를 할 수 있다는 장점도 가지고 있습니다. 이번 차시에서는 구글문서도구(구글닥스) 서비스를 이용하여 문서를 작성해 보도록 하겠습니다.

Section 20 | Section 21 | Section 22 | **Section 23** | Section 24 | Section 25 | Section 26 | Section 27

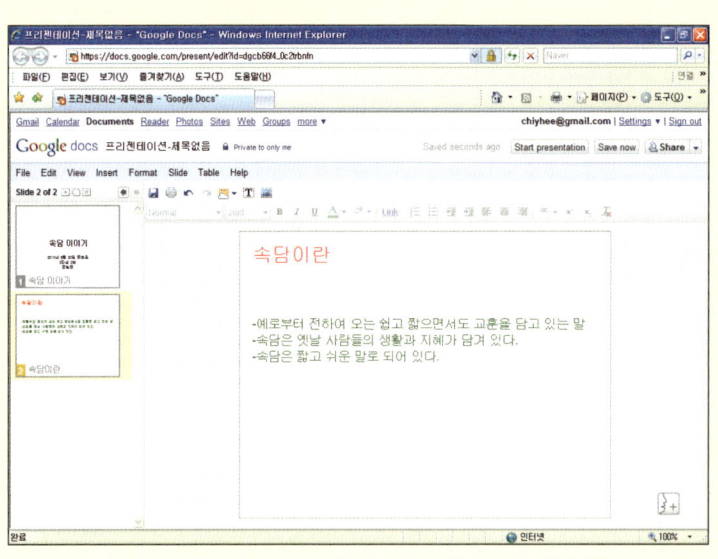

Section 23 웹에서 제공하는 무료 프로그램으로 문서 작업하기

워드프로세서로 문서 작성하기 Step 01

이런 기능들이 사용됐어요 ➡ 구글닥스 실행, 문서 작성, 문서 저장

01 >> [구글] 홈페이지(http://www.google.co.kr)에 접속해서 로그인한 다음 [더보기]-[문서도구]를 클릭합니다.

02 >> 구글닥스 홈페이지가 나타나면 워드프로세서 프로그램을 실행하기 위해서 [Ctrate new]-[Document]를 클릭합니다.

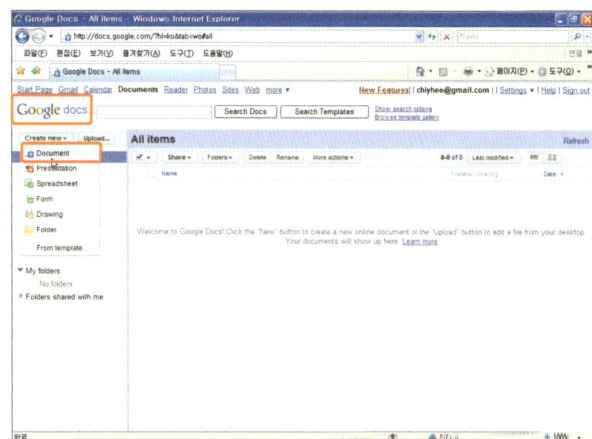

03 >> [Untitle document]를 클릭하면 나타나는 [Rename Document] 대화 상자에서 문서 제목을 입력하고 [OK] 단추를 클릭합니다.

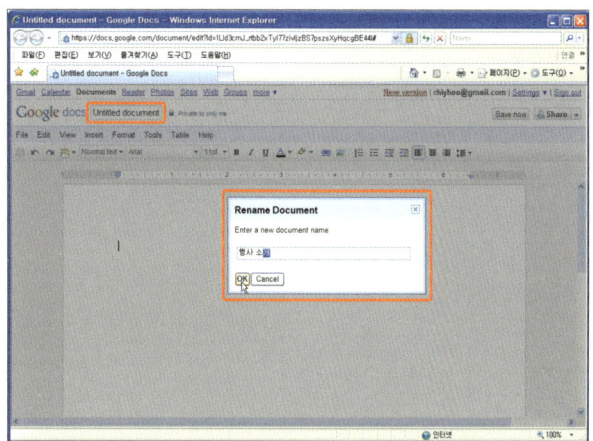

04 >> 문서에 입력할 내용을 타이핑해서 문서를 작성합니다.

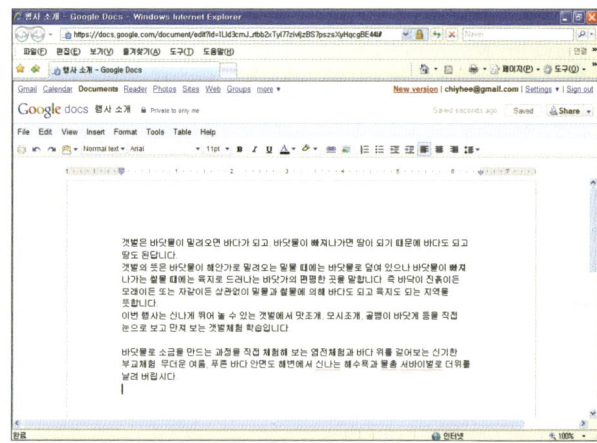

05 >> 글을 마우스로 드래그한 다음 [Text Color] 단추를 클릭해서 글자색을 설정합니다.

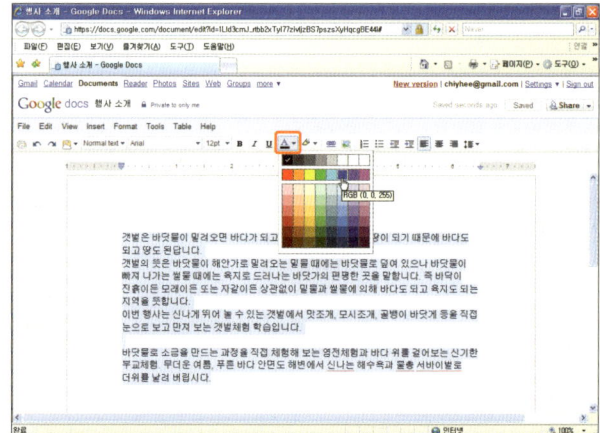

06 >> 문서 작성이 완료되었으면 [Save now] [Save now] 단추를 클릭해서 문서를 저장합니다. [Google docs]를 클릭하면 메인 페이지로 이동됩니다. 저장한 문서가 나타납니다. 파일을 클릭하면 문서가 열립니다.

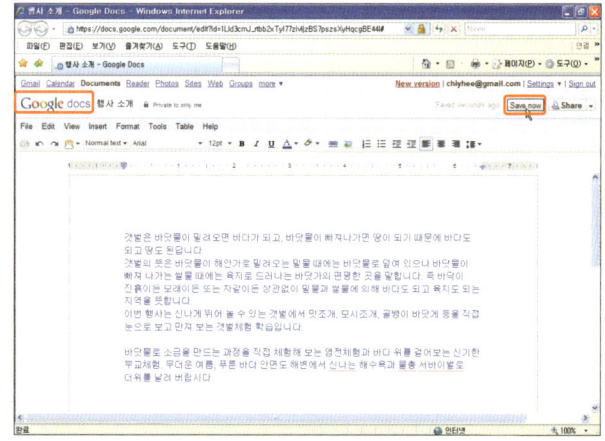

> 문서 저장은 자동으로 저장됩니다. [Saved]라고 표시되면 자동 저장된 것입니다.

Section 23 웹에서 제공하는 무료 프로그램으로 문서 작업하기

스프레드시트 문서 작성하기   Step 02

이런 기능들이 사용됐어요 ➡ 스프레드시트 프로그램 실행, 문서 작성해서 저장

01 〉〉 스프레드시트 프로그램을 실행하기 위해서 [Create new]-[Spreadsheet]를 클릭합니다.

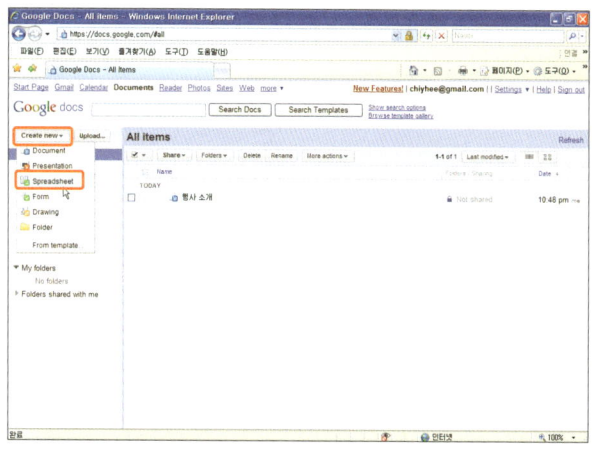

> 스프레드시트 프로그램이란 엑셀처럼 워크시트에 데이터를 입력하고 계산을 할 수 있는 프로그램을 말합니다.

02 〉〉 엑셀에서 워크시트 작성과 같은 방법으로 각 셀을 클릭해서 내용을 입력하고 수식을 입력해서 문서를 작성합니다. 표 테두리에 선을 표시하기 위해서 테두리를 표시할 셀을 마우스로 드래그해서 블록을 설정한 다음 [▦▾] [Borders] 단추를 클릭하고 ▦ 를 선택합니다.

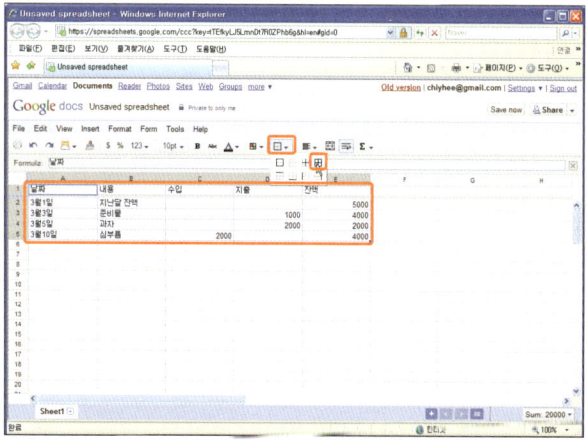

03 〉〉 [Save now] [Save now] 단추를 클릭하면 나타나는 창에서 파일 이름을 입력하고 [확인] 단추를 클릭하여 문서를 저장합니다.

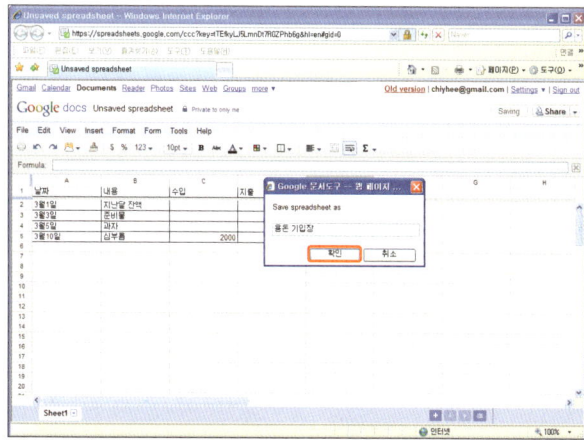

> 저장하기 바로가기 키 : Alt + S

227

프레젠테이션 문서 작성하기 — Step 03

이런 기능들이 사용됐어요 → 프레젠테이션 프로그램 실행, 슬라이드에 내용 입력, 슬라이드 쇼

01 〉〉 프레젠테이션 프로그램을 실행하기 위해서 [Create new]-[Presentation]을 클릭합니다.

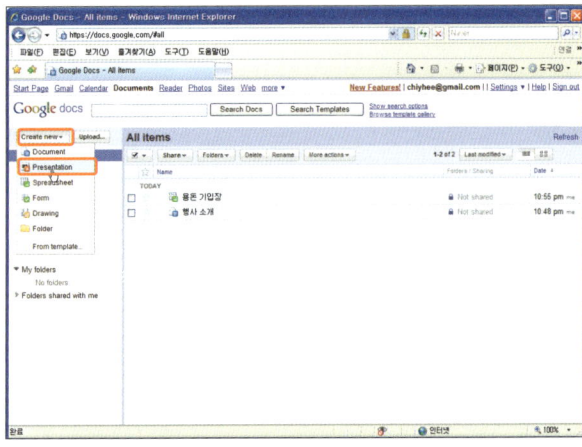

> 프레젠테이션이란 파워포인트처럼 발표 자료를 만드는 프로그램을 말합니다.

02 〉〉 슬라이드가 나타나면 글자를 클릭한 후 슬라이드에 표시할 글을 입력합니다.

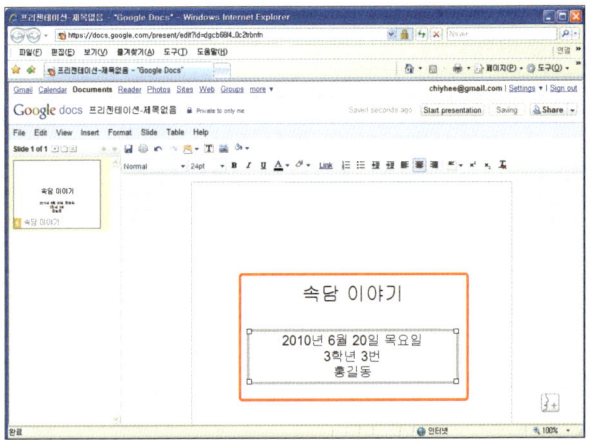

03 〉〉 슬라이드를 추가하기 위해서 ➕ 단추를 클릭하면 나타나는 [Choose slide layout] 창에서 추가할 레이아웃을 선택합니다.

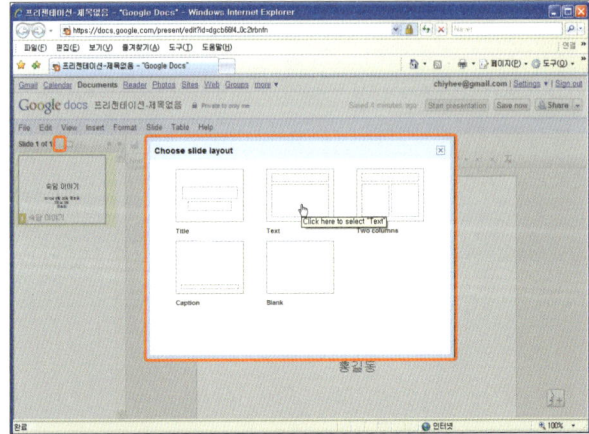

Section 23 웹에서 제공하는 무료 프로그램으로 문서 작업하기

04 » 슬라이드가 추가되면 글을 입력하고 글자 속성 도구를 이용하여 글자 속성을 꾸밉니다.

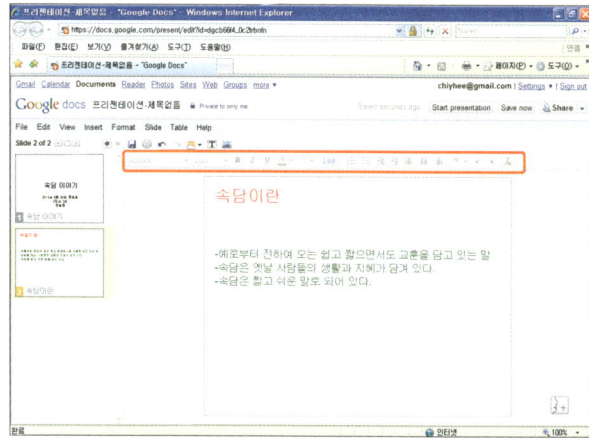

05 » 슬라이드 제목을 입력하기 위해서 [프리젠테이션-제목없음]을 클릭하면 나타나는 창에서 문서 이름을 입력하고 [확인] 단추를 클릭합니다.

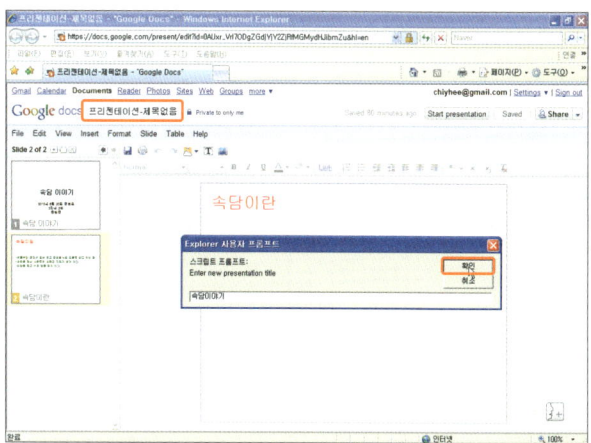

06 » Start presentation [Start presentation] 단추를 클릭하면 슬라이드 쇼가 진행됩니다. 화살표를 클릭하여 페이지를 이동하고 Esc를 눌러 슬라이드 쇼를 중지할 수 있습니다.

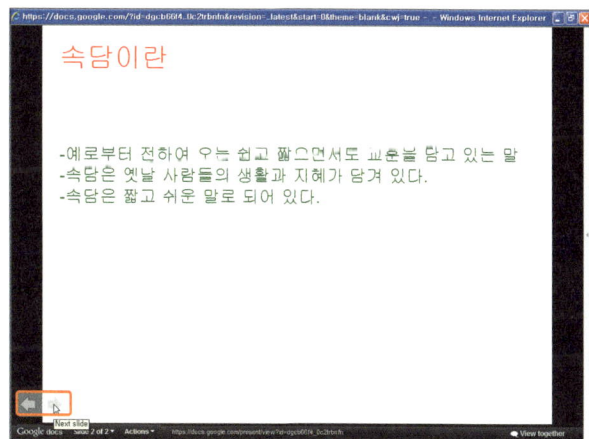

자료 저장하고 공유하기   Step 04

이런 기능들이 사용됐어요 ➡ 공유 폴더 만들기, 자료 전송

01 » 새 폴더를 만들기 위해 [Create new]-[Folder]를 클릭한 다음 폴더에 사용할 이름을 입력한 후 [OK] 단추를 클릭합니다.

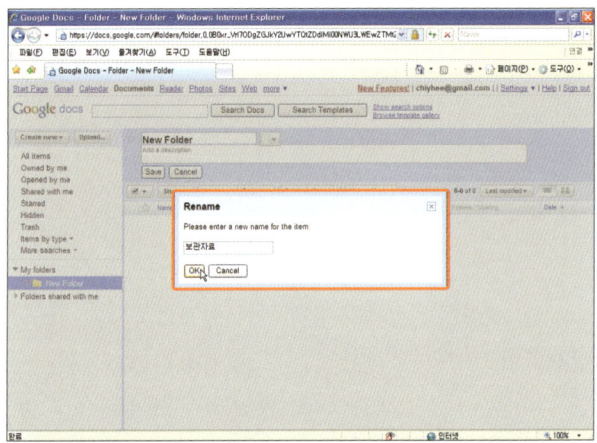

02 » 파일들의 체크 상자를 클릭해서 선택한 다음 [Folders] 단추를 클릭하고 [보관자료] 항목을 클릭해서 체크한 다음 [Apply changes] 단추를 클릭합니다.

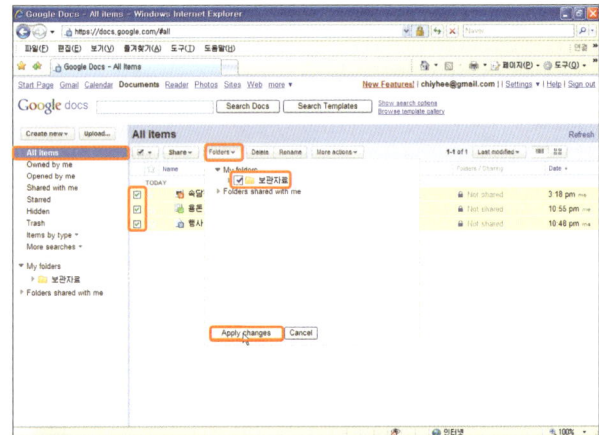

03 » [보관자료] 폴더를 클릭하면 파일들이 이동된 것을 볼 수 있습니다. 파일을 내 컴퓨터로 저장하기 위해서 파일을 오른쪽 클릭하면 나타나는 바로 가기 메뉴에서 [Export]를 클릭합니다.

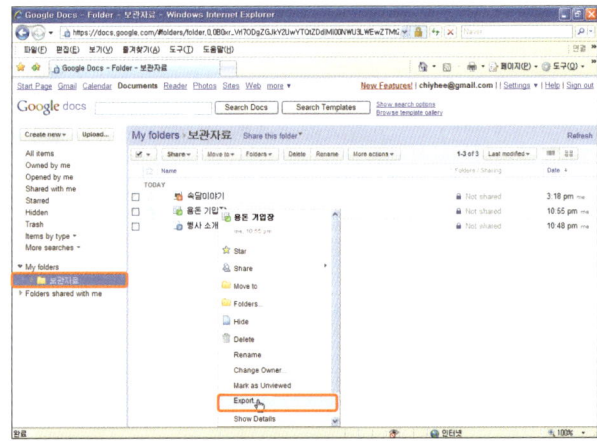

04 >> 내림 단추를 클릭한 다음 선택한 데이터를 저장할 종류를 선택합니다. 여기서는 엑셀 파일 형식으로 저장하기 위해서 [Microsoft Excel]을 선택한 다음 [Download] 단추를 클릭합니다.

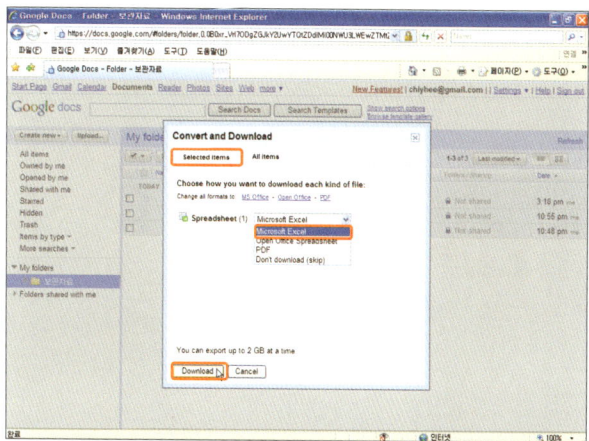

05 >> 친구에게 자료를 보내기 위해서 전송할 파일을 선택한 다음 [Share]-[Shareing Setting]을 클릭합니다. [Add people]에 친구의 계정 이름을 입력하고 [Share] 단추를 클릭합니다.

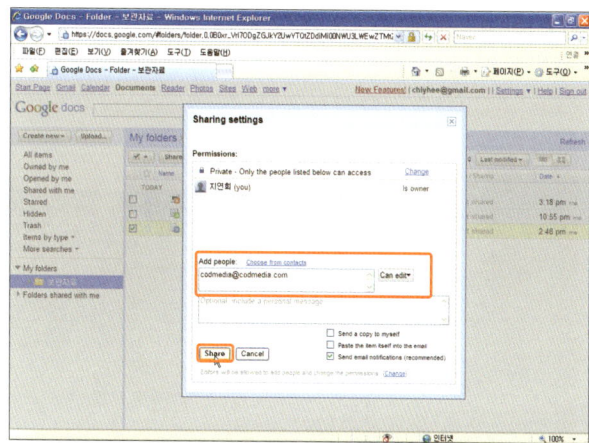

06 >> 친구의 [구글 닥스]에서 [Shared with me] 목록을 클릭하면 공유를 설정한 파일이 나타납니다.

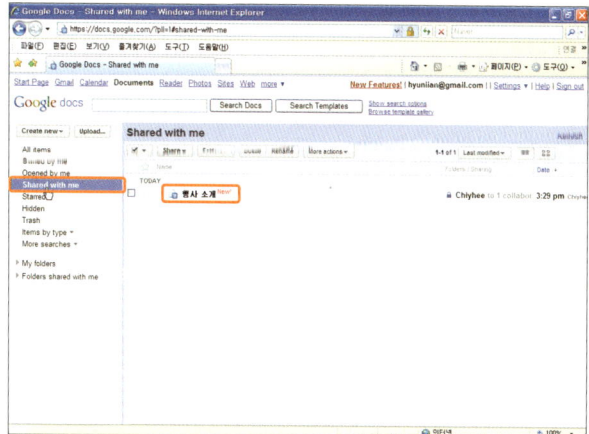

Section 24
구글 폼 양식을 이용하여 설문조사하기

구글문서도구의 폼(Form)양식을 이용하면 웹 설문지를 만들어서 온라인 설문조사, 일기와 숙제 검사 등을 할 수 있습니다. 또한 이러한 설문지는 이메일로 전송해 뿌릴 수도 있고, 결과를 한 눈에 알 수 있도록 도와줍니다. 이번 차시에서는 설문지를 이용하여 학생의 취미를 조사해 보도록 하겠습니다.

Section 20 | Section 21 | Section 22 | Section 23 | **Section 24** | Section 25 | Section 26 | Section 27

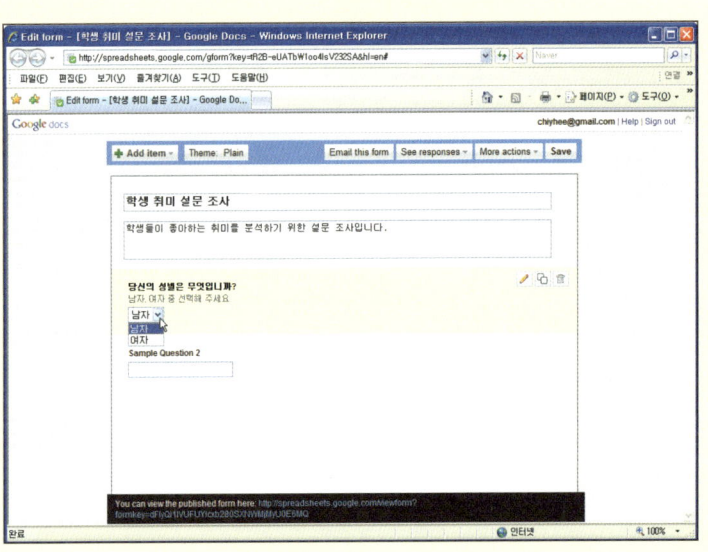

Section 24 구글 폼 양식을 이용하여 설문조사하기

설문 조사 작성하기

Step 01

이런 기능들이 사용됐어요 ➔ 설문 조사 제목 입력, 설문 조사 내용 입력, 설문 조사 등록

01 ›› [구글 닥스] 홈페이지(http://docs.google.com)에 접속하고 로그인한 다음 [Create new]-[Form]을 클릭합니다.

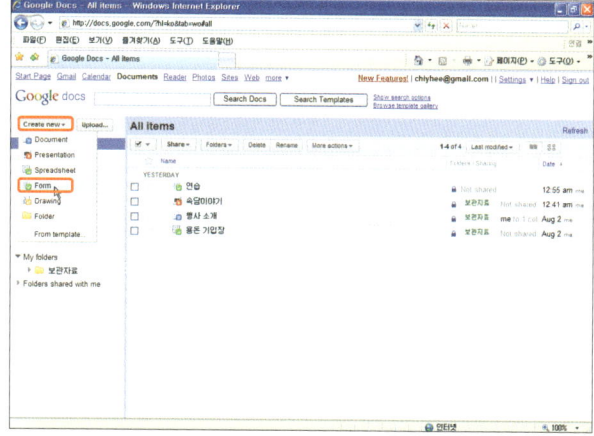

02 ›› 설문 조사의 제목과 설명을 입력합니다. 성별을 묻는 질문을 입력하기 위해서 [Question Title] 항목에 질문을 입력, [Help Text]에 설명글을 입력하고 [Question Type] 항목에 [Choose from a list]를 선택합니다.

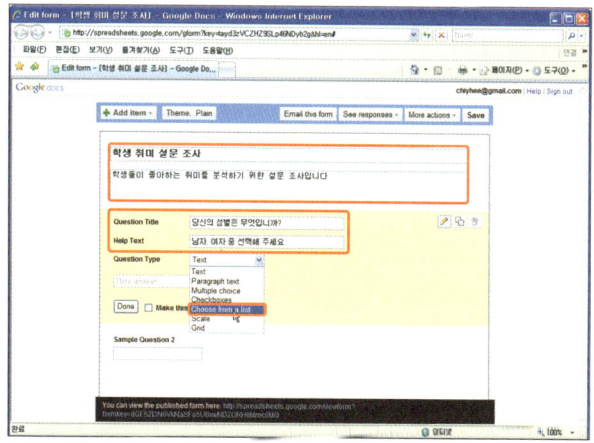

03 ›› [Choose from a list] 형식으로 입력 양식이 바뀌었으면 첫 번째 보기에 '남자'라고 입력합니다.

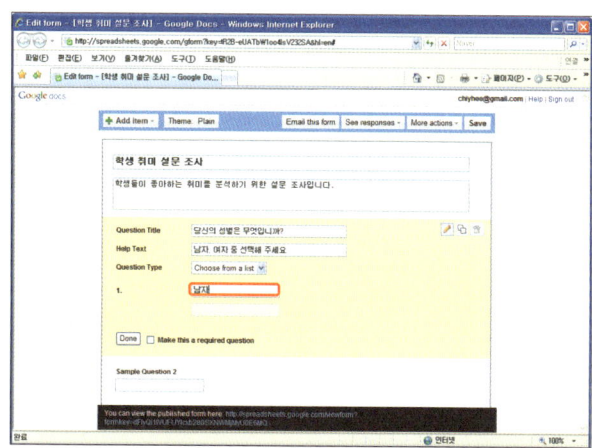

[Choose from a list]는 여러 개의 목록 중 하나의 목록만 선택할 때 사용하는 입력 양식입니다.

233

04 ≫ 두 번째 보기 글상자를 클릭하고 '여자'라고 입력한 다음 [Done] 단추를 클릭해서 첫 번째 질문 편집을 완료합니다.

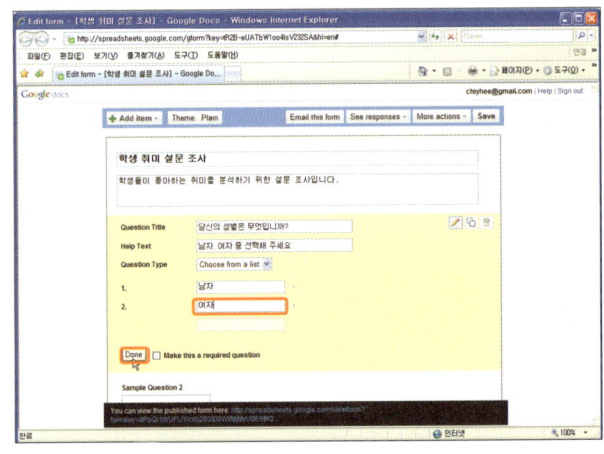

보기 상자 옆에 있는 [X] 단추를 클릭하면 해당 보기를 삭제할 수 있습니다.

05 ≫ 첫 번째 질문이 등록됩니다. 두 번째 질문을 입력하기 위해서 두 번째 질문 박스에서 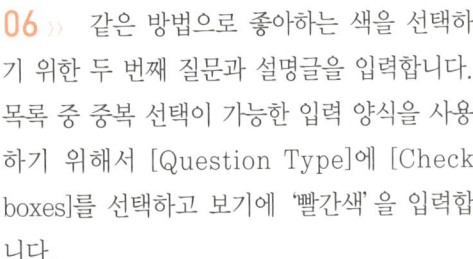 [Edit] 단추를 클릭합니다.

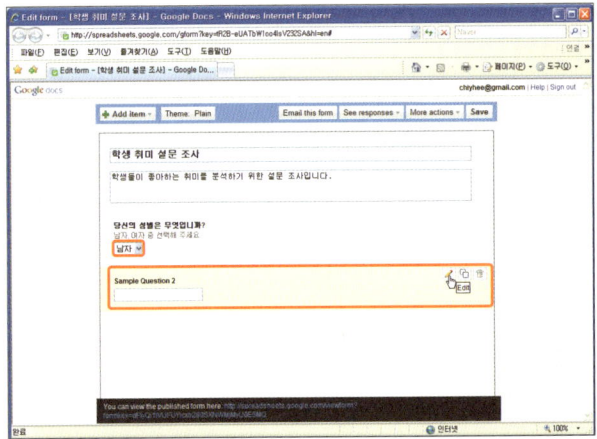

06 ≫ 같은 방법으로 좋아하는 색을 선택하기 위한 두 번째 질문과 설명글을 입력합니다. 목록 중 중복 선택이 가능한 입력 양식을 사용하기 위해서 [Question Type]에 [Checkboxes]를 선택하고 보기에 '빨간색'을 입력합니다.

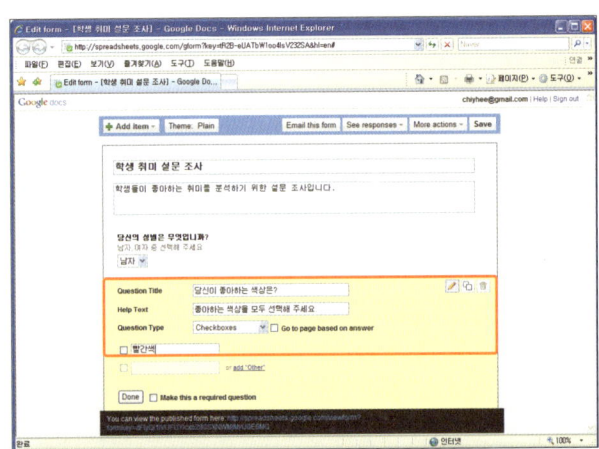

[Checkboxes]는 사각형 모양의 상자로 여러 개의 목록을 선택하거나 선택을 해제할 수 있는 입력 양식입니다.

07 같은 방법으로 보기를 등록하고 [Done] 단추를 클릭합니다.

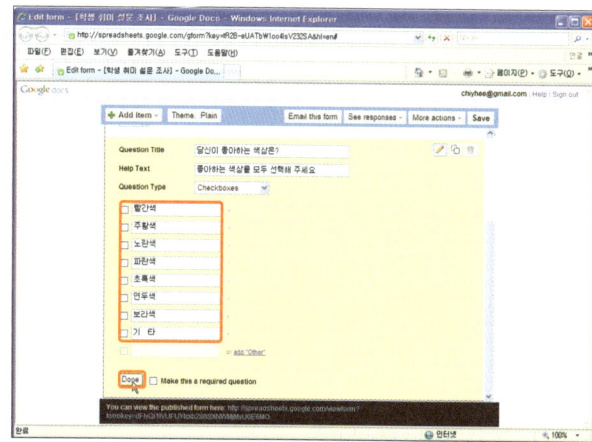

08 두 번째 질문이 등록되었습니다. 짧은 글을 입력받을 수 있는 입력 양식이 있는 세 번째 질문을 등록하기 위해서 [Add Item]-[Text]를 클릭합니다.

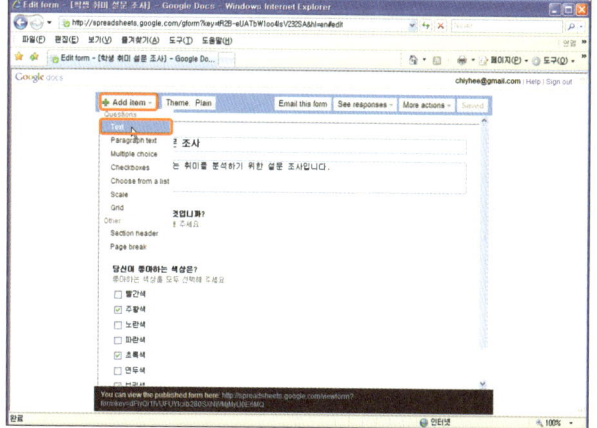

세 번째 질문부터는 [Add Item]을 이용하여 질문을 추가해야 합니다.

09 같은 방법으로 취미를 묻는 질문을 입력하고 [Done] 단추를 클릭합니다.

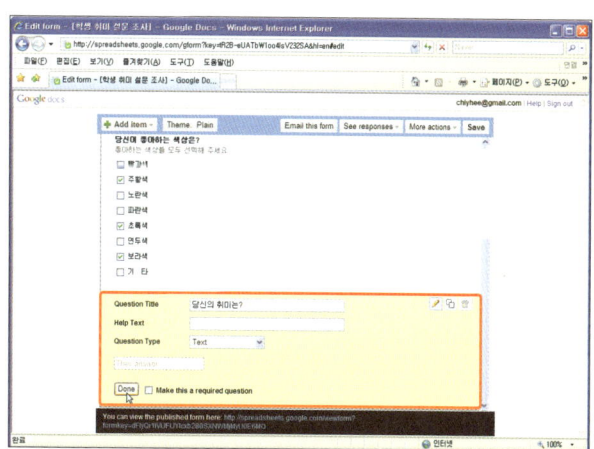

10 ›› 세 번째 질문이 등록되었습니다. 장문의 글을 입력할 수 있는 네 번째 질문을 등록하기 위해서 [Add Item]-[Paragrah text]를 클릭합니다.

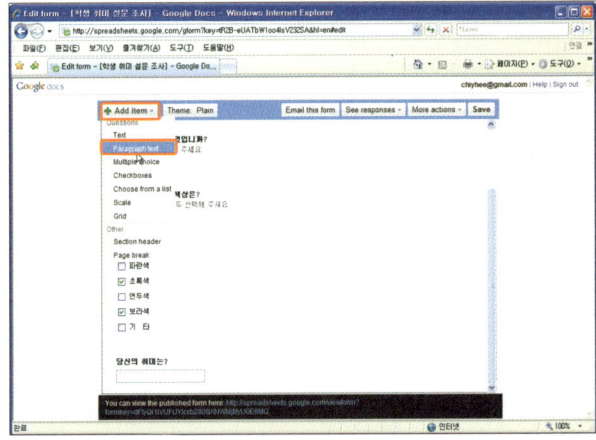

11 ›› 같은 방법으로 취미가 좋은 이유를 묻는 질문을 입력한 다음 [Done] 단추를 클릭합니다.

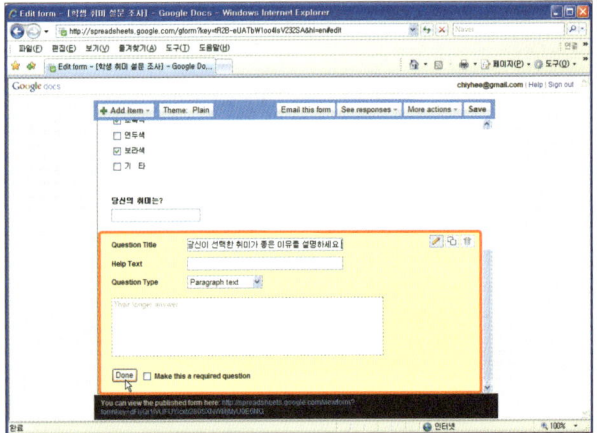

12 ›› 질문이 모두 등록되었습니다.

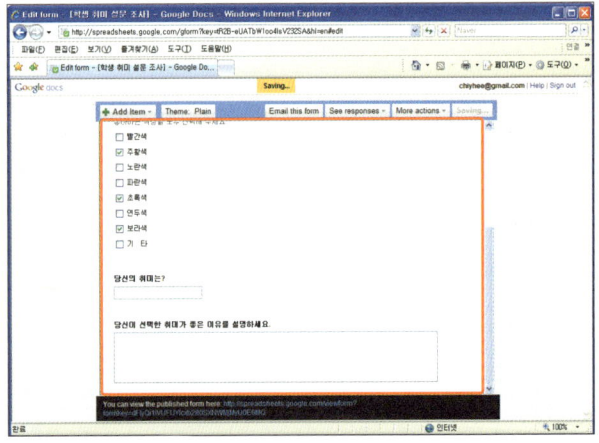

Section 24 구글 폼 양식을 이용하여 설문조사하기

테마로 설문지 꾸미기

Step 02

이런 기능들이 사용됐어요 ➜ 설문지 꾸미기

01 >> 설문 조사지를 예쁘게 꾸미기 위해서 [Theme: Plain] 단추를 클릭합니다.

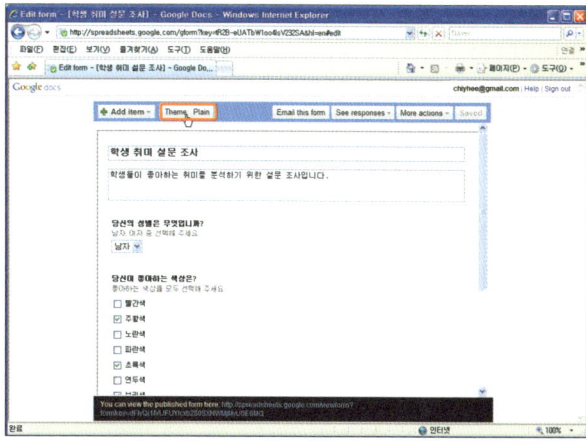

02 >> 테마 목록 중에 사용하고 싶은 테마를 골라서 클릭합니다.

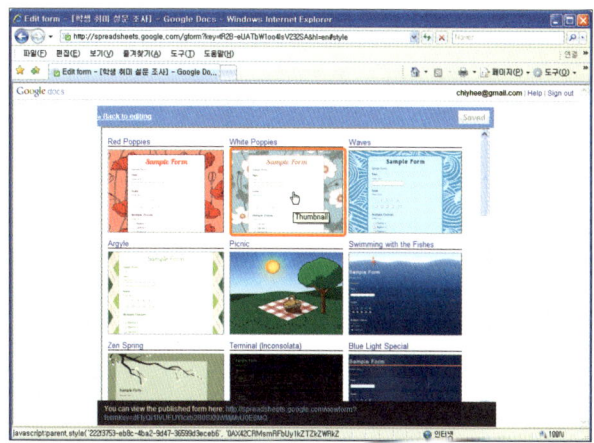

03 >> 설문지에 선택한 테마가 적용됩니다. [Apply] 단추를 클릭해서 편집을 완료합니다.

테마에 따라 한글의 글자가 제대로 나타나지 않을 수 있습니다. 동작에는 영향을 끼치지 않습니다.

설문지 전자우편으로 뿌리기   Step 03

이런 기능들이 사용됐어요 ➜ 전자우편 보내기, 작성된 설문 내용 확인, 홈페이지 설문 내용 등록

01 ›› 설문지를 친구들에게 보내기 위해서 [Email this form] 단추를 클릭합니다. [to] 항목에 전송할 친구의 전자우편 주소를 입력하고 [subject]에 편지 제목을 입력한 다음 [Send] 단추를 클릭합니다.

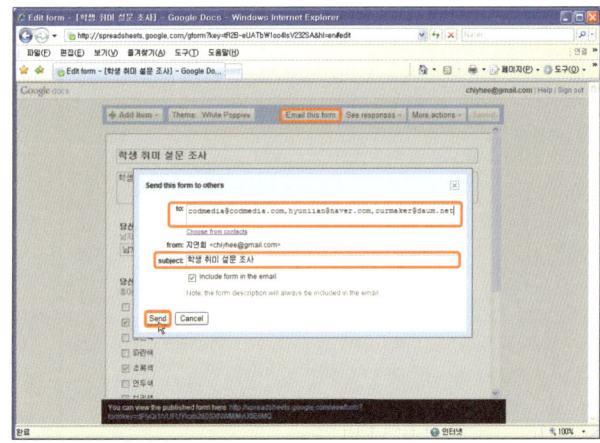

> 여러 개의 전자우편을 입력할 경우 전자우편과 전자우편 사이에 콤마(,)를 입력하여 구분합니다.

02 ›› 상대방이 수신된 편지를 열면 설문지가 나타납니다. 상대방이 설문을 작성하고 [Submit] 단추를 클릭하면 설문에 작성된 내용이 자동으로 전송됩니다.

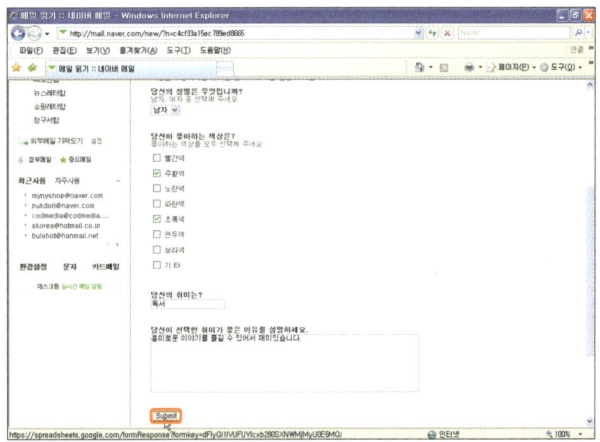

03 ›› 설문에 답변한 내용을 확인하기 위해서 [See responses]-[Summary]를 클릭합니다.

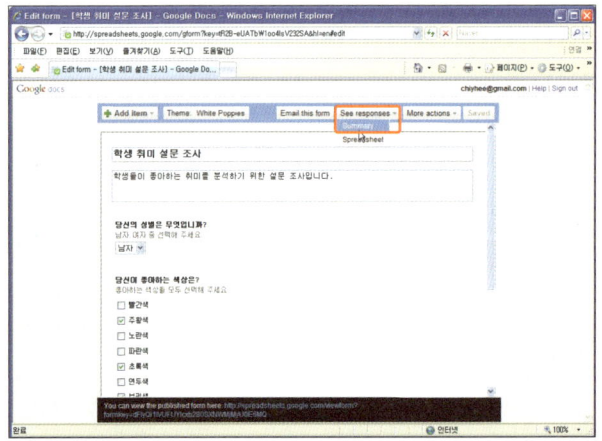

04 >> 설문에 답한 결과를 차트와 그래프로 알려줍니다.

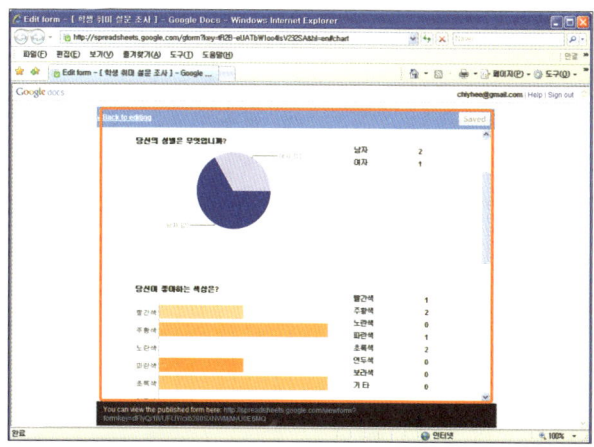

05 >> [구글 닥스] 홈페이지에 접속하면 작성한 설문 내용이 목록에 등록됩니다. 설문 내용을 확인하기 위해서 목록을 클릭합니다.

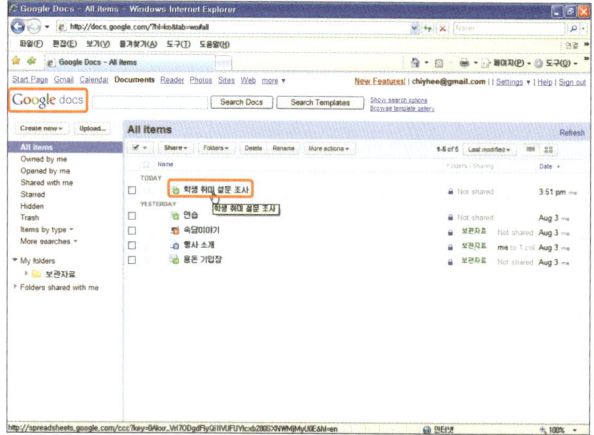

06 >> 스프레드시트 프로그램이 실행되며 설문 결과를 보여줍니다.

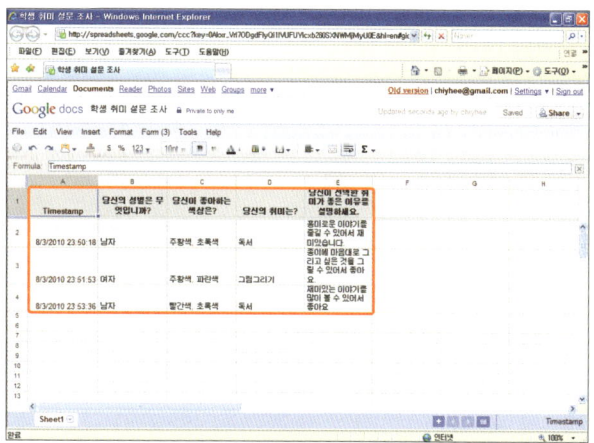

Section 25
인터넷 지도를 이용하여 재미있는 수업 운영하기

구글 지도, 다음 지도 등은 지도서비스 이외에 위성사진을 이용하여 검색지 주변을 실제 사진처럼 볼 수 있도록 해주는 서비스입니다. 이러한 서비스를 이용하여 우리나라를 비롯해서 세계 여러 나라의 유명지를 찾아볼 수 있습니다. 무엇보다 사회 수업 등에서 시각 자료로 이용하기에 아주 적합합니다.

Section 25 인터넷 지도를 이용하여 재미있는 수업 운영하기

구글 지도로 우리 학교 찾기   Step 01

이런 기능들이 사용됐어요 ➡ 지도 검색

01 ≫ [구글] 홈페이지(http://www.google.co.kr)에 접속한 다음 [지도]를 클릭합니다.

02 ≫ 구글 지도 홈페이지가 열리면 검색창에 학교가 위치해 있는 동 이름을 입력한 다음 [지도검색] 단추를 클릭합니다.

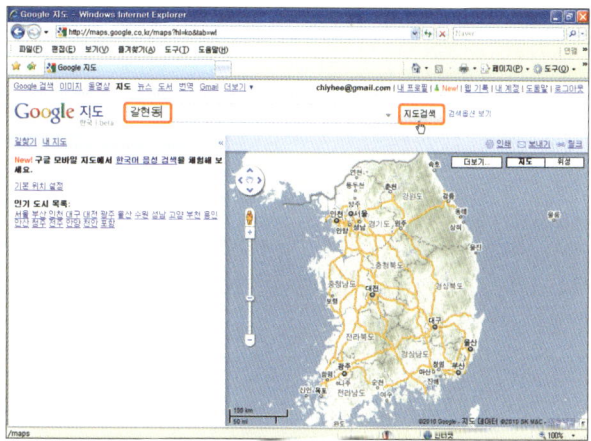

03 ≫ 마우스의 휠을 돌려 지도를 확대 및 축소하고 마우스로 드래그해서 위치를 이동하면서 학교를 찾아봅니다.

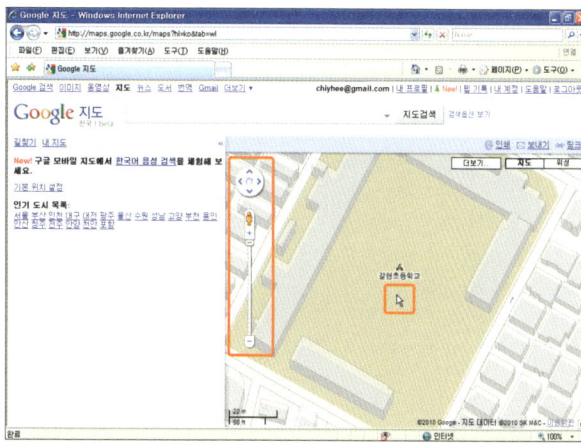

> 검색창에 찾고 싶은 곳의 주소를 입력해서 검색할 수 있습니다.

241

Chapter 05 인터넷 서비스 활용

위성으로 에펠탑 둘러보기   Step 02

이런 기능들이 사용됐어요 ➡ 위성 사진 보기, 사진 확대하기, [스트리트 뷰]로 이용해 도구 주변 보기

01〉〉 [구글 지도] 홈페이지에서 검색창에 '에펠탑'을 입력하고 [지도검색] 단추를 클릭합니다.

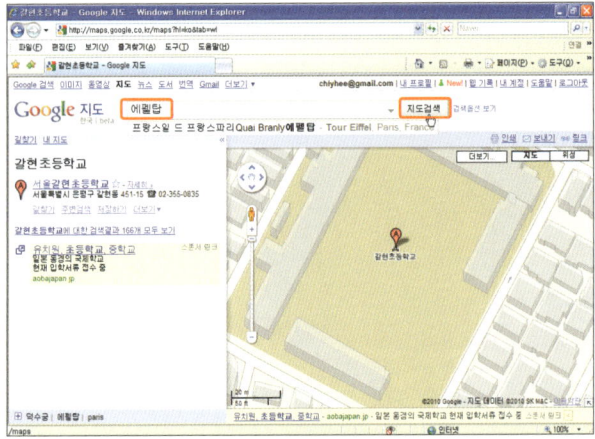

02〉〉 프랑스의 에펠탑 주변의 지도가 나타납니다. 마우스를 돌려 에펠탑 주변을 확대해 봅니다.

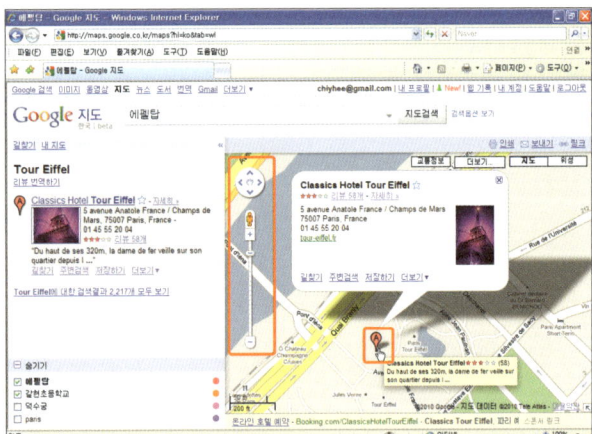

03〉〉 [위성] 단추를 클릭해서 위성 사진으로 에펠탑을 봅니다. 마우스의 휠을 드래그해서 에펠탑 주변을 확대한 다음 아이콘을 보고 싶은 위치까지 드래그합니다.

04 선택한 지역의 관련 사진이 나타납니다. 마우스 휠을 돌려 사진을 확대하고 마우스로 드래그하거나 회전해서 사진을 볼 수 있습니다.

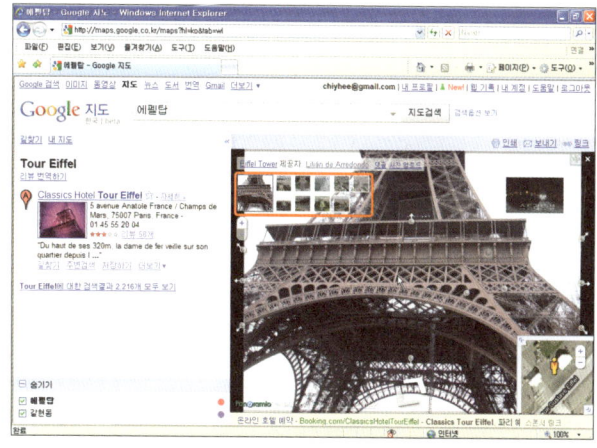

[사진 검색]은 관련된 사진들을 조합하여 입체적으로 풍경을 확인할 수 있도록 만든 시스템입니다.

05 [스트리트 뷰]를 클릭하면 도로 주변을 볼 수 있습니다. 마우스를 조작하여 주변 풍경을 확인합니다.

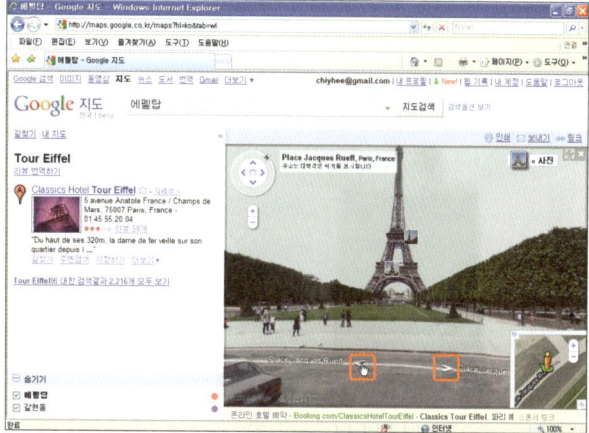

06 도로에 마우스 포인터를 위치하면 나타나는 화살표를 클릭하여 도로를 따라 주행하면서 주변 풍경을 확인할 수 있습니다.

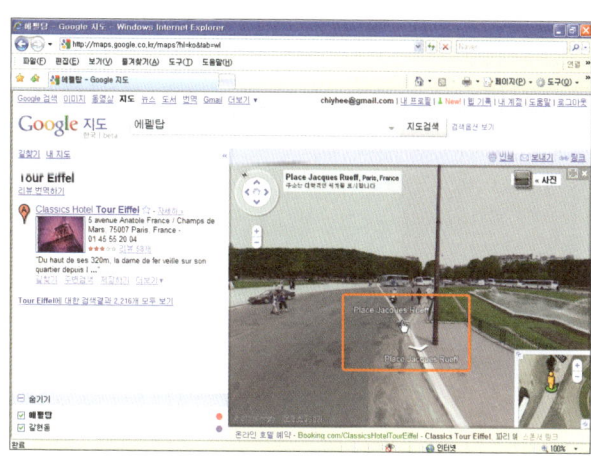

구글 어스로 불국사 찾아보기

Step 03

이런 기능들이 사용됐어요 ➡ [구글 어스 5] 다운 받기, 입체적으로 지도 확인

01» [구글 어스] 홈페이지(http://earth.google.com)에 접속한 다음 [Google 어스 5 다운로드] 단추를 클릭해서 프로그램을 다운로드 받고 설치합니다.

> [구글 어스]는 인공 위성 사진을 이용하여 지역을 검색할 수 있으며 특정 건물과 조형들의 3차원 보기 서비스를 제공하는 프로그램입니다.

02» 프로그램이 설치가 완료되면 프로그램이 실행됩니다. 지구가 나타납니다. 마우스로 드래그해서 회전하고 마우스 휠을 돌려 축소 및 확대해서 확인할 수 있습니다.

03» 검색창에 '불국사'를 입력해서 검색합니다. 마우스를 조작하여 불국사 주변을 확인합니다.

Section 25 인터넷 지도를 이용하여 재미있는 수업 운영하기

04 >> 오른쪽에 위치해 있는 슬라이드를 마우스로 위로 드래그하면 화면이 측면으로 회전됩니다. '다보탑' 건물이 3차원으로 나타납니다.

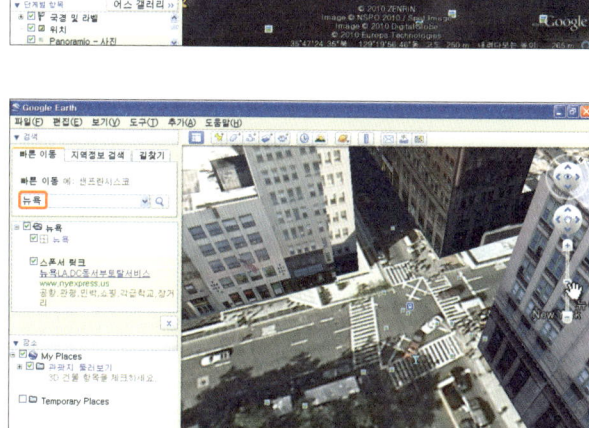

> 슬라이드를 위로 드래그하면 3차원으로 보여지고 슬라이드를 아래로 드래그하면 수평적인 시각으로 바뀝니다.

05 >> '뉴욕'을 검색해서 뉴욕 도심지 부분을 찾은 후 슬라이드를 위로 드래그하여 입체적으로 지도를 확인해 봅니다.

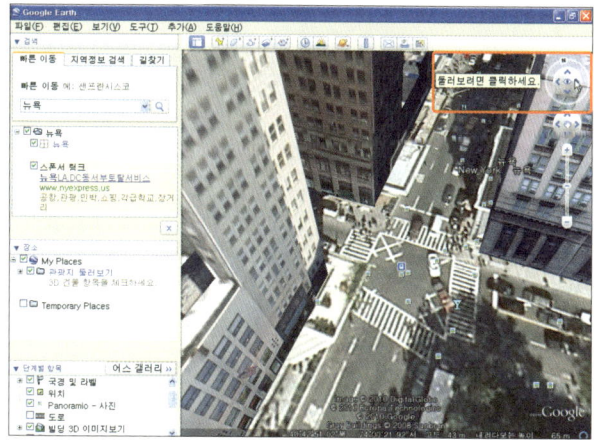

06 >> 화면 오른쪽 상단에 위치해 있는 눈모양의 아이콘을 마우스로 드래그해서 시야를 회전시켜 도심지 주변을 확인합니다.

245

Chapter 05 인터넷 서비스 활용

다음 지도로 동대문 주변 찾아보기　　Step 04

이런 기능들이 사용됐어요 ➜ [로드뷰]로 길 찾기

01 » [다음 지도] 홈페이지(http://local.daum.net)에 접속합니다.

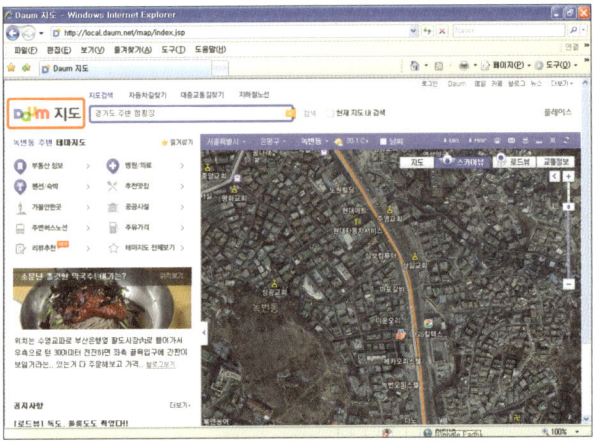

02 » 검색창에 '동대문' 이라고 입력해서 검색합니다. [흥인지문] 목록 옆에 있는 [로드뷰] 단추를 클릭합니다.

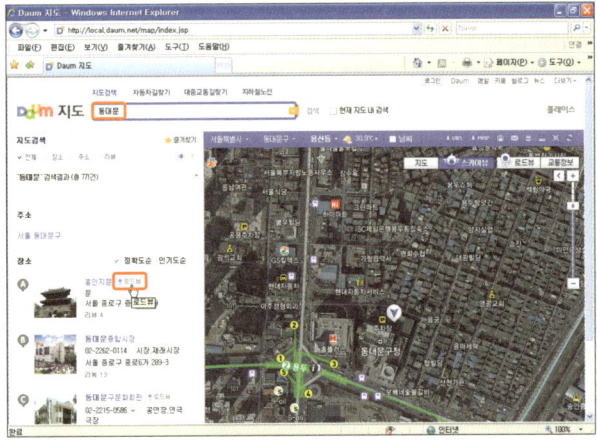

[로드뷰]는 일정 기간에 도로 주변을 촬영한 사진을 조합하여 입체적인 검색을 할 수 있도록 해주는 서비스입니다.

03 » 마우스로 드래그해서 동대문 주변을 확인합니다.

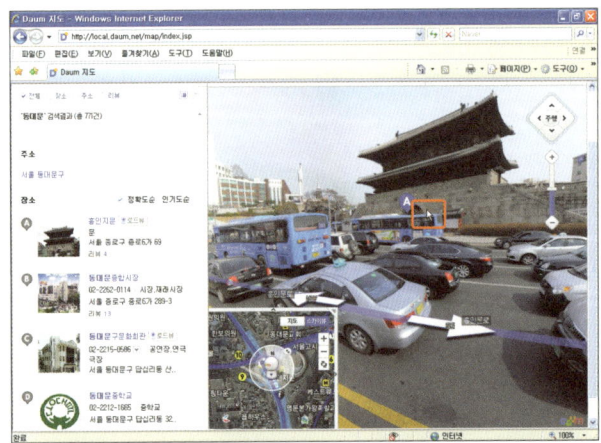

Section 25 인터넷 지도를 이용하여 재미있는 수업 운영하기

04 >> 마우스의 휠을 돌려 동대문을 확대해서 봅니다.

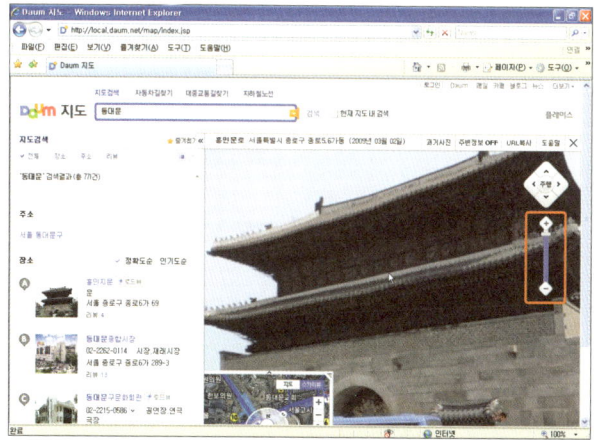

05 >> 도로에 마우스를 위치하면 나타나는 도로 화살표를 클릭하면 해당 방향으로 이동됩니다.

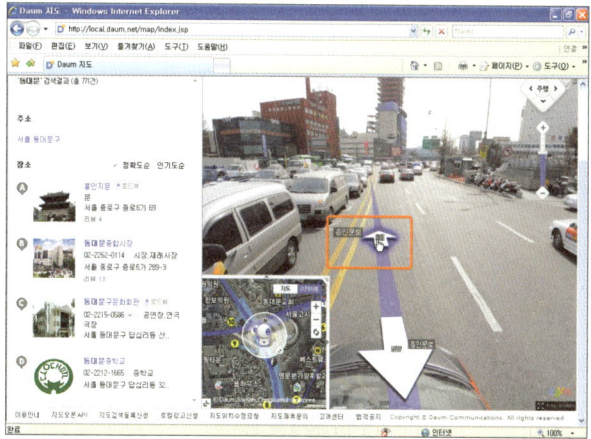

06 >> [주행] 단추를 클릭하면 도로를 따라 자동으로 주행됩니다.

247

Section 26
사진과 동영상을 온라인으로 손쉽게 공유하기

디지털 카메라로 촬영한 사진과 동영상을 동료 선생님과 친구에게 보내고 싶을 때 파일 첨부 메일로 보내기는 여간 불편한 것이 아닙니다. 이러한 경우에 온라인 사진 및 동영상 공유를 해주는 서비스를 이용하여 자료를 전송해두면 손쉽게 친구들이 볼 수 있습니다. 이번 차시에서는 피카사와 유튜브 서비스를 이용하여 학급에서 찍은 사진과 동영상을 손쉽게 공유해 보도록 하겠습니다.

Section 26 사진과 동영상을 온라인으로 손쉽게 공유하기

피카사 프로그램 설치하기

Step 01

이런 기능들이 사용됐어요 ➜ 피카소 프로그램 다운로드받기, 프로그램 실행

01 » [Picasa 3] 홈페이지(http://picasa.google.com)에 접속한 다음 [Picasa3.6 다운로드] 단추를 클릭해서 프로그램을 다운로드받고 설치합니다.

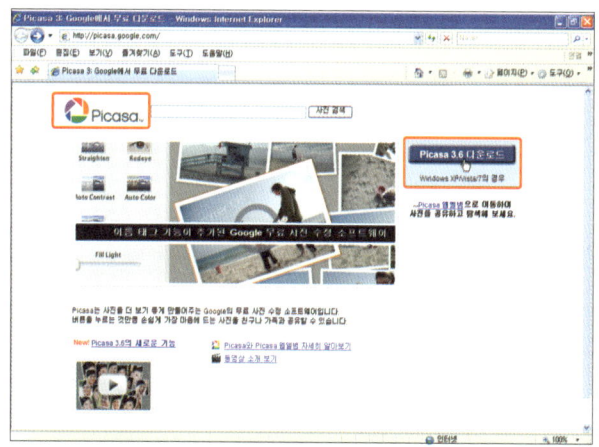

다운로드 단추를 클릭해서 아무 페이지도 나타나지 않는다면 화면을 마우스 오른쪽 클릭한 다음 [인코딩]-[자동 선택]을 클릭하고 다운로드 단추를 클릭하세요.

02 » [Picasa3] 프로그램이 실행되면 사진 검색 폴더를 지정하는 화면이 나타납니다. [내 문서, 내 그림, 바탕화면만 검색]을 체크하고 [계속] 단추를 클릭합니다.

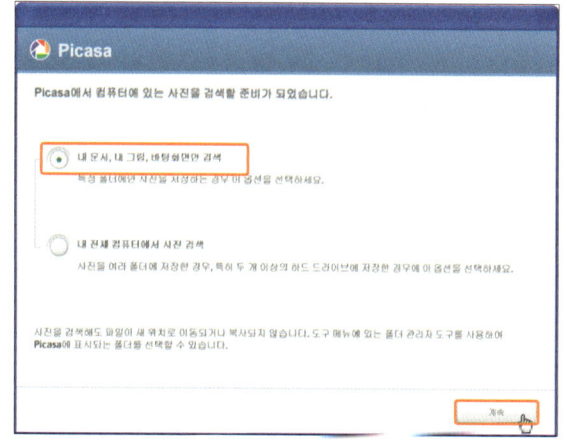

[내 전체 컴퓨터에서 사진 검색]을 선택하면 컴퓨터에 저장되어 있는 모든 그림들을 검색합니다.

03 » [Picasa3] 프로그램이 실행되고 [내문서] 폴더에 있는 그림들이 나타납니다.

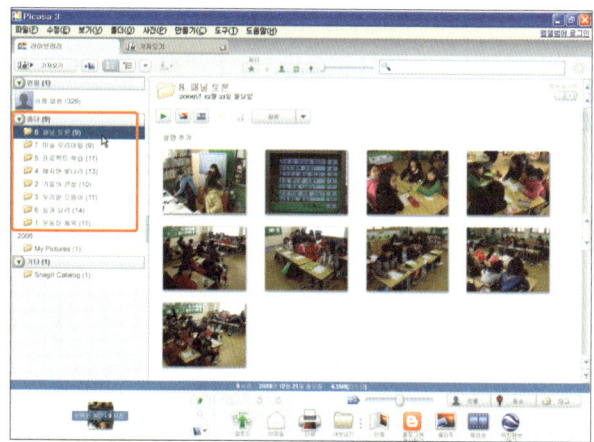

249

피카사에 다른 사진 추가하기

Step 02

이런 기능들이 사용됐어요 ➡ 사진 폴더 추가, 사진 분류해서 보기

01 » [가져오기] 단추를 클릭하면 [가져오기] 탭이 나타납니다. [다른 위치에서 가져오기]의 내림 단추를 클릭한 다음 [폴더...]를 클릭합니다.

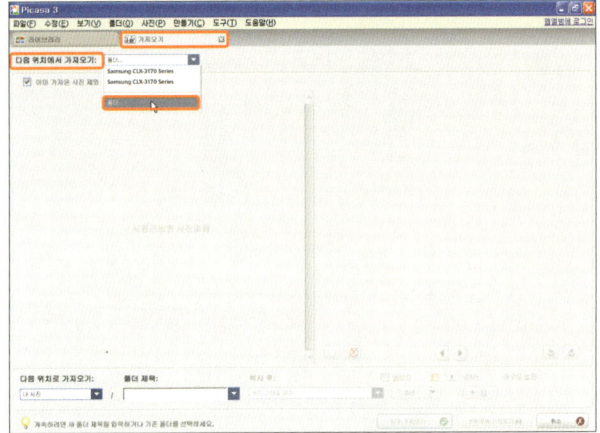

02 » 불러올 그림이 있는 폴더를 선택한 다음 [모두 가져오기] 단추를 클릭해서 폴더에 있는 모든 그림들을 불러 옵니다.

03 » 선택한 그림들이 등록됩니다. 라이브러리에 추가하기 위해서 [폴더 제목]에 폴더 이름을 입력하고 [모두 가져오기] 단추를 클릭합니다.

Section 26 사진과 동영상을 온라인으로 손쉽게 공유하기

04 라이브러리에 새 폴더가 등록됩니다. 사진 중에 중요한 사진을 골라서 클릭한 다음 [별표를 추가/제거합니다.] 단추를 클릭합니다.

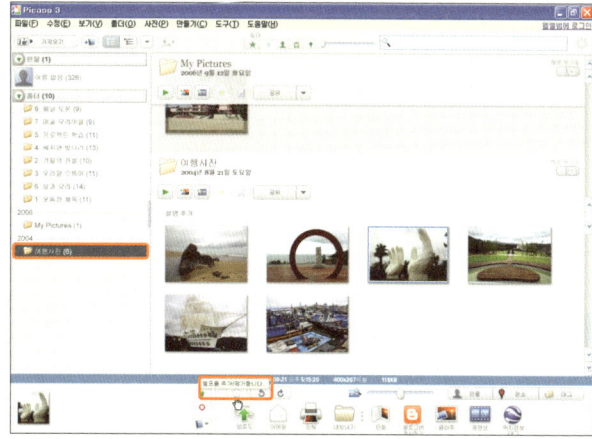

05 [필터] 항목에서 단추를 클릭하면 별표를 표시한 사진만 열어 볼 수 있습니다.

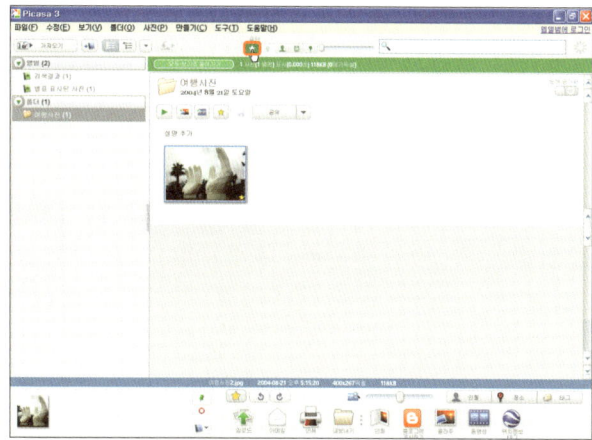

06 [필터] 항목에서 단추를 클릭하면 인물이 있는 사진만 볼 수 있습니다.

> 피카사는 인물 검색 기능을 제공하여 인물이 있는 사진을 스스로 검색하여 인물 사진을 분류합니다. [얼굴] 항목을 클릭하면 사진에서 얼굴 영역만 잘라서 분류된 사진들을 볼 수 있습니다.

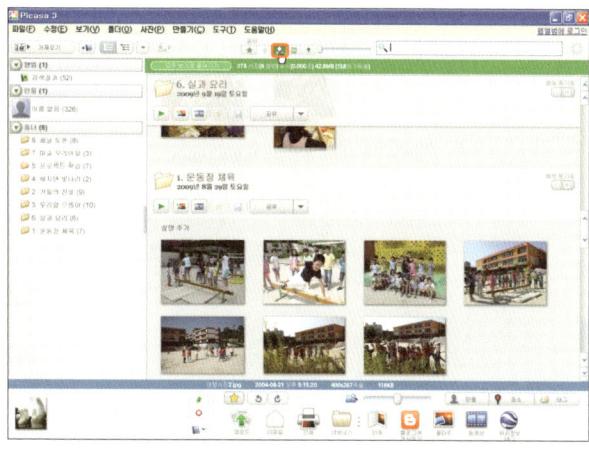

Chapter 05 인터넷 서비스 활용

사진을 온라인으로 공유하기   Step 03

이런 기능들이 사용됐어요 ➜ 웹앨범에 사진 등록, 전자우편으로 사진 공유

01 〉〉 인터넷으로 전송할 그림이 있는 폴더를 선택한 다음 [업로드] 단추를 클릭합니다.

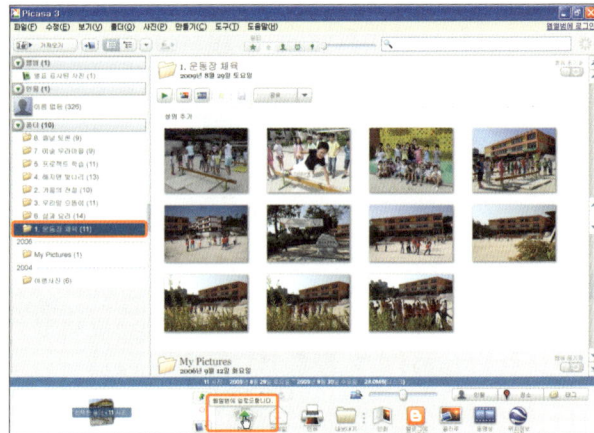

02 〉〉 구글 계정의 사용자 이름과 비밀번호를 입력한 다음 [로그인] 단추를 클릭합니다.

웹앨범을 처음 접속할 때 로그인을 하면 웹앨범 환경을 설정하는 화면이 나타납니다.

03 〉〉 [업로드할 크기]에 사진 크기를 선택하고 [앨범 표시 설정]에 [공개]를 선택한 다음 [업로드] 단추를 클릭합니다.

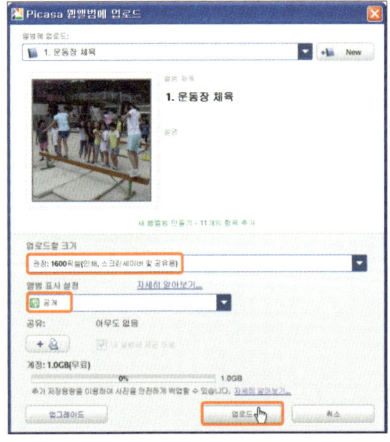

Section 26 사진과 동영상을 온라인으로 손쉽게 공유하기

04 ›› 사진이 모두 전송되면 [온라인으로 보기] 단추를 클릭합니다.

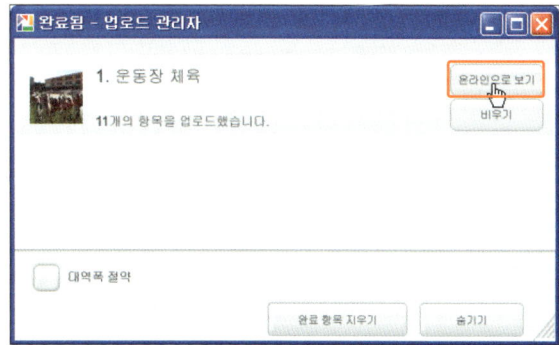

05 ›› 웹앨범에 선택한 사진들이 등록되었습니다. 사진을 더블 클릭해서 사진을 원본 크기로 볼 수 있습니다.

06 ›› [공유] 단추를 클릭하면 나타나는 화면에서 사진을 보여주고 싶은 친구의 전자우편을 [이메일 주소를 입력하세요]에 적고 [이메일 보내기] 단추를 클릭합니다. 전자우편으로 웹앨범이 전달되어 친구들도 사진을 볼 수 있도록 해줍니다.

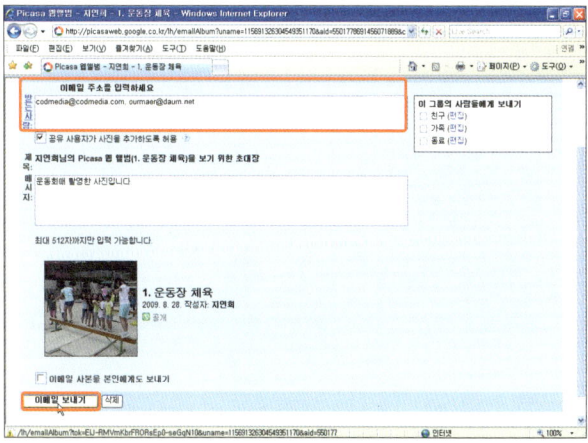

유튜브로 동영상 공유하기   Step 04

이런 기능들이 사용됐어요 ➜ 동영상 올리기, 동영상 정보 입력

01 » [유튜브] 홈페이지(http://www.youtube.co.kr)에 접속한 다음 [계정 만들기]를 클릭해서 회원가입 한 후 로그인한 다음 메인 페이지 하단에서 [위치]에 [한국]을 클릭하고 [전세계(전체)]를 클릭합니다.

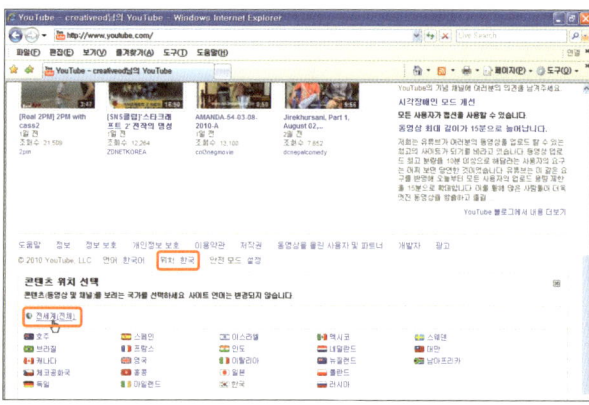

02 » 동영상을 올리기 위해서 [올리기]를 클릭합니다.

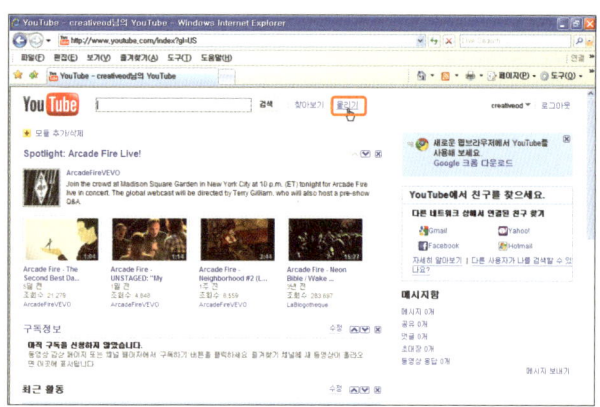

03 » 동영상 파일 올리기 페이지가 나타나면 [동영상 올리기] 단추를 클릭합니다. 전송할 동영상 파일을 선택한 다음 [열기] 단추를 클릭합니다.

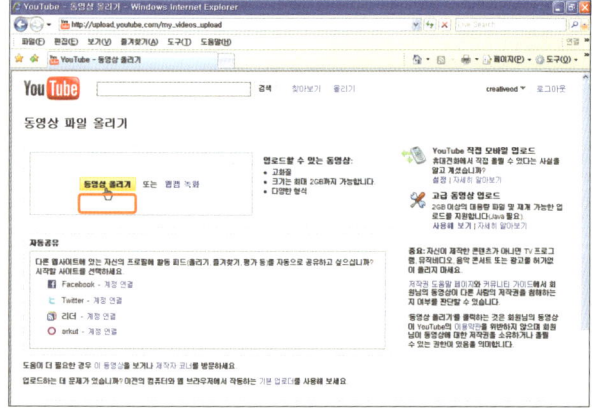

04 사진이 모두 전송되면 동영상 정보 및 개인정보 보호 설정 항목에 동영상에 대한 정보를 입력하고 [변경 사항 저장] 단추를 클릭합니다.

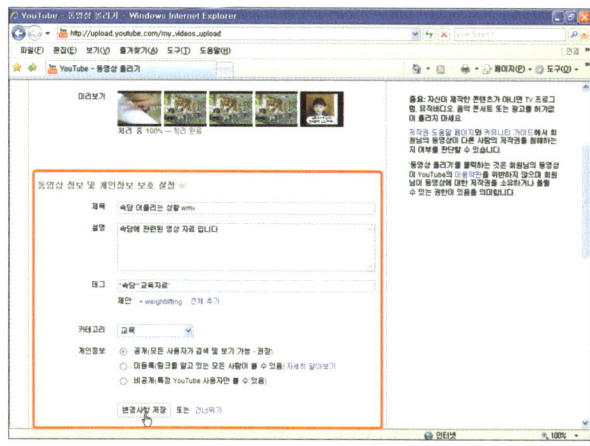

05 동영상 게시물이 완성됩니다. 동영상을 보기 위해서 자신의 아이디 단추를 클릭한 다음 [내 동영상]을 클릭합니다.

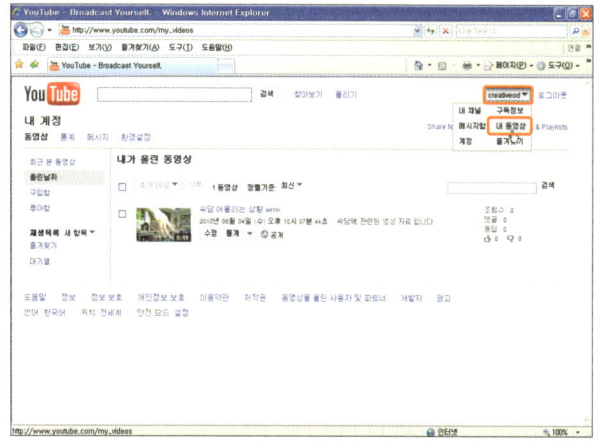

· 동영상 목록을 클릭해서 체크한 다음 [삭제] 단추를 클릭해서 동영상을 지울 수 있습니다.

06 동영상 게시물을 클릭하면 동영상이 재생됩니다. 온라인을 통해 다른 친구들이 동영상을 보거나 댓글을 달 수 있습니다.

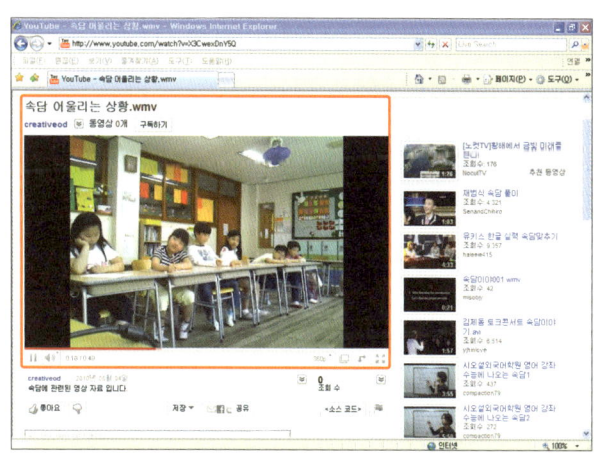

Section 27
에버노트로 모든 수업자료, 평가자료 공유하기

에버노트를 사용하면 PC는 물론 스마트폰에서도 노트를 작성할 수 있기 때문에 언제 어디서나 아이디어가 떠오를 때마다 작성할 수 있습니다. 텍스트, 오디오, 사진, 첨부 파일까지 사용하여 수업 자료를 만들고, 다른 선생님이나 학생들과 공유할 수 있습니다. PC와 스마트폰에서 노트를 작성하고, 공유하는 방법에 대해서 알아보겠습니다.

Section 20 | Section 21 | Section 22 | Section 23 | Section 24 | Section 25 | Section 26 | **Section 27**

Section 27 에버노트로 모든 수업자료, 평가자료 공유하기

에버노트 설치하고, 텍스트 수업 자료 만들기 — Step 01

이런 기능들이 사용됐어요 ➜ [Evernote 다운로드], [새 노트]

■ PC에 에버노트 설치하기

02 » 인터넷에 접속한 다음 에버노트(http://www.evernote.com)에 접속합니다. 상단에서 [제품]을 클릭한 후 [Evernote]를 클릭합니다. [Windows용 Evernote 다운로드]를 클릭하여 프로그램을 다운로드합니다.

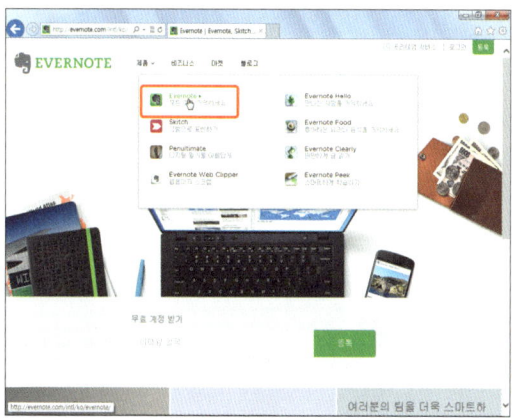 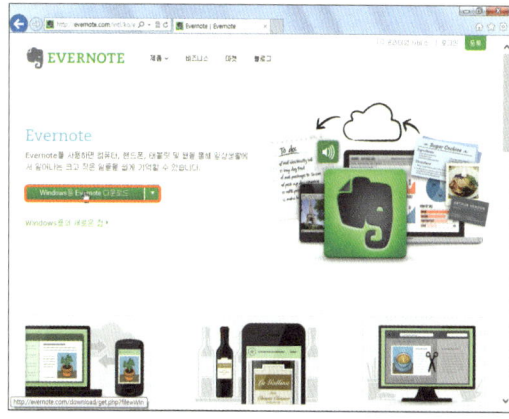

02 » 아래쪽의 [실행] 단추를 눌러 다운로드 후 설치를 시작합니다.

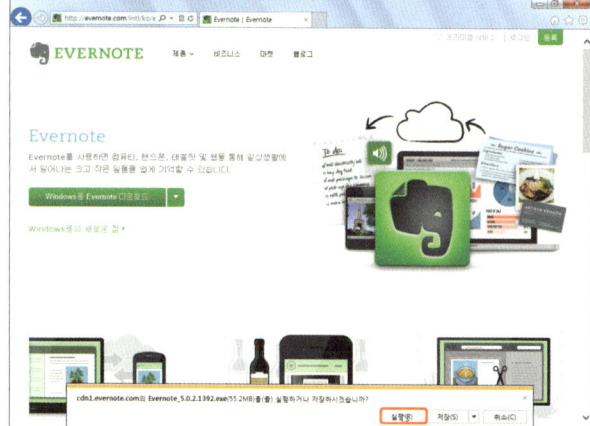

Chapter 05 인터넷 서비스 활용

03 >> 에버노트 설치 마법사가 나타나면 '동의함'에 체크 표시하고, 설치 완료가 되면 [마침] 단추를 클릭합니다.

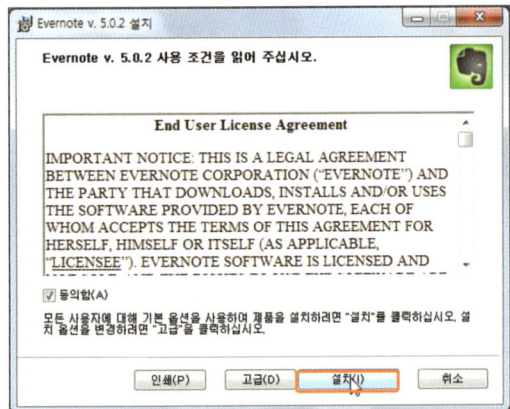 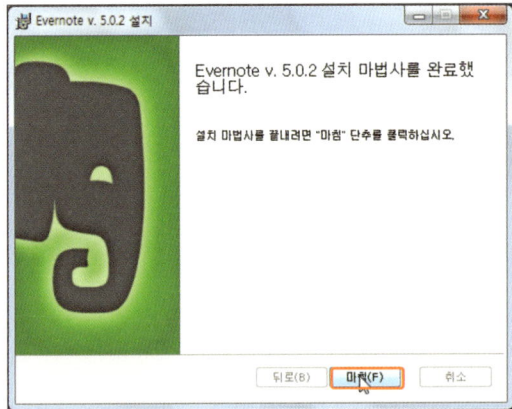

04 >> '사용권 계약'의 '동의함'에 체크 표시하고, [확인] 단추를 클릭합니다. 무료 계정을 받기 위해 이메일, 아이디, 암호를 차례로 입력한 후 [등록] 단추를 클릭합니다.

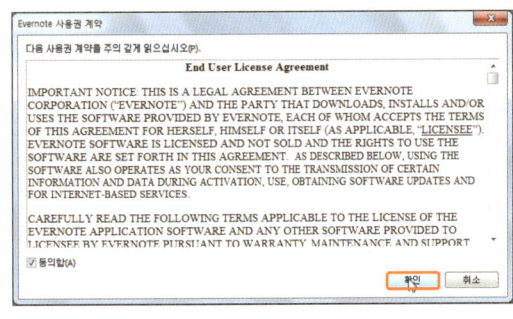 

에버노트 실행

[시작( )]-[모든 프로그램]-[Evernote]-[Evernote]를 클릭합니다.

■ PC용으로 텍스트 메모 만들기

01 » 에버노트가 실행되면 [파일] 메뉴-[새 노트]를 클릭합니다.

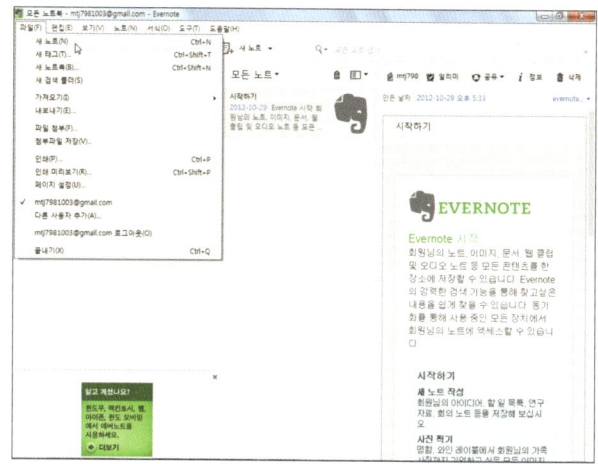

> 상단의 [새 노트]-[새 노트]를 클릭하거나 Ctrl + N 을 눌러도 새 노트를 만들 수 있습니다.

02 » 오른쪽 새 노트 창의 제목과 내용을 차례로 입력하여 수업 자료를 만듭니다.

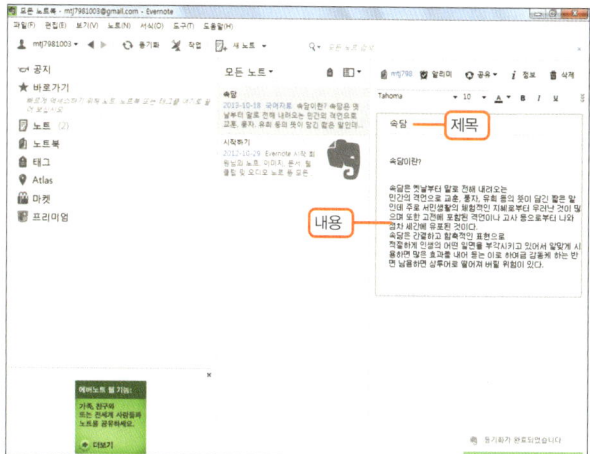

03 » [새 노트] 창 상단의 [정보]를 클릭하여 '태그를 추가하려면 클릭하십시오'를 클릭합니다. '국어자료'라고 입력합니다. 태크를 추가하면 노트를 찾을 때 태그 항목에서 원하는 태그를 클릭하면 쉽게 찾을 수 있습니다.

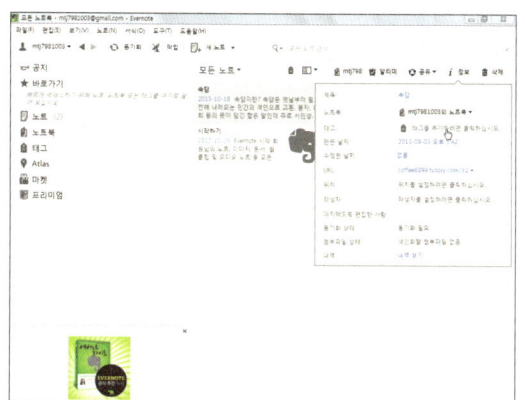 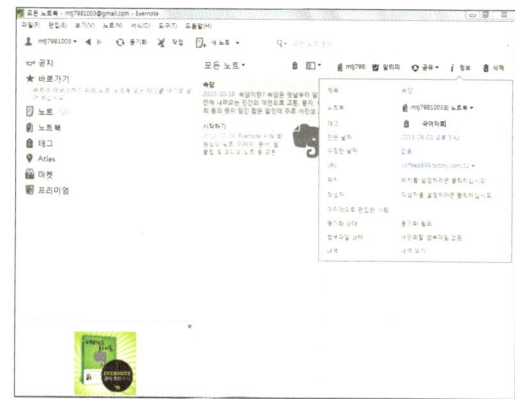

04 '속담이란?'을 블록 지정한 후 도구 모음에서 B를 클릭하여 제목글을 굵게 만듭니다.

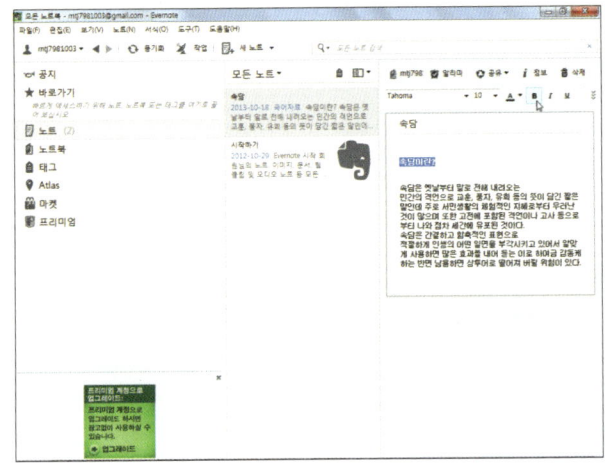

> **도구 모음**
> 를 클릭하면 다양한 서식 기능을 사용할 수 있습니다. 글꼴 색, 굵게, 기울임, 밑줄, 정렬, 글머리 기호, 번호 매기기, 녹음 기능 등이 있습니다.

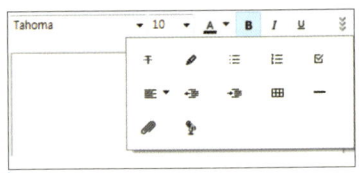

05 상단의 [공유]를 클릭하면 [이메일로 보내기]를 클릭하여 다른 사람과 공유할 수도 있고, [Facebook에 게시], [Twitter에 게시], [Linkedin에 게시] 중에서 선택한 후 각 계정 로그인으로하여 공유할 수 있습니다.

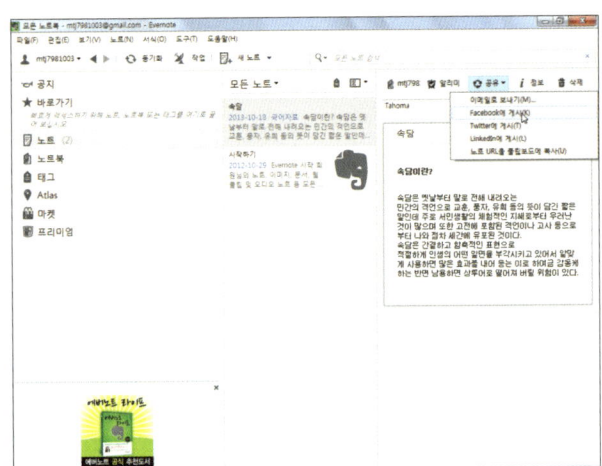

> 저장 단추를 누르지 않아도 자동 저장되고, 동기화는 자동 동기화에 따라 동기화 됩니다. [도구] 메뉴-[설정]에서 [동기화] 탭을 클릭하면 '자동 동기화'에서 시간을 설정할 수 있습니다.

■ 스마트폰에서 텍스트 메모 만들기

01 >> 스마트폰에서 에버노트 앱을 설치한 후 실행합니다. 모든 노트 화면에서 왼쪽 하단의 [새 노트]를 탭한 후 노트에 제목과 내용을 입력합니다.

 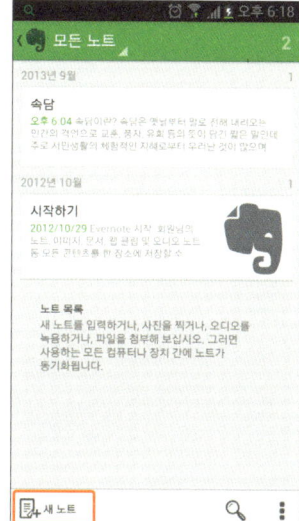 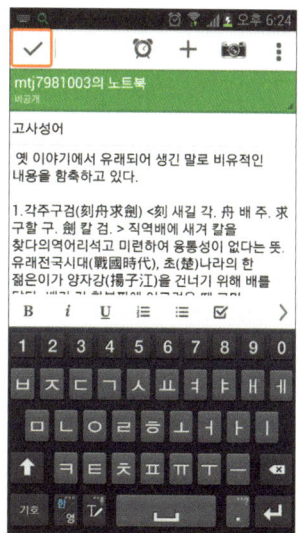

02 >> 노트 왼쪽 하단의 아이콘을 탭한 후 [날짜 설정]을 탭하여 알람 시간을 설정합니다. 이전 화면으로 이동하면 할 일 목록이 나타나는데, 체크 표시하면 한 일로 표시되어 스케줄 관리도 할 수 있습니다.

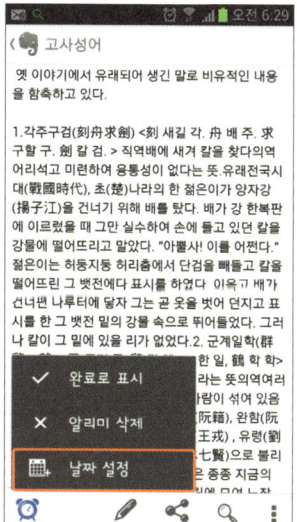  

03 노트 왼쪽 하단의 ◁를 탭하여 공유할 수 있습니다. 각자 스마트폰에 설치된 공유 앱에 따라 화면이 다를 수 있습니다.

04 노트 왼쪽 상단의 🐘를 탭하면 메인 화면으로 이동합니다. 새 노트, 스냅샷, 오디오, 첨부 메뉴 등이 표시됩니다.

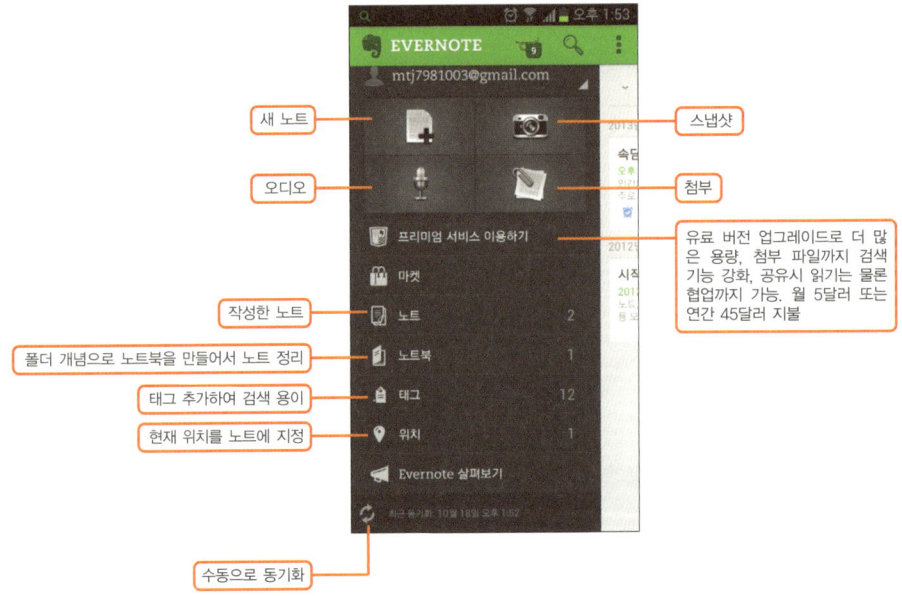

Section 27 에버노트로 모든 수업자료, 평가자료 공유하기

오디오 노트로 수업 자료 만들기 Step 02

이런 기능들이 사용됐어요 ➜ PC에서, 스마트폰에서

■ PC에서 오디오 노트 만들기

01 Ctrl + N 를 눌러 새 노트를 만든 다음 를 클릭하여 도구 모음에서 를 클릭합니다.

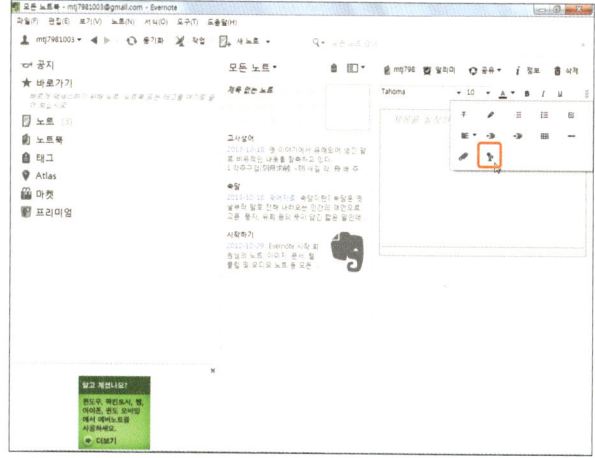

02 [녹음] 단추를 클릭하여 수업 자료로 사용할 내용을 입력합니다.

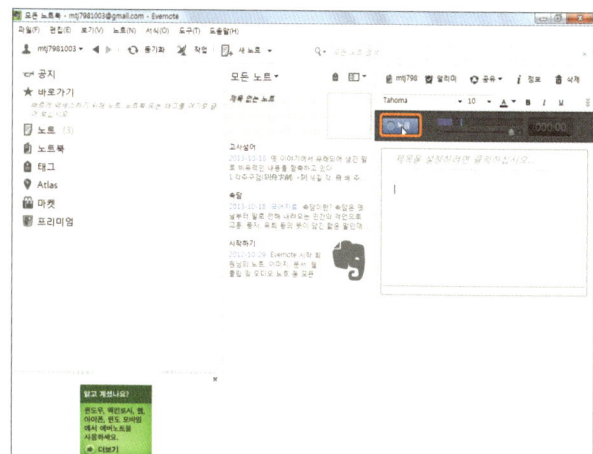

263

Chapter 05 인터넷 서비스 활용

03 >> 녹음을 완료하려면 [저장] 단추를 클릭하고, 제목도 입력합니다.

04 >> 노트에 녹음 파일이 삽입되어 나타납니다. 삽입한 녹음 파일의 ▶를 클릭하여 녹음 내용을 확인합니다.

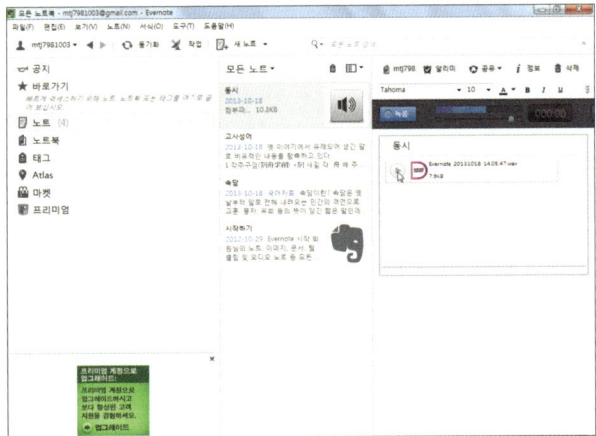

■ 스마트폰에서 오디오 노트 만들기

01 〉〉 꼭 필요한 중요한 강연을 들을 때 기록하면서 강연을 듣기 어렵습니다. 이럴 때 에버노트의 오디오 기능을 사용하면 강연 내용을 모두 오디오 노트로 남길 수 있습니다. 에버노트 메인 화면에서 🎤를 탭하면 녹음이 시작되는데, 제목을 입력하고 녹음을 마치려면 ✓를 탭합니다.

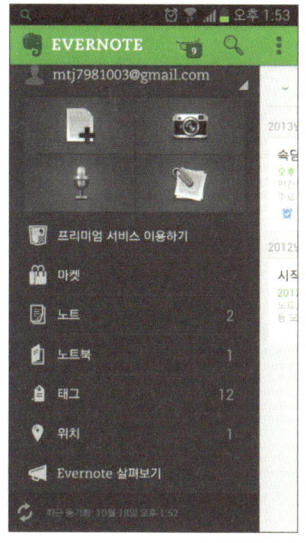 

02 〉〉 녹음 파일이 삽입되면 🔊를 탭하여 [보기]를 탭합니다. 제거하려면 [제거]를 탭합니다. 녹음 내용을 확인한 후 ✓를 탭하여 저장을 완료하고 모든 노트 화면으로 이동하면 음악영어 노트가 생성된 것을 확인할 수 있습니다.

이미지 노트 만들기   Step 03

이런 기능들이 사용됐어요 ➔ PC에서 📎, 스마트폰에서 🖼

■ PC에서 이미지 노트 만들기

01 » Ctrl+N 를 눌러 새 노트를 만든 다음 📋를 클릭하여 도구 모음에서 📎을 클릭합니다.

02 » [열기] 대화 상자에서 '다문화' 파일을 선택한 후 [열기] 단추를 클릭합니다.

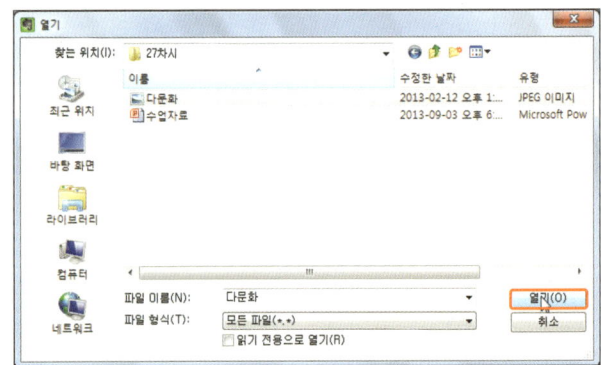

03 » 이미지가 삽입되었습니다. 가운데 모든 노트 중 새로 추가한 다문화 수업 노트를 더블 클릭하면 새 창에서 노트를 크게 볼 수 있습니다.

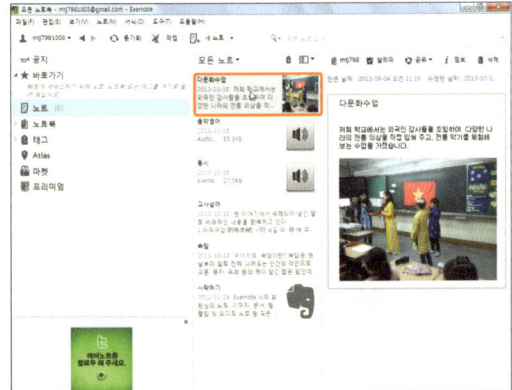

■ 스마트폰에서 이미지 노트 만들고 공유하기

01 » 수업 자료로 적합한 재료를 찾았을 때 사진을 찍어서 빠르게 스냅샷 노트를 만들 수 있습니다. 에버노트 메인 화면에서 ▦를 탭하여 사진을 찍고 체크 버튼을 탭합니다.

탭하여 사진을 찍습니다.

02 » 이미지가 삽입되면 내용을 입력하고 ☑를 탭하여 저장합니다. 모든 노트에 새 이미지 노트가 추가되었습니다. 스냅샷을 탭합니다.

스마트폰 앨범에 저장된 사진을 첨부하려면 탭한 후 [첨부파일]을 탭하여 원하는 사진을 찾아 선택합니다.

03 ›› 작성한 이미지 노트를 확인할 수 있습니다. 하단의 [공유]를 탭하여 공유 앱 중 '카카오톡'을 탭합니다.

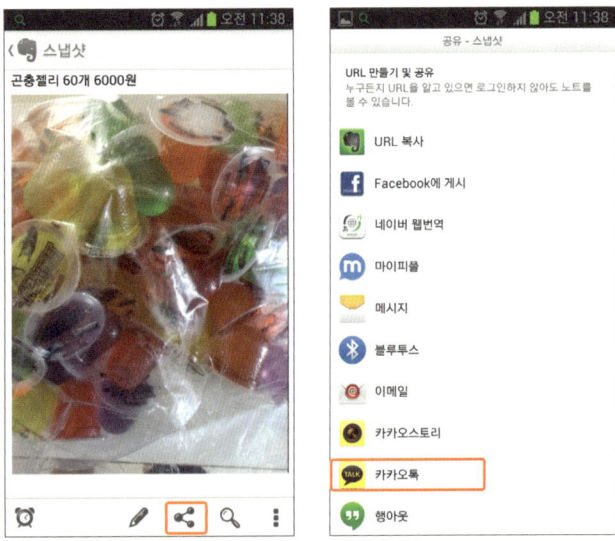

04 ›› 수업 자료를 공유할 대화 상대를 모두 선택한 후 [확인]을 탭하면 스냅샷 링크 주소가 메시지로 전달됩니다. 메시지를 받은 사람은 링크 주소를 탭하여 구매해야 할 수업 자료 사진을 볼 수 있습니다.

Section 27 에버노트로 모든 수업자료, 평가자료 공유하기

첨부 파일 노트 만들기   Step 04

이런 기능들이 사용됐어요 ➡ PC에서 📎, 스마트폰에서 📎

■ **PC에서 문서 첨부 노트 만들기**

01 Ctrl + N 를 눌러 새 노트를 만든 다음 ▦를 클릭하여 도구 모음에서 📎를 클릭합니다.

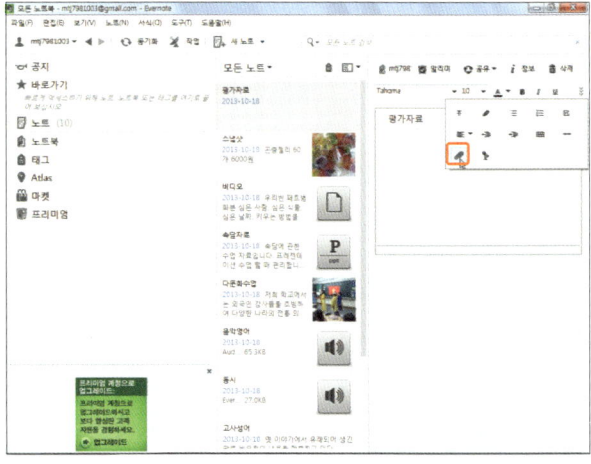

02 한글, PDF, 파워포인트 등의 문서를 첨부할 수 있습니다. '시험문제' 파일을 선택한 후 [열기] 단추를 클릭합니다.

03 노트에 파일이 첨부되었습니다. 다른 사람과 공유하기 위해 [공유]-[이메일로 보내기]를 클릭합니다. 받는 사람에 주소를 입력한 후 메시지 내용을 입력하고 [보내기] 단추를 클릭합니다.

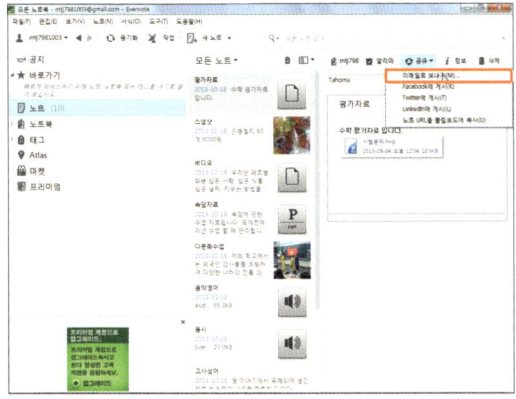
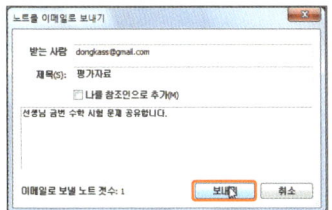

269

Chapter 05 인터넷 서비스 활용

04 메시지가 전송 성공을 알리는 창에 [확인] 단추를 클릭하고, 이메일을 받은 사람은 평가 자료를 공유하게 됩니다.

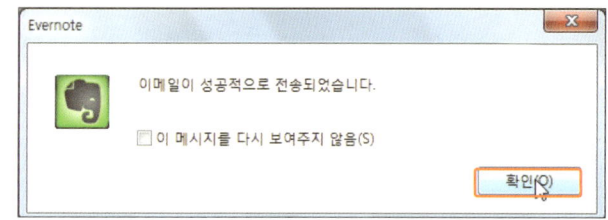

■ 스마트폰에서 동영상 첨부 노트 만들기

01 수행 평가에 필요한 부분을 동영상을 찍어서 공유하려면 ■를 탭한 후 [비디오]를 탭합니다.

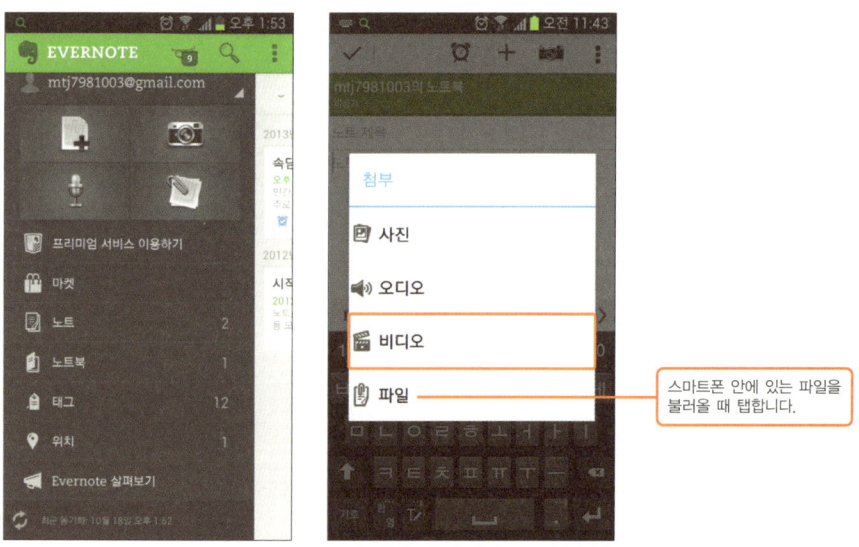

스마트폰 안에 있는 파일을 불러올 때 탭합니다.

02 삽입할 동영상을 선택합니다. 제목과 내용을 입력한 후 ☑를 탭합니다.

03 모든 노트 화면에서 비디오 노트를 탭하면 새로 만든 노트를 확인할 수 있습니다. 첨부된 비디오 파일을 탭하여 동영상을 봅니다. 수행 평가 방법을 설명할 때 동영상을 보여주면 쉽게 이해할 수 있으므로, 학생들과 공유해 보는 것도 좋습니다.

웹 클리핑

에버노트의 장점 중 하나는 웹 클리핑입니다. 웹 상의 좋은 정보를 URL, 텍스트, 이미지, 웹 사이트 전체를 클리핑할 수 있습니다. 인터넷 익스플로러는 에버노트가 설치되면 웹 클리핑 기능이 기본적으로 제공되지만, 다른 웹 브라우저의 경우는 확장 프로그램을 설치해야 합니다.

① 인터넷 익스플로러를 실행한 후 웹 서핑하다가 수집하고 싶은 정보가 있으면 해당 부분을 드래그하여 선택합니다. 마우스 오른쪽 단추를 눌러 [바로 가기 메뉴] 중에서 [선택 항목 클립]을 선택합니다. 에버노트의 새 노트 창이 열리면서 선택 영역이 저장된 것을 확인할 수 있습니다.

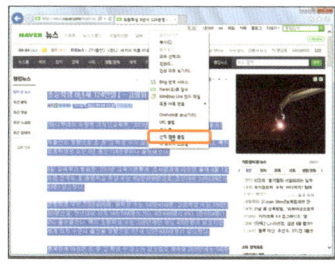 

② 웹 페이지 전체를 스크랩하려면 마우스 오른쪽 단추를 눌러 [바로 가기 메뉴] 중에서 [이 페이지 스크랩]을 선택합니다. 새 노트 창에 웹 페이지가 저장되어 나타납니다.

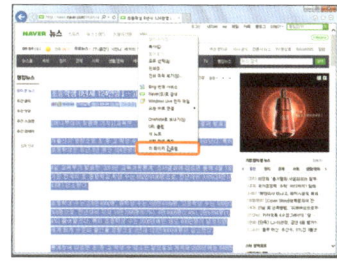 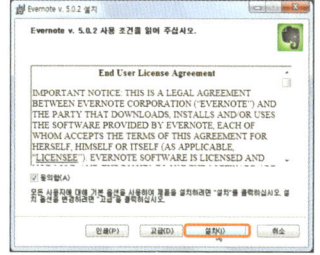

※ 인터넷 익스플로러의 [도구] 메뉴-[인터넷 옵션]의 [보안] 탭에서 '보호 모드 사용'을 체크 해제해야 클리핑할 수 있습니다.

컴 퓨 터 활 용 B E S T 3 0

Chap 06

Section 28   알씨 프로그램으로 사진을 원하는 대로 주무르기
Section 29   무비메이커로 가장 쉬운 우리반 학급영상 만들기
Section 30   알집과 알맵 프로그램 활용하기

유틸리티 활용

유틸리티프로그램이란 사용자가 컴퓨터를 좀 더 쉽고 유용하게 활용할 수 있도록 해주는 프로그램입니다. 일반적인 사진이나 음악, 그리고 동영상 재생 프로그램들이 바로 유틸리티프로그램이라 할 수 있겠습니다. 여기서는 [알씨] 프로그램을 이용해 그림파일을 편집해 활용하는 방법과 [Windows Movie Maker] 프로그램으로 동영상 학습 자료 만드는 방법, 그리고 [알집]과 [알맵] 프로그램으로 파일 압축하는 방법과 지도를 검색해 목적지 찾아가는 방법 등을 배워 보도록 하겠습니다.

Section 28
알씨 프로그램으로 사진을 원하는 대로 주무르기

여러 장의 그림을 빨리 확인하기 위해서는 그림 보기 프로그램을 사용해야 합니다. 알씨는 대표적인 그림 보기 프로그램으로 그림 보기 기능 이외에 꾸미기, 일괄편집, 동영상 만들기 등의 다양한 기능을 제공합니다. 이번 차시에서는 학급에서 많이 사용하시는 알씨 프로그램의 기능에 대해서 알아 보겠습니다.

Section 28 | Section 29 | Section 30

| 완성 파일 : 예제파일\알씨_사진동영상.wmv |

Section 28 알씨 프로그램으로 사진을 원하는 대로 주무르기

그림보기 프로그램 알씨 프로그램 사용하기   Step 01

이런 기능들이 사용됐어요 ➡ 알씨 프로그램 설치, 알씨 프로그램 실행

01 〉〉 [알툴즈] 홈페이지(http://www.altools.co.kr)에 접속한 다음 [알씨]를 클릭하여 알씨 프로그램을 설치합니다. 프로그램을 설치한 후 윈도우 탐색기에서 열어 볼 그림 파일을 더블 클릭합니다.

[알씨]는 그림들을 빠르게 보여주는 그림보기 프로그램으로 간단한 그림 편집 등의 기능도 제공합니다.

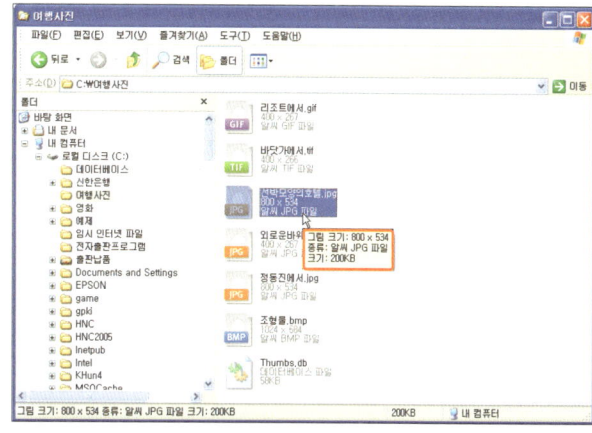

02 〉〉 그림이 큰 화면으로 나타납니다. Ctrl 을 누른 상태에서 마우스의 휠을 돌리면 그림을 확대 또는 축소해서 볼 수 있고 마우스 휠을 돌려서 다음 그림 또는 이전 그림으로 이동할 수 있습니다.

03 〉〉 그림을 더블 클릭하면 목록 보기 화면으로 전환됩니다. 그림을 클릭하면 미리보기 화면에 그림을 크게 볼 수 있습니다.

275

그림 파일 환경 일괄 편집하기 | Step 02

이런 기능들이 사용됐어요 ➔ 이미지 환경 편집, 파일 이름 편집

01 ›› 편집할 그림을 모두 선택한 다음 [도구] 메뉴에서 [일괄 편집하기]를 클릭합니다.

> Ctrl 을 누른 상태에서 파일을 클릭하여 여러 개의 파일을 선택할 수 있습니다.

02 ›› [일괄편집] 대화 상자가 나타나면 편집에서 사용하는 기능을 모두 선택하고 [다음] 단추를 클릭합니다. 해상도를 조절하는 단계가 나타나면 [해상도로 조절하기]를 클릭하고 그림의 가로 크기를 조절하기 위해서 왼쪽 상자에 '400'을 입력하고 [크기에 비례]를 클릭해서 체크한 후 [다음] 단추를 클릭합니다.

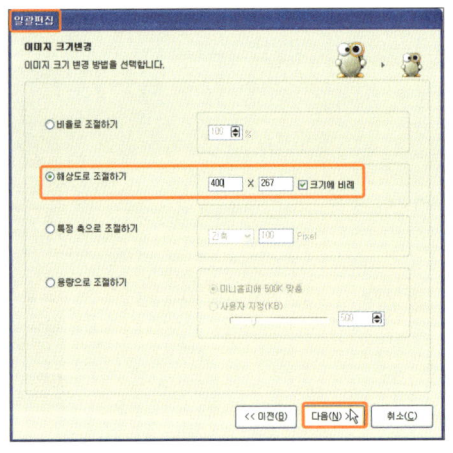

03 ›› 이미지를 회전시킬 수 있는 단계가 나타납니다. 회전시킬 그림을 클릭한 다음 [회전 방향 선택]에서 회전 도구를 클릭해서 회전시킨 후 [다음] 단추를 클릭합니다.

04 >> 파일 이름을 편집하는 단계입니다. [이름변경]의 글상자에서 앞에 '여행#' 을 추가한 후 [다음] 단추를 클릭합니다.

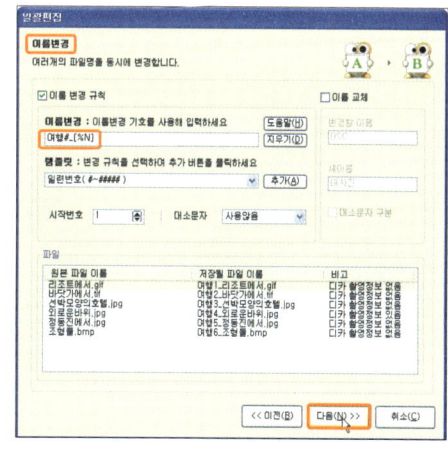

[탬플릿]에서 규칙을 선택한 다음 [추가] 단추를 클릭하면 [이름 변경] 항목에 규칙이 추가됩니다. 변경하기 전에 [도움말]을 클릭해서 이름 규칙에 사용되는 코드를 확인하도록 합니다.

05 >> 저장 포맷과 경로를 지정하는 단계입니다. [변경할 파일 포맷]에 [JPG]를 선택하고 [저장할 경로]에서 [원본 하위 폴더에 저장]에 '변환' 을 입력한 다음 [시작] 단추를 클릭합니다.

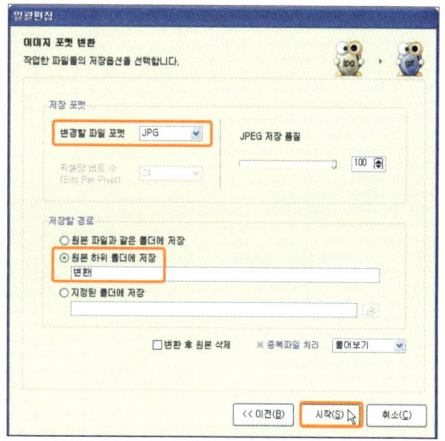

06 >> 설정한 환경에 맞게 변환이 실행됩니다. 변환이 완료되면 [완료] 단추를 클릭하여 변환을 완료합니다. '변환' 폴더에 일괄 처리된 이미지가 저장됩니다.

그림 편집하기 Step 03

이런 기능들이 사용됐어요 ➜ 이미지 색 조절, 이미지 테두리 조절, 이미지 글자 삽입

01 〉〉 이미지 편집할 그림을 클릭해서 선택한 다음 [도구] 메뉴에서 [이미지 꾸미기]를 클릭합니다.

02 〉〉 갈색으로 색상을 변경하기 위해서 [색 조절] 탭을 클릭한 다음 [갈색톤]을 클릭합니다. [적용전:적용후] 탭을 클릭하면 원본과 변환된 내용을 확인할 수 있습니다.

03 〉〉 [액자] 탭을 클릭한 다음 그림 테두리에 넣을 액자 종류를 선택합니다.

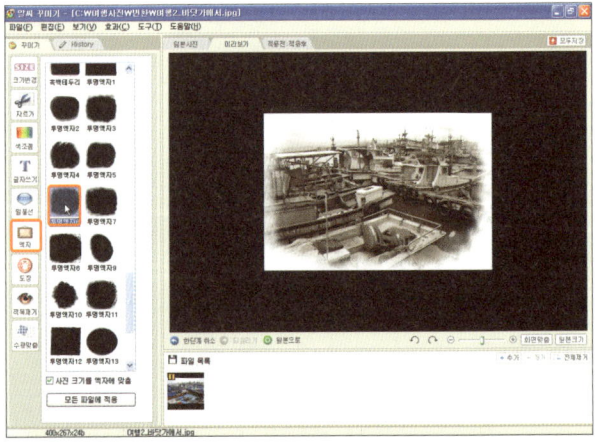

04 그림에 글을 넣기 위해서 [글자쓰기] 탭을 클릭하고 입력란에 글을 입력하고 글자 속성을 설정한 다음 [입력] 단추를 클릭합니다. 그림에 글상자가 삽입되면 마우스로 드래그해서 글자 위치를 조절합니다.

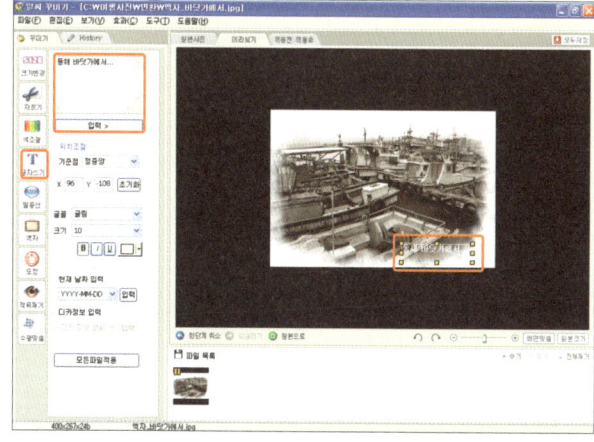

05 그림을 다른 이름으로 저장하기 위해서 [파일] 메뉴에서 [다른 이름으로 저장]을 클릭하여 다른 이름으로 저장합니다.

06 편집된 그림을 확인합니다.

사진과 음악이 흐르는 동영상 만들기

Step 04

이런 기능들이 사용됐어요 ➔ 동영상 화질 선택, 배경 음악 삽입, 화면 효과주기, 자막넣기

01 》 동영상에 사용할 그림들을 선택한 다음 [사진보관함]으로 마우스를 이용해 드래그합니다. [사진보관함]에 사진이 등록되었으면 [동영상] 단추를 클릭합니다.

02 》 알씨 동영상 만들기가 실행됩니다. 화질을 선택하고 [다음] 단추를 클릭합니다.

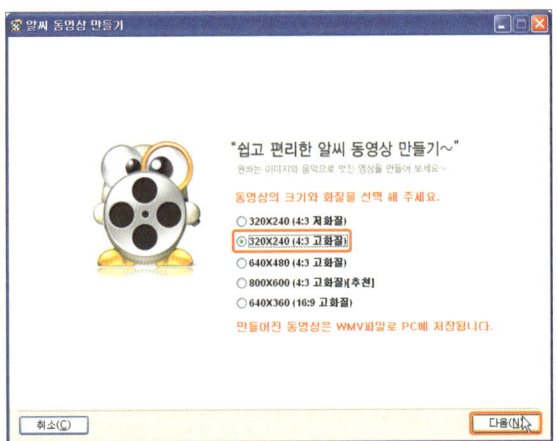

03 》 [음악] 항목에서 단추를 클릭하면 나타나는 [열기] 대화 상자에서 배경 음악에 넣을 음악 파일을 선택하고 [다음] 단추를 클릭합니다.

04 ›› [화면 전환 효과]에서 사진이 바뀔 때 적용할 효과를 선택하고 [액자 효과]에 액자 그림을 고른 후 [다음] 단추를 클릭합니다.

05 ›› 그림에 글을 넣기 위해서 각 그림에 해당한 글상자에 글을 입력하고 글자 속성과 글자 위치를 지정한 후 [만들기] 단추를 클릭합니다.

06 ›› 동영상을 저장할 위치를 선택한 후 [저장] 단추를 클릭해서 동영상을 저장합니다. 동영상을 보기 위해서 [동영상 보기] 단추를 클릭하면 동영상이 실행됩니다.

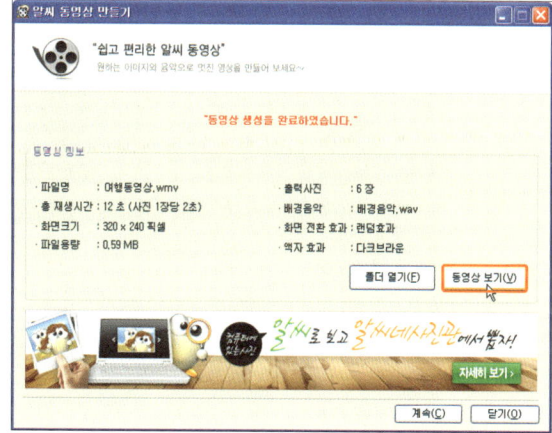

Section 29

무비 메이커로 가장 쉬운 우리 반 학급영상 만들기

윈도우7의 무비 메이커는 윈도우 라이브에서 다운로드할 수 있습니다. 윈도우XP의 무비 메이커에 비해서 인터페이스도 바뀌고, 기능도 많이 좋아졌습니다. 동영상 마법사 테마가 추가되어서 더 쉽고 빠르게 영상을 만들 수 있고, 텍스트에도 애니메이션을 지정할 수 있습니다. 또한 무료 음악을 다운로드 할 수 있는 사이트로도 연결할 수 있어서 편리합니다. 이 차시에서는 학급영상을 만들어보도록 하겠습니다.

| 완성 파일 : 예제 파일\학급영상.mp4, 학급영상.wlmp |

Section 29 무비 메이커로 가장 쉬운 우리 반 학급영상 만들기

무비 메이커 설치하고, 사진 불러오기

Step 01

이런 기능들이 사용됐어요 ➡ Windows 필수 패키지 다운로드, [비디오 및 사진 추가] 메뉴

01 〉〉 윈도우 라이브 다운로드(download.live.com)에 접속한 후 [지금 다운로드]를 클릭합니다.

· 윈도우 필수 패키지에는 스카이드라이브, 메신저, 메일, 사진 갤러리 및 무비 메이커 등을 무료로 다운로드하여 프로그램을 설치할 수 있습니다.

02 〉〉 [실행] 단추를 클릭하여 설치를 시작합니다.

03 〉〉 어떤 프로그램을 설치하겠냐는 물음에 [설치하려는 프로그램 선택]을 클릭합니다.

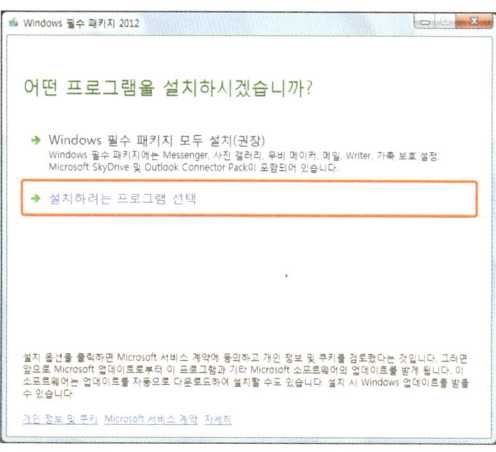

· 윈도우 필수 패키지 중에서 필요한 프로그램만 설치하고자 할 때 선택합니다.

283

04 ›› 설치할 프로그램 선택 창에서 '사진 갤러리 및 무비메이커'만 체크 표시하고 나머지는 체크 해제한 후 [설치] 단추를 클릭합니다.

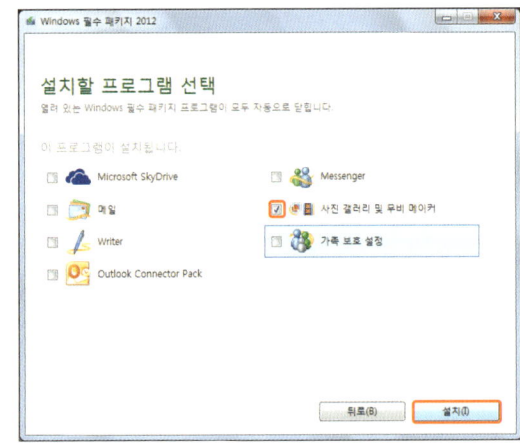

05 ›› 선택한 프로그램 설치가 진행되고, 설치 완료 창이 나타나면 [지금 다시 시작] 단추를 클릭하여 재부팅 후 사용합니다.

06 ›› [(시작)]-[모든 프로그램]-[무비 메이커]를 클릭합니다.

07 >> 처음 무비메이커를 실행했을 때만 Microsoft 서비스 계약 화면이 나타나는데, [동의함] 단추를 클릭합니다.

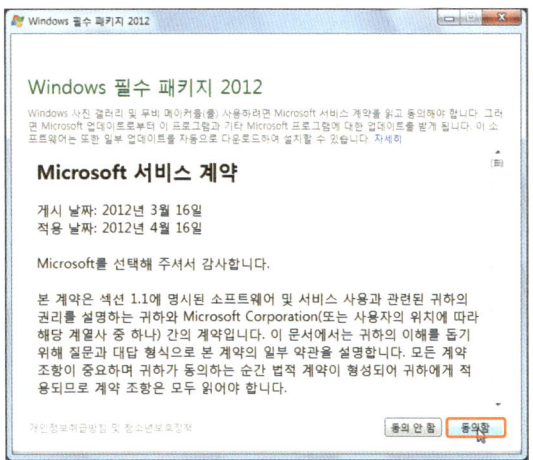

08 >> 무비 메이커 프로그램이 실행됩니다.

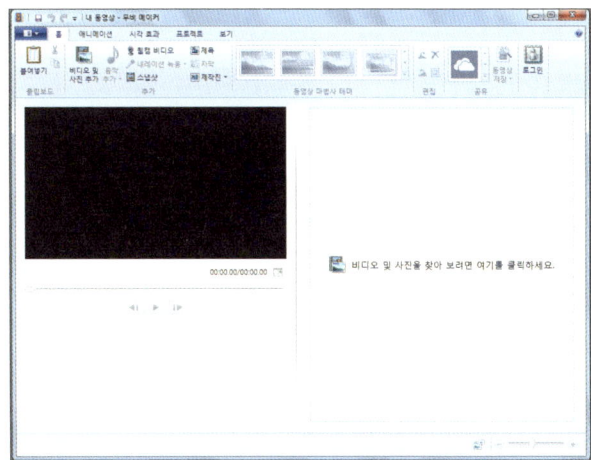

09 >> 사진을 불러오기 위해 [홈] 탭-[추가] 그룹-[비디오 및 사진 추가]를 클릭합니다.

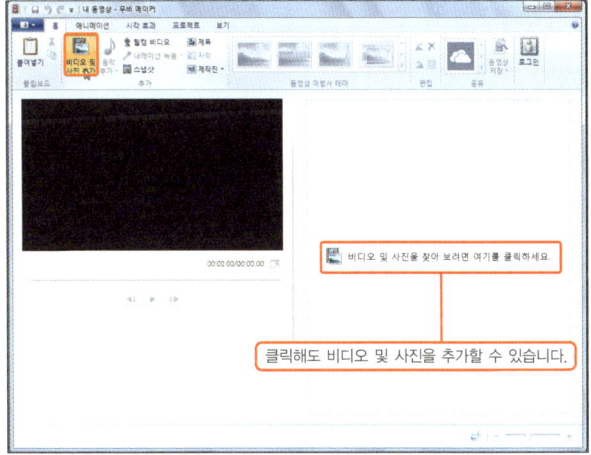

클릭해도 비디오 및 사진을 추가할 수 있습니다.

10 » [비디오 및 사진 추가] 대화 상자에서 사진을 모두 선택한 후 [열기] 단추를 클릭합니다.

> Shift 를 누른 채 파일을 선택하거나 파일 하나를 선택한 후 Ctrl + A 를 누르면 전체 파일이 선택됩니다.

11 » 화면 오른쪽에 사진이 나열됩니다. 사진 순서를 변경하기 위해 변경할 사진을 선택한 후 드래그하여 원하는 위치로 옮깁니다.

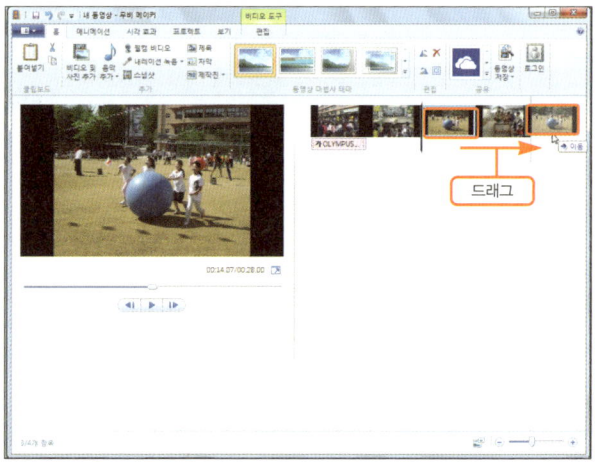

12 » 사진 순서가 맨 끝으로 바뀌었습니다.

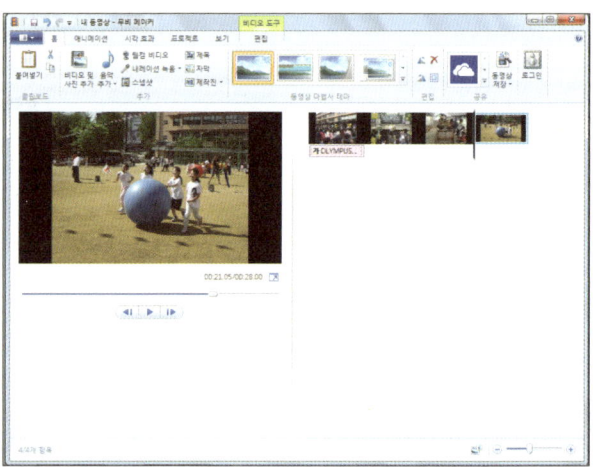

Section 29 무비 메이커로 가장 쉬운 우리 반 학급영상 만들기

무료 음악 다운로드하고 삽입하기   Step 02

이런 기능들이 사용됐어요 ➡ 새 온라인 음악 찾기, PC에서 음악 추가

01 » [홈] 탭-[추가] 그룹-[음악 추가]-새 온라인 음악 찾기의 [Free Music Archive]를 클릭합니다.

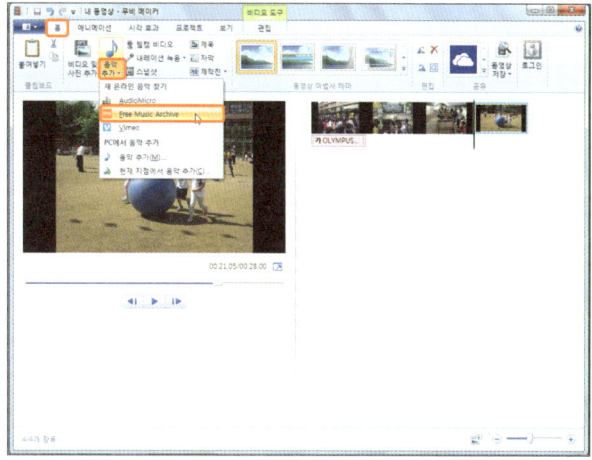

새 온라인 음악 찾기
온라인에서 음악을 검색해서 다운로드를 할 수 있는 사이트와 바로 연결할 수 있도록 무비 메이커에서 제공하고 있습니다. 사이트에 따라 금액을 지불하고 다운로드 할 수도 있고, 무료로 제공하는 사이트도 있습니다. 'Free Music Archive' 사이트에서는 무료로 음악을 다운로드 할 수 있습니다.

02 » 사이트에 접속되면 왼쪽에서 원하는 대로 검색할 수 있습니다. 여기에서는 'Artist, Album or Song Title'에 'love'라고 입력하고, 'Genre' 아래 'Only Instrumental'에 체크 표시하고 Enter 를 누릅니다.

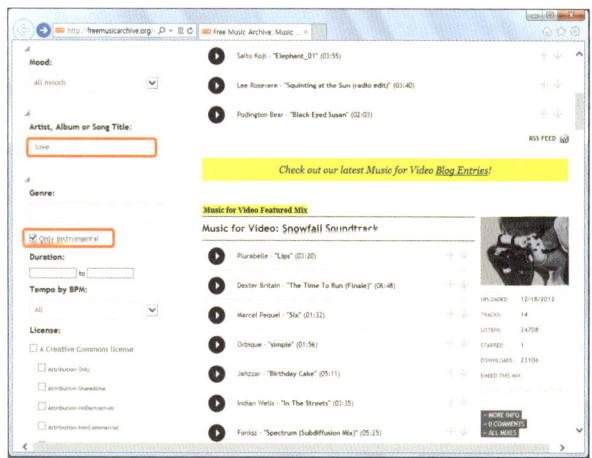

287

Chapter 06 유틸리티 활용

03 사랑에 관련된 연주곡만 검색됩니다. 다운로드 하고 싶은 곡의 ▶를 클릭하여 연주곡을 미리 들어봅니다.

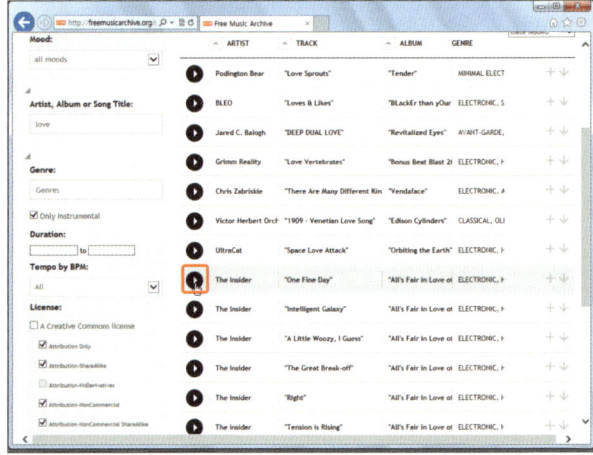

04 곡이 마음에 들면 ⬇를 클릭한 후 저장하기 위해 아래쪽의 [저장의 ▼]-[다른 이름으로 저장]을 클릭합니다.

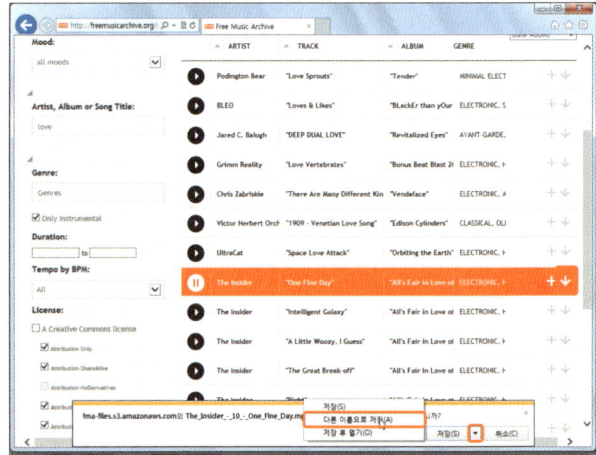

05 [다른 이름으로 저장] 대화 상자에 저장 위치를 지정한 후 [저장] 단추를 클릭합니다.

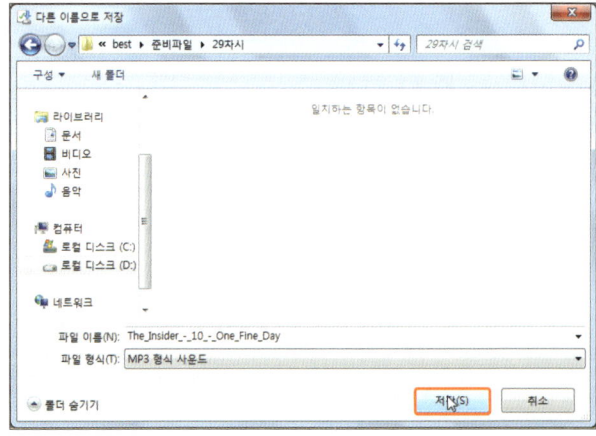

Section 29 무비 메이커로 가장 쉬운 우리 반 학급영상 만들기

06 » 다운로드한 음악을 삽입하기 위해 [홈] 탭-[추가] 그룹-[음악 추가]-PC에서 음악 추가의 [음악 추가]를 클릭합니다.

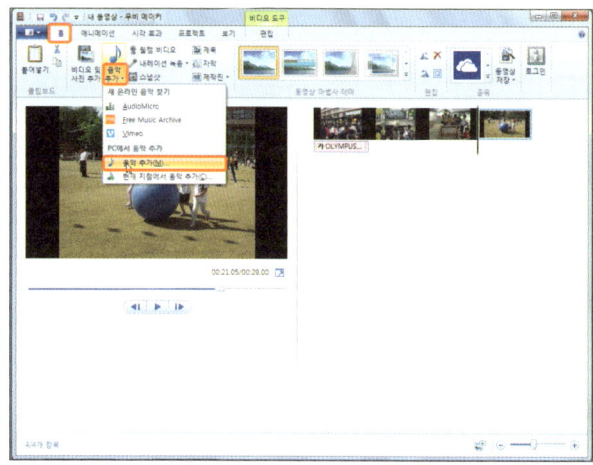

07 » [음악 추가] 대화 상자에서 음악을 저장한 폴더를 연 후 파일을 선택하고 [열기] 단추를 클릭합니다.

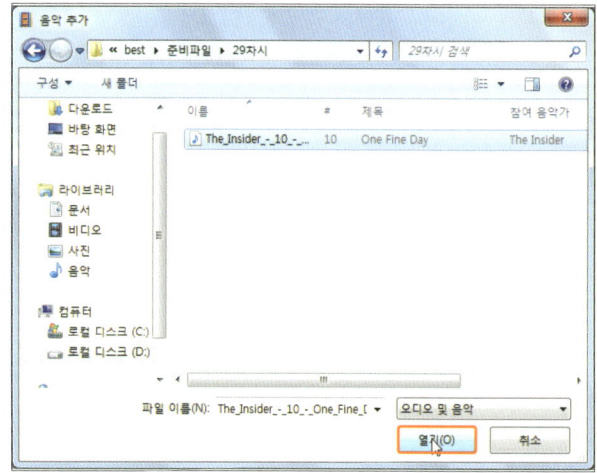

08 » 전체 사진 재생 시간에 맞게 음악 길이가 조정되어 삽입되었습니다.

289

09 >> 음악을 점점 크게 시작하고, 점점 작게 종료하기 위해 [음악 도구]의 [옵션] 탭-[오디오] 그룹의 [페이드 인]을 '보통'으로, [페이드 아웃]도 '보통'으로 설정합니다.

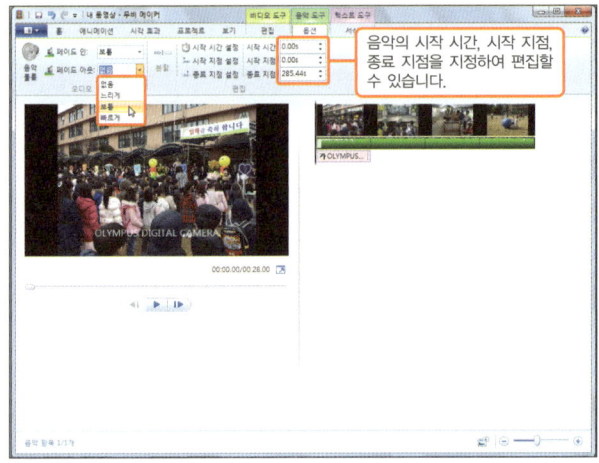

음악의 시작 시간, 시작 지점, 종료 지점을 지정하여 편집할 수 있습니다.

10 >> 왼쪽의 미리 보기 화면에서 ▶를 클릭하여 화면과 음악을 미리 보기 화면에서 확인해 봅니다.

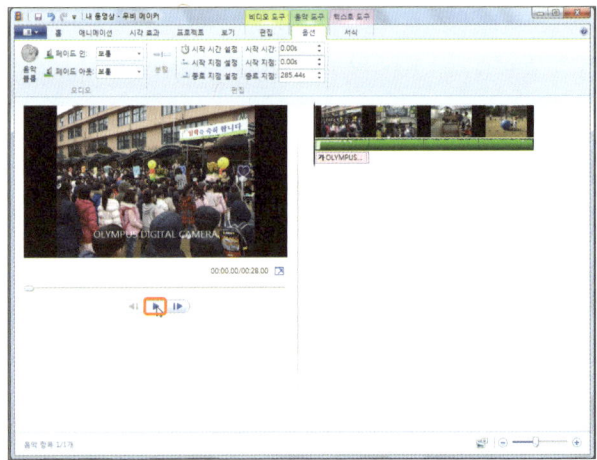

Section 29 무비 메이커로 가장 쉬운 우리 반 학급영상 만들기

동영상 마법사 테마로 영상 만들기 | Step 03

이런 기능들이 사용됐어요 → [동영상 마법사 테마]

01 [홈] 탭-[동영상 마법사 테마] 그룹-[시네마틱]을 클릭합니다.

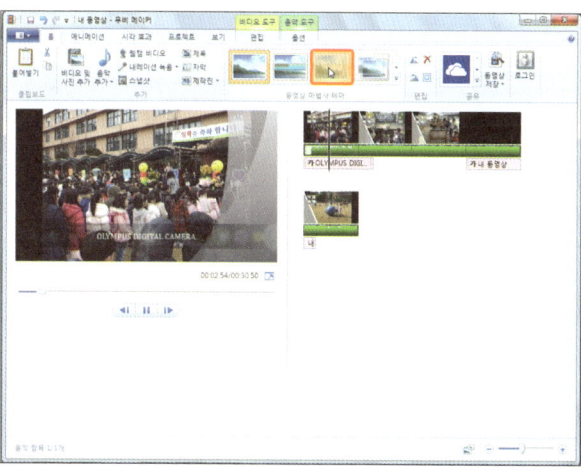

> 동영상 마법사 테마를 사용하면 애니메이션 전환 효과, 제목, 자막 효과까지 한꺼번에 적용할 수 있어서 손쉽게 전문가가 작업한 듯한 효과를 적용할 수 있습니다.

02 왼쪽의 미리 보기 화면에서 ▶를 클릭하여 애니메이션 전환 효과, 자막, 제목 효과를 확인해 봅니다.

03 첫 번째 장면을 선택한 후 [텍스트 도구]의 [서식] 탭-[조정] 그룹-[텍스트 편집]을 클릭합니다. 텍스트를 수정할 수 있습니다.

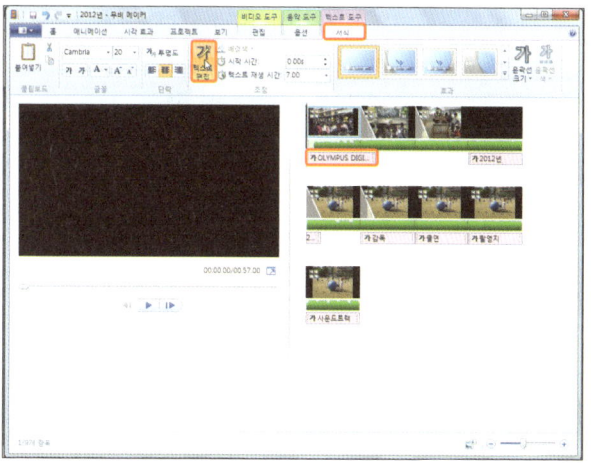

291

04 》 '입학식'이라고 텍스트를 수정한 후 [조정] 그룹에서 '텍스트 재생 시간'을 [5.00]으로 조정합니다.

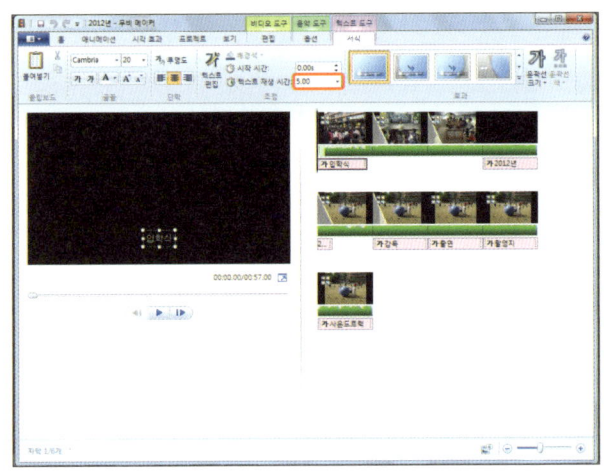

> **현재 장면 길이를 조정하려면**
> 편집할 장면을 선택한 후 [비디오 도구]의 [편집] 탭-[조정] 그룹의 '재생 시간'에서 길이를 조정할 수 있습니다. 현재 '7:00'으로 설정되어 있으므로, 텍스트 길이는 장면 길이를 생각해서 조정합니다. 배경색을 변경하려면 [조정] 그룹의 [배경색]을 클릭하여 변경할 수 있습니다.
>
>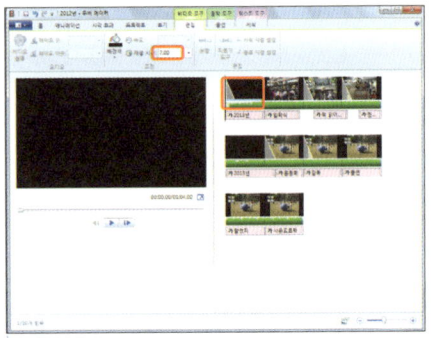

05 》 두 번째 장면을 선택한 후 [홈] 탭-[추가] 그룹-[자막]을 클릭합니다. 장면에 자막이 추가되면 '책 읽어주기'라고 입력한 후 [텍스트 도구]의 [서식] 탭-[조정] 그룹의 '시작 시간'은 [7.02s], '텍스트 재생 시간'은 [5.00]으로 조정하고, [효과] 그룹-[시네마틱]-[왼쪽으로 버스트]를 선택하여 애니메이션 효과를 적용합니다.

06 » 두 번째 장면의 자막을 선택하고 Ctrl +C를 누른 후 세 번째 장면을 선택하고 Ctrl +V를 누릅니다. 효과까지 복사되어 나타나므로 [텍스트 도구]의 [서식] 탭-[텍스트 편집]을 클릭하여 '현장학습'으로 수정하고, '시작 시간'은 [14.00], '텍스트 재생 시간'은 [5.00]으로 조정합니다.

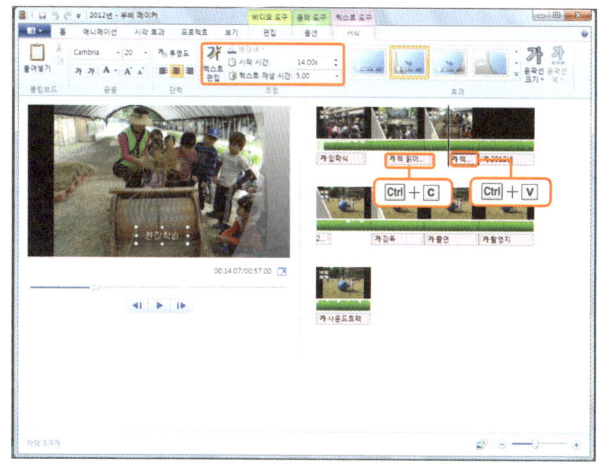

07 » 네 번째 장면은 텍스트만 '2013년'으로 수정합니다.

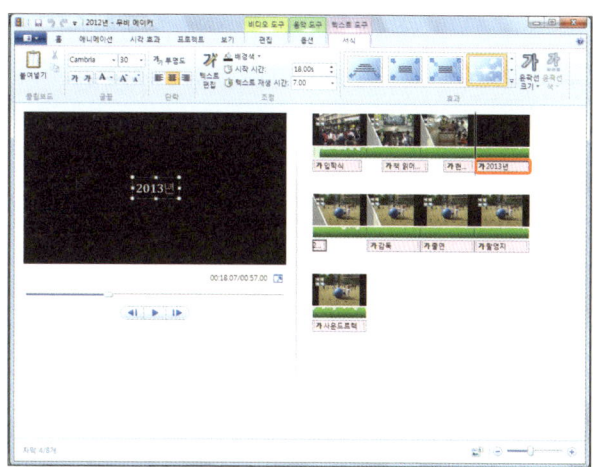

08 » 다섯 번째 Ctrl+V를 눌러서 텍스트를 '운동회'로 수정합니다. '시작 시간'은 [25:00], '텍스트 재생 시간'은 [5:00]으로 조정합니다.

09 » 나머지 장면들은 선택하여 텍스트를 본인의 상황에 맞게 수정합니다. 마지막 장면에는 사운드트랙 제목이 입력되어 있습니다.

10 » 첫 번째 장면 앞에 제목을 추가하기 위해 첫 번째 장면을 선택한 후 [홈] 탭-[추가] 그룹-[제목]을 클릭합니다. 제목 텍스트를 다음처럼 입력하고, [텍스트 도구]의 [서식] 탭-[단락] 그룹-[≡](가운데 맞춤)를 클릭합니다.

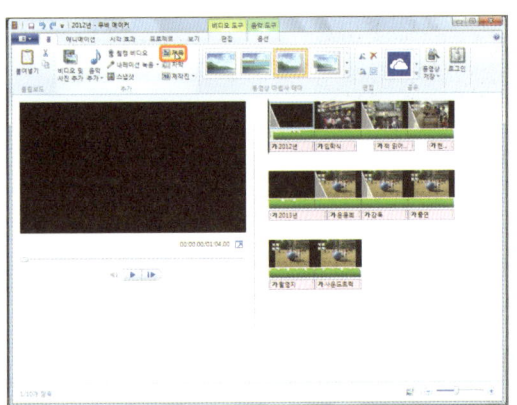 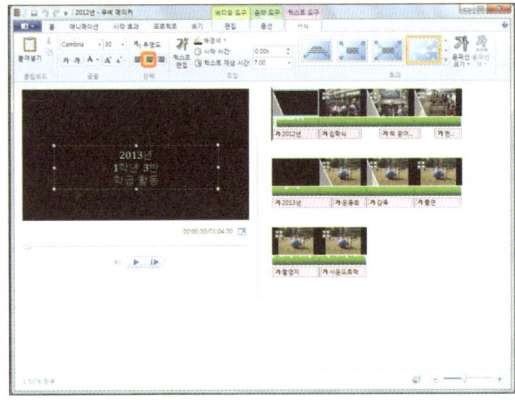

11 » 왼쪽의 미리 보기 화면 아래의 ↗(전체 화면 미리 보기)를 클릭하여 지금까지 편집한 동영상 미리 보기 영상을 본 후 수정할 부분이 있으면 수정합니다.

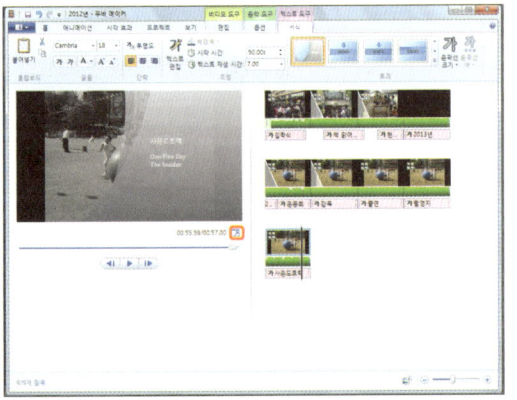 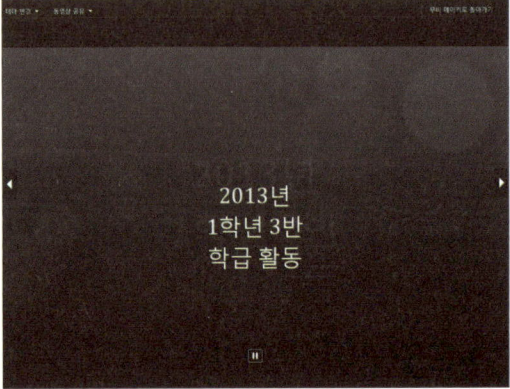

12 ›› 현재 완성한 동영상을 공유할 수도 있습니다. [홈] 탭-[공유] 그룹-[▼](자세히)]를 클릭하면 동영상 공유 사이트가 나타납니다. 그 중 하나를 선택한 후 [동영상 해상도 선택] 창에서 해상도를 선택합니다.

 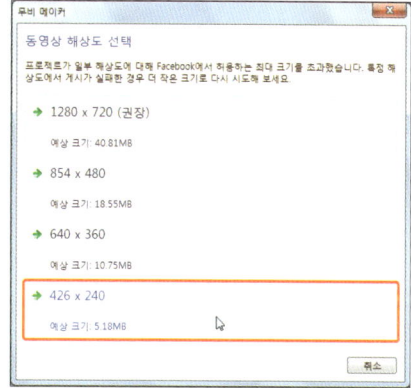

13 ›› 마이크로소프트 계정에 로그인해야 무비 메이커에서 다른 웹 사이트로 동영상을 게시할 수 있으므로, 마이크로소프트의 아이디와 암호를 입력한 후 [로그인] 단추를 클릭합니다. 마이크로소프트 계정이 없을 경우에는 '계정 신청'을 한 후 로그인합니다.

14 ›› 선택한 유튜브 로그인 창이 나타나면 사용자 이름과 암호를 입력한 후 [로그인] 단추를 클릭합니다. 계정이 없는 경우에는 먼저 유튜브 회원 가입을 한 후 로그인합니다.

15》 [YouTube에 비디오 게시] 창에 제목, 설명, 태그, 카테고리, 공개 여부를 모두 입력하고, 설정하면 [게시] 단추가 활성화됩니다. [게시] 단추를 클릭하면 무비 저장 창이 진행되고, 차례로 게시 창이 진행됩니다. 유튜브에 동영상이 게시됩니다.

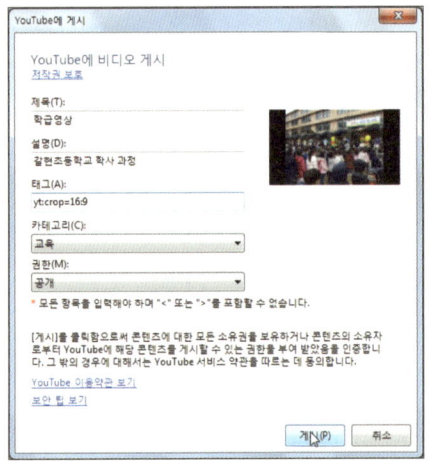

16》 [홈] 탭-[공유] 그룹-[동영상 저장]을 클릭하여 나에게 맞는 설정을 선택합니다. 여기서는 [컴퓨터용]을 선택한 후 저장 위치와 파일 이름을 입력하여 [저장] 단추를 클릭합니다.

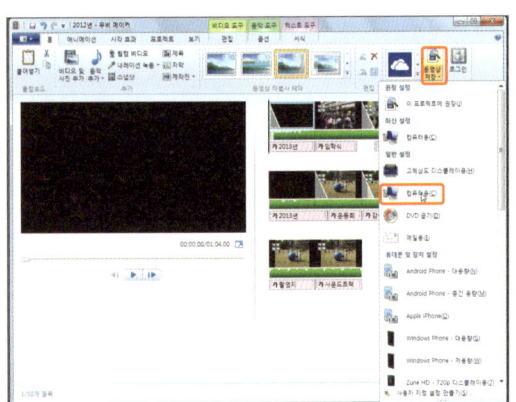 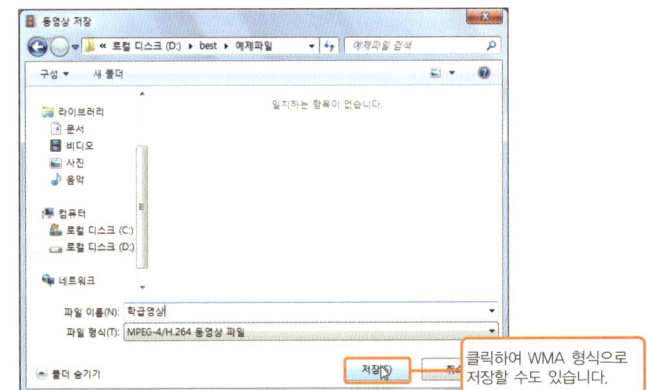

클릭하여 WMA 형식으로 저장할 수도 있습니다.

프로젝트 탭

[프로젝트] 탭-[가로 세로 비율] 그룹에서 장면 비율을 선택할 수 있습니다. 기본적으로 [와이드스크린(16:9)]으로 설정되어 있는데, 여기서는 기본 설정 그대로 저장합니다. 그 외 오디오 믹스, 내레이션 강조, 비디오 강조, 음악 강조 등의 설정을 할 수 있습니다.

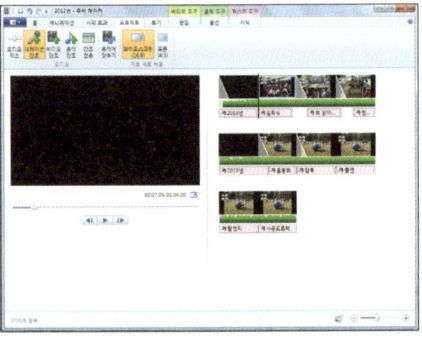

17 » 무비 저장 완료 메시지에 [재생] 단추를 클릭하고, 동영상이 정상적으로 동작하는지 확인합니다.

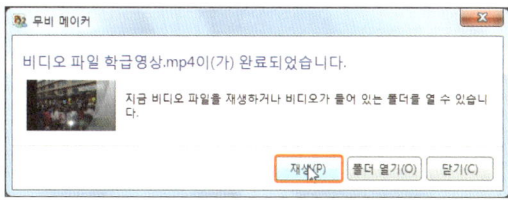

18 » [☰(무비 메이커)] 단추-[다른 이름으로 프로젝트 저장]을 클릭합니다.

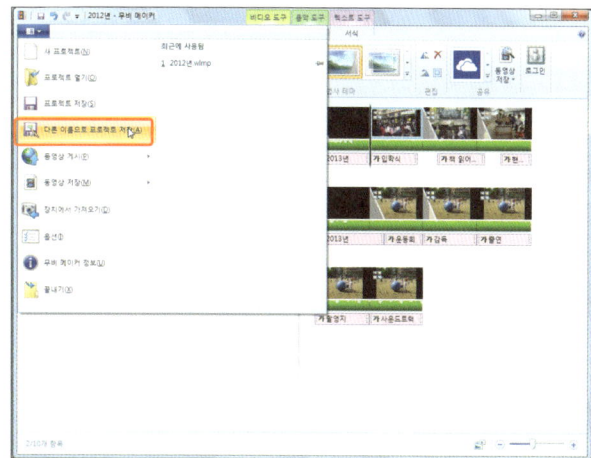

19 » 저장 위치와 파일 이름을 입력하여 프로젝트 파일도 저장해 둡니다. 동영상 수정 시에 프로젝트 파일이 필요하므로 꼭 저장해 둡니다.

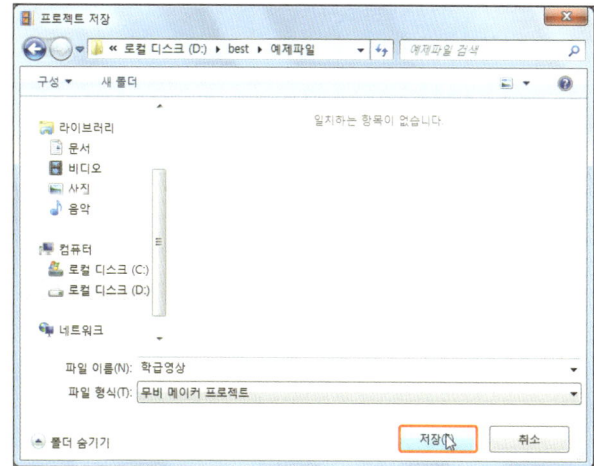

Section 30 알집과 알맵 프로그램 활용하기

알집 프로그램을 이용하면 압축 파일에 추가 파일을 압축하거나 지정한 용량 크기에 맞게 나누어서 압축할 수 있고, 비밀번호를 지정하여 비밀번호를 알아야만 압축을 풀 수 있도록 할 수 있습니다. 또 다른 프로그램인 알맵은 지도 검색 프로그램으로, 지도 검색뿐만 아니라 네비게이션처럼 출발지에서 목적지까지 나레이션의 육성과 함께 모의주행도 할 수 있습니다.

Section 28 | Section 29 | **Section 30**

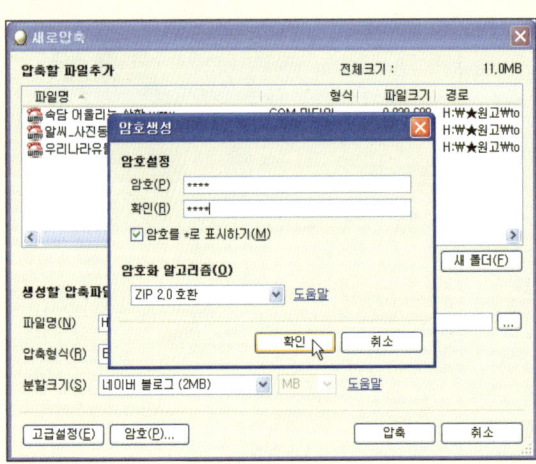

Section 30 알집과 알맵 프로그램 활용하기

빠른 압축과 압축 내용 추가하기 — Step 01

이런 기능들이 사용됐어요 ➜ 알집으로 압축

01 [Windows 탐색기]에서 압축할 파일을 선택한 다음 마우스 오른쪽 단추를 클릭하고 ['폴더명.zip' 으로 압축하기]를 클릭합니다.

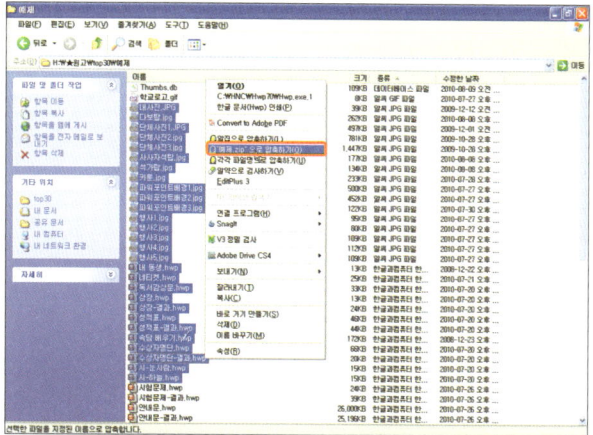

자료가 있는 폴더의 이름으로 압축하기는 가장 빨리 데이터를 압축할 때 사용합니다.

02 선택한 파일을 압축하여 '예제.zip' 파일이 만들어 집니다. 만일 압축 파일에 다른 파일을 추가하려면 추가할 파일을 압축파일로 드래그합니다.

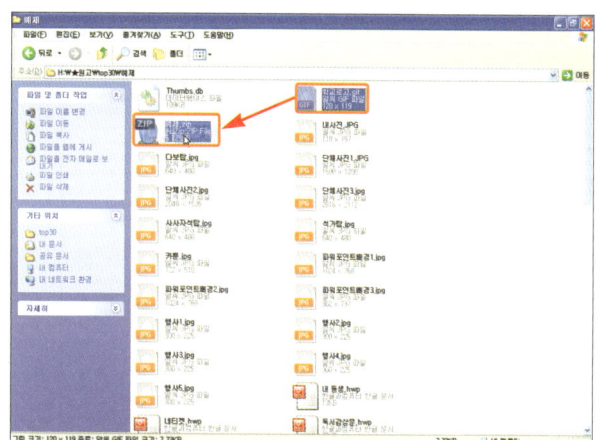

ZIP은 가장 일반적인 압축 파일 포맷입니다. 그러므로 다른 곳으로 보낼 때는 가능한 ZIP 파일 형식으로 압축해서 보내도록 합니다.

03 압축이 완료되었다는 메시지가 나타납니다.

분할 압축하고 압축 비밀번호 지정하기 Step 02

이런 기능들이 사용됐어요 ➔ 분할 압축, 암호 생성

01 » 압축할 파일을 선택한 다음 마우스 오른쪽 단추를 누르고 [알집으로 압축하기]를 클릭합니다.

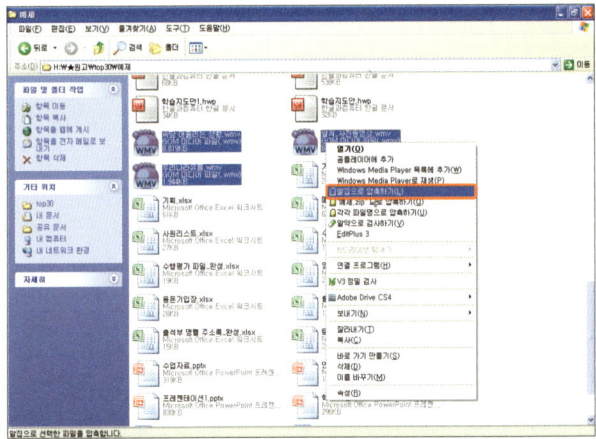

02 » [압축형식]을 [EGG]로 선택하고 [분할 크기]를 [네이버 블로그(2MB)]를 선택합니다.

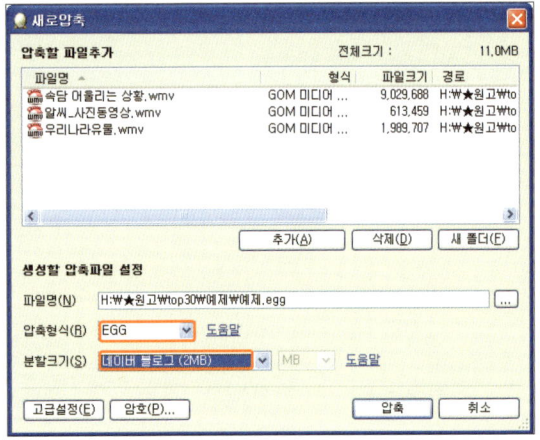

* EGG는 알집 전용 압축 파일 형식으로 다른 압축 프로그램에서는 지원하지 않을 수 있습니다.

03 » [암호] 단추를 클릭하면 나타나는 [암호 생성] 대화 상자에서 [암호]와 [확인]란에 암호를 입력하고 [확인] 단추를 클릭합니다.

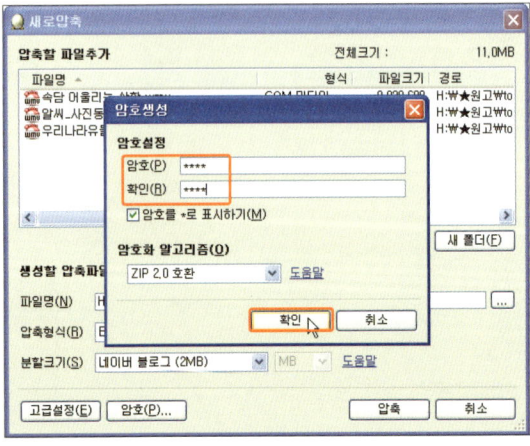

* EGG로 압축한 압축 파일은 알집 프로그램으로 압축을 해제해야 합니다.

Section 30 알집과 알맵 프로그램 활용하기

04 » [압축] 단추를 클릭하면 압축이 실행됩니다. 압축이 정상적으로 이루어지면 압축이 완료되었다는 메시지 창이 나타납니다. [폴더 열기] 단추를 클릭하면 압축 파일이 있는 폴더가 나타납니다.

05 » 2MB 크기로 압축 파일이 만들어 졌습니다.

블로그 등의 게시판에는 파일당 파일 크기가 제한되어 있습니다. 용량이 클 경우에는 분할 압축을 이용하여 나누어서 올려야 합니다.

06 » 압축된 파일을 더블 클릭하여 압축 해제를 실행하면 암호를 묻는 메시지가 나타납니다. 분할 압축에 사용된 모든 파일들이 모두 존재해야 하며 압축 암호를 알아야만 압축 해제를 할 수 있습니다.

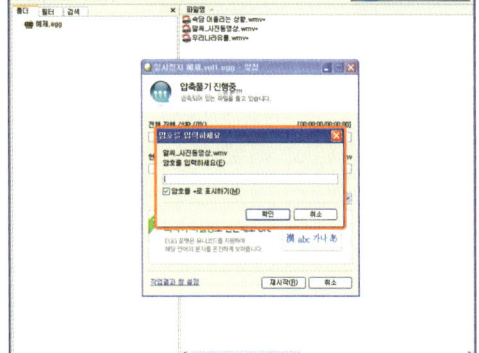

암호가 설정된 파일은 파일 이름 뒤에 '+'가 표시되어 있습니다.

알맵으로 우리 학교 찾기   Step 03

이런 기능들이 사용됐어요 ➜ 알맵 프로그램 다운받기, 주소로 목적지 찾기

01 ›› [알툴즈] 홈페이지(http://www.altools.co.kr)에 접속한 다음 [제품소개] 메뉴에서 [알맵]을 클릭하면 나타나는 페이지에서 [다운로드] 단추를 클릭해서 프로그램을 다운로드받은 후 설치합니다.

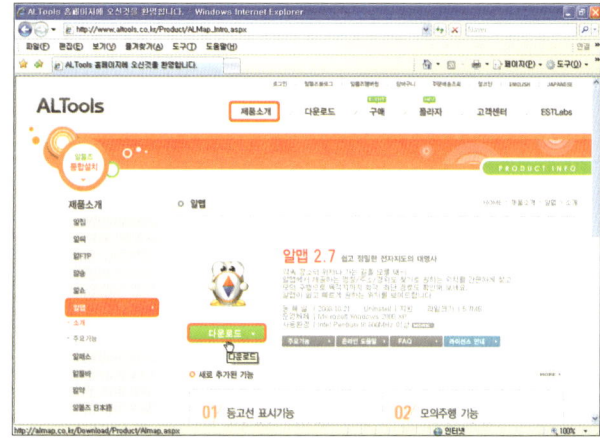

02 ›› [알맵] 프로그램을 다운로드받고 설치한 다음 프로그램을 실행합니다. [지역선택]에서 자신의 학교 주소를 입력합니다.

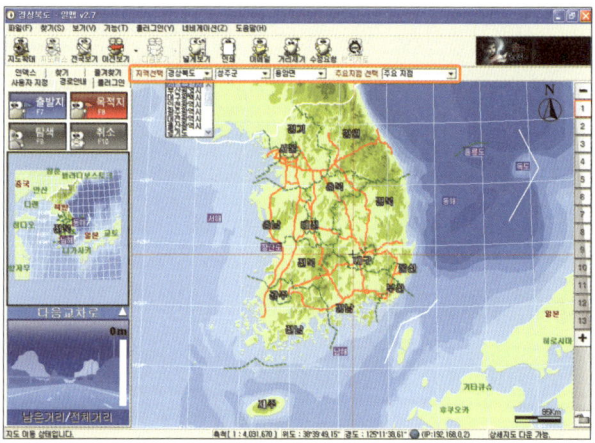

03 ›› 학교를 찾았으면 [+] 단추를 클릭하여 지도를 확대합니다.

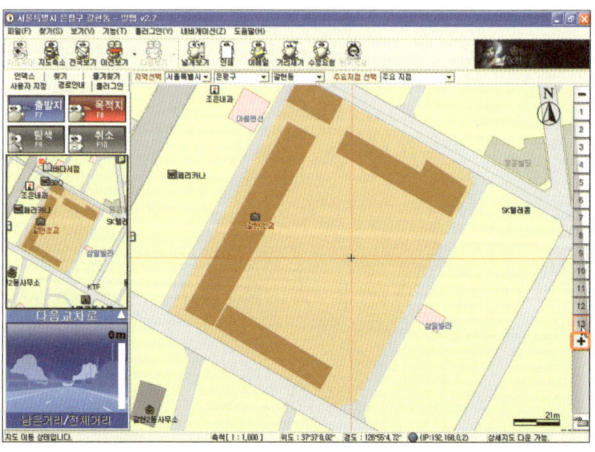

Section 30 알집과 알맵 프로그램 활용하기

우리 학교 거리 재기

Step **04**

이런 기능들이 사용됐어요 ➡ 거리재기

01 》 학교의 거리를 재보기 위해서 [거리재기] 단추를 클릭한 다음 거리를 재기시작할 곳을 마우스 오른쪽 클릭합니다.

02 》 거리를 잴 곳을 마우스로 클릭해서 거리를 확인합니다.

03 》 같은 방법으로 학교의 전체 거리를 재봅니다. Esc 를 눌러 거리 재기 편집을 완료합니다.

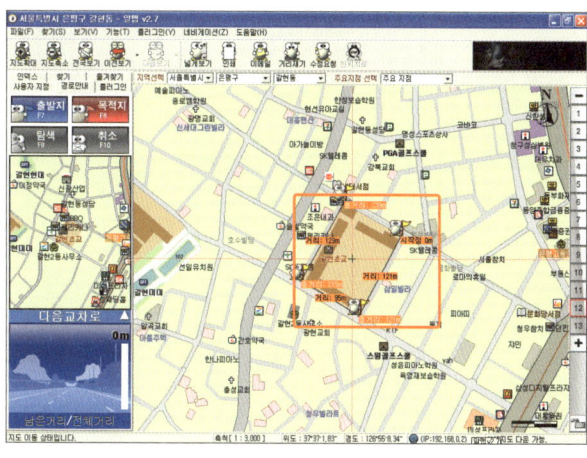

[기능]-[거리재기 지우기] 메뉴를 클릭하면 거리 재기로 표시된 내용들이 지워집니다.

303

Chapter 06 유틸리티 활용

목적지까지 자동 주행하기   Step 05

이런 기능들이 사용됐어요 ➡ 출발지 지정, 목적지까지의 정보 보기, 모의주행

01 » [찾기] 탭을 클릭한 다음 자신의 주소를 입력해서 위치를 검색합니다. 결과가 나타나면 목록을 클릭해서 해당 주소로 이동합니다.

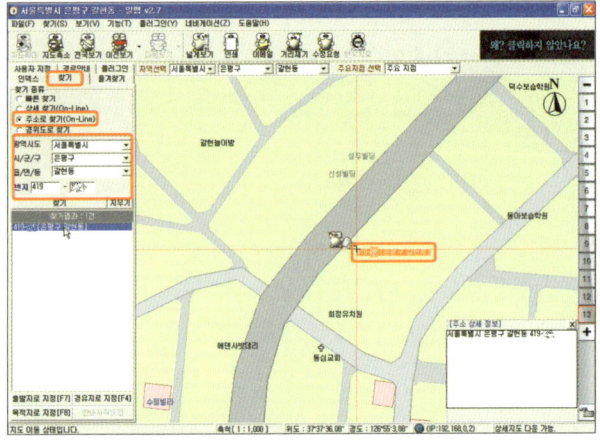

02 » [출발지로 지정] 단추를 클릭해서 검색한 주소를 출발지로 지정합니다.

F7 을 눌러 출발지 위치를 지정할 수 있습니다.

03 » 학교를 검색한 다음 [경로안내] 탭을 클릭하고 [목적지] 단추를 클릭하여 학교를 목적지로 지정합니다.

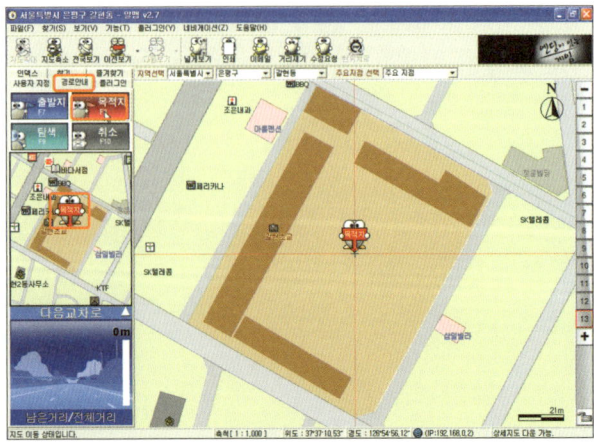

F8 을 눌러 목적지 위치를 지정할 수 있습니다.

Section 30 알집과 알맵 프로그램 활용하기

04 >> [탐색] 단추를 클릭합니다. 출발지에서 목적지까지 이동 거리 및 교통 정보, 예상 시간, 예상 비용 정보들이 나타납니다.

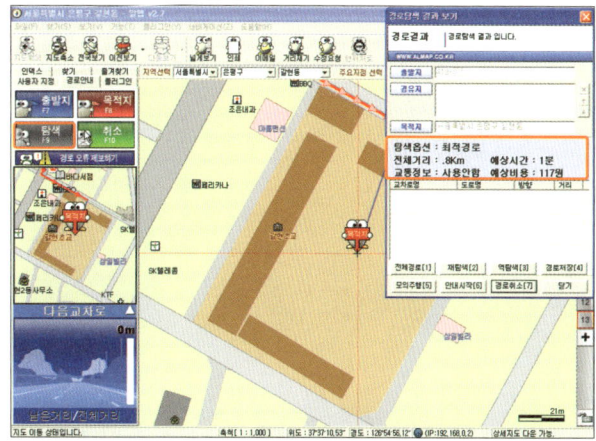

05 >> [모의주행] 단추를 클릭하면 출발지부터 목적지까지 도달 과정을 나래이션의 안내 설명과 함께 모의 주행이 실행됩니다.

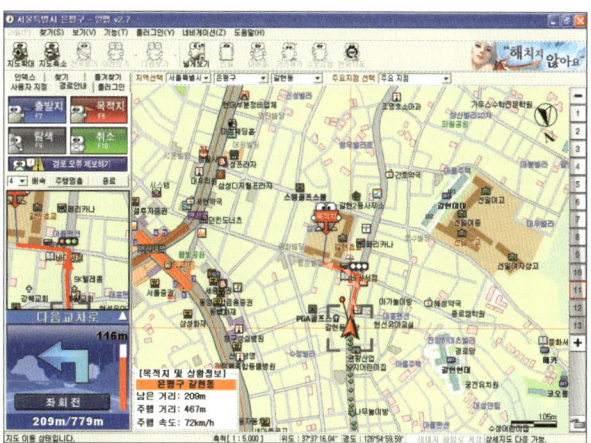

06 >> 같은 방법으로 '잠실종합운동장'을 목적지로 지정한 후 탐색을 실행해보고 [모의주행]을 실행하여 주행 과정을 살펴보세요.

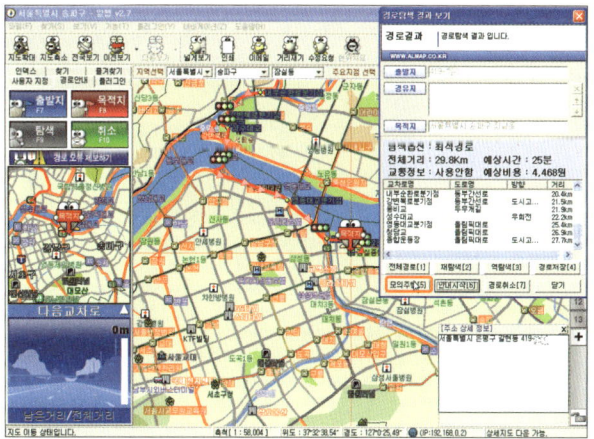

305

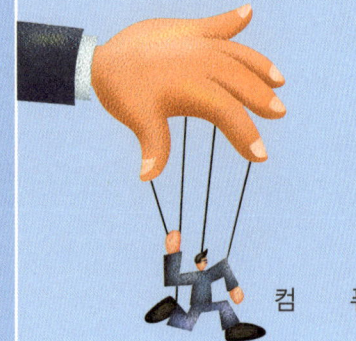

컴 퓨 터 활 용 BEST 30

◎ 동영상에서 음성을 녹음해주는 곰녹음기
◎ 오피스 2007 메뉴 위치를 확인해주는 프로그램
◎ 사진을 마음대로 편집해주는 포토스케이프

파워 유틸리티

앞의 본문에서 살펴본 프로그램 외에도 작업에 유용할 것 같은 몇 가지 프로그램을 부록으로 추가해 보았습니다. 부록에서는 동영상에서 음성만 녹음해주는 곰녹음기와 오피스 2007 프로그램들의 메뉴 위치를 확인해주는 프로그램, 메신저 네이트온으로 상대방의 컴퓨터를 원격 제어하는 방법, 포토스케이프를 이용하여 사진을 마음대로 편집하기 등을 마지막으로 배워 보도록 하겠습니다.

동영상에서 음성을 녹음해주는 곰녹음기

01 [곰TV] 홈페이지(http://gom.gomtv.com)에 접속한 다음 [곰녹음기]를 클릭하고 관련 프로그램을 다운로드받아 설치한 다음 [곰녹음기]를 실행합니다.

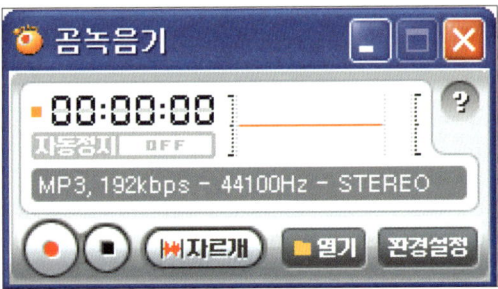

02 [녹음/일시 정지] 단추를 클릭하면 파일 이름을 지정하는 대화 상자가 나타납니다. 녹음될 파일이 저장될 폴더 위치를 지정하고 파일 이름을 입력한 다음 [저장] 단추를 클릭합니다.

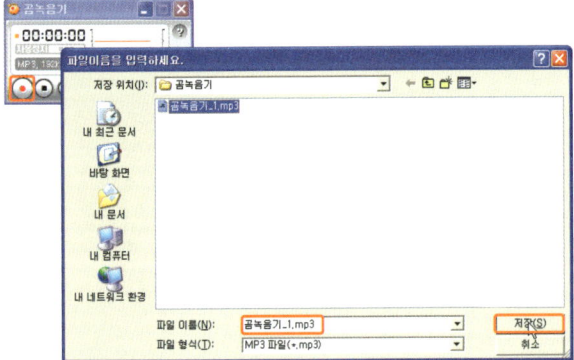

03 녹음이 진행됩니다. 음성을 녹음할 동영상을 열면 동영상의 음성이 기록됩니다. 녹음을 중지하려면 ⏺ [정지] 단추를 클릭해서 녹음을 완료합니다.

04 [열기] 단추를 클릭하면 음악 파일이 저장된 폴더가 열립니다. 파일을 더블 클릭해서 녹음된 음성을 확인합니다.

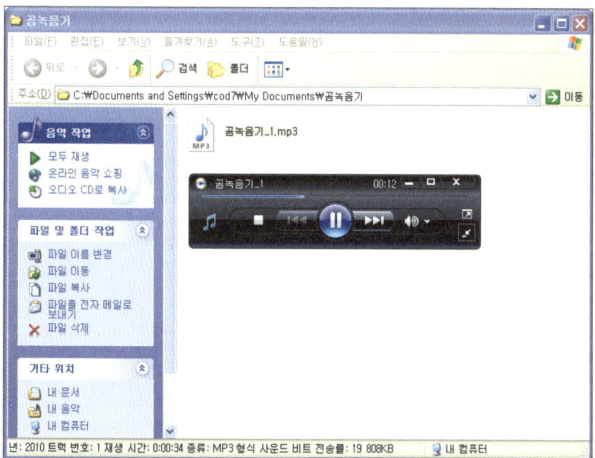

오피스 2007 메뉴 위치를 확인해주는 프로그램

01   'Excel 2003 to Excel 2007.exe' 파일은 엑셀 메뉴를 소개해주는 프로그램이고 'PowerPoint 2003 to PowerPoint 2007.exe'은 파워포인트 메뉴를 소개해주는 프로그램입니다. 여기서는 엑셀을 실행해 보겠습니다. 창이 열리면 [시작] 단추를 클릭합니다.

02   엑셀 2003 메뉴 화면이 나타납니다. 확인하고 싶은 메뉴에 마우스 포인터를 위치합니다. 풍선 도움말로 엑셀 2007에서 해당 메뉴 위치를 알려줍니다.

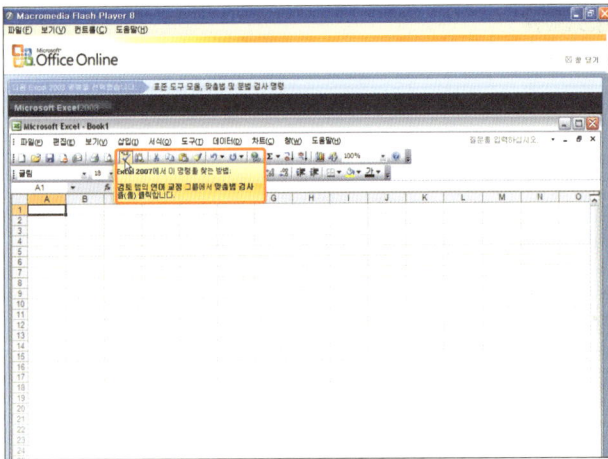

03 엑셀 2007을 실행합니다. 설명에 따라 엑셀 2007 프로그램에서 해당 메뉴를 찾을 수 있습니다.

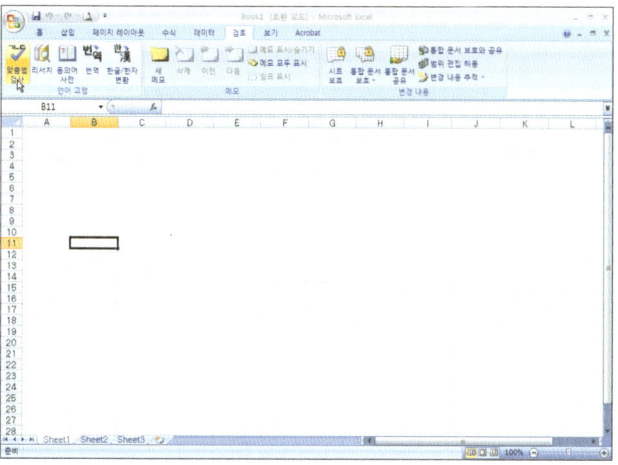

네이트온으로 친구 컴퓨터 원격 제어하기

01 [네이트온] 홈페이지(http://nateonweb.nate.com)에 접속해서 회원가입 후 네이트온 프로그램을 설치합니다. 네이트온 프로그램이 설치되었다면 프로그램을 실행합니다. 원격 제어할 친구의 목록을 더블 클릭합니다.

02 친구의 대화 창이 열리면 단추를 클릭하고 [원격제어]를 클릭합니다.

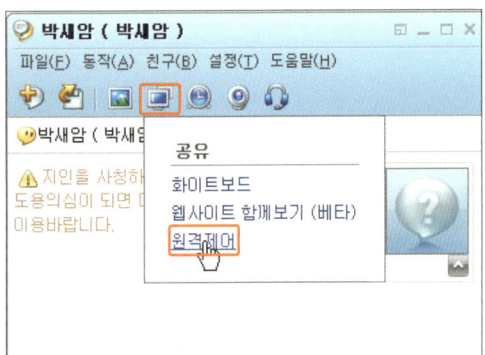

03 원격제어를 친구에게 신청합니다. 친구가 원격제어를 수락하면 원격제어를 수락했다는 메시지가 표시됩니다.

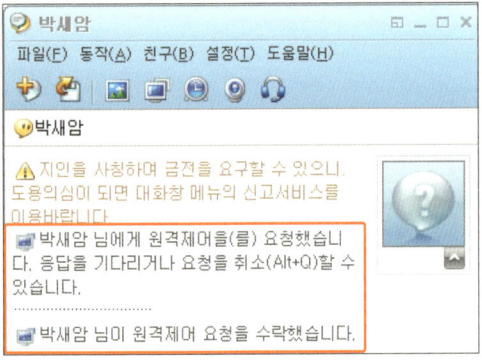

04 [네이트온 원격제어] 창에 친구의 모니터 화면이 나타납니다. 친구의 컴퓨터를 내 컴퓨터처럼 다룰 수 있습니다. 원격 제어를 종료하려면 [연결] 메뉴에서 [연결 끊기]를 클릭합니다.

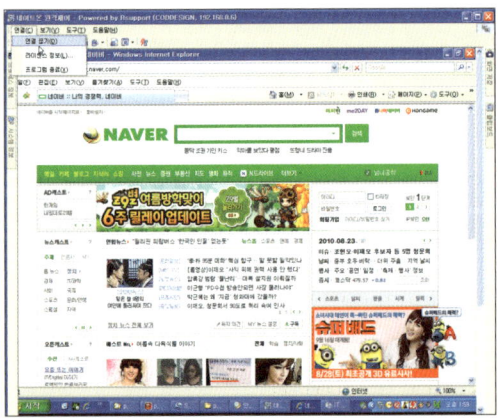

사진을 마음대로 편집해주는 [포토스케이프]

01 [포토스케이프] 홈페이지(http://www.photoscape.co.kr)에 접속한 다음 프로그램을 다운로드받아서 설치합니다. 포토스케이프가 설치되면 여러 장의 사진을 재미있게 꾸미기 위해서 [페이지] 아이콘을 클릭합니다.

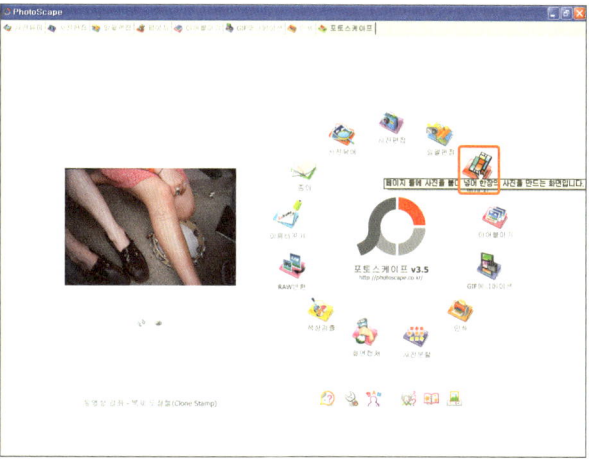

02 오른쪽 화면에서 사진을 배치할 레이아웃을 선택하고 왼쪽 메뉴에서 사진이 있는 폴더를 선택한 다음 사진을 작업창으로 드래그해서 배치합니다.

03 오른쪽 화면에서 [액자] 단추를 클릭한 다음 사진에 사용할 액자 모양을 선택하고 [확인] 단추를 클릭합니다.

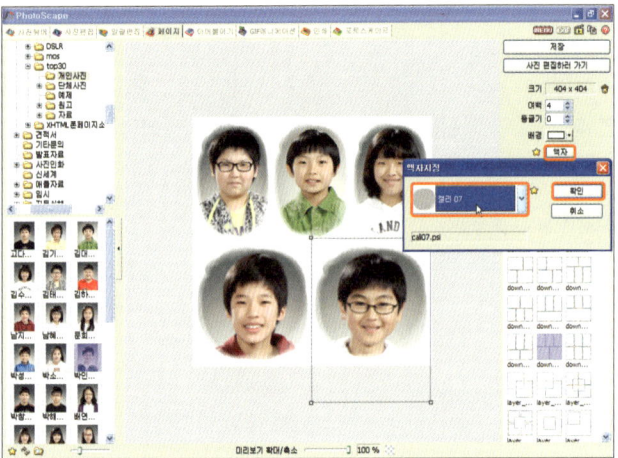

04 [저장] 단추를 클릭하면 나타나는 [다른 이름으로 저장] 대화 상자에서 저장할 폴더를 선택하고 파일 이름을 입력한 다음 [저장] 단추를 클릭합니다.

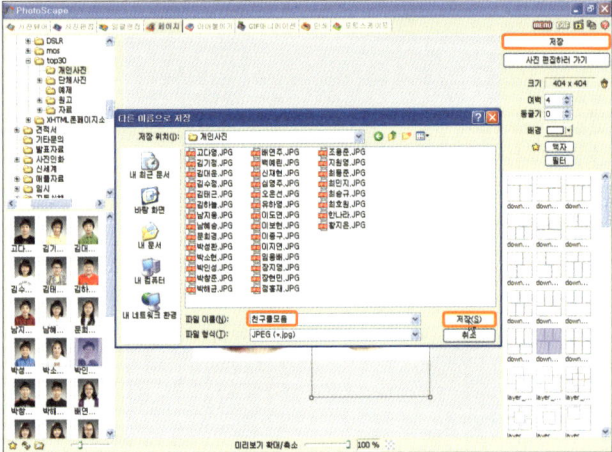

05   JPG 파일 형식으로 사진을 저장할 경우 [JPEG 저장품질] 대화 상자가 나타납니다. [품질]의 게이지를 최고품질쪽으로 드래그한 다음 [확인] 단추를 클릭합니다.

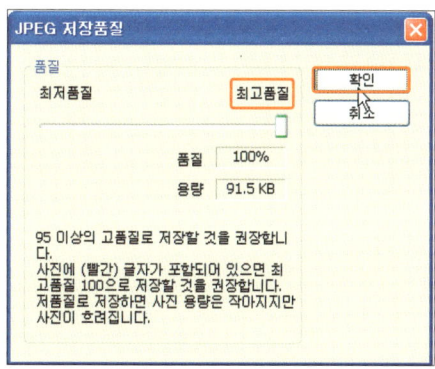

06   여러 장의 사진을 이어붙이기 위해서 [이어붙이기] 탭을 클릭합니다. 이어붙이기할 사진을 작업창으로 드래그해서 사진을 삽입합니다. 사진을 아래로 이어붙이려면 오른쪽 화면에서 [밑으로], 옆으로 이어붙이려면 [옆으로], 바둑판처럼 붙이려면 [바둑판] 탭을 클릭합니다. [저장] 단추를 클릭해서 작업한 사진을 저장합니다.

07 사진에 효과를 주기 위해서 [사진편집] 탭을 클릭합니다. 사진을 윤곽선만 보이도록 만들기 위해서 편집할 사진을 작업창으로 드래그해서 삽입합니다. [기본] 탭에서 ■ [무채화] 단추를 클릭해서 사진을 흑백으로 만든 후 [필터] 단추를 클릭하고 [윤곽선]을 클릭합니다.

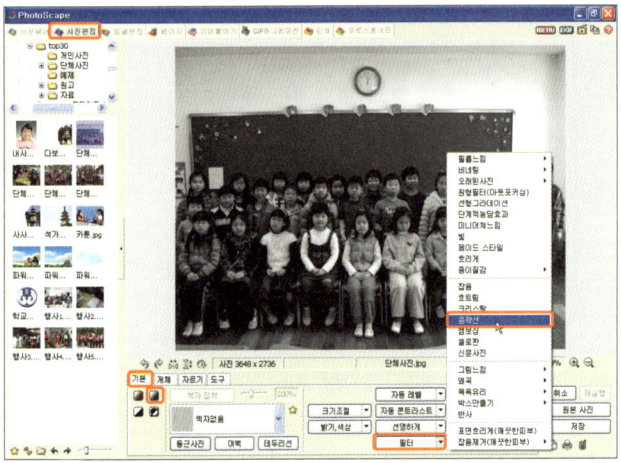

08 [윤곽선] 대화 상자가 나타나면 [레벨]의 게이지를 마우스로 드래그해서 윤곽선이 잘보이도록 설정하고 [확인] 단추를 클릭합니다.

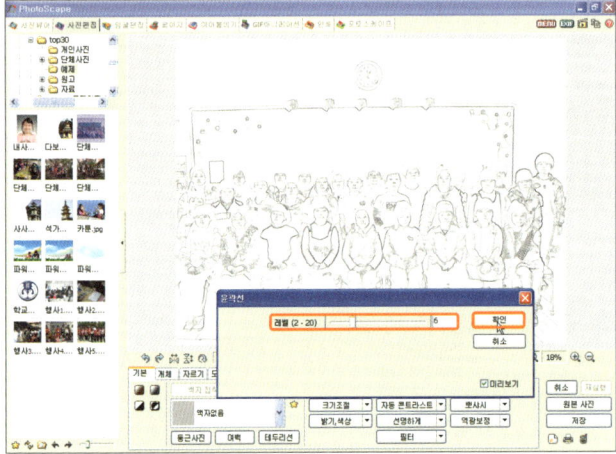

09 [저장] 단추를 클릭하면 나타나는 [저장] 대화 상자에서 [다른 이름으로 저장] 단추를 클릭해서 다른 이름으로 작업한 사진을 저장합니다.

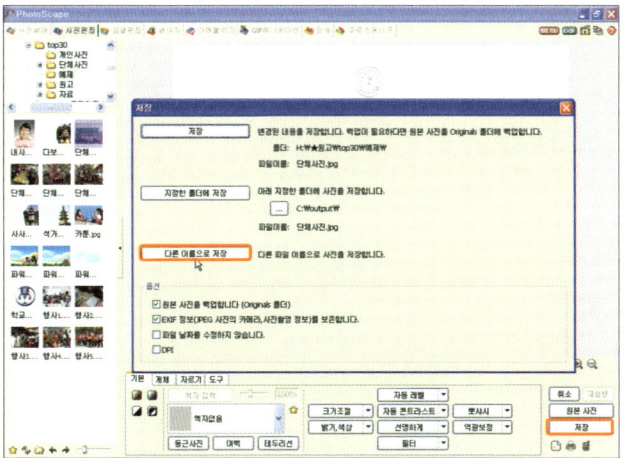

10 사진을 인쇄하기 위해서 [인쇄] 탭을 클릭한 다음 [인쇄 설정] 단추를 클릭합니다. [인쇄 설정] 대화 상자가 나타나면 인쇄할 프린터를 선택하고 [속성] 단추를 클릭합니다. 프린트 등록 정보에서 [분할 인쇄] 또는 [포스터 형식 인쇄]로 레이아웃을 설정한 다음 [확인] 단추를 클릭합니다. [인쇄] 단추를 클릭하면 큰 사진에 맞게 사진을 분할하여 인쇄가 됩니다.

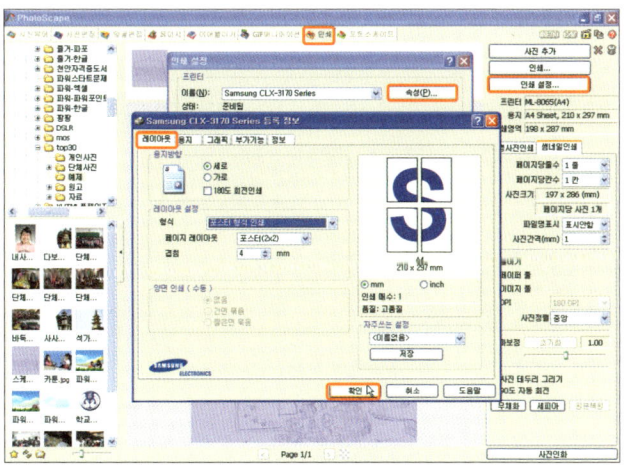

[분할 인쇄]는 A4 크기보다 큰 사진을 인쇄할 때 사진을 나누어 여러 장의 A4 용지에 인쇄해주는 기능입니다. 분할 인쇄 옵션 설정은 프린터에 따라 다릅니다.

메모

YoungJin.com Y.
영진닷컴

학교 업무에 꼭 필요한 컴퓨터 활용 BEST 30 개정판

1판 1쇄 발행 2013년 11월 18일
1판 3쇄 발행 2015년 6월 30일

저　　자　　문택주, 영진교재개발팀
발 행 인　　김길수
발 행 처　　(주)영진닷컴
주　　소　　(우)153-803서울 금천구 가산디지털1로 24 대륭 13차 10층
　　　　　　(주)영진닷컴

등　　록　　2007. 4. 27. 제16-4189호

값 **16,000** 원

ⓒ 2013., 2015. (주)영진닷컴

ISBN 978-89-314-4572-5

※ 본 도서의 내용 문의는 저자 e-mail(mtj798@nate.com)로 해주시기 바랍니다.

http://www.youngjin.com

www.frombyfrom.com / 02.3452.8005
대리점 개설문의 : 조승연 차장 010.8895.8248

FROM

FROM